콘셉트로
풀어내는
소프트웨어
디자인

사용자 중심의
소프트웨어 디자인을 위한
실용 가이드

콘셉트로
풀어내는
소프트웨어
디자인

다니엘 잭슨 지음   이정표 옮김

i!i
에이콘

에이콘출판의 기틀을 마련하신 故 정완재 선생님 (1935-2004)

나의 부모님에게

| 지은이 소개 |

다니엘 잭슨 Daniel Jackson

MIT의 컴퓨터과학 교수이자 MIT 컴퓨터과학 및 인공지능 연구소의 부소장으로,
『Software Abstractions』(MIT Press, 2016)와 『Portraits of Resilience』(MIT Press, 2017)
의 저자이다.

| 옮긴이 소개 |

이정표(lee.jungpyo@gmail.com)

모바일 브라우저 개발부터 클라우드 서비스 기획까지 20년간 다양한 개발 프로젝트에 참여했으며 현재는 SW와 IT 분야의 기술 조사 평가 업무를 하고 있다. 개발 환경 최적화에 관심을 갖고 에이콘출판사가 펴낸 『젠킨스 마스터』(2018), 『린 모바일 앱 개발』(2019), 『젠킨스 블루오션 시작하기』(2019), 『배포 자동화와 지속적 인도』(2022), 『젠킨스로 배우는 CI/CD 파이프라인 구축』(2024), 『알고리듬으로 생각하기』(2024) 등을 번역했다.

크리에이티브 커먼즈 코리아의 자원 활동가로 활동했으며, 개인 시간에는 오픈 소스 및 오픈 라이선스를 활용한 정보의 개방과 활성화에 관심을 갖고 활동하고 있다. 이와 관련해 『The Power of Open 한국어판』, 『참여와 소통의 정부 2.0』(아이앤유, 2011), 『난독화, 디지털 프라이버시 생존 전략』(에이콘, 2017), 『알고리즘 윤리』(2022년 대한민국학술원 선정 우수학술도서)(에이콘, 2021) 등을 번역했다.

'왜 어떤 소프트웨어 제품은 고급스러우면서도 직관적이고 기본 기능만 익히면 복잡한 기능도 금세 자연스럽게 응용할 수 있는 데 비해 어떤 제품은 불필요하게 복잡하고 일관성 없이 동작할까?'라는 생각은 소프트웨어 개발 분야에 종사하는 사람이라면 누구나 한 번쯤 가져봤을 것이다. 역시 소프트웨어 개발 분야에서 오랫동안 몸 담았던 역자도 같은 생각을 하면서 이 책을 번역했다.

MIT 컴퓨터과학과 교수인 다니엘 잭슨은 이러한 질문에 대한 대답으로 소프트웨어 디자인에 대한 혁신적인 '콘셉트' 기반 접근법을 제시한다. 저자는 우리에게도 상당히 익숙한 100개가 넘는 앱의 사례를 통해 소프트웨어 디자인에 대한 새로운 관점을 제시하면서 오래된 질문에 대한 새로운 답을 제시한다. 그의 '콘셉트' 기반 접근법이라는 아이디어는 획기적인 듯하면서도 친숙하고 깊이가 있으면서도 단순한데 기본적으로는 인간 중심의 접근법을 제시하기 때문에 소프트웨어를 좀 더 유용하게 디자인하는 방법을 제공하는 프레임워크라고 할 수 있다.

특이하게도 이 책은 전체의 40% 정도가 주석으로 구성돼 있다. 이는 독자들이 핵심 주제를 빠르게 간단히 이해할 수 있도록 저자가 의도한 구성이며, 본문에서 다루지 않은 내용은 주석에서 상세히 설명하고 있다.

또한 다양한 분야와 수준의 일반 독자를 위한 책으로, 소스 코드가 없어서 코딩 세부 사항보다는 소프트웨어 디자인의 원칙에 좀 더 집중할 수 있을 것이다.

아무쪼록 이 책이 소프트웨어 개발자, 디자이너뿐만 아니라 전략가, 마케터, 관리자 등 훌륭한 소프트웨어 제품과 도구를 만드는 분들께 도움이 되는 안내서가 되길 바란다.

| 차례 |

1부 동기

01 집필 동기   23

02 콘셉트의 발견   29

2부   본질

리소스

| 이 책을 읽는 법 |

> "마이크로매니악이라는 단어는 가장 작은 사물에 집착하는 사람을 뜻한다. 하지만 정작 이 단어는 사전에 나오지 않는다."
>
> – 에두아르 드 포미앵Edouard de Pomiane,
>
> 『French Cooking in Ten Minutes』(North Point Press, 1994)

콘셉트 디자인이란, 기술에 통달하지 않고도 소프트웨어 디자인 및 그 활용에 적용할 수 있는 간단한 아이디어를 말한다. 내가 대부분의 예제에서 사용하는 콘셉트는 독자에게도 낯설지 않을 것이다. 독자가 이 책을 다 읽은 후 콘셉트는 소프트웨어에 있어 당연한 것이며, 직관적인 아이디어에 필요한 체계적인 프레임워크 외에는 별로 배운 것이 없다는 결론을 낸다면 나는 이를 칭찬으로 받아들일 것이다.

나는 독자들이 이 책을 관통하는 주제에 익숙하고 내용에 공감한다 하더라도 소프트웨어에 대한 새로운 사고방식은 받아들이기 어려울 것이라고 생각한다. 소프트웨어 디자이너들이 십수 년 동안 콘셉트 모델과 그 중요성에 대해 강조했지만, 한 번도 콘셉트가 소프트웨어 디자인의 중심이 된 적은 없었다. 만약 모든 소프트웨어 앱과 시스템이 콘셉트의 관점에서 디자인된다면 어떤 모습을 띄게 될까? 여기서 콘셉트가 말하는 것은 정확히 무엇일까? 어떻게 구성되는 것일까? 이것들이 어떻게 결합돼 완전한 제품을 형성하는 것일까?

이러한 질문에 대한 최선의 답을 찾다 보니 처음 구상할 때보다 훨씬 두꺼운 책을 쓰게 됐다. 그래서 다양한 수준의 독자들이 쉽게 접할 수 있도록 내용을 구성했다. 독자 중에는 실용적인 방안만 최대한 빠르게 알고 싶은 사람도 있을 것이고 시간이 좀 더 걸리더라도 내용을 깊이 있게 알고 싶은 사람도 있을 것이다. 지금부터 설명하는 내용을 읽어 보면 독서 계획을 세우는 데 도움이 될 것이다.

대상 독자

소프트웨어의 디자인이나 사용성에 관심이 있는 모든 사람을 대상으로 하는 책이다. 독자는 프로그래머일 수도 있고 소프트웨어 아키텍트, 유저 인터랙션 디자이너, 컨설턴트나 분석가, 프로그램 매니저, 마케팅 전략 담당자, 컴퓨터 공학 전공생, 교사, 연구자일 수도 있다. 또한 나와 마찬가지로 어떤 디자인은 왜 큰 성공을 거두는데 다른 것은 크게 실패하는지를 궁금해하는 사람일 수도 있다.

이 책에서 소개하는 많은 원칙은 정교한 논리를 다루지만, 컴퓨터과학이나 수학에 대한 지식 없이도 내용을 이해하는 데 지장이 없을 것이다. 되도록 많은 독자를 위해 워드프로세서부터 소셜 미디어 앱에 이르기까지 유명한 앱을 예제로 많이 사용했다. 비록 일부 독자에게는 약간 어려울 수도 있겠지만, 대부분은 쉽게 따라 할 수 있을 것이다. 독자가 현재 사용하고는 있지만 완전히 이해하지 못하는 앱에 대해서도 확실하게 이해하는 기회가 되길 바란다.

이 책의 목표

이 책의 목표는 세 가지다.

첫째, 소프트웨어 개발자가 디자인 품질을 높이는 데 바로 적용할 수 있는 간단한 기법을 제시하는 것이다. 이 책은 독자가 핵심 콘셉트를 명확하게 식별하고 설명할 수 있도록 함으로써 소프트웨어 디자인을 더 잘할 수 있도록 해 준다. 즉, 독자가 제품을 상상하고 형상화하는 디자인 초기 단계에서 작업하든, 사용자의 세세한 상호 작용을 결정하는 디자인 후반 단계에서 작업하든 더 좋은 소프트웨어를 디자인할 수 있도록 돕는다.

둘째, 소프트웨어는 단순히 기능만을 엮어 놓은 집합체가 아니라 기존의 모범과 새롭고 특이한 콘셉트를 체계적으로 모아 구성한 것이라는 새로운 해석을 제공하는 것이다. 이런 관점을 통해 디자이너는 제품에 좀 더 효과적으로 집중할 수 있고 사용자도 기능을 보다 명확하게 이해함으로써 소프트웨어를 최대한 활용할 수 있다.

셋째이자 최종 목표는 좀 더 넓은 분야를 대상으로 하는데, 그것은 바로 소프트웨어 개발에 참여하는 연구원과 실무자들에게 소프트웨어 디자인은 지적 훈련이 수반되는 흥미로운 분야라는 사실을 알려 주는 것이다.

지난 수십 년간 소프트웨어 디자인 분야의 중요성은 높아졌지만, 디자인 분야 중 사용자와 대면하는 측면에 대한 관심은 감소했다. 그 이유는 부분적으로는 소프트웨어의 사용성을 높이거나 낮추는 디자인은 없으며 그런 판단은 주관적이라는(또는 소프트웨어 자체보다는 사용자에게 초점을 두는 심리적 또는 사회적 접근이 더 유용하다는) 오해 때문이다. 내 생각에는 소프트웨어 실천에 있어서 경험주의(최고의 디자인을 했더라도 사용자 테스트를 통해서만 발견해낼 수 있는 결점이 있다는 자연스러운 인식)가 부상한 것도 디자인에 대한 열정이 감소한 이유다. 그러나 나는 소프트웨어를 유용하게 만드는 아이디어의 대부분이 확고한 이론과 원칙에 근거하기보다는 임기응변으로 경험 법칙에 따라 개발되다 보니 탁월성 및 지적 확신의 결여라는 어려움을 겪게 된다고 생각한다. 나는 이 책에서 그러한 원칙과 이론이 실제로 존재한다는 것을 보여 주고 다른 사람들로 하여금 발전과 개선을 추구하도록 격려하고 싶다.

이 책을 읽는 방식

이 책은 목표에 따라 다양한 방식으로 읽을 수 있다. 먼저 이 책의 구성과 각 부분에 어떤 내용이 포함됐는지를 알면 도움이 될 것이다.

1부는 동기부여와 관련된 세 개의 장으로 이뤄졌다. 1장은 도입부로, 이 책을 쓰게 된 이유와 다른 분야(인간-컴퓨터 상호작용, 소프트웨어 공학과 디자인 씽킹)에서 아직 해결되지 않은 문제에 대해 알아본다. 2장은 콘셉트의 첫 번째 사례와 사용성에 미치는 영향을 살펴보고 사용자 경험 디자인 계층의 최상위에 해당하는 콘셉트 디자인을 다룬다. 3장은 제품 차별화 요소에서 디지털 전환의 핵심 요소에 이르기까지 콘셉트가 갖는 다양한 역할에 대해 간략히 설명한다.

2부는 이 책의 핵심이다. 4장은 콘셉트가 정확히 무엇이고 어떻게 구조화할 수 있는지를 설명한다. 5장은 콘셉트의 목적을 동기와 척도라는 기본 아이디어로 살펴본다. 6장은 단순하지만 강력한 동기화 메커니즘을 사용해 앱이나 시스템을 콘셉트 구성의 관점에서 이해하는 방법을 알려 준다. 그리고 과대-동기화나 과소-동기화가 사용성을 어떻게 손상시키는지를 설명하고 기존에는 복잡해서 나눌 수 없다고 여겨지는 기능들을 별개 콘셉트의 융합으로 시너지를 내는 방법도 알아본다. 7장은 사용자 인터페이스와 콘셉트를 대응시키는 것이 생각처럼 간단하지 않고 때로는 디자인 문제가 콘셉트 자체가 아니라 버튼이나 디스플레이를 구현하는 데 있다는 것을 보여 준다. 8장은 매우 높은 수준에서 서로 의존하는 콘셉트의 집합으로써 소프트웨어의 구조를 생각하는 방법을 소개한다. 즉, 어떤 콘셉트가 제대로 동작하기 위해 다른 콘셉트에 의존하는 방식이 아니라 콘셉트의 특정 결합을 통해 앱의 기능을 구성하는 방법을 소개한다.

3부는 콘셉트 디자인의 세 가지 핵심 원칙을 하나씩 다룬다. 즉, 콘셉트는 구체적이어야 하고(9장), 친숙해야 하며(10장), 합쳐졌을 때도 무결성이 유지돼야 한다(11장)는 내용을 설명한다.

마지막 결론부는 많은 독자에게 던지는 도발적인 질문으로 마무리한다. 이를 교훈이라 여길 수도 있고 나중에 참고할 체크리스트로 사용할 수도 있을 것이다. 이 책이 제시하는 내용에 대한 간략한 개요를 이해할 목적으로 먼저 읽어 보는 것도 가능하다.

핵심 내용만 알고 싶다면 바로 2부부터 시작해도 된다. 그 대신 1부 각 장의 핵심 정리 및 실천사항 부분은 꼭 읽어 보도록 하자.

부연 설명

이 책의 후반부 절반은 둘러보기이다. 내가 이렇게 많은 둘러보기를 별도로 배치한 이유는 되도록 본문을 간결하게 작성하려는 의도도 있었지만, 기존 디자인 이론과의 연관성과 내 접근법의 근거도 제대로 설명하고 싶었기 때문이다. 따라서 본문에는 인용이나 관련 문헌을 전혀 추가하지 않았고 애매한 부분은 생략했으며 디자인과 관련된 일반적인 개념 설명도 생략했다.

그 대신 본문에서 미처 설명하지 못한 것은 둘러보기에서 모두 보완했다. 특히 관련 자료를 인용하는 것에 그치지 않고 전후 맥락에서의 의미를 설명하려고 노력했다. 콘셉트 디자인의 특질에 대해서는 좀 더 자세하게 설명했고 독자의 이해를 돕고자 다양한 과거와 현재의 사례를 제시했다. 또한 (발전 없는 매너리즘이나 결함 제거를 소홀히하는 태도 등에 대해서) 신랄한 비난을 하고 싶은 경우에도 되도록 이를 본문이 아니라 둘러보기에 적고자 노력했다.

둘러보기는 본문에 붙인 첨자 번호를 기준으로 순서대로 표기하고 단문으로 된 소제목을 추가했으며 이어서 상세 내용을 서술했다. 본문과 둘러보기를 앞뒤로 넘겨보는 번거로움을 없애고자 둘러보기는 독립 세션으로 분리하고 별도의 제목도 달아서 시간이 날 때 본문과 관계없이 무작위로 읽을 수 있도록 구성했다.

찾아보기

네 가지 종류의 찾아보기를 제공한다. 사례에서 사용한 찾아보기, 애플리케이션별 찾아보기, 콘셉트별 찾아보기, 이름별 찾아보기가 바로 그것이다. 특히 찾아보기를 잘 활용하면 콘셉트의 핵심적인 특징과 미니 에세이들의 위치를 쉽게 파악할 수 있다.

마이크로매니악이 되자

『French Cooking in Ten Minutes』[1]의 저자인 드 포미앵이 서문에서 자신은 작은 재료에 집착하는 마이크로매니악 기질이 있다고 고백하는 것을 읽은 적이 있는데, 사실 나도 이와 비슷한 기질을 갖고 있다. 따라서 나는 수많은 디자인이 불분명한 이유로 실패하거나 성공했다는 말을 듣고 싶지 않다. 설령 그것이 때로는 사실일 수도 있지만, 중요하지는 않다. 내가 바라는 것은 큰 성공이나 처절한 실패를 만든 바로 그 디자인 결정과 그 핵심 요소를 정확히 짚어내고 싶다는 사실이다.

물론 나 역시 실패의 원인을 분석할 때는 디자인의 다양한 요소를 인식하는 것이 현명하고 합리적이라는 것을 알고 있다. 그러나 이는 이전 경험에서 교훈을 얻는 데 유용한 방법이 아니다. 오히려 우리 모두가 마이크로매니악이 돼야 한다고 생각한다. 즉, 찾기는 어렵지만, 지속적이고 널리 적용되며 일반화할 수 있는 교훈을 얻기 위해 세부사항에 집착해야 한다. 우리가 주의해야 할 점은 바로 악마는 디테일에 있고, 천사도 이와 마찬가지라는 것이다.[2]

1부

동기

01

집필 동기

나는 물리학을 전공하면서 $F = ma$와 같은 간단한 수식으로 세상의 원리를 기술하는 방식에 깊이 빠졌다. 이후 컴퓨터 공학 분야의 연구자가 돼 프로그래밍을 할 때도 정형 기법formal method 분야에 관심을 갖게 됐다. 이는 정형 기법이 물리학처럼 소프트웨어의 본질을 간결한 논리로 표현하는 분야이기 때문이다.

소프트웨어 디자인에 대한 관심

박사 학위를 받은 이후 30여 년간 주로 연구했던 분야는 소프트웨어를 디자인하고 자동으로 분석하는 알로이Alloy3라는 프로그래밍 언어였다. 그간의 연구는 매우 흥미롭고 만족스러운 과정이었지만, 점차 소프트웨어의 본질은 논리나 분석에 있지 않다는 사실을 알게 됐다. 그리고 대부분의 정형 기법 연구자들이 다루는 분야인 프로그램의 동작이 명세와 정확히 일치하는지를 확인하는 연구보다는 디자인 문제에 점

점 흥미를 갖게 됐다.[4]

내가 말하는 '디자인'의 의미는 다른 분야에서와 마찬가지로 인간의 필요에 따라 어떤 인공물을 다듬는 것을 말한다. 건축가 크리스토퍼 알렉산더Christopher Alexander가 말했듯이 디자인이라는 것은 맥락에 맞는 형태를 만드는 것이다. 소프트웨어라면 동작을 결정하는 것, 즉 어떤 버튼을 표시할 것인지와 사용자의 선택에 따라 어떤 응답을 제공할 것인지 등과 같은 결정을 말한다. 이 질문에는 정답이 없다. 단지 좋은 답과 나쁜 답이 있을 뿐이다.[5]

내가 궁금했던 점은 '왜 어떤 소프트웨어 제품은 고급스러우면서도 직관적일 뿐 아니라 기본 기능만 익히면 복잡한 기능도 금세 자연스럽게 응용할 수 있는 데 비해, 어떤 제품은 불필요하게 복잡하고 일관성 없이 동작하는가?' 하는 것이다. 당연하게도 나는 이러한 현실을 설명할 수 있는 소프트웨어 디자인 이론과 필수 원칙이 있어야 한다고 생각했다. 이를 통해 왜 어떤 소프트웨어 제품은 훌륭하고 어떤 소프트웨어 제품은 나쁜지를 설명할 수도 있고 현재의 문제들을 고치거나 아예 처음부터 그런 문제가 생기지 않도록 방지하는 데 도움이 될 수 있을 것이라 생각했다.

컴퓨터과학 및 타 분야에서의 디자인

디자인과 관련된 다른 얘기부터 시작해 보자. 내 연구의 하위 분야(정규 방법론과 소프트웨어 공학, 프로그래밍 언어 등)에서는 코드의 구조 디자인에 해당하는, 이른바 '내부 디자인'이라 불리는 이론이 존재한다. 프로그래머에게는 많은 디자인 언어가 있고 좋은 디자인과 나쁜 디자인을 구별하는 기준이 명확하게 성립돼 있다. 그러나 사용자와의 접점 측면, 즉 상황에 따른 소프트웨어의 경험을 결정하는 디자인에는 그런 언어나 기준이 없다.[6]

내부 코드 디자인은 매우 중요한데, 특히 시간에 따라 요구사항이 늘어나면서 코드 수정을 얼마나 쉽게(또는 어렵게) 할 수 있는지를 뜻하는 '유지보수성'에 영향을 미친다. 또한 성능과 안정성에도 영향을 미친다. 그러나 애플리케이션이나 시스템이 유용하면서 동시에 사용자의 요구를 만족시키는지를 결정하는 핵심 요인은 오히려 (사용자와의 상호 작용을 형성해내는 패턴과 기능을 만드는) 소프트웨어 디자인에 있다.

이러한 중요한 질문들은 한때 컴퓨터과학의 핵심 주제였다. 즉, 소프트웨어 공학 분야에서 소프트웨어의 디자인과 사양, 요구사항을 다루는 워크숍에서 등장하는 주제였고 인간-컴퓨터 상호 작용HCI, Human-Computer Interaction 분야에서 그래픽 사용자 인터페이스나 인간 행동에 대한 수치 모델을 작업할 때도 반영됐다.[7]

그러나 시간이 지남에 따라 유행에서 멀어지고 점차 사라져 버렸다. 소프트웨어 공학에 대한 연구는 위축됐고 소프트웨어 품질 활동은 (수동 테스트로 수행되든, 프로그램에 따라 정교한 검증으로 수행되든) 결함 제거 작업과 동의어가 됐다.[8] 그러나 이렇게 해서는 목적을 이룰 수 없다. 소프트웨어 디자인이 잘못된 상태에서는 아무리 결함을 수정해 봐야 소용이 없으며 아예 원점으로 돌아가 디자인 자체를 수정하는 방법밖에 없다.[9]

HCI 연구는 새로운 상호 작용 기술과 도구, 프레임워크와 틈새 영역 및 (문화 기술학, 사회학 같은) 기타 분야로 이동했다. 소프트웨어 공학과 HCI 분야 모두 적극적으로 경험주의를 수용했는데, 이는 대체로 경험주의가 존경받을 수 있을 것이라는 잘못된 희망에 따른 것이었다. 그 대신 성공을 구체적으로 측정하려는 요구로 인해 연구자들은 되도록 평가를 쉽게 할 수 있는 덜 도전적인 프로젝트를 하려는 경향이 생겼으며 이에 따라 더 크고 중요한 문제로 이동하는 시기가 늦춰졌다.[10]

한 가지 신기한 사실은 디자인에 대한 관심이 식은 것 같은데도 '디자인'에 대한 얘기가 여기저기서 들린다는 것이다. 그러나 이는 사실 모순이 아니다. 디자인에 대한 얘기는 '디자인 씽킹(반복되는 디자인 프로세스를 엮어 만든 문제 해결 방법론)'의 맥락에서든, '애자일' 소프트웨어 개발의 맥락에서든 거의 대부분 디자인 프로세스에 대한 것이다. 이들 프로세스를 만병통치약처럼 사용하는 것이 아니라 제대로 적용한다면 매우 가치가 있다는 것은 명확하다. 그러나 가장 큰 문제는 대부분의 경우, 알맹이가 없다는 것이다. 이는 디자인 프로세스를 폄하하려는 것이 아니라 현실을 그대로 말하는 것이다. 예를 들어, 디자인 씽킹은 문제의 해법을 찾기에 앞서 문제를 밀접하게 이해하도록 하고 브레인스토밍(확산)과 감소(수렴)를 반복적으로 수행하도록 한다. 그러나 그 어떤 디자인 씽킹 서적에서도 특정 디자인 분야와 이를 해결하는 프로세스에 대해서는 깊이 있게 다루지 않는다. 물론 특정 분야와 무관한 디자인 씽킹의 독립성에 따라 보편성과 적용 가능성이 높다고 할 수 있지만, 반대로 생각해 보

면 소프트웨어와 같은 구체적인 분야에서 디자인에 대해 좀 더 깊이 언급할 수 없는 이유이기도 하다.[11]

디자인의 명확성과 단순성

내가 자동 분석이 가능한 디자인 언어를 만드는 것을 목표로 하는 알로이 프로젝트 Alloy project를 시작했을 때만 해도 '쓰기 전용' 렌더링 기능의 지원이 미흡한 기존 모델 링 및 스펙 언어에 대해 비판적이었다. 더욱이 그런 비판을 부당하다고 말할 수도 없 었다. 만약 정교한 디자인 모델을 구성하느라 수고를 했는데도 아무것도 할 수 없다 면 어떻겠는가? 특히 내가 주장한 것은 디자이너의 노력에 대해 즉시 피드백을 받을 수 있어야 한다는 것이다. 이는 마치 'Push' 버튼의 동작과 같은 것으로, 디자인에 대 해 좀 더 깊이 생각하도록 자극을 이끌어 내는 형태여야 하는 것이었다.[12]

　나는 내 생각이 틀렸다고 생각하지 않았고 실제 알로이는 자동화 기능에서 디자 인 모델링의 경험을 변화시켰다. 그러나 나는 디자인 기록의 가치를 과소평가했다. 실제로 (도구를 활용해 기존 디자인의 결함을 찾아내는 방식으로써 도구가 얼마나 효과적인지를 증명하려고 노력했던) 정형 기법 연구자들 사이에서는 도구를 사용하기도 전에 이미 높 은 비율로 결함이 발견된다는 것은 극비사항도 아니었다. 디자인을 논리로 변환하 는 것만으로도 심각한 문제를 드러내기에 충분했다. 소프트웨어 공학 연구자인 마 이클 잭슨Michael Jackson은 논리 자체가 아니라 논리를 사용하는 것이 어렵다고 말하 면서 디자이너들이 라틴어로 설계서를 작성하도록 요구하기만 해도 소프트웨어의 품질이 향상될 수 있을 것이라는 농담을 하기도 했다.

　명확성은 나중에 디자인 결함을 찾아낼 때만 유용한 것이 아니다. 이는 좋은 디 자인을 위한 첫 번째 핵심 요소이기도 하다. 지난 30년 동안 프로그래밍과 소프트웨 어 공학을 가르치면서 소프트웨어 개발의 성패를 결정하는 요인은 최신 프로그래밍 언어나 도구를 사용하는지도 아니고 (애자일이나 다른) 방법론을 사용했는지도 아니 며 어떻게 코딩을 했는지는 더더욱 아니라는 것을 확신하게 됐다. 그것은 바로 개발 자가 자신이 무엇을 하려고 하는지를 제대로 알고 있는지의 여부이다. 목표가 명확 하면 디자인도 명확하다. 디자인이 목표를 명확하게 달성하는 방법을 알고 있다면,

코드는 저절로 명확해진다. 그리고 뭔가 문제가 발생했을 때도 무엇을 고쳐야 하는지가 명확해진다.[13]

뛰어난 소프트웨어와 평범한 소프트웨어를 구분 짓는 것이 바로 이 명확성이다. 1984년 애플의 매킨토시가 처음 등장해서 폴더로 파일을 정리하는 개념을 소개했을 때 사람들은 보자마자 즉시 적응할 수 있었다. 폴더로 파일을 이동하는 명령조차 너무 복잡했던 유닉스와 같은 운영 체제와는 비교도 되지 않았다.

그렇다면 이런 명확성은 어떻게 정의하고, 어떻게 이뤄 낼 수 있을까? 1960년대 초반에는 '콘셉트 모델'이 중심적인 역할을 했다. 문제는 소프트웨어의 '콘셉트 모델'을 사용자에게 전달해 사용자 내부의 '멘탈 모델'이 개발자와 일치하도록 하는 것이 아니라 본질적 디자인 문제로 다루는 것이었다. 올바른 콘셉트 모델을 사용하면 소프트웨어를 쉽게 이해하고 사용할 수 있다. 콘셉트 모델은 훌륭한 아이디어였지만, 깊은 연구가 이뤄지지 않았다. 그래서 지금까지 '콘셉트'는 영감을 주기는 하지만 막연한 개념으로 남아 있었다.[14]

프로젝트를 시작하게 된 동기

나는 콘셉트 모델이 소프트웨어의 본질이라는 확신을 갖고 약 8년 전부터 연구를 시작했다. 목표는 콘셉트 모델을 구체적으로 표현하고 몇몇 소프트웨어의 콘셉트 모델을 다른 모델이나 사용자의 멘탈 모델과 비교하며 디자인에 대한 논의가 가능하도록 핵심 항목을 선정하는 것이었다.

이는 그리 어려워 보이지 않았다. 콘셉트 모델의 첫 번째 작업은 부수적이거나 '콘셉트가 아닌' 측면을 제거하고자 적절히 추상화를 하면서 소프트웨어의 동작을 기술하는 것일 것이다. 오히려 좀 더 어렵다고 느낀 것은 모델에서 적절한 구조를 찾는 것이었다. 콘셉트 모델은 콘셉트로 구성돼야 한다는 느낌은 갖고 있었지만, 콘셉트가 무엇인지는 몰랐다.

예를 들어, 페이스북 같은 소셜 미디어 앱에는 어떤 대상을 좋아하는지 알 수 있는 콘셉트가 있어야 한다고 생각했다. 이 콘셉트가 단지 포스트에 '좋아요' 버튼을 클릭하는 행위와 같은 기능이나 동작이 아닌 것은 확실하다. 이 콘셉트에는 매우 많은 것이 포함돼 있으며 버튼은 전체 맥락 중 일부일 뿐이다. 더욱이 적어도 콘셉트는 어떤 사물과 그 사물이 좋아하는 것 사이의 관계에 대한 것이기 때문에 이 콘셉트는 사용자의 동작이 촉발한 '좋아요'와 같은 객체나 엔티티인 것도 아니다. '좋아요'의 콘셉트가 어떤 특정 종류와 관련이 없다(포스트를 좋아할 수도 있고 댓글이나 페이지를 좋아할 수도 있다)는 것도 나에게는 본질적인 것처럼 보였다. 콘셉트를 프로그래밍 분야의 용어로 바꾼다면 '제네릭generic' 또는 '다형성polymorphic'이 될 수 있다.

이 책의 목표: 대화의 물꼬 트기

이 책은 내가 지금까지 탐구한 결과물이다. 애플리케이션이 폭넓게 채택한 디자인에서 발생하는 수많은 문제를 겪으면서 나는 소프트웨어 디자인의 새로운 접근법을 고안했고 이 과정에서 시험과 개선을 반복했다. 이 프로젝트를 하면서 즐거웠던 것은 애플리케이션이 성공을 못한 경우에도 그 실패 사례를 예시로 사용할 수 있었다는 것이다. 그리고 분석 과정에서 디자이너들이 매우 복잡한 문제에 직면했다는 것을 깨닫고 그들에게 연민과 존경심을 갖게 됐다는 것이다.

물론 소프트웨어 디자인의 문제가 모두 해결된 것은 아니다. 그러나 친구인 커스틴 올슨Kirsten Olson의 조언에 따라 이 책은 대화를 끝내는 것이 아니라 대화의 물꼬를 트는 것을 목표로 한다. 이런 주제에 대한 책을 쓰면서 많은 독자가 이전보다 더 깊이 공감해 준다는 사실을 알고 매우 기뻤다. 아마도 소프트웨어 디자인은 우리 모두가 다루고 싶은 주제이지만, 대화를 어떻게 시작해야 하는지를 모르기 때문이 아닐까 생각한다. 따라서 이 책이 독자와 동료 연구자, 디자이너와 사용자들에게 유익하고 즐거운 대화를 시작할 수 있는 마중물이 되길 바란다.

02

콘셉트의 발견

소프트웨어 제품은 휴대폰에서 실행되는 소형 앱이든, 대규모 기업형 제품이든 독립적인 기능 단위인 콘셉트로 구성된다. 목적에 따라 콘셉트가 결합되기도 하지만, 각각은 서로 독립적이라고 할 수 있다. 화학에 비유하면 앱은 '화학적 혼합물', 콘셉트는 '분자'라고 할 수 있고 콘셉트가 서로 결합되더라도 개별 속성과 동작은 유지된다고 말할 수 있다. 독자들도 이미 많은 콘셉트에 익숙하고 사용하는 방법도 잘 알고 있을 것이다. 예를 들어, 전화 '통화call'나 식당 예약reservation, 소셜 미디어에서 댓글에 업보트upvote 누르기나 파일을 폴더folder로 정리하기 등이 있다. 콘셉트가 친숙하고 잘 디자인된 앱은 사용하기에 더없이 편리한데, 그 이유는 해당 콘셉트를 사용자 인터페이스와 프로그램에 제대로 반영했기 때문이다. 이와 반대로 콘셉트가 복잡하고 불친절하다면, 앱의 외양이 아무리 화려하고 알고리듬이 좋더라도 편리하게 사용할 수 없다.

콘셉트가 지금까지 그리 주목받지 못한 이유는 아마도 눈에 보이지 않는 추상적인 형태라는 사실 때문일 것이다. 나는 독자들이 이 책을 통해 콘셉트의 관점에서 생각하고 사용자 인터페이스 뒤에 숨겨진 콘셉트를 '꿰뚫어 봄'으로써 소프트웨어를 좀 더 깊이 이해할 수 있길 바란다. 그 결과 소프트웨어를 좀 더 효과적으로 사용하고 잘 디자인하며 결함을 정확하게 진단하고 분명한 목표와 확신을 갖고 신제품을 구상하길 바란다.

우리는 어떤 물건이 고장 나기 전까지는 일반적으로 그 물건의 작동 원리를 생각하지 않는다. 예를 들어, 온수를 틀면 온수기에서 계속 따뜻한 물이 나올 것이라고 생각하지만, 가족 중 누군가가 샤워를 하면서 온수를 많이 써서 물이 차가워지는 경험을 하면 비로소 온수 탱크storage tank의 제한이 있다는 사실을 알게 되는 것이다.

이와 마찬가지로 콘셉트를 배우려면 콘셉트가 잘못됐을 때 어떤 일이 벌어지는지를 알 필요가 있다. 따라서 이 책에서 다루는 예제 중에는 있을 법하지 않은 시나리오에서 실패하거나 이해하기 어렵게 느껴지는 콘셉트 사례도 포함돼 있다. 2장의 첫 번째 콘셉트 사례는 (매우 복잡해서) 예상하기 힘든 동작을 살펴볼 것이다.

그렇다고 콘셉트라는 아이디어가 모호하거나 복잡하다는 결론을 섣불리 내리지는 말자. 오히려 이 아이디어는 직관적이기 때문에 이를 채택하면 대부분의 기존 소프트웨어보다 훨씬 더 간단하고 성능 좋은 소프트웨어를 디자인하는 데 도움이 된다.

첫 번째 사례: 당황스러운 백업 동작

나는 디스크의 장애나 사용자의 실수로 파일이 삭제되는 것에 대비하기 위해 '백블레이즈Backblaze'라는 백업 서비스를 사용한다. 이 서비스는 파일을 클라우드에 복사하고 필요할 때마다 이전 버전을 복원할 수 있는 기능을 제공한다. 백업 작업을 볼 수는 없지만, 백그라운드 상태로 실행되고 있다가 컴퓨터에서 파일이 변경될 때마다 이를 클라우드에 복사한다.

최근에 나는 용량이 꽤 큰 비디오를 편집했다. 이전 버전을 삭제해서 저장 공간을 확보하기 전에 방금 편집한 버전이 잘 백업됐는지를 확인해 봤다. 백업 상태에는 '오늘 오후 1시 5분 기준으로 백업이 완료됐습니다'라는 메시지가 표시됐다. 비디오를 편집한 시간이 오후 1시 5분보다 앞선 시각이었으므로 메시지대로 백업이 잘된 것으로 생각했고 백업된 파일의 복원 테스트를 시도했다. 그러나 클라우드에는 백업된 파일이 없었다.

백블레이즈 기술 지원 팀에 문의해 본 후에 파일이 수정 즉시 백업되는 것이 아니라는 사실을 알게 됐다. 즉, 주기적으로 파일을 스캔하면서 새로 추가됐거나 변경된 파일의 목록을 작성한 후 지정된 백업 시간이 되면 파일 목록에 있는 파일들을 클라우드에 백업(업로드)하는 것이다. 따라서 파일 스캔 작업과 실제 백업 작업 사이에 변경된 사항은 다음 스캔에서 발견될 때까지 보류된 상태가 되는 것이다.

기술 지원 팀에서는 옵션 키를 누른 상태에서 '즉시 백업' 버튼을 누르면 강제로 스캔 작업을 시작할 수 있다고 했다. 그래서 안내받은 대로 버튼을 누르고 스캔과 백업 작업이 완료되길 기다렸지만, 새 비디오는 여전히 복원 목록에 나타나지 않았다. 너무나도 혼란스러워서 기술 지원 팀에게 다시 문의해 본 결과, 비디오가 업로드된 곳은 특수한 '스테이징(대기) 영역'이며 여기서 다시 몇 시간이 지나야 복원 영역으로 이동된다는 사실을 알게 됐다.

내가 겪은 문제의 원인은 백블레이즈의 핵심적인 '백업backup' 콘셉트를 잘못 이해했기 때문이었다. 파일이 계속 업로드되고 복원 영역(그림 2.1의 왼쪽)으로 즉시 이동한다고 오해한 것이다. 그러나 실제 동작에서는 마지막 스캔에서 생성된 목록에 있는 파일만 대기 영역으로 업로드되고 얼마 후 다시 복원 영역으로 이동될 때까지 한동안은 파일을 사용할 수 없는 상태가 유지되는 것이다(그림 2.1의 오른쪽).

이 사례는 간단하지만, 매우 핵심적인 내용을 담고 있다. 나는 백블레이즈의 디자인에 결함이 있는지를 판단하고 싶지는 않지만, 개선이 필요하다고는 생각한다(개선 의견에 대해서는 8장 참조). 한 가지 확실한 것은 내가 만약 스캔 작업에 대해 모른 채 백업 완료 메시지를 그대로 믿었다면, 중요한 파일을 잃어버렸을 것이라는 사실이다.

여기서 내가 말하려는 것은 이 디자인과 관련된 논의를 하려면 핵심(이번 사례에서는 '백업' 콘셉트를 의미)과 그것이 구현한 행동 패턴이 목적에 적합한지에 대한 평가를 중심으로 이뤄져야 한다는 것이다. 물론 사용자 인터페이스도 중요하지만, 그 범위는 앱의 콘셉트를 사용자에게 보여 주는 범위 내에서만 유효할 것이다. 만약 소프트

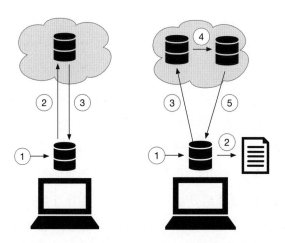

그림 2.1 백블레이즈 백업 콘셉트. 왼쪽(내 추측): (1) 파일을 변경한다. (2) 백업이 실행되고 변경 파일을 클라우드 폴더로 복사한다. (3) 클라우드 폴더로부터 파일을 복구한다. 오른쪽(실제 구현): (1) 파일을 변경한다. (2) 변경 내역을 검색하는 스캔 작업이 실행되고 변경된 파일을 백업 대상 목록에 추가한다. (3) 백업이 실행되고 최근 스캔 작업에서 추가했던 파일만을 클라우드 내의 대기 영역에 복사한다. (4) 대기 영역에 있는 파일들을 주기적으로 클라우드 폴더로 이동한다. (5) 클라우드 폴더에서 파일을 복구한다.

웨어의 사용성을 높이려면 반드시 콘셉트부터 시작해야 한다.

드롭박스의 착각

내 친구 중 한 명이 노트북을 사용하다가 저장 공간이 부족하다는 것을 알고 파일을 크기별로 정렬한 후 파일의 크기가 크면서 거의 사용하지 않던 파일들을 삭제했다. 그런데 몇 분 후에 팀장으로부터 현재 진행 중인 중요한 프로젝트의 대용량 파일들이 갑자기 사라졌는데 무슨 일인지를 묻는 긴급한 연락을 받았다.

무엇이 잘못된 것일까? 이 문제의 원인을 알려면 많은 사람이 사용하는 파일 공유 서비스인 드롭박스Dropbox의 핵심 콘셉트를 이해해야 한다. 드롭박스를 사용하면 많은 사용자가 동시에 폴더와 파일들을 공유하고 수정할 수 있다. 이런 기능을 유지하기 위해 드롭박스에서는 한 사용자가 변경한 내용을 다른 사용자에게도 전파한다. 여기서 질문을 던져 보자. 어떤 조건에서 어떤 종류의 변경 내용이 전파되는 것일까?

예를 들어 설명해 보자. 파티 플래너인 에이바Ava가 드롭박스를 이용해 고객과 자료를 공유한다고 가정해 보자. 에이바는 벨라^{Bella}의 파티를 준비하고 있으며 'Bella Party'라는 이름의 폴더를 만들어 벨라와 공유한다(그림 2.2). 이제 에이바가 이 폴더에 파일을 넣으면 벨라도 그 내용을 볼 수 있다. 그 반대도 가능하다. 벨라가 넣은 파일은 에이바도 볼 수 있고 둘 중 한 명이 변경하면 둘 다 그 변경 내용을 볼 수 있다. 따라서 에이바와 벨라가 함께 작업하는 폴더는 한 개만 존재하는 것과 다름없다.

그러나 실제로는 이렇게 간단하지 않다. 왜냐하면, 변경사항이 모두 공유되는 것은 아니기 때문이다. 즉, 벨라가 'Bella Party'라는 폴더명이 마음에 들지 않아 'My Party'로 변경했다고 가정해 보자. 그러면 에이바에게는 어떻게 보일까? 에이바의 폴더도 'My Party'로 변경됐을까?

생각해 보면 가능성은 두 가지 중 하나다. 한 가지는 벨라가 이름을 변경하면 에이바에게도 변경돼 보이는 것으로, 공유 파일명은 여전히 한 개로 유지되는 경우다. 다른 경우는 한 개의 폴더에 두 개의 이름이 존재하는 것으로, 에이바와 벨라가 각기 다른 이름을 보는 경우다.

그러면 실제는 어떨까? 드롭박스에서는 폴더를 공유한 방식에 따라 두 가지 경우가 모두 발생한다. 일단 앞 사례에서 에이바가 벨라와 명시적으로 폴더를 공유했기 때문에 벨라가 바꾼 폴더 이름은 벨라만 볼 수 있으며 에이바의 폴더는 변경되지 않는다. 그런데 만약 에이바가 'Bella Party' 폴더의 내부에 'Bella Plan'이라는 다른 폴더를 생성했다고 가정해 보자(그림 2.3의 위). 이 경우, 상위 폴더인 'Bella Party'가 공유됐기 때문에 이 폴더는 자동으로 (암시적으로) 공유된다. 이 경우에는 벨라가 'Bella Plan'을 'My Plan'으로 변경하면, 에이바도 변경사항을 알게 된다.

독자들은 드롭박스의 공유와 관련된 이런 일관성 없는 동작이 아마도 개발 과정에서 발생한 문제라고 생각하거나 명백한 버그라고 생각할 것이다. 그러나 사실은 둘 다 잘못된 추측이다. 겉보기에 이상해 보이는 동작은 드롭박스의 기초 디자인에 따른, 의도된 결과다.

좀 더 설명하기 전에 한 가지를 더 생각해 보자. 만약 벨라가 폴더를 삭제하면 어떻게 될까? 에이바의 폴더도 삭제될까? 이것도 상황에 따라 결과가 다르다. 만약 벨라가 'Bella Party'를 삭제하면 벨라의 폴더만 삭제되고 에이바의 폴더는 삭제되지 않는다. 그러나 'Bella Plan'을 삭제하면, 에이바의 폴더에서도 삭제된다. 드롭박스

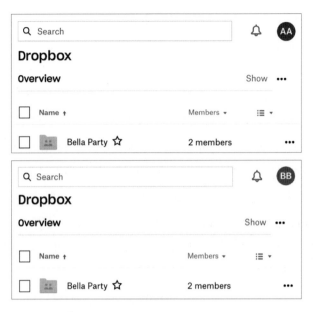

그림 2.2 드롭박스의 폴더 공유. 에이바(AA)는 'Bella Party'라는 폴더를 벨라(BB)와 공유했다. 만약 벨라가 폴더 이름을 변경하면 에이바도 이 변경 내용을 알게 될까?

에서는 이 두 가지 경우에 대해 서로 다른 메시지를 보여 주며(그림 2.3), 그중 하나는 어떤 일이 발생하는지 좀 더 자세히 설명한다. 그러나 이상하게도 첫 번째 경우에만 추가 설명이 있고 삭제하면 파일이 영구적으로 손실되는 두 번째 경우에는 추가 설명이 없다는 것이다.

　이제 앞의 내 친구 사례를 재구성해 보자. 친구의 팀장은 어떤 파일 하나를 공유하려는 의도였지만, 실제로는 파일이 속한 폴더 전체를 공유한 것이다. 그리고 친구는 공유 폴더의 파일 중에서 필요 없는 것들을 삭제했고 결과적으로 팀장뿐 아니라 그 폴더를 공유한 모든 직원의 폴더에서 파일이 삭제된 것이다.

드롭박스의 설명

드롭박스의 공유 시나리오 동작을 알아보려면 먼저 사용자의 기대 동작을 명확히 정의해야 할 필요가 있다. 예를 들어, 실생활에서 폴더 이름에 해당하는 것은 고양이 목줄이나 자동차 번호판처럼 사물(물리적 개체)에 부착된 이름표이며 보통 개체당 한

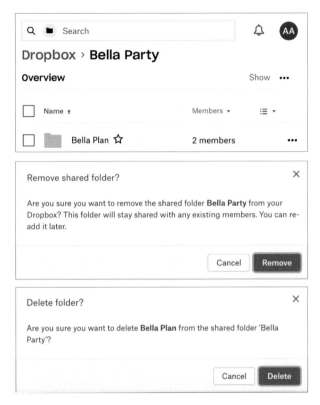

그림 2.3 드롭박스의 폴더 삭제 메시지. 'Bella Party'는 공유 폴더다(맨 위). 사용자가 'Bella Party' 폴더를 삭제하려는 경우, 다른 사람들에게는 삭제 내용이 전파되지 않는다는 메시지가 표시된다(가운데). 그러나 만약 그 안에 'Bella Plan'이라는 폴더를 삭제하려는 경우에는 다른 종류의 메시지가 표시되는데, 이때 놀라운 것은 다른 사용자들 역시 이 폴더 잃게 된다는 경고를 보여 주지 않는 것이다(맨 아래).

개의 이름표를 사용한다(그림 2.4의 왼쪽). 이런 접근법을 '메타데이터를 이용한 이름 짓기'라고 하는데, 사진의 제목이나 캡션처럼 개체를 설명하는 데이터를 첨부할 수 있는 일반적인 '메타데이터^{metadata}' 콘셉트의 한 가지 사례다.

삭제 기능과 관련된 가장 단순한 디자인은 파일이나 폴더를 삭제하면 즉시 없애는 것이다. 이를 전문 용어로 표현하면 '즉시 삭제'라고 할 수 있을 것이다. 그러나 아이템 풀$^{item\ pool}$을 만든 후 풀에 아이템을 추가하거나 삭제하는 동작을 하는 기초 콘셉트의 경우, 너무 기본적이고 친숙해서 별도의 용어조차 없다. 그러나 앞의 디자인에서는 사본을 삭제하지 않고도 내 계정의 공간을 확보하고 다른 사람이 공유

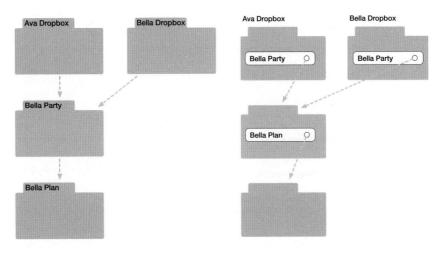

그림 2.4 드롭박스 폴더의 두 가지 콘셉트: 메타데이터(왼쪽)에서 이름은 폴더에 부착된 이름표와 같다. 유닉스 폴더(오른쪽)에서 이름은 부모 폴더에 속한 개체다.

한 파일 또는 폴더를 제거하는 '공유 해제' 액션을 갖는 별도의 '공유sharing' 콘셉트 가 있어야 한다.

그러나 이름이 메타데이터에 해당하고 삭제는 단지 풀에서 아이템을 제거하는 액 션이라는 작업일 뿐이라는 사고는 (적어도 드롭박스의 경우에는) 모두 잘못된 것이다. 이런 사고의 바탕이 되는 콘셉트 자체는 문제가 없지만, 드롭박스에서 사용하는 콘 셉트는 아니다. 만약 어떤 소프트웨어에 대해 잘못된 콘셉트 모델을 갖고 있다면 당 분간은 문제가 없을 수도 있다. 더욱이 어떤 사용 환경에서는 그럭저럭 동작할 수 도 있다. 그러나 다른 상황에서는 실패할 수 있으며 매우 심각한 결과를 초래할 수 도 있다.

드롭박스에서 실제로 사용하는 콘셉트는 매우 다르다(그림 2.4의 오른쪽). 아이템 이 폴더 내에 있는 경우, 아이템의 이름은 아이템 자체가 아니라 아이템이 들어 있 는 폴더에 속한다. 폴더는 각 아이템(파일 또는 폴더)의 이름과 이에 대한 링크를 갖 는 태그 모음이라고 생각해야 한다. '유닉스 폴더unix folder'라고 불리는 이 콘셉트는 드 롭박스가 처음 개발한 것이 아니며 이름에서 알 수 있듯이 유닉스 운영 체제에서 가 져온 것이다.[15]

그림 2.4(오른쪽)를 살펴보자. 에이바와 벨라는 각자의 최상위 드롭박스 폴더를 갖고 있고 이 두 폴더에는 'Bella Party'라는 하나의 공유 폴더에 대한 별도의 항목이 있다. 벨라가 'Bella Party'의 이름을 바꾸면, 자신의 드롭박스 폴더에 있는 항목이 변경되고 에이바 폴더의 항목은 변경되지 않는다.

이와 반대로, 'Bella Party'라는 한 개의 공유된 상위 폴더에 속하는 2차 공유 폴더인 'Bella Plan'은 단 하나의 항목만 있다. 폴더에 대한 항목이 하나뿐이므로 에이바와 벨라는 모두 동일한 항목을 보게 되고 벨라가 폴더 이름을 변경하면 에이바도 그 변경사항을 볼 수 있는 것이다.

삭제 동작 역시 유닉스 폴더 콘셉트로 설명할 수 있다. 삭제 동작은 폴더 자체를 제거하는 것이 아니라 폴더의 항목만 제거하는 것이다. 따라서 벨라가 'Bella Party' 폴더를 삭제하면, 자신의 폴더에서 해당 항목을 제거할 뿐이므로 에이바의 화면에는 변화가 없다. 그러나 벨라가 'Bella Plan'을 삭제하면 공유 폴더에서 해당 항목이 삭제되므로 에이바도 삭제된 폴더를 볼 수 없게 된다.

이것은 어떤 종류의 결함일까?

앞의 예제를 읽는 독자 중에는 '음, 뭐 당연한 얘기 아닌가? 난 이미 드롭박스가 그렇게 동작한다는 사실을 알고 있어서 새삼스럽지도 않네. 문제는 드롭박스가 아니라 작동 원리를 모르면서 사용하는 사람들이지'라고 생각할 수도 있을 것이다. 그러나 나는 이런 생각을 하는 독자는 매우 적은 수라고 확신할 수 있다. 그 이유는 내가 이와 동일한 예제를 MIT 대학 컴퓨터 공학과 학생들에게도 보여 줬는데, 그들 역시 이런 방식에 혼란을 겪었고 심지어 이미 드롭박스를 사용하고 있는 학생들도 마찬가지였다.[16]

그리고 이런 미묘한 차이점을 알고 있는 사람에게도 여전히 문제가 발생한다. 왜냐하면 지우려는 폴더가 최상위 단계에서 공유된 것인지, 하위 단계에서 공유된 인지의 여부는 사용자 인터페이스로 구분하기 어렵기 때문에 이를 구분하는 수고를 해야 하기 때문이다.

더욱이 이러한 자의적인 구분에 따라 행동해야 한다는 것도 합리적이지 않다. 왜 최상위 폴더만 내 맘대로 이름을 지정할 수 있을까? 나와 공유한 폴더에는 왜 나만의 이름을 지정할 수 없는 것일까? 이와 반대로, 공동 작업을 하다 보면 공유 폴더의 이름을 바꾸는 경우가 발생하는데 왜 어떤 폴더는 가능하고 어떤 폴더는 불가능한 것일까?

앞의 시나리오가 실제로 드롭박스의 결함이라고 가정한다면, 이는 어떤 종류의 결함일까? 드롭박스가 수년간 이런 방식을 유지한 것을 보면 버그가 아닌 것만은 확실하다. 그러면 사용자 인터페이스의 결함일까? 그럴 가능성도 별로 없다. 즉, 사용자에게 영향을 미치는 변경이 있을 때마다 사용자에게 더 많은 알림을 표시할 수도 있을 것이다. 그러나 이는 복잡성을 가중시키는 활동이며 내 경험상 알림이 너무 자주 표시되면 사용자들은 이를 무시해 버린다.[17]

진짜 문제는 더 깊이 숨어 있다. 파일과 폴더의 이름이 지정되는 방식 그리고 이러한 이름이 폴더와 폴더 내 콘텐츠 간의 억제 관계와 어떤 연관이 있는지가 본질적인 문제다. 나는 이를 '콘셉트 디자인 문제'라고 부르는데 드롭박스의 결함은 바로 개발자가 자신만의 콘셉트 디자인을 충실하게 구현했다는 사실이다. 그러나 이 콘셉트는 대부분의 사용자들이 갖고 있는 콘셉트와 일치하지 않는다. 그리고 더 큰 문제는 이런 콘셉트가 사용자의 목적과 잘 맞지 않는다는 것이다.[18]

물리 계층	언어 계층	콘셉트 계층
색, 크기, 배치, 형태, 감각, 소리	아이콘, 이름표, 말풍선, 사이트 구조	의미, 행동, 데이터 모델, 목적

구체적 ──────────────────────────────── 추상적

그림 2.5 인터랙션 디자인의 계층

디자인 계층

콘셉트 디자인을 전체적으로 살펴보려면 그림 2.5처럼 소프트웨어 디자인을 계층적으로 분해하는 것이 좋다. 이 분류는 내가 고안한 것으로, 기존에 제안된 분류법들과도 유사하다.[19]

디자인 계층의 첫 번째는 물리 계층physical level으로, 산출물의 물리적 특성에 관한 것이다. 유리 화면을 터치하는 것이 인터페이스의 전부인 소프트웨어라 하더라도 고유의 특성과 한계가 존재한다.[20] 따라서 디자이너는 인간의 물리적 반응 역량을 고려해야 한다. 예를 들어, 시각 장애인이나 청각 장애인이 어떻게 상호 작용해야 할 것인지가 디자이너가 고려해야 하는 계층이다.

사람들이 갖고 있는 일반적인 특성은 특정 디자인 원칙을 결정한다. 예를 들어, 사람의 눈은 30밀리초보다 짧은 구간에서 발생하는 이벤트는 구별할 수 없으므로 영화를 초당 30프레임 정도로 제작하면 충분하다는 것을 유추할 수 있다. 또한 시스템의 동작이 30밀리초를 넘어가면 사용자는 '지연'이라고 인식하므로 이런 경우에는 상태 표시줄을 보여 주거나 더 길어질 경우, 아예 작업을 취소하는 기능을 넣어야 한다는 것을 알 수 있다. 이와 유사하게 피츠의 법칙은 사용자가 포인팅 장치(마우스)를 움직여 목표물까지 이동하는 데 걸리는 시간을 예측함으로써 왜 메뉴 바가(윈도우처럼) 프로그램 화면의 일부가 아니라 (맥 OS처럼) 화면의 상단에 위치해야 하는지에 대한 이유를 설명한다(그림 2.6).[21]

디자인 계층의 두 번째는 언어 계층linguistic level이다. 이 계층은 소프트웨어에서 일어나는 동작을 알려 주는 언어와 관련된 것으로, 사용자가 소프트웨어를 탐색할 때 도움을 주거나 허용 가능한 작업은 무엇이고 어떤 결과가 초래되는지 등을 알려 주는 데 사용된다. 물리 계층의 디자인에서 사용자의 다양한 신체적 특성을 고려해야 한다면, 언어 계층의 디자인에서는 문화와 언어의 차이를 고려해야 한다.

앱에서 보여 주는 버튼 이름이나 말풍선은 영어권 사용자를 대상으로 할 것인지, 이탈리아어 사용자를 대상으로 할 것인지에 따라 확실히 다를 것이다(나는 어릴 때 갔던 이탈리아 여행에서 calda라고 표시된 수도꼭지를 냉수cold라고 오해해서 쓰라린 경험을 한 적이 있다). 따라서 디자이너도 문화적 차이를 알아야 한다. 유럽에서 흰색 바탕에 빨

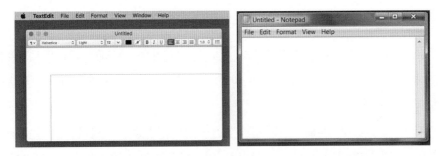

그림 2.6 물리 계층에서의 디자인 문제와 피츠의 법칙을 적용한 기존 사례. 좀 더 사용하기 편리한 메뉴 배치는 어느 쪽일까? 메뉴 바가 항상 데스크톱의 최상단에 나타나는 맥 OS의 배치(왼쪽)일까, 메뉴 바가 프로그램 창의 일부인 윈도우의 배치(오른쪽)일까?

간색 테두리가 있는 원형 표지판은 '차량 통행 금지'를 뜻한다. 그러나 아마도 미국인들은 빨간색 대각선 줄이 없는 그 표지판을 보고 차량 통행 금지라고 생각하지는 않을 것이다.[22]

사용자 인터페이스 디자이너가 일관성consistency의 필요성에 대해 얘기할 때는 일반적으로 이 계층에서의 언어 사용을 언급한다. 일관성에는 인터페이스 전체에서 동일한 단어가 동일한 방식으로 사용되는지(예: 파일 컨테이너를 한곳에서는 '폴더'라고 하고 다른 곳에서는 '디렉터리'라고 하는지의 여부)와 아이콘이 체계적으로 사용되는지 등이 포함된다. 그림 2.7은 어떻게 구글이 전혀 다른 두 개의 기능에 유사한 아이콘을 사용함으로써 이 원칙을 위반했는지를 보여 준다. 아이콘은 둘 다 검은색 사각형들의 집합인데, 하나는 구글 앱 메뉴를 여는 아이콘, 다른 하나는 그리드 뷰로 전환하는 아이콘이다.

디자인 계층의 세 번째는 **콘셉트 계층**으로, 가장 높은 단계다. 이 계층은 디자인의 기초가 되는 행위behavior인 사용자(및 소프트웨어 자체)가 수행하는 액션과 그 액션이 기초 구조에 미치는 결과와 관련이 있다. 콘셉트 계층은 언어 계층과 달리, 의사소통이나 문화에 관한 것은 아니지만, 콘셉트에 대한 사전 지식이 있다면 학습과 활용을 쉽게 할 수 있다. 이에 대해서는 10장에서 살펴본다.

프로그래밍에서는 추상화abstraction와 표현presentation 사이에 익숙하지만 중요한 차이가 있다. 추상화는 프로그래밍 아이디어의 본질을 포착해서 관찰 가능한 행위를

그림 2.7 언어 계층에서의 디자인 문제: 일관성이 없던 구글 초기의 앱 아이콘과 이를 해결한 아이콘. 앱 실행 아이콘과 그리드 뷰 아이콘의 최초 버전(왼쪽), 같은 동작을 새롭게 디자인한 아이콘(오른쪽)

세부사항으로 기술하는 것이고 표현은 본질을 코드로 구현하는 것이다.

이와 마찬가지로 유저 인터랙션(상호 작용)에도 추상화와 표현이 있다. 추상화란, 구조와 행위의 본질을 말하며 콘셉트 계층에서의 설계 대상이다. 표현이란, 물리 계층과 언어 계층의 정보를 갖고 유저 인터페이스에서 콘셉트를 구현하는 것이며 하위 계층에서의 설계 대상이다.

한 개의 추상화를 갖는 프로그램도 여러 개의 표현을 가질 수 있듯이 콘셉트도 여러 개의 사용자 인터페이스로 구현될 수 있다. 그리고 프로그래머가 추상화를 먼저 고려하고 표현을 나중에 고려하듯이 디자이너도 콘셉트 계층을 먼저 고려하고 하위 계층을 나중에 고려한다. 지금까지는 디자이너가 콘셉트 디자인 아이디어를 구체적인 사용자 인터페이스로 구현하지 않고 표현할 수 있는 방법이 없었다. 이 책의 목표는 별도의 구현을 하지 않고도 콘셉트 디자인 아이디어를 직접 표현할 수 있다는 것을 보여 주는 것이다.

멘탈 모델과 콘셉트 디자인

대부분의 소프트웨어 앱에서 사용자가 겪는 어려움은 기능이 너무 많거나 너무 적어서 생기는 경우는 드물다. 오히려 더 일반적인 문제는 사용자가 실제 기능을 효과적으로 활용하지 못한다는 것이다. 이는 사용자가 기능을 적극적으로 찾아보지 않거나 아예 그런 기능이 없을 것이라고 추정하기 때문일 것이다.[23]

그러나 사용자가 기능을 알고는 있지만 제대로 사용할 수 없는 경우가 더 많다. 이런 사례의 공통적인 원인은 사용자가 잘못된 멘탈 모델, 즉 소프트웨어의 디자이너나 개발자와는 다른 멘탈 모델을 갖고 있기 때문이다. 연구 결과에 따르면, 사용자는 자신이 사용하는 기기에 대해 모호하고 불완전하며 심지어 일관성이 없는 모델을 갖고 있는 경우가 많지만, 모든 세부사항까지는 아니더라도 최소한 형식적으로는 디자이너의 머릿속에 있는 콘셉트와 유사한 콘셉트를 구성한다는 연구 결과가 여러 번 발표됐다.[24]

그러나 드롭박스의 사례에서 살펴봤듯이 사용자가 완전히 다른 멘탈 모델을 갖고 있다면 기능을 제대로 사용할 수 없을 것이다. 결과적으로 심각한 손해를 겪게 되거나 손해를 입을까 두려워 매우 일부 기능만 사용하는 데 그칠 것이다.

이 문제에 대한 나쁜 해결책 중 하나가 바로 '사용자 교육'이다. 그러나 이런 시도는 대부분 실패한다. 대부분의 사용자들은 보통 앱 사용법을 배우면서 시간을 낭비하기 보다는 (당연히) 일단 선택하면서 진행하길 바라기 때문이다. 좀 더 나은 해결책은 단순하면서도 사용자의 필요에도 잘 맞도록 콘셉트를 디자인하고 이 콘셉트를 사용자에게 전달하는 인터페이스를 디자인하는 것이다.

콘셉트는 그 자체로 사용자에게는 멘탈 모델로써, 프로그래머에게는 디자인 명세서로써의 토대가 된다. 사용성 분야의 전문가인 돈 노먼Don Norman은 콘셉트 모델에 충실하게 대응하면서 사용자가 그에 맞는 멘탈 모델을 얻을 수 있는 콘셉트를 '시스템 이미지'라고 정의했는데, 사용자 인터페이스 디자이너의 임무는 바로 이 '시스템 이미지'를 제대로 보여 주는 것이다.[25]

그림 2.8은 이것을 보여 준다. 맨 위에는 사용자가 있고 맨 아래에는 프로그래머가 작성한 코드가 있으며 이 둘 사이에는 사용자 인터페이스가 있다. 소프트웨어가 성공하려면 (사용자의 요구사항과 운영 환경, 심리적 특성 등을 조사하는 과정을 통해) 사용자를 이해해야 하고 (테스트, 검증 등의 절차를 통해) 코드가 디자인 명세서를 만족하는지 확인해야 하며 제대로 쓸 수 있는 사용자 인터페이스를 만들어야 한다. 그러나 무엇보다 중요한 것은 사용자가 생각하는 모델과 프로그래머가 생각하는 모델을 일치시키는 것이다. 이는 사용자와 프로그래머 모두가 공유하고 사용자 인터페이스로 분명히 전달되는 콘셉트를 명시적으로 구현해야만 성취할 수 있다.

핵심 정리 및 실천사항

2장의 핵심 내용은 다음과 같다.

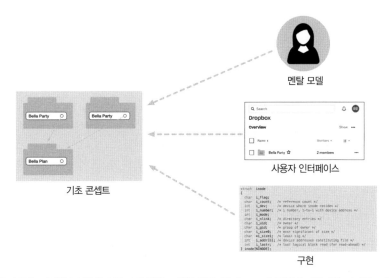

멘탈 모델

사용자 인터페이스

구현

기초 콘셉트

그림 2.8 콘셉트의 핵심 역할은 사용자의 멘탈 모델(오른쪽 위)과 코드에 구현된 개발자의 디자인 모델(오른쪽 아래)을 융합하는 것(왼쪽)이다. 콘셉트를 정교하게 사용자 인터페이스로 전환하면 단지 콘셉트를 완벽하게 지원하는 것뿐 아니라 이를 사용자에게도 암시적으로 전달할 수 있다.

- 소프트웨어 애플리케이션에서 나타나는 핵심 사용성 문제는 앱에 내재된 콘셉트가 원인인 경우가 많다. 예를 들어, 공유 아이템을 삭제하면 다른 사용자도 영향을 받을지 여부가 혼란스러웠던 문제는 드롭박스가 유닉스의 콘셉트를 채택했기 때문이라고 설명할 수 있다.

- 소프트웨어 디자인은 세 가지 계층에서 수행된다. 물리 계층은 인간 사용자의 신체적·인지적 능력에 맞도록 버튼이나 레이아웃, 제스처 등을 디자인하는 것이다. 언어 계층은 사용자와 의사소통하기 위해 아이콘이나 메시지 및 용어를 디자인하는 것과 관련된 것이다. 콘셉트 계층은 콘셉트의 집합으로써 기초 행위를 디자인하는 것이다. 앞의 두 개 하위 계층은 사용자 인터페이스로 콘셉트를 표현하는 것과 관련이 있다.

- 사용성을 높이려면 사용자에게 올바른 멘탈 모델을 제공해야 한다. 이를 위해서는 간단하고 직관적인 콘셉트를 디자인해야 하고 콘셉트를 이해하거나 사용하기 쉽도록 사용자 인터페이스와 콘셉트를 '매핑mapping'해야 한다.

다음은 바로 적용해 볼 수 있는 실천사항이다.

- 사용성에 문제가 있는 앱을 고른다. 앱에서 사용하는 콘셉트가 무엇인지 독자 스스로 자문해 보고 독자의 가정이 실제 동작과 일치하는지 확인한다. 만약 일치하지 않는다면 행위를 좀 더 정확하게 설명하는 다른 콘셉트를 찾아보자.
- 앱 디자이너의 관점에서 사용자가 가장 어렵다고 느끼는 기능(또는 가장 실수하기 쉬운 기능)을 생각해 보자. 이와 관련된 콘셉트를 한두 가지 찾아보자.
- 디자인 작업을 할 때 어떤 계층에 속한 작업을 하는지를 생각해 보자. 콘셉트 계층에서 시작해 하위 계층으로 내려간다. 하위 계층으로 콘셉트를 스케치해 나가는 작업은 콘셉트를 좀 더 직관적으로 이해할 때도 도움이 된다. 콘셉트에 대한 명확한 이해를 하기도 전에 실제 인터페이스(예를 들어, 글꼴이나 색상, 상세 레이아웃에 대한 고민)를 고치려는 유혹을 뿌리쳐야 한다.
- 물리 계층이나 언어 계층에 중점을 둔 앱에 대한 불만사항을 들었을 때 근본적인 문제가 콘셉트 계층에 있는 것이 아닌지 물어본다.

03

콘셉트가 도움을 주는 방법

전통적인 디자인 분야에서는 디자인이 핵심 개념conceptual core에서부터 전개된다. 이 핵심이 무엇인지는 분야마다 다르다. 건축가는 이를 '파르티 프리스parti pris'라고 부르며 다이어그램이나 간단한 문장 또는 인상적인 스케치로 표현해 후속 작업의 구성 원칙으로 삼는다. 그래픽 디자이너의 경우에는 이를 '아이덴티티identity'라고 부르며 프로젝트나 조직의 핵심을 표현하는 전형적인 몇 가지 요소로 구성된다. 작곡가는 연속된 음으로 이뤄진 '모티프motif'를 중심으로 음악을 작곡하는데, 모티프의 변형과 반복, 계층화와 재배열을 통해 더 큰 구조를 만든다. 책 디자이너의 경우에는 작업을 단락의 폭과 여백 및 글꼴과 글자 크기 등을 지정하는 '레이아웃layout'에서 시작한다.

핵심 개념을 잘 선택하면 그 이후 디자인 결정의 상당 부분은 예상할 수 있다. 전체적으로 일관된 디자인을 유지하기 때문에 아무리 큰 팀이 작업하더라도 마치 한 사람의 결과물처럼 보일 수 있다. 사용자 역시 무결성과 통일성을 느끼게 되며 근본적으로 복잡한 기능조차 단순하다는 느낌을 받는다.

소프트웨어 애플리케이션의 경우, 핵심 개념은 (당연하게도) 핵심 콘셉트의 집합으로 구성된다. 3장에서는 개별 앱과 앱 제품군 및 전체 비즈니스를 특징 짓고 복잡성과 사용성의 문제점을 드러내며 안전과 보안을 보장하고 분업과 재사용을 가능하게하는 등과 같은 콘셉트가 수행하는 역할을 살펴보자.

앱을 특징 짓는 콘셉트

앱을 설명하려는 경우, 핵심 콘셉트를 간략하게 요약하면 큰 도움이 된다. 예를 들어, 1960년대에서 현재로 이동한 시간 여행자에게 페이스북이 무엇이고 어떻게 사용하는지를 설명한다고 가정해 보자(그림 3.1). 가장 먼저 '포스트post' 콘셉트를 설명하는 것으로 시작할 수 있다. 즉, 포스트란 다른 사람들이 읽도록 작성한 짧은 글이

그림 3.1 세 가지 콘셉트가 명확하게 드러나는 페이스북 화면. (1) 포스트(짧은 글과 첨부된 사진으로 구성) (2) 좋아요(왼쪽 아래에 이모티콘으로 표시) (3) 댓글(오른쪽 아래에 링크로 표시)

며 페이스북에서는 이를 '상태 업데이트'(트위터의 경우에는 '트윗')라고 한다. 그리고 포스트에 대한 반응을 작성하는 '댓글^{comment}' 콘셉트, 포스트에 대한 공감을 표시하며 포스트의 표시 순위를 높일 수 있는 '좋아요^{like}' 콘셉트, 표시되는 내용을 필터링하고 접근 제어 기능을 제공하는 식으로 포스트를 볼 수 있는 사람을 제한하는 데 사용하는 '친구^{friend}' 콘셉트에 대해서도 설명한다.

　유사한 기능을 제공하는 앱 간의 차이점은 콘셉트를 비교해 설명하는 경우가 많다. 예를 들어, 핸드폰의 문자 메시지(SMS)와 이메일의 핵심 차이를 생각해 보자. 핸드폰 문자는 모든 메시지가 특정 수신자와 주고받는 '대화^{conversation}' 콘셉트로 구성되는 반면, 이메일은 보통 '편지함^{mailbox}', '폴더^{folder}', '레이블^{label}' 콘셉트로 구성된다. 이런 차이는 문자 메시지의 경우, 발신자와 수신자가 단 한 개의 전화번호로 구별되는 반면, 이메일 사용자는 여러 개의 이메일 계정을 갖는 경우가 많아서 대화로 그룹화하는 것을 신뢰할 수 없기 때문이다. 또한 이 둘은 상호 작용 방식도 다른데, 문자 메시지는 대화가 필요한 상황에서 사용되고 이메일은 각각 개별적인 메시지로 취급되며 만약 다른 이메일을 포함할 때는 명시적으로 인용하는 것이 일반적이다.

　때로는 앱의 핵심 콘셉트를 식별하기 위해 경험과 전문성이 필요할 수도 있다. 예를 들어, MS 워드를 처음 사용하는 사용자라면 워드의 중심 콘셉트가 '단락^{paragraph}'이라는 사실에 조금 놀랄 수도 있다. 모든 문서는 여러 개의 단락으로 구성되고 모든 줄 단위의 서식 속성들(예: 행간 및 양쪽 맞춤)도 줄이 아닌 단락이 기준이 된다. 워드로

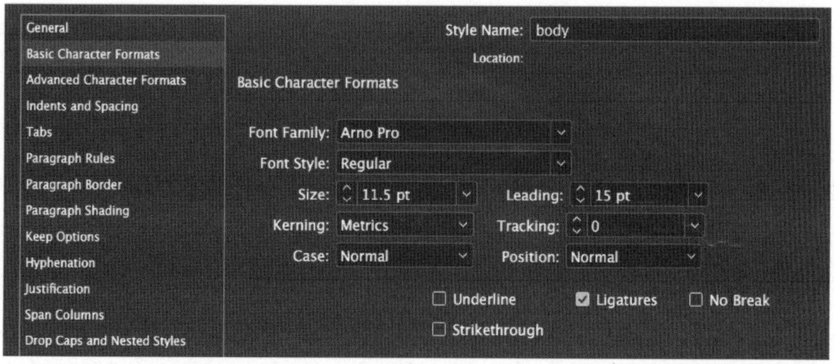

그림 3.2 어도비 인디자인에서 제공하는 '스타일(style)' 콘셉트 화면에 보이는 설정은 이 책의 단락에 적용된 'body'라는 이름의 스타일 정보를 보여 준다.

책을 쓰려는 경우, 계층 구조(장이나 섹션)에 해당하는 콘셉트를 찾을 수 없고 제목도 그냥 단락으로 처리된다는 것을 알게 된다. 워드는 단락 콘셉트와 이를 다른 콘셉트와 밀접하게 결합하는 방식으로 유연성과 강력한 기능을 제공한다.[26]

제품군을 특징 짓는 콘셉트

콘셉트는 개별 앱을 구분할 뿐 아니라 앱 제품군을 통합하는 역할도 한다. 예를 들어, 프로그래머는 보통 텍스트 편집기(예: 아톰이나 서브라임, 비비에디트나 이맥스 등)를 사용해 코딩한다. 반면, 일반인은 워드프로세서(예: 워드나 오픈 오피스, 워드 퍼펙트)로 문서를 작성한다. 그리고 전문적인 도서 편집 디자이너는 전자출판 앱(예: 어도비 인디자인이나 쿼크익스프레스, 스크리버스나 MS 퍼블리셔)으로 책이나 잡지를 편집한다.

텍스트 편집기의 핵심 콘셉트는 행line과 문자character다. 행 콘셉트는 강력한 기능 (특히 코딩하는 데 필수적인 '파일 비교'와 '병합' 기능 등) 과 제한사항(예: 줄 바꿈과 단락 나누기를 구분할 수 없음)을 모두 가진다. 이 문제를 해결하고자 레이텍LaTex과 같은 일부 편집 프로그램은 단락 나누기의 표시로 빈 행을 삽입하는 식의 규칙을 사용한다.

워드프로세서의 콘셉트에는 단락뿐 아니라 서식format과 스타일도 포함된다. 예를 들어, 서식은 글꼴을 '굵게' 또는 '12pt'로 설정하는 방식의 콘셉트, 스타일은 본문 단락에 적용할 글꼴 크기, 종류, 모양 등을 '본문body'이라는 스타일에 저장해 뒀다가 이를 적용한 필요한 단락에 연결하는 콘셉트다(그림 3.2).

전자출판 앱에는 워드프로세서의 기본 개념이 포함돼 있지만, 가장 중요한 것은 '텍스트 흐름 콘셉트'를 추가한 것이다. 이는 문서 내의 다른 위치에 존재하는 텍스트 상자를 서로 연결해 텍스트가 한곳에서 다른 곳으로 흐르도록 만드는 기능이다. 이 콘셉트는 잡지를 제작할 때 꼭 필요한 기능으로, 하나의 기사가 여러 페이지에 걸쳐 분할되는 경우에도 자연스럽게 기사의 흐름이 연결되도록 하는 것이다(그림 3.3).

놀랍게도 이 세 가지 제품군(텍스트 편집기, 워드프로세서 전자출판 앱) 중 '페이지page' 콘셉트를 지닌 제품은 단 하나뿐이다. 워드프로세서에도 최소한의 형태(페이지 여백 및 머리말, 꼬리말 크기 조정)가 남아 있긴 하지만, 전자출판 앱만이 텍스트와 독립적으로 페이지를 재정렬하거나 추가, 삭제할 수 있다.

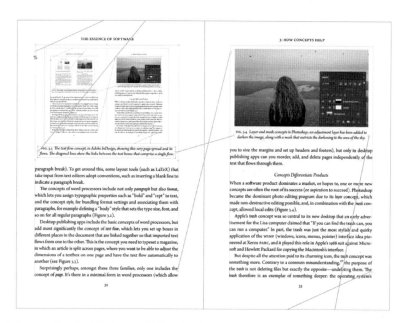

그림 3.3 '페이지 펼침' 화면의 텍스트 흐름을 보여 주는 어도비 인디자인의 '텍스트 흐름(text flow)' 콘셉트. 그림에 표시된 실선들은 단일 흐름을 갖는 텍스트 상자들 간의 연결 순서를 나타낸다.

제품을 차별화하는 콘셉트

어떤 소프트웨어가 해당 분야에서 시장 지배적인 제품이 되는 경우, 하나 이상의 새로운 콘셉트가 이런 성공의 근본 원인이 되는 경우가 많다. 포토샵은 원본을 망가뜨리지 않고도 편집을 허용하는 '레이어layer' 콘셉트와 부분 편집을 가능하게 하는 '마스크mask' 콘셉트를 결합함으로써 시장 지배적인 사진 편집 프로그램이 됐다(그림 3.4).

애플이 도입한 '휴지통trash' 콘셉트는 새로운 운영 체제의 핵심이었기 때문에 애플은 리사 컴퓨터의 초기 광고에도 '휴지통 아이콘을 찾을 수 있는 사용자라면 누구나 컴퓨터를 사용할 수 있다'라며 홍보했다. 어떤 면에서 휴지통은 제록스 PARC 연구소에서 개척했던 WIMP(윈도우, 아이콘, 메뉴, 포인터) 인터페이스 개념을 구현한 가장 기발하면서도 세련된 앱이었기 때문에 마이크로소프트와 휴렛패커드가 매킨토시의 인터페이스를 베꼈다며 제기한 애플의 1988년 소송에서도 중요한 소재가 됐다.

모든 관심이 휴지통 아이콘에 쏠렸지만, 사실 '휴지통' 콘셉트는 그 이상의 의미

그림 3.4 포토샵의 레이어 및 마스크 콘셉트. 이미지를 어둡게 할 목적의 색상 조정 레이어와 하늘 부분을 제외하는 마스크가 추가됐다.

가 있었다. 사람들의 오해와 달리, 휴지통의 목적은 '파일 삭제'가 아니라 '파일 삭제 취소'이다.[27] 따라서 '휴지통' 콘셉트가 갖는 좀 더 심오한 의미는 바로 사용자의 실수를 어느 정도 운영 체제가 수용하게 됐다는 것이다. 또한 이런 콘셉트는 향후 사용자 인터페이스 디자인의 기본 원칙으로 여겨지게 됐다('휴지통' 콘셉트는 4장에서 좀 더 다룬다).

1979년 댄 브릭클린Dan Bricklin이 개발한 스프레드시트는 역사상 가장 성공적인 혁신 사례 중 하나로, 회계 장부에서 영감을 받아 컴퓨터 분야에 새로운 연산 모델을 도입했다. 그러나 이 프로그램에서 가장 중요한 혁신은 회계 기능이 아니라 한 셀의 값을 다른 셀에서 정의할 수 있도록 하는 '수식formula'이라는 놀랍도록 새로운 콘셉트였다. 실제로 브릭클린의 프로그램인 '비지칼크VisiCalc'는 회계 프로그램이 아니었고 오히려 직접 회계를 목표로 만든 프로그램은 모두 실패했다. 수식 콘셉트는 모든 방식의 연산을 모델링할 수 있다는 점에서 매우 강력한 기능이었다. 또한 이와 유사한 콘셉트인 '참고reference' 콘셉트에 의존하지 않고 절대 위치와 상대 위치를 구분해 한 셀에서 다른 셀로 수식을 복사할 수 있는 것도 꽤 중요한 기능이었다.

좀 더 최근의 사례로 일정 관리 서비스인 '칼렌들리Calendly'의 경우, '이벤트 유형

event type'이라는 콘셉트로 차별화한 앱을 출시했다. 간단히 말해, 사용자들은 여러 종류의 이벤트 유형(예: 15분 통화, 1시간 대면 미팅 등)을 정의하고 각 유형마다 시작 시간, 취소 가능 여부, 알림 벨소리 등의 고유 특성을 지정할 수 있다. 그런 다음 사용자가 각 이벤트 유형별로 가용 시간을 표시하면, 다른 사람들이 이벤트 유형에 따라 약속을 정할 수 있다.

유명한 앱이나 시스템에서 핵심 콘셉트를 찾아내는 것은 재미도 있고 실제로 도움이 되기도 하는 활동이다. 예를 들어, '월드 와이드 웹WWW'을 생각해 보자. 아마도 마크업 언어html나 하이퍼텍스트 링크hypertext link가 핵심이라고 생각할 수 있지만, 마크업 언어나 하이퍼텍스트는 꽤 오래된 개념이다. 사실 웹의 핵심 콘셉트는 바로 어떤 페이지에 대해서든 전 세계적으로 고유하고 영구적인 주소를 부여하는 'URL(단일 리소스 식별자)' 콘셉트다. 이 콘셉트가 없었다면 웹은 그냥 각기 개별적으로 운영되는 독점 네트워크들의 집합체에 불과했을 것이다.

복잡함을 드러내는 콘셉트

대부분의 콘셉트는 간단하고 이해하기 쉽지만, 복잡한 콘셉트도 있다. 복잡성은 디자인이 잘못됐다는 증거일 뿐이지만, 때로는 콘셉트의 탁월함 덕분에 복잡성이 문제가 되지 않는 경우도 있다.

포토샵의 '레이어' 콘셉트와 '마스크' 콘셉트가 바로 이런 범주에 해당한다. 내가 포토샵을 시작했을 때 동영상을 보면서 사진의 적목red-eye 현상 제거와 같은 전문적인 작업을 배워 보려고 했다. 그러나 결국 핵심 콘셉트를 더 깊이 이해할 필요가 있다는 것을 깨닫고 개념적 관점에서 레이어와 마스크(채널, 커브, 색 공간, 히스토그램 등)를 설명하는 책을 읽었고 그제서야 원하는 작업을 제대로 할 수 있게 됐다.

매우 복잡한 콘셉트가 비전문가가 널리 사용하는 앱에 나타나는 경우도 있다. 브라우저 앱에는 브라우저가 연결하려는 서버가 의도한 회사의 서버(예: 피싱 사이트가 아닌 정상적인 은행)인지를 확인하는 '인증서certificate' 콘셉트와 로그아웃 후에 다른 사람이 사용자의 검색 정보를 사용할 수 없도록 방지하는 '비공개 브라우징private browsing' 콘셉트가 포함돼 있다. 이들 콘셉트는 보안 강화에 매우 중요하지만, 제대로 이해하는 사람은 적다. 대부분의 사용자는 인증서의 작동 원리와 용도를 잘 모르며 비공개 브라우징을 사용하면 사이트를 방문할 때 추적되지 않는다고 생각하는 경우가 많다.

더 큰 문제는 브라우저의 가장 기본적인 동작 중 일부는 대부분의 사용자에게는 보이지 않는 복잡한 콘셉트에 의존한다는 점이다. 예를 들어, 웹 개발자들이 기존에 다운로드한 콘텐츠를 사용해 페이지를 좀 더 불러오는 데 사용하는 '페이지 캐시^{page cache}' 콘셉트가 그렇다. 그러나 기존 콘텐츠가 언제 업데이트되는지(그리고 이런 규칙은 언제 수정되는지)에 대한 규칙은 개발자에게도 불명확하기 때문에 사용자나 개발자 모두 브라우저에 표시되는 콘텐츠가 최신인지 여부를 확신할 수 없다.

까다로운 콘셉트를 찾아보는 것은 집중력을 높이는 데 도움이 된다. 이는 사용자의 입장에서 무엇을 배워야 하는지 알려 준다. 즉, 고급 사용자가 되려면 나중에 저절로 알게 되는 세부 사항은 무시하고 핵심 콘셉트만 집중적으로 익히면 된다. 교사의 입장에서는 본질에 집중하는 데 도움이 된다. 예를 들어, 웹 개발을 가르칠 때 특정 프레임워크나 기술에 의존하는 것이 아니라 세션이나 인증서 캐시, 비동기 서비스 등과 같은 본질에 집중하는 것이다. 이 밖에도 디자이너의 입장에서 혁신을 일으킬 수 있는 기회도 제시한다. 예를 들어, 더 나은 서버 인증 콘셉트를 개발하면 많은 피싱 공격을 방지할 수 있을 것이다.

비즈니스를 정의하는 콘셉트

'디지털 전환'이란, 비즈니스의 핵심을 온라인으로 이동시켜 고객이 언제든지 서비스를 이용할 수 있도록 하는 단순한 아이디어를 거창하게 표현한 용어다. 내 컨설턴트 경험을 돌이켜보면 비즈니스를 혁신하고 확장하려는 고객사의 경영진 중에는 핵심을 이해하려고 노력하는 대신, 멋진 기술에만 관심을 갖는 경우가 종종 있었다. 즉, 클라우드로 전환하거나 인공지능이나 블록체인을 도입해 시장 점유율을 높이려고 하지만, 해결하려는 문제에 대한 명확한 인식이 없는 경우가 많았다.

핵심 콘셉트에 투자하는 것은 빛은 덜하지만 좀 더 효율적일 가능성이 높다. 그 이유는 다음과 같다.

첫째, 비즈니스의 핵심 콘셉트를 식별하려는 노력만으로도 현재 제공하고 있는 (또는 앞으로 제공할 예정인) 서비스에 집중하는 데 도움이 된다. 둘째, 이들 콘셉트를 분석하면 비즈니스를 합리화하는 데 필요한 문제점과 기회가 드러난다. 셋째, 파악된 콘셉트를 (고객 및 회사에 대한) 가치와 구현, 유지 비용 등을 반영해 우선순위를 매길 수 있으므로 이를 회사가 제공하는 서비스에 대한 전략 수립의 기초 자료로 사용할 수 있다. 넷째, 핵심 콘셉트를 통합함으로써 회사는 고객이 다양한 기술과 부서를 넘어선 균일한 사용자 경험을 갖도록 보장할 수 있고 여러 콘셉트를 각각 구현하고 운영하며 발생하는 비용(회사의 부서 간 데이터를 주고받을 때 여러 버전의 소프트웨어로 인해 수반되는 문제를 해결하는 데 드는 비용)을 줄일 수 있다.

최고의 서비스는 사용자가 쉽게 이해하고 사용할 수 있도록 잘 설계된 소수의 콘셉트를 중심으로 구성되며 이러한 혁신에는 단순하지만 매력적인 새로운 콘셉트가 포함되는 경우가 많다. 예를 들어, 애플의 '음악song' 콘셉트에서 스티브 잡스Steve Jobs는 사용자가 음악을 고르고 구매하고 내려받고 재생하며 경험하는 모든 단계에서 하나의 통합된 콘셉트로 제공할 수 있는 기회를 발견했다.[28]

반면, 항공 산업을 생각해 보자. 항공 산업의 핵심 콘셉트가 '좌석seat'이라는 것에는 이견이 없지만, 이처럼 모호하고 사용하기 어려운 콘셉트도 드물다. 항공사는 수익을 극대화하기 위해 좌석에 대한 가격 전략을 숨기고(오로지 일부 전문가만이 현재나 과거에 판매된 동일 비행기의 다른 좌석과 비교해서 가격을 예상할 수 있음), 상품의 세부 정보(총 좌석 수나 좌석 간 차이점 등)도 거의 공개하지 않으며 심지어 사전에 좌석을 선택할

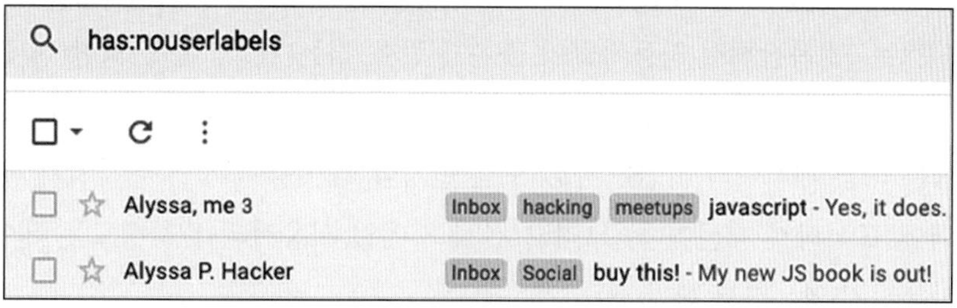

그림 3.5 지메일의 레이블(이름표) 기능. 사용자 정의 레이블이 없는 메시지를 표시하려고 검색어를 입력했지만, 첫 번째 메시지를 보면 사용자 정의 레이블('hacking'과 'meetups')이 붙어 있다. 지메일의 설명에 따르면, 검색 조건을 만족하는 메시지가 포함된 대화는 메시지에 레이블 부착 여부와 관계없이 모두 표시된다. 따라서 레이블이 없는 메시지 한 개를 포함한 대화와 레이블이 붙은 메시지가 이 검색에 모두 표시된다.

수 없는 경우도 있다. '상용 고객 우대 프로그램frequent flyer' 콘셉트조차 각종 규정과 예외 규정을 둬 가능하면 고객이 혜택을 받지 못하도록 복잡하고 헷갈리는 전략을 사용하는 경우가 많다.[29]

비용과 이익을 결정하는 콘셉트

개발할 앱을 기획할 때 후보 콘셉트 목록을 갖고 있으면, 앱 기능의 지원 범위를 정하고 이익 대비 비용을 판단하는 데 활용할 수 있다. 물론, 이런 작업은 지난 수십 년간 개발자들이 수행해 왔던 작업으로, 통상 기능 또는 특성이라는 비공식적 개념을 사용했다. 그러나 콘셉트를 활용하면 기능을 고유의 가치와 비용을 갖는 독립된 단위로써 좀 더 명확하게 구분할 수 있다.

다시 말해, 디자인에 어떤 콘셉트를 포함시킬 때는 (a) 콘셉트의 목적(그리고 사용자에게 얼마나 가치가 있는지), (b) 콘셉트의 복잡도(그리고 개발 비용 및 사용자가 느낄 혼란에 따른 비용), (c) 콘셉트의 참신성(그리고 수반되는 위험성)을 고려해 적절성을 판단할 수 있다.

전체 중 20%가 사용성의 80%를 제공한다는 80:20 법칙이 콘셉트에도 적용된다. 그렇다고 덜 유용한 콘셉트가 중요하지 않다는 것은 아니다. 어떤 사용자에게는 쓸모 없는 콘셉트가 다른 사용자에게는 필수적인 경우도 종종 있다. 이와 반대로 앱 디자인의 핵심 콘셉트인데 잘 사용되지 않는 경우도 있다.

예를 들어, 지메일의 '레이블' 콘셉트는 메시지를 정리하는 핵심 콘셉트다. 따라서 지메일의 개발 복잡성 중 상당 부분을 차지하고 있다. 이 책의 뒤에서 살펴보겠지만, 이 콘셉트는 꽤 복잡해서 사용자들이 많은 혼란을 겪는다(그림 3.5). 또한 지메일 사용자가 자신이 보낸 메시지와 받은 메시지를 헷갈리게 하는 원인이 되기도 하는데, 그 이유는 다른 메시지와 마찬가지로 '보낸 편지함' 레이블이 개별 메시지가 아닌 전체 대화에 표시되기 때문이다. 그리고 전체 지메일 사용자의 1/3 정도는 레이블을 전혀 사용하지 않는다고 한다.[30]

콘셉트는 관심사를 분리한다

문제를 해결하는 가장 중요한 전략은 무엇일까? 나는 단연코 '관심사 분리separation of concerns'라고 생각한다. 관심사 분리는 컴퓨터과학의 중요한 원칙 중 하나로, 각 모듈의 '관심사'가 다르면 구현도 분리해야 한다는 것이다.[31]

콘셉트는 소프트웨어 디자인에서 관심사를 분리하는 새로운 방법을 제공한다. 예를 들어, 회원들이 게시물을 작성하고 다양한 자료(예: 그림)를 공유하는 그룹 게시판을 디자인한다고 가정해 보자. 일단, 회원 가입, 글쓰기, 다른 회원의 게시물 읽기 등 그룹 활동을 포괄하는 '그룹group' 콘셉트를 파악할 수 있을 것이다. 그러나 좀 더 세분화된 디자인이라면 기능을 몇 가지 작은 콘셉트로 분리할 수 있을 것이다. 즉, 회원이 작성한 정보(예: 메시지나 게시물)를 그룹별로 관리하는 간단한 '그룹' 콘셉트, 메시지를 작성하고 편집하는 '포스트' 콘셉트, 그룹에 합류를 요청하는 '초대장invitation' 콘셉트, 회원이 직접 그룹에 참여를 요청하는 '요청request' 콘셉트, 다른 회원이 댓글을 달았을 때나 변경사항이 생겼을 때 발행하는 알림 메시지를 관리하는 '알림' 콘셉트, 문제 글을 관리하는 '중재moderation' 콘셉트 등이다.

관심사를 분리하면 디자이너는 한 번에 하나에만 집중할 수 있다. 문제 글에 대한 중재 절차를 만들면서 어떻게 회원 자격 취소를 할 것인지를 고민하지 않아도 되므로 매우 유용하다. 각 콘셉트를 자체적으로 발전시키면 아예 독립적인 시스템으로 만들 수도 있고 디자이너가 생각하기에 혜택에 비해 비용이 너무 크다면 아예 없앨 수도 있다.

이러한 분리 방법은 개별 디자이너뿐 아니라 팀 전체에도 유익하다. 콘셉트를 팀 내 각 멤버(또는 하위 팀)에게 할당하면, 작업을 병렬로 진행할 수 있다. 각 콘셉트마다 고유의 목적을 갖고 있기 때문에 개별 작업이 충돌을 일으키지도 않고 디자인된 콘셉트가 최종 결합됐을 때 호환되지 않는 문제도 피할 수 있다.

콘셉트는 재사용할 수 있다

디자인을 가장 기본적인 요소 콘셉트로 세분화하면 재사용이 가능한 단계에 도달한다. 예를 들어, 디자이너가 그룹 게시판 앱에서 '중재' 콘셉트를 인식했다면, 다른 상황에서는 중재가 어떻게 이뤄지는지를 찾아보는 것이 현명할 것이다. 신문 기사의 댓글이 아니라 그룹 게시판의 포스트가 중재 대상이라는 점은 처음에는 별로 신경 쓸 필요가 없다. 다양한 표준 중재 옵션을 고려할 준비가 된 후 디자이너는 어느 옵션이 더 적합할 것인지 물어볼 수도 있을 것이다. 좀 더 좋은 방법은 기성 솔루션을 전체적으로 채택해 콘셉트의 아이디어뿐 아니라 구현 방식도 재사용하는 방법을 찾아보는 것이다.[32]

많은 콘셉트가 여러 앱에서 거의 동일한 형태로 재사용된다. 만약 콘셉트 디자인을 모아 놓은 핸드북이 있다고 가정해 보자. 바퀴를 또 발명할 필요가 없는 것처럼 디자이너는 원하는 콘셉트를 찾아보고 그 콘셉트와 관련된 까다로운 문제가 무엇인지와 이를 해결하는 방법도 알 수 있을 것이다.

예를 들어, 거의 대부분의 소셜 미디어 앱은 아이템에 대한 '좋아요'(또는 '싫어요')를 등록해 검색이나 피드 노출에 영향을 미치는 '업보트' 콘셉트를 갖고 있다. 이런 콘셉트를 처음으로 디자인하다 보면, 이중 투표를 방지하는 기술도 필요하고 아이템을 추천한 사람들도 식별해야 한다는 사실 정도는 바로 알 수 있다.

그러나 사용자를 식별하는 다양한 방법과 각 방법의 상대적 장단점에 대해서는 잘 모를 것이다. 즉, 사용자를 식별할 때 사용자 이름을 활용할 것인지, IP 주소로 할 것인지, 쿠키를 이용할 것인지 등을 알지 못할 수도 있다.

그리고 저장된 아이템에 대한 투표는 금지시키는 식으로 사용자 신원을 저장하는 데 드는 비용을 줄이려는 방법을 생각하지 못할 수도 있다. 또한 영향력이 큰 사용자의 투표나 최근의 투표에는 좀 더 가중치를 두는 것을 고려하지 못할 수도 있다. 콘셉트 핸드북이 있다면 이런 모든 디자인 요소와 장단점이 투표 결과에 따라 순서대로 나열돼 있으므로 과거에는 다른 사람들이 여러 번 시도했던 노력을 절약할 수 있을 것이다.

콘셉트는 사용성 장애를 식별하는 데 도움이 된다

소프트웨어 앱이나 서비스 중에는 사용법이 너무 어려워서 사용자들이 아예 앱이나 서비스의 사용을 포기하는 경우도 있다. 이런 경우에는 어떤 특정 콘셉트의 문제의 원인일 때가 많다.

애플은 노트북이나 휴대폰 등 사용자의 기기에 보관하는 데이터용 클라우드 저장소를 제공한다. 클라우드 저장소는 두 가지 용도로 사용된다. 하나는 기기 간의 데이터를 동기화하는 것이다. 예를 들어, 사용하는 기기에 관계없이 모든 브라우저에서 동일한 북마크를 쉽게 유지할 수 있다. 다른 하나는 백업 목적으로, 기기를 분실하거나 로컬 저장소가 손상된 경우에도 클라우드에 보관된 사본으로 데이터를 복원할 수 있다.

애플의 디자인 전략은 사용자에게 더 많은 제어권이 필요한 경우에도 언제나 수동 제어보다 단순성과 자동화를 우선시한다. '동기화synchronization' 콘셉트는 이런 전략의 대표적인 사례로, 사용법에 혼란을 느끼는 고객들의 불만이 많은 기능 중 하나다.

애플의 기능 디자인은 사용자를 진퇴양난의 상황으로 몰아넣을 때도 있다. 예를 들어, 아이폰에 저장 공간이 부족할 때 발생하는 문제를 생각해 보자. 이런 상황이 되면 휴대폰의 저장 공간이 곧 부족해질 것이라는 경고 메시지와 '설정 메뉴에서 저장 공간을 관리하라'는 안내 메시지가 표시된다.

그러나 이때 제시되는 옵션들은 선택하기가 힘든 것뿐이다. 예를 들어, 사진이 많은 공간을 차지하고 있다고 가정해 보자. 그러면 사용자가 선택할 수 있는 것은 사진 앱 및 관련 데이터를 전부 삭제하는 것과 '저장 공간 최적화'를 켜서 사진을 좀 더 낮은 품질의 버전으로 변환(클라우드에는 고품질 버전 사본을 저장)하는 것뿐이다. 그러나 휴대폰에서만 일부 사진을 삭제하고 다른 기기에는 남겨 두는 기능은 제공되지 않는다. 만약 휴대폰에서 사진을 삭제하면 클라우드에서도 삭제되고 클라우드와 연결된 다른 모든 기기에서도 삭제된다.

즉, 애플의 동기화 콘셉트에서는 일부 파일은 동기화하지 않도록 하는 '선택적 동기화'라는 콘셉트가 누락돼 있다. 이런 기능이 있다면 클라우드에 사본은 남겨 둔 채 휴대폰에서만 사진을 삭제할 수 있을 것이다. 이와는 대조적으로 드롭박스의 '동기화' 콘셉트에서는 이 기능을 확실하게 지원하고 있다.[33]

콘셉트는 안전과 보안을 보장한다

최근 '보안 내재화(보안을 고려한 디자인)'라는 용어가 유행하는 것은 소프트웨어 보안의 초점이 (사실상 불가능한) 모든 보안상의 취약점을 막는 것이 아니라 보안상의 취약점에도 불구하고 시스템을 안전하게 설계함으로써 달성할 수 있다는 방향이 바뀐다는 것을 뜻한다.

보안 디자인은 시스템 전반을 관리하기 위해 몇 개의 핵심 콘셉트에 의존한다. 즉, 요청을 한 행위자(또는 보안 주체)의 신원이 정당한지를 판단하는 과정인 '인증authentication' 콘셉트, 행위자가 특정 리소스에 접속할 권한이 있는지를 확인하는 과정인 '인가authorization' 콘셉트, 모든 접속이 제대로 기록되는지를 보장하고 악의적 행위자는 처벌을 하는 과정인 '감사auditing' 콘셉트 등이 있다.

이러한 콘셉트는 다양한 형태의 변형이 있으며 시스템 보안을 잘하려면 이러한 변형도 깊이 있게 이해해야 한다. 콘셉트의 목적과 전제를 주의 깊게 분석하지 않고 대충 사용하다 보면, 정상적인 보호 기능을 갖춘 것처럼 보이는 시스템도 실제로는 취약할 수 있다.

예를 들어, '이중 인증two-factor authentication' 콘셉트에 대해 알아보자. 이중 인증은 사용자가 서비스에 로그인하는 경우, 다른 채널(일반적으로 휴대폰 문자 메시지를 이용)을 통해 사용자에게 특수 키를 전송하고 사용자가 키를 입력하면, 그 후에 접속을 허용하는 자격 증명(쿠키나 토큰의 형태)을 받는다. 이 시나리오에서 사용자는 휴대폰의 소유자인 동시에 합법적인 계정 소유자로 인정된다. 그러나 이중 인증 디자인에는 복잡한 문제가 있다.

첫째, 2019년 트위터의 최고 경영자 잭 도시Jack Dorsey가 전화번호 조작 해킹인 '심 스와핑SIM swapping' 공격의 피해자가 됐던 것처럼 전화번호에 접근할 수 있다고 해서 꼭 휴대폰의 소유자라고 가정하는 것은 문제가 있다. 둘째, 이 디자인에는 토큰을 가진 모두에게 접속 권한을 부여하는 '접속 허용capability' 콘셉트가 추가로 포함되는데, 이 두 콘셉트 사이의 상호 작용에는 보안상의 허점이 존재한다.

예를 들어, 공식 링크드인Linkedin 서비스의 서버가 아닌 해커의 서버 주소로 연결되는 피싱 메일을 받았다고 가정해 보자. 가짜 서버는 진짜 링크드인 서비스인 것처럼 동작할 것이다. 만약 사용자가 이중 인증 키를 입력하면, 가짜 서버가 이 값을 진짜 링크드인에 전달해 액세스 토큰을 받은 후 다시 이를 사용자에게 전달한다. 사용자의 입장에서는 아무런 문제 없이 동작했지만, 해커도 액세스 토큰을 갖게 되기 때문에 언제든지 사용자의 계정으로 로그인할 수 있다.[34]

많은 수의 핵심 보안 콘셉트에 이러한 문제가 포함돼 있다. 코드가 콘셉트를 제대로 구현하는 것은 당연하고 근본 문제는 콘셉트의 설계와 그에 따른 상호 작용이다. 따라서 시스템 보안은 종종 보안 콘셉트 및 알려진 취약성을 이해하는 데 달려있으며 좀 더 강력한 보안이 필요하다는 분석이 나오면 콘셉트를 교체하거나 보강해야 한다. 다시 말해 보안 디자인은 대부분 적절한 콘셉트의 디자인과 사용에 관한 문제라고 할 수 있다.

콘셉트는 모든 핵심 시스템 디자인의 중심이다.[35] 보안이 아닌 안전 분야에는 표준 콘셉트가 거의 없다. 그럼에도 불구하고 반복되는 사고는 보안 분야의 콘셉트 및 유사한 역할을 하는 콘셉트가 필요하다는 것을 시사하고 중요 함수를 캡슐화하는 기존 방식을 구현할 수 있는 기회를 제공한다. 예를 들어, 의료 기기는 용량 계산과 관련된 실수가 많은데, 단위 농도 및 유량과 관련된 모든 합병증을 처리하는 '복용량 dose' 콘셉트가 있다면, 예방할 수 있었던 오류로 인해 환자가 다치거나 사망하는 비극적인 사고의 상당수를 없앨 수 있다.[36]

콘셉트는 디자인 비평의 근거가 된다

디자인 분야에서는 타인의 작품을 검토하고 분석하는 비평이 중요한 역할을 한다. 비평은 원칙에 따라 체계적으로 시행하는 공식적인 평가가 아니라 비공식적인 평가이기 때문에 통찰과 영감의 여지를 제공한다. 또한 비평은 참여자마다 각기 다른 관심과 편향이 있으므로 주관적일 수밖에 없다. 그러나 효과적인 비평은 언제나 깊은 경험과 전문성을 담고 있으며 잘 알려진 원칙과 패턴의 언어를 통해 전달된다.[38]

이런 원칙과 패턴은 디자인의 언어 계층과 물리 계층에서는 발전해 왔지만, 콘셉트 계층에서는 그렇지 못했다. 시스템은 명확한 콘셉트 모델을 가져야 한다는 널리 인정되는 생각조차 콘셉트 모델 자체의 구조가 아니라 모델이 얼마나 효과적으로 충

실하게 사용자 인터페이스를 구현했는지에 초점을 맞춘 언어 계층에서의 원칙으로 해석되는 경우가 많다.[37]

이 책 나머지 부분의 목표는 바로 이 간극을 메우는 것이다. 2부에서는 콘셉트에 대해 얘기할 수 있는 언어와 이를 표현하는 구조를 제공하고 3부에서는 콘셉트의 선택과 구성을 좌우하는 세 가지 디자인 원칙을 제시한다.

디자인 원칙은 다양한 방식으로 사용될 수 있다. 디자인 비평에서 인식 공유를 위한 기초를 제공하거나 경험적 평가heuristic evaluation에도 체계적으로 적용할 수 있다. 그러나 좀 더 중요한 역할은 디자이너의 사고방식을 형성하는 데 있다. 예를 들어, 동작을 일으키는 사용자 인터페이스와 실제 동작하는 객체가 일치하도록 디자인해야 한다는 도널드 노먼Donald Norman의 '매핑' 개념을 제대로 이해했다면, 자연스러운 매핑이 있는 레이아웃을 직관적으로 만들 수 있다.[39]

이처럼 콘셉트의 언어와 원리를 충분히 익히면 아이디어를 좀 더 직접적이고 명확하게 표현할 수 있고 직관과 경험을 좀 더 체계적인 틀 안에서 확고히 할 수 있으며 디자인 감각이 높아져 판단력이 향상되는 등 효율적인 소프트웨어 디자이너가 될 수 있다.

핵심 정리 및 실천사항

3장의 핵심 내용은 다음과 같다.

- 콘셉트는 개별 앱과 앱 클래스, 전체 제품군을 특징 짓는다. 콘셉트를 통해 앱을 비교하거나 핵심 기능을 파악하고 효과적인 사용법을 배울 수 있다.

- 콘셉트는 종종 제품을 차별화하는 요인이 되며 마케팅에 집중할 수 있게 하거나 제품의 성공과 실패를 설명하는 근거가 된다.

- 콘셉트는 '디지털 전환'을 시도하는 회사가 길을 찾는 데 도움을 주는 역할을 할 수 있다. 디지털 전환은 단지 최신 기술을 적용하고 고객에게 온라인 서비스를 제공하는 것을 넘어 핵심 비즈니스 콘셉트를 식별하고 통합 및 확장함으로써 고객에게 실질적인 가치와 풍부하고 일관된 경험을 제공한다.

- 콘셉트는 소프트웨어 디자이너의 관심사 분리, 재사용 모듈 발굴, 인력을 보

다 효율적으로 운영할 수 있는 업무 분할을 돕는다.

- 콘셉트는 올바른 개념을 선택하고 선택한 개념의 의미를 이해하는 것이 가장 중요한 안전과 보안 분야 디자인의 핵심이다.

- 콘셉트 디자인은 디자인을 검토할 때 적용할 수 있는 규칙을 제공하며 문제가 나중에 발견되는 일이 없도록 예방하는 역할을 한다. 디자이너가 이러한 규칙을 내재화하면 더 나은 디자인을 만들어 낼 가능성이 높아진다.

다음은 바로 적용해 볼 수 있는 실천사항이다.

- 자주 사용하는 앱을 고른 후 그 앱을 특징 짓는 핵심 콘셉트를 몇 가지 찾아 보자. 이와 유사한 다른 앱도 살펴보고 콘셉트의 측면에서 공통점과 차이점을 찾아보자.

- 독자가 직접 개발했거나 사용 중인 소프트웨어 제품 중 성공(또는 실패)에 영향을 미친 콘셉트를 파악해 보자.

- 그룹 콘셉트의 사례로써 자주 사용하는 소프트웨어에서 복잡한 기능을 찾아 작은 콘셉트로 세분화해 보자. 이를 통해 다른 제품과의 연관성을 발견하거나 콘셉트를 더 일관되게 적용할 수 있는 기회가 있는가?

2부

본질

04

콘셉트의 구조

지금까지는 콘셉트를 다소 모호하고 일반적인 용어로 설명했다. 콘셉트란 정확히 무엇일까? 콘셉트를 효과적으로 사용하려면 이러한 일반적인 개념을 넘어 구체적인 내용을 살펴봐야 한다. 따라서 4장에서는 콘셉트 정의를 구조화하는 방법을 살펴본다. 이 구조는 콘셉트인 것(또는 콘셉트가 아닌 것)을 명확히 하고 콘셉트를 설계하기 위한 로드맵을 제공하며 각 콘셉트를 정확하게 정의할 수 있게 한다.

나는 세 가지 콘셉트의 예를 이용해 구조에 중점을 두면서 콘셉트의 생성과 사용에 대한 큰 그림을 설명하고 몇 가지 미묘한 부분도 짚어 볼 것이다.

물론, 콘셉트가 모든 디자인 문제를 해결하는 것은 아니다. 그러나 문제점을 특정 콘셉트에 국한된 것으로 인식하면 해결 범위를 좁히는 데 도움이 된다. 콘셉트는 일종의 컨테이너의 역할을 해 그것이 구현된 행위뿐 아니라 디자인에 대한 축적된 지식, 실제 배포 후 겪은 문제, 디자이너가 이를 해결한 다양한 방식 등을 담는 그릇이 된다.

애플의 킬러 콘셉트: 휴지통

'휴지통trash' 콘셉트는 애플이 1982년 매킨토시의 전신인 리사 컴퓨터에 사용할 목적으로 개발했다. 휴지통 아이콘은 파일을 삭제하면 가운데가 볼록한 휴지통 모양이 되고 비우기를 하면 효과음을 내면서 원래 모양으로 돌아오는데, 이 때문에 친근하고 사용하기 편한 운영 체제라는 매킨토시의 주장을 상징하는 아이콘이 됐다(그림 4.1). 그 후로 많은 다른 운영 체제도 휴지통을 파일 시스템에 적용했고 다른 애플리케이션에서도 나타나면서 보편적인 콘셉트가 됐다.

언뜻 보면 휴지통 아이콘은 기존의 삭제 명령어를 실행하는 것이 아니라 파일이나 폴더를 휴지통으로 끌어다 삭제하는 직관적인 제스처뿐인 것처럼 보인다. 그러나 진짜 혁신은 파일을 휴지통으로 끌어다 놓는 것이 아니라 휴지통에서 파일을 꺼내는 것에 있다. 즉, 휴지통을 열어 파일을 확인한 후 필요한 파일을 찾아 항목을 다른 위치로 이동해 복원하는 것이다. 따라서 '휴지통' 콘셉트의 목적은 '삭제하는 것'이 아니라 '삭제를 취소하는 것'에 있다.[40]

물론, 새 파일을 만들 공간을 확보하려면 기존 파일을 영구적으로 삭제할 수 있어야 한다. 이에 해당하는 기능이 '휴지통 비우기'이다. 즉, 파일을 삭제하고 싶을 때는

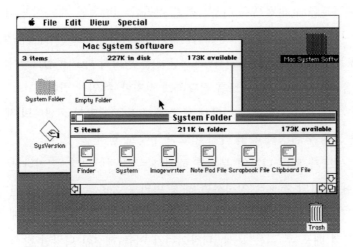

그림 4.1 오른쪽 아래에 휴지통 아이콘이 있는 최초의 매킨토시 데스크톱(1984)

휴지통으로 옮기고, 복원하고 싶을 때는 휴지통에서 꺼내고, 공간이 부족해 파일을 영구적으로 삭제하고 싶을 때는 '휴지통 비우기'를 실행하는 것이다.

실용적인 콘셉트 디자인을 하려면 콘셉트를 간결하고 정확하게 기술할 수 있는 방법이 필요하다. 그림 4.2는 '휴지통' 콘셉트를 어떻게 기술하는지를 보여 준다. 각 부분들이 앞에서 설명한 내용과 정확히 일치하는 것을 알 수 있다.

가장 처음에는 '콘셉트 이름'이 나온다.[41] 이름 뒤에는 콘셉트가 실제 인스턴스로 구현될 때 구체화될 유형 목록(여기서는 유형 중 하나인 '아이템Item'으로 표기)이 나온다. 따라서 어떤 인스턴스에서는 아이템이 파일 시스템의 파일이 되거나 이메일 클라이언트의 메시지가 될 수도 있다.

이름 뒤에는 간결하게 요약한 콘셉트의 '목적purpose'이 나온다. 그다음에는 '상태state'가 나온다. 휴지통에서는 두 개의 상태가 존재하는데, 'accessible'는 (휴지통 밖에서) 접근할 수 있는 상태이고 'trashed'는 삭제됐지만 아직 영구적으로 삭제되지 않은 상태다.[42]

```
1   concept trash [Item]
2   purpose
3     to allow undoing of deletions
4   state
5     accessible, trashed: set Item
6   actions
7     create (x: Item)
8       when x not in accessible or trashed
9       add x to accessible
10    delete (x: Item)
11      when x in accessible but not trashed
12      move x from accessible to trashed
13    restore (x: Item)
14      when x in trashed
15      move x from trashed to accessible
16    empty ()
17      when some item in trashed
18      remove every item from trashed
19  operational principle
20    after delete(x), can restore(x) and then x in accessible
21    after delete(x), can empty() and then x not in accessible or trashed
```

그림 4.2 '휴지통' 콘셉트의 정의

'액션actions'에서는 콘셉트의 행위behavior를 기술한다. 액션은 즉각 이뤄지고 시간이 걸리지 않지만, 액션 사이에는 얼마든지 시간이 경과할 수 있다. 그리고 액션에 대한 기술에는 액션이 발생할 때 어떻게 상태가 변경(예: 항목 삭제는 accessible 항목에서 trashed 항목으로 상태가 변경되는 것)되는지를 설명한다. 또한 액션이 발생할 시기를 제안하는 전제 조건(예: 아이템이 accessible이고 trashed가 아닐 때만 삭제할 수 있다)을 포함할 수도 있다.

마지막으로 '작동 원리operational principle'에서는 한 개 이상의 실제 시나리오를 갖고 어떤 작업을 통해 목적이 달성되는지를 보여 준다. 예제에는 두 개의 시나리오가 있다. 하나는 복원 기능으로, 엑스(x)라는 아이템을 삭제한 후 이를 복원하면 아이템이 accessible 상태가 되는 것이고 다른 하나는 영구 제거로, 아이템을 삭제한 후 '휴지통 비우기'를 하면, 아이템은 accessible도 아니고 trashed도 아닌 상태가 되는 것이다.

좁은 기술적 의미에서는 액션 사양만 갖고도 모든 시나리오를 추론할 수 있기 때문에 작동 원리에는 아무런 시나리오도 추가하지 않는다. 그러나 콘셉트가 왜 그렇게 디자인됐는지와 사용 방법을 이해하려면 작동 원리가 필수 요소다.[43]

행위의 수학적 모델과 액션, 작동 원리를 공식 표기법으로 나타내면 이 모든 것을 좀 더 정확하게 만들 수 있다. 그러나 자세한 내용은 대부분 독자에게 중요하지 않으므로 둘러보기에서 별도로 설명한다.[44]

'휴지통' 콘셉트: 마침내 수정된 디자인 결함

이 '휴지통' 콘셉트는 널리 사용되고 있다. 매킨토시, 윈도우, 리눅스 등의 모든 그래픽 기반 파일 관리자, 애플 메일이나 지메일과 같은 메일 프로그램, 드롭박스와 구글 드라이브 등과 같은 클라우드 저장소에도 이 콘셉트가 사용된다. 콘셉트를 적용한 모든 프로그램이 정확히 같은 기능을 제공하는 것은 아니다. 한 가지 일반적인 변경 기능으로 아이템이 삭제되고 일정 기간(예: 30일)이 경과하면 영구적으로 제거되는 것이 있다.

매킨토시에서는 전체 시스템에서 휴지통이 단 하나뿐이므로 몇 가지 좋지 않은 결과가 발생한다.

첫째, 외장 드라이브를 사용하는 경우다. 만약 외장 드라이브에 속한 파일을 삭제하는 경우, 드라이브를 연결하거나 제거할 때 휴지통의 크기가 커지거나 줄어들기도 한다. 심지어 휴지통에서 파일을 복원하려고 하는데, (드라이브가 제거된 상태라서) 복원할 파일이 없어진 것을 알고 당황할 수도 있다.

좀 더 근본적인 문제가 발생하는 시나리오도 있다. 예를 들어, USB 드라이브를 연결하고 파일을 복사하려는데 공간이 부족했다고 가정해 보자. 그래서 공간을 확보하려고 USB에 있는 파일 중 일부를 삭제했다. 그리고 다시 복사를 시도하면 이번에도 실패할 것이다. 왜냐하면 파일을 휴지통에 버리는 것은 실제로 파일을 영구적으로 제거해 공간을 확보한 것이 아니기 때문이다. 실제 공간을 확보하려면 '휴지통 비우기'를 실행해야 한다.

여기서 딜레마에 빠진다. '휴지통 비우기'를 하지 않으면 USB에 파일을 복사할 수 없다. 그러나 휴지통을 비우면 이전에 하드 드라이브에서 삭제했던 파일도 영구적으로 제거되므로 복원할 수 있는 기회가 사라진다.

놀랍게도 이 문제는 30년 넘게 해결되지 않은 채로 방치돼 있다가 2015년에 출시된 애플의 운영 체제 OS X 엘캐피탄 버전에서야 해결됐다. 그 해법은 바로 '즉시 삭제' 기능으로, 휴지통에서 아이템을 선택하고 영구 제거하는 기능이다.

또 다른 디자인 결함은 휴지통에 있는 파일의 정렬 기능이다. 수십 년간 휴지통에 있는 항목을 삭제 날짜별로 정렬하는 방법이 없었다. 만약 실수로 파일을 삭제한 후 복원하려고 휴지통에 갔다면 낭패를 볼 수도 있었다. 왜냐하면, 휴지통에 이미 삭제한 파일이 수천 개 있는 경우, 파일 이름을 정확히 기억하지 못하면 찾을 방

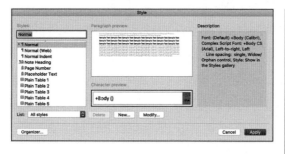

그림 4.3 마이크로소프트 워드(왼쪽)와 애플 페이지(오른쪽)의 '스타일' 콘셉트

법이 없기 때문이다.

애플은 2011년 OS X 라이언 버전에서 휴지통에 삭제 날짜에 해당하는 '추가일'로 폴더를 정렬할 수 있도록 했다(6장에서 이 디자인을 좀 더 자세히 설명하고 어떻게 영리하게 콘셉트를 융합했는지를 보여 줄 것이다).

데스크톱 출판의 기본 콘셉트: 스타일

두 번째 예제는 어도비 인디자인(그림 3.2)과 마이크로소프트 워드 및 애플 페이지(그림 4.3)에서 언급했던 '스타일' 콘셉트다. '스타일' 콘셉트의 목적은 일관된 서식을 쉽게 지정하는 기능을 제공하는 것이다.

스타일을 사용하려면 문서의 단락에 스타일을 지정해야 한다. 예를 들어, 섹션의 제목에 해당하는 단락에는 'heading'이라는 스타일을 지정한다. 그리고 모든 섹션 제목을 굵게 바꾸고 싶을 때 'heading' 스타일의 서식 설정을 '굵게'로 변경하면, 모든 'heading' 스타일 단락이 변경된다.

이것이 바로 작동 원리다. 실제로는 여러 개의 단락을 만들고 그 하나 이상에 스타일을 지정한 후 그 스타일을 수정하는 매우 정교한 작업이다. 작동 원리가 항상 가장 간단한 시나리오는 아니지만, 목적 달성 방법을 보여 주는 가장 작은 시나리오다. 한 가지 확실한 점은 단락의 서식이 일정하다는 것을 보여 주려면 두 개 이상의 단락이 필요하다는 것이다. 콘셉트 정의에서 작동 원리 부분을 살펴보면, 스타일 s가 서식 f를 갖도록 정의하고 스타일을 $e1$과 $e2$라는 요소에 지정한 후 s를 서식 f로 재정의하면, $e1$과 $e2$는 모두 새로운 서식을 가진다.

이런 동작을 구현하려면 콘셉트의 상태 부분(그림 4.4)이 매우 복잡해야 한다. 여기에는 두 개의 매핑이 있는데 하나는 각 요소를 하나의 스타일에 연결하는 할당 assigned, 다른 하나는 각 스타일을 정의된 서식과 연결하는 정의 defined다. 이 설명에서 '서식'은 모든 서식 속성(굵게, 12pt, 타임즈 로만체 등)을 담는 추상적인 개념이다. 상태 부분의 세 번째 구성 요소를 '서식'이라고 하는데, 위 두 개의 매핑(assigned, defined)을 조합해 약어로 표시한다. 만약 요소 e에 스타일 s가 할당되고 스타일 s는 서식 f로 정의됐다면, 요소 e는 서식 f를 가진다.[45]

```
1   concept style [Element, Format]
2   purpose
3     easing consistent formatting of elements
4   state
5     assigned: Element -> one Style
6     defined: Style -> one Format
7     format: Element -> one Format = assigned.defined
8   actions
9     assign (e: Element, s: Style)
10      set s to be the style of e in assigned
11    define (s: Style, f: Format)
12      set s to have the format f in defined
13      create s if it doesn't yet exist
14  operational principle
15    after define(s, f), assign (e1, s), assign (e2, s) and define (s, f'), e1 and e2 have format f'
```

그림 4.4 스타일 콘셉트 정의

나는 두 개의 액션을 정의했다. 첫 번째는 요소에 스타일을 할당하는 것이고 두 번째는 스타일의 서식을 정의하는 것이다. 두 번째 액션은 지정된 서식으로 스타일을 생성하거나 기존 스타일을 새 서식으로 업데이트하는 데 모두 사용된다. 이들은 분리된 두 개의 액션으로 나눌 수도 있으며 이 두 가지 방식 모두 유효하다.

유사 스타일

'스타일' 콘셉트는 널리 사용된다. 마이크로소프트 워드, 애플 페이지와 같은 워드프로세서와 어도비 인디자인, 쿼크익스프레스와 같은 데스크톱 출판 분야에서도 나타나며 단락 서식뿐 아니라 글자 서식에도 사용된다. 마이크로소프트 파워포인트에서는 '색상 테마'라는 이름으로 슬라이드에 표시되는 배경이나 다양한 텍스트 색상(예: 제목, 링크, 본문 등)을 미리 정의해 둔 스타일 모음에서 사용한다(그림 4.5의 왼쪽). 웹 서식을 지정하는 언어인 스타일시트(CSS)의 '클래스'도 스타일이며 콘텐츠와 서식을 명확히 구분하려는 목적으로 사용된다.

그러나 '스타일' 콘셉트의 사용 여부를 즉시 알지 못할 때도 있다. 어도비 인디자인과 일러스트레이터에서는 컬러 스와치color swatch를 사용해 요소에 색상을 지정할 수

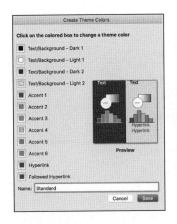

그림 4.5 애플리케이션에 적용된 '스타일' 콘셉트 사례. MS 파워포인트의 슬라이드 테마(왼쪽), 어도비 앱의 컬러 스와치(오른쪽)

있다(그림 4.5의 오른쪽). 그러나 처음에는 스와치가 수정 가능하다는 사실을 알아채기 어렵다. 여러 개의 요소를 한 개의 빨간색 스와치로 지정하면, 당연히 모든 요소가 빨간색이 된다. 그러나 빨간색 스와치의 슬라이더를 조정해 녹색으로 변경하면, 모든 요소의 색상도 녹색이 된다. 이 방법은 처음부터 팔레트의 색상을 결정하지 않고도 팔레트를 일관되게 유지할 수 있도록 하기 때문에 매우 유용하다.

때로는 콘셉트를 제대로 구현한 것처럼 보이지만, 실제로는 그렇지 않은 경우가 있다. 예를 들어, 애플의 모든 앱에서 색상을 선택하는 데 사용되는 컬러 피커color picker는 어도비의 컬러 스와치(그림 4.6의 왼쪽)와 매우 유사하기 때문에 스타일 콘셉트를 구현한 것이라고 추측할 수 있다. 그러나 이 기능을 사용해 보면 색상을 추가하거나 삭제할 수는 있지만 기존 색상은 변경할 수 없다는 것을 알 수 있다. 서식 변경 기능은 '스타일' 콘셉트의 필수 요소이므로 변경 기능이 없다면 이 콘셉트가 전혀 동작할 수 없으므로 작동 원리가 실패한다. 비록 스타일을 새로 추가해도 기존 스타일의 요소에는 영향을 미치지 못하므로 서식이 정의된 후에는 요소의 속성을 한 번에 변경할 방법이 없다.

또 다른 유사 사례로는 애플의 기본 워드프로세서인 텍스트 편집기의 '스타일' 기능을 들 수 있다(그림 4.6의 오른쪽). 이름에서 알 수 있듯이 실제로 '스타일'의 생성과 삭제, 수정이 가능하다. 그러나 단락에 스타일을 적용하면 단락의 서식이 변경되기

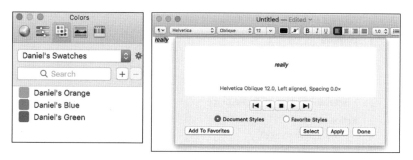

그림 4.6 스타일처럼 보이지만 실제로는 그렇지 않은 두 가지 콘셉트. 애플 컬러 피커(왼쪽), 애플 텍스트 편집기의 스타일(오른쪽)

는 하지만, 스타일과 단락이 지속적으로 연결되는 것은 아니다. 따라서 만약 스타일을 변경하면 이전에 적용된 단락은 변하지 않으며 변경된 이후에 적용된 단락에만 영향을 미친다.[46]

'스타일' 콘셉트는 다양한 방식으로 강화돼 왔으며 그중에는 서식을 누적해 적용할 수 있는 레이어 기능을 제공한다. 예를 들어, 특정 속성의 서식만 설정(예: 텍스트의 크기는 변경하지 않고 이탤릭 속성에만 적용)하는 부분 스타일이나 다른 스타일의 속성을 가져와 확장, 적용하는 '스타일 상속', 스타일의 특정 요소의 서식을 재정의할 수 있는 '스타일 오버라이드' 등이 있다.

19세기 콘셉트: 예약

4장의 마지막 사례로 소프트웨어가 등장하기 훨씬 전부터 있던, 익숙한 콘셉트인 '예약'을 살펴보자. '예약' 콘셉트는 제한된 리소스를 효율적으로 사용할 때 유용하다(그림 4.7). 즉, 공급자는 리소스가 최대한 많이 사용되길 원하고 사용자는 필요할 때 언제나 리소스를 사용하고 싶어한다.

예약의 운영 방식은 다음과 같다. 리소스를 사용하려는 사용자가 예약을 시도한다. 만약 그 리소스가 예약돼 있지 않다면, 예약이 이뤄진다. 그러면 나중에 사용자가 필요할 때 이 리소스를 사용할 수 있다.

이 콘셉트를 운영하려면 예약된 리소스와 예약한 사용자가 각각 연결된 예약 집합을 추적해야 한다. 그리고 사용자가 리소스를 예약하고 사용할 수도 있지만, 이와

```
1    concept reservation [User, Resource]

2    purpose
3      manage efficient use of resources

4    state
5      available: set Resource
6      reservations: User -> set Resource

7    actions
8      provide (r: Resource)
9        add r to available

10     retract (r: Resource)
11       when r in available and not in reservations
12       remove r from available

13     reserve (u: User, r: Resource)
14       when r in available
15       associate u with r in reservations and remove r from available

16     cancel (u: User, r: Resource)
17       when u has reservation for r
18       remove the association of u to r from reservation and add r to available

19     use (u: User, r: Resource)
20       when u has reservation for r
21       allow u to use r

22   operational principle
23     after reserve(u, r) and not cancel(u,r), can use(u, r)
```

그림 4.7 예약 콘셉트 정의

반대로 리소스가 필요하지 않다고 판단해 예약을 취소할 수도 있다.

물론, 대부분의 독자에게 예약 콘셉트는 너무 쉬운 사례일 것이다. 식당 예약, 도서 예약, 영화 예약을 경험했다면 별로 새롭지도 않은 내용이다. 그러나 콘셉트 정의에서 사용하는 형식에 주목할 필요가 있다. 그림 4.7의 정의를 보면 목적(리소스의 효율적 이용)으로 시작한다. 이후 액션(예약 및 이행 방법)과 상태(예약 집합), 마지막으로 작동 원리(예약, 사용, 취소)를 설명한다.

이 콘셉트를 설명할 때는(이용 가능한 리소스를 파악하기 위한) 예약 집합 및 예약에 대한 사용자-리소스 매핑을 사용한다. 여기서의 매핑은 '스타일' 콘셉트와 달리, 한 명의 사용자가 여러 개의 리소스를 예약할 수 있는 '일대다one-to-many 매핑'이다.

액션에는 사용자가 아닌 리소스 소유자(예: 식당 주인)가 리소스를 활용하거나 철회하려고 수행하는 작업도 포함돼 있다. 이미 리소스가 예약된 경우, 이를 철회하는 것은 조금 까다롭다. 간단하게 설명하기 위해 정의에서는 '예약은 철회할 수 없다'라고 명시하고 있지만, 좀 더 좋은 디자인은 암시적 취소 방식으로 예약 철회를 할 수 있도록 하는 것이 낫다. 마지막으로 작동 원리에는 앞의 설명에서 누락했던 주의사항으로, 리소스를 사용하기 전에 예약을 취소하지 않은 경우에만 리소스를 사용할 수 있다는 내용이 추가됐다.

디자이너의 예약

다른 콘셉트와 마찬가지로, '예약' 콘셉트에도 많은 변형과 추가 기능이 있다. 리소스는 시간대와 밀접한 관련이 있다. 식당 예약 시스템에서 사용자는 보통 시작 시간만 선택하며 종료 시간은 암묵적으로 식당 주인이 결정한다(시간을 너무 길게 하면 손님이 줄어들고, 너무 짧게 하면 다음 예약 손님이 기다릴 수도 있기 때문에 식사 시간을 정하는 것은 어려운 일이다). 리소스는 특정 물리적 개체(예: 비행기 좌석)와 연관될 수도 있고 클래스의 대체품(예: 식당의 테이블 또는 특정 책의 복사본)을 나타낼 수도 있다.

예약은 보통 무료인 경우가 많기 때문에 공급자는 예약만 하고 이용하지 않는 사용자에 대한 대책도 필요하다. 그래서 식당 예약 시스템은 공급자를 위해 노쇼no-show 조치를 취하며 노쇼가 잦은 사용자는 계정을 정지시켜 이를 방지할 수 있다. 또는 같은 시간대에 서로 다른 두 곳의 식당을 예약하는 것처럼 동시에 사용할 수 없는 리소스의 예약을 막기도 한다. 항공사의 경우, 상충되는 예약을 감지해내는 복잡한 규칙을 갖고 있으며 이 때문에 가끔 이상한 현상이 발생하기도 한다.[47]

예약 콘셉트는 매우 유용하기 때문에 다양한 분야에 적용된다. 철도 신호 체계에서는 열차가 진입하기 전에 선로의 일부를 예약하도록 함으로써 안전을 확보한다. 그러면 시스템은 두 개의 열차가 동시에 같은 구간에 진입하지 않는 것을 보장할 수 있다. 네트워크 분야에서는 라우터가 필요할 때 특정 수준의 네트워크 성능('서비스 품질'이라고 함)을 보장할 수 있도록 라우터가 대역폭을 예약하는 RSVP(리소스 예약 프로토콜)라는 프로토콜이 있다.

핵심 정리 및 실천사항

4장의 핵심 내용은 다음과 같다.[48]

- 콘셉트 정의에는 이름, 목적, 상태, 액션, 작동 원리가 있다. 특히 목적을 달성하는 행위를 설명하는 작동 원리 부분은 콘셉트를 이해하는 핵심 항목으로, 단순한 시나리오가 아닐 수도 있다.
- 모든 콘셉트는 과거의 누군가가 목적을 갖고 개발한 것이다. 특히 많이 사용되는 대부분의 콘셉트는 오랫동안 광범위한 개발 및 개선을 거친 것이다.
- 대부분의 콘셉트는 일반적이어서 다양한 종류의 데이터에 대해 다양한 상황에 적용할 수 있다. 이러한 일반성 덕분에 재사용이 가능하고 콘셉트에서 본질을 찾아내는 데 도움이 된다.
- 콘셉트는 서로 독립적으로 인식될 수 있으므로 디자인을 별개의 하위 문제로 나눠 단순화할 수 있고 이 중 대부분은 기존 콘셉트를 재사용해 해결할 수 있다.

다음은 바로 적용해 볼 수 있는 실천사항이다.

- 소프트웨어 제품을 디자인하거나 분석할 때는 콘셉트 파악부터 시작한다. 각 콘셉트에 대해 적절한 이름name을 짓고 목적을 간략하게 요약하고 작동 원리operation principle를 표현한다. 좀 더 구체화하려면 액션을 나열하고 작업을 수행하는 데 필요한 상태를 파악한다.
- 콘셉트가 흥미롭지 않은 경우에는 설득력 있는 작동 원리를 표현하거나 작업을 나열하기 힘들다. 이런 것은 전혀 콘셉트가 아닐 수도 있고 실제 콘셉트를 파악하기 위해 계속 확장해야 할 수도 있다.
- 데이터베이스 스키마나 클래스 구조를 개체-관계 다이어그램ERD으로 표현하고 (개체는 겹치지만 관계는 겹치는 않는) 좀 더 작은 다이어그램으로 나눠 보자. 이렇게 나뉜 다이어그램이 개별 콘셉트가 된다.
- 이와 반대로, 데이터 모델을 디자인하려면 모노리스(단일체)로 취급하기보다

는 해당 콘셉트에 한정된 '마이크로 모델'을 독립적으로 개발한 후 공통 개체로 통합해 통합 모델을 만든다.

- 재미있고 보람 있는 연습의 하나로, 과거의 흥미로웠던 콘셉트와 연구를 찾아보자. 예를 들어, 앞의 예약 사례처럼 소프트웨어와 관련 없는 콘셉트일 수도 있고 독자가 선호하는 앱의 콘셉트일 수도 있다. 그 콘셉트는 언제, 누가 발명했는가? 시간이 지나면서 어떻게 변화됐는가?

05

콘셉트의 목적

목적은 방향을 설정하고 다른 사람에게 자신을 설명하며 협력을 통해 합의를 도출하는 데 도움이 되기 때문에 삶의 모든 측면에서 중요하다. 디자인도 이런 점에서 다른 활동과 다르지 않다. 애초에 원하는 것을 정확히 알 수 없으면 뭔가를 제대로 디자인할 수 없기 때문이다.[49]

콘셉트에 있어서도 목적이 필수다. 디자이너에게 있어 목적은 콘셉트를 디자인하고 구현하고자 노력하는 이유가 된다. 사용자의 입장에서는 왜 그 기능이 필요한지 알 수 있다. 목적을 모른다면 사용 방법을 이해하는 것도 쉽지 않을 것이다.

이를 그저 당연한 것으로 치부하기 전에 소프트웨어 디자이너가 제품 전체의 목적을 넘어서는 목적을 구체적으로 표현하는 경우는 거의 없다는 점을 생각해 보자. 나는 여기서 좀 더 급진적인 아이디어를 제안한다. 단지 제품을 디자인하는 이유를 아는 것만으로는 충분하지 않다. 디자인의 각 요소에 대한 이유, 즉 모든 콘셉트에 대한 목적이 있어야 한다.

콘셉트의 목적을 찾는 일은 힘든 작업이지만, 해결하려는 문제에 대한 통찰력을 제공하고 중요한 문제에 집중하도록 도와준다는 점에서 충분한 보상이 있는 직업이다.[50] 5장에서는 콘셉트의 목적을 알아내는 것이 얼마나 미묘한 일인지와 목표를 직접적으로 표현하거나 전달하는 데 실패하는 것이 얼마나 끔찍한 결과를 초래하는지를 알아볼 것이다. 특히 소프트웨어는 끝없이 복잡하게 만들 수도 있기 때문에 세부 사항에 빠져 큰 그림을 놓치기 쉽다. 이때 목적을 생각하면 한 발 뒤로 물러서서 방향을 되찾는 데 도움이 된다.

목적이 정해지면, 콘셉트가 이를 충족하는지 물어볼 수 있다. 앞으로 알게 되겠지만, 목적은 기대 행위에 대한 간단한 설명이 아니기 때문에 항상 단순하지는 않다. 이는 필요를 표현한 것이며 필요는 사용자와 상황에 따라 달라질 수 있다. 콘셉트가 목적을 충족하지 못하거나 형식이 상황에 맞지 않는 부적합은 종종 발생하는데, 디자인할 당시에는 필요나 상황을 완벽히 예측할 수 없기 때문에 정확하게 논리적인 문장으로 표현할 수 없다.

콘셉트가 이 문제를 제거해 주는 것은 아니다. 콘셉트의 가치는 목적의 역할을 강화함으로써, 그리고 디자인 및 이용 경험을 통해 축적된 지식을 활용하도록 함으로써 부적합의 문제를 완화하는 프레임워크를 제공하는 것이다. 5장에서는 목적의 관점에서 사고할 때 얻을 수 있는 몇 가지 이점을 살펴보고 나중에 9장에서 목적과 콘셉트 간의 관계를 다시 살펴보면서 이들 아이디어 중 일부를 구체화할 것이다.

목적: 명확성을 위한 첫 단계

콘셉트를 쉽게 사용하려면 반드시 명확한 목적이 있어야 한다. 그리고 그 목적은 디자이너만의 비밀이 아니라 사용자와 공유돼야 한다.

내가 애플 메일을 최신 버전으로 업그레이드했을 때 'VIP' 버튼이 새롭게 생긴 것을 발견하고 이에 대해 검색했다. 애플의 도움말은 다음과 같았다.

'중요한 사람들을 VIP로 설정해 이메일을 쉽게 추적할 수 있다. VIP로부터 수신한 받은 편지함의 메시지(대화의 일부로 전송된 경우를 포함해)는 VIP 편지함에 표시되며….'

나는 이 두 개의 문장으로 VIP 콘셉트의 목적(중요한 사람들의 이메일 추적)과 대부분의 콘셉트 작동 원리(사람들을 VIP로 설정하면, 그들의 메시지는 VIP 편지함에 표시된다)를 알아챌 수 있었다.

이와 반대로, 구글 독스에서 사용하던 섹션section에 대해 자세히 알고 싶어 온라인 도움말에서 '섹션'이라는 단어를 찾아봤다. 가장 당황스러웠던 것은 섹션 개념에 대한 문서가 없다는 것이었다. 가장 가까운 자료 중에는 '링크, 북마크, 섹션 브레이크, 페이지 브레이크로 작업하기'라는 제목의 문서였다. 그 문서를 읽다가 다음과 같은 문장을 찾았다.

> '문서에서 아이디어를 나누거나 텍스트에서 이미지를 분리하려는 경우, 구글 독스의 섹션 나누기 또는 페이지 브레이크를 추가할 수 있다.'

이것이 섹션의 목적에 대해 설명하는 전부였다. 아이디어를 나누는 데 섹션이 사용될 수 있다고 짐작했지만, 그것이 별 도움은 되지 않았다. 더욱이 이미지에 대한 언급을 보면 섹션 없이는 텍스트와 '분리된' 이미지를 사용할 수 없다는 것처럼 설명하고 있다. 요컨대 나는 섹션에 대해 좀 더 자세히 알 수 없었다.

알고 보니 섹션의 목적은 문서의 다른 부분이 별도의 여백, 머리글 및 바닥글을 갖도록 허용하고 후속 페이지들이 자체 페이지 번호를 가질 수 있도록 하는 것이었다. 섹션을 사용하지 않고도 텍스와 이미지를 분리할 수 있으며 섹션을 사용하면 텍스트 주변의 여백과 독립적으로 이미지의 여백을 변경할 수 있다.

목적의 기준

콘셉트의 목적을 설득력 있게 정의하는 것은 결코 쉽지 않다. 목적은 인간적인 맥락에서 인간의 필요에 관한 것이기 때문에 논리적 또는 수학적 방식으로 평가할 수 없으며 항상 비공식적이고 대략적일 수밖에 없다. 그럼에도 불구하고 도움이 될 만한 기준을 정하면 다음과 같다.

- 설득력이 있다: 목적은 사용자의 욕구나 작업을 막연하게 나타내서는 안 되며 요구사항을 이해할 수 있도록 설득력 있게 표현할 수 있어야 한다. 구글 독

스의 '섹션' 콘셉트 목적을 설명한 문구에서 사용하는 '아이디어를 분할'하고 '텍스트와 이미지를 구분'한다는 표현은 사용자가 무엇을 할 수 있는지를 막연히 나타낼 뿐이다. 반면, '페이지마다 여백을 달리 줄 수 있다'라는 문구는 매우 명확한 표현이다.

- **필요에 중점을 둔다**: 목적은 사용자의 필요를 표현해야 하며 의미가 불분명한 행위를 단순히 반복적으로 표현해서는 안 된다. 브라우저의 '북마크[bookmark]' 콘셉트를 생각해 보자. 북마크의 목적을 '페이지 표시' 또는 '즐겨찾는 페이지 저장'이라고 작성하는 것은 도움이 되지 않는다. 이러한 표현은 단지 '왜 그런 작업을 해야 할까?'라는 질문을 다시 하게 만들 뿐이다. 오히려 '나중에 방문하기 쉽도록 페이지 주소를 저장한다' 또는 '다른 사용자와 페이지를 공유할 수 있다'라는 것이 목적에 부합한다. 물론, 처음에는 목적을 정확하게 표현하지 못할 수도 있지만, 걱정할 필요는 없다. 만약 추가적인 문의(예: 다른 기기에서도 '나중에 방문'할 수 있을까?)가 제기되면 이를 통해 개선을 도모할 수 있을 것이다.

- **구체적이다**: 목적은 콘셉트 디자인으로 바로 사용할 수 있을 정도로 매우 구체적이어야 한다. 만약 어떤 콘셉트의 목적이 '사용자를 행복하게 하기' 또는 사용자가 효과적으로 일하도록 하기'라고 가정해 보자. 이들 문구는 (의미하는 바가 명확하다는 점에서) 설득력이 있고 필요에 중점을 뒀다고도 할 수 있다. 그러나 그런 목적을 가진 콘셉트들은 서로 구분할 수 있을 만큼 충분히 구체적이지 않기 때문에 콘셉트 디자인에 그리 도움이 되지 않는다.

- **평가가 가능하다**: 목적은 콘셉트를 측정할 수 있는 기준을 제공해야 한다. 작동 원리를 근거로 목적을 충족하는지 여부를 쉽게 평가할 수 있어야 한다. '휴지통' 콘셉트의 경우, '삭제 취소 허용'이라는 목적은 파일을 삭제한 후 휴지통에서 복원하는 시나리오로 명확하게 검증할 수 있다. 이와 반대로, '우발적 파일 제거 방지'라는 목적은 별로 도움이 되지 않는다. 이는 사용자 행위에 대한 추가 정보, 특히 사용자가 실수로 파일을 삭제한 후 재차 실수해서 휴지통까지 삭제하는 정보가 필요하기 때문이다.

목적은 디자인 난제를 해결한다

때때로 현재 작업하려는 디자인이 똑같이 그럴 듯한 선택사항들을 제시하고 있어서 합리적으로 하나를 선택하기 힘들 수도 있다. 대부분의 경우 이러한 딜레마는 목적을 깊이 이해하지 못하기 때문에 발생한다. 목적을 이해하면 어떤 옵션이 올바른지가 명확해진다.

한 회선으로 걸려오는 전화를 자동으로 다른 회선으로 전화하는 기능인 포워딩(착신 전환 기능) 콘셉트를 예로 들어 보자. A, B, C라는 전화 회선을 이용하는 세 명의 사용자가 있다고 가정해 보자(그림 5.1).

이제 첫 번째 사용자(회선 A)가 두 번째 사용자(회선 B)에게 포워딩하고 두 번째 사용자는 세 번째 사용자(회선 C)에게 포워딩했다고 가정해 보자. 만약 회선 A로 전화가 오면 회선 B로 포워딩(첫 번째 사용자의 요청만 처리)해야 할까, 회선 C로 포워딩(첫 번째와 두 번째 사용자의 요청을 모두 처리)해야 할까?

이 딜레마를 해결하려면 포워딩의 목적에는 두 가지 종류가 있다는 것을 명확히 이해해야 한다. 하나는 '위임' 개념으로, 한 사람이 다른 사람에게 수신 권한을 위임하는 것이다. 이 경우에는 A의 소유자가 B에게 위임하고 B는 다시 C에게 위임할 수 있으므로 A의 전화는 C로 포워딩하는 것이 맞다. 다른 하나는 '전달' 개념으로, 한

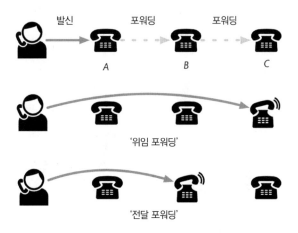

그림 5.1 착신 전환: 디자인 문제(맨 위)와 두 종류의 해법(아래). A가 B로 포워딩돼 있고 B가 C로 포워딩돼 있다면, A로 오는 전화는 B로 포워딩될까, C로 포워딩될까?

사람이 다른 장소로 이동해서 일한다고 가정하고 포워딩하는 것이다. 이 경우, A의 소유자는 B의 위치에서 일하고 B는 C의 위치에서 일하는 것이다. 그러므로 A로 걸려온 전화는 B로만 포워딩되는 것이 맞다.[52]

이렇게 두 가지 목적이 구분된다는 것을 명확히 하면, 위임 포워딩과 전달 포워딩으로 명확히 구분되는 콘셉트가 있다는 것을 알 수 있다. 각 콘셉트의 행위는 상황에 따라서도 다르다. 예를 들어, 위임 포워딩 콘셉트에서는 일단 A로 전화를 걸고 응답이 없는 경우에만 B로 포워딩하는 방식의 옵션을 지원할 수 있다.

목적 없는 콘셉트: 수전 및 에디터 버퍼

어떤 콘셉트는 설득력 있는 목적이 전혀 없는 경우도 있다. 이런 콘셉트는 효용성에 의구심이 들지만, 사람들은 그런 모호한 콘셉트에서조차 뭔가 가치 있는 것을 찾아낸다. 예를 들어, 페이스북 초창기 콘셉트 중 하나인 '포크poke' 콘셉트는 당시에는 아무도 그 용도를 몰랐다.[53]

실제로 목적이 명확하지 않은 콘셉트도 많은데, 그 이유는 실제 사용자의 필요를 반영해 만들어진 디자인이 아니기 때문이다. 다음 비유가 이 점을 잘 설명한다. 그림 5.2를 보면 두 종류의 일반적인 혼합 수전(수도꼭지)이 있다. 두 종류 모두 온수와 냉수를 혼합해 한 개의 토출구(파이프)로 물을 내보낸다.

구형(그림 5.2의 왼쪽)의 경우, '온수'와 '냉수'로 분리된 수전을 사용한다. 콘셉트의 관점에서 보면, 이들 두 개 수전은 특별한 목적이 없다. 단순히 온수 수전을 열면 온

그림 5.2 물리적 비유: 수전에도 목적이 있을까?

수의 양이 증가하는 것이다. 그러나 사용자가 원하는 것은 파이프에서 나오는 물의 온도와 양을 조절하려는 것인데, 냉수와 온수가 분리된 수전은 그런 필요를 해결해 주지 못한다. 즉, 수온을 높이려면 온수 수전을 열면 되지만, 그러면 유량도 증가하므로 추가로 냉수 수전을 잠가야 한다. 이와 마찬가지로 유량만 늘리고 싶다면 온수와 냉수 수전을 모두 열고 조심스럽게 조절해서 온도를 맞춰야 한다. 따라서 어떤 경우이든 일반적으로 두 개의 밸브를 모두 조절해야 한다.

새롭게 설계한 수전(오른쪽)을 보면, 두 개의 독립적인 조절 기능을 갖는 한 개의 핸들이 있다. 핸들을 좌우로 이동하면 온도가 조절되고 상하로 이동하면 유량이 조절된다. 이 경우에는 사용자의 필요와 일치하는 정확한 목적을 가진다고 할 수 있다.[54]

소프트웨어의 사례 중에는 '에디터 버퍼editor buffer' 콘셉트가 있다. 이 콘셉트는 예전에는 필요가 있어서 개발됐지만, 더 이상은 매력적이지 않게 됐다. 과거의 디스크 속도가 아주 느렸던 시대에는 텍스트 에디터의 성능을 높이는 방법 중 하나가 바로 메모리에 생성한 버퍼에서 (임시로) 편집하고 주기적으로 버퍼의 내용을 파일에 (영구) 저장하는 것이었다. 그러나 이 버퍼는 사용자에게는 분명한 목적이 없었고 프로그램의 충돌이나 비정상적인 종료 상황에서 버퍼의 내용이 손실되므로 비전문가인 사용자에게 큰 혼란을 줬다.

아마도 이것이 애플이 2011년 OS X(라이언 버전)부터 모든 애플리케이션은 처음부

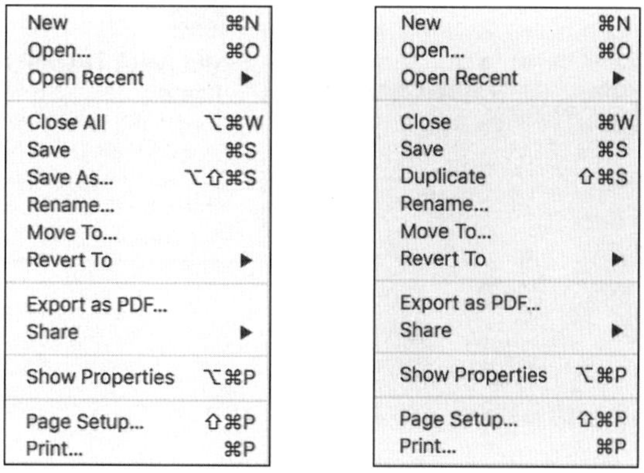

그림 5.3 애플 파일 메뉴: 버퍼 콘셉트를 반영한 'save as' 기능이 있는 메뉴(왼쪽)와 이제는 없어진 새로운 메뉴(오른쪽)

터 변경사항을 디스크에 기록하고 '저장'할 때는 반드시 파일의 이름을 지정하도록 변경한 이유일 것이다. 즉, 사용자 측면에서 목적 없는 에디터 버퍼 콘셉트가 제거됐다.[55] 버퍼가 사라지면서 기존에 버퍼 내용을 저장된 이름의 새 파일로 저장하는 '다른 이름으로 저장save as' 액션도 없어졌다. 따라서 기존 방식대로 파일을 저장하려면 우선 파일을 복제하고 이름을 변경해야만 했다(그림 5.3).[56]

이상의 사례들은 목적 없는 콘셉트가 내재된 기능이 사용자에게 노출돼 발생한 결과다. 텍스트 에디터에서 버퍼를 구현한 것은 문제가 없으며 오히려 이 방식은 사용자에게 훨씬 더 나은 성능을 제공할 수 있다. 문제는 이러한 복잡성으로 인해 사용자에게 부담을 주는 것이다.

요약하면, 콘셉트는 내부 동작 방식과 달리, 항상 사용자의 입장에서 고려해야 하며 개발자뿐 아니라 사용자도 이해할 수 있는 목적이 있어야 한다.

목적이 불분명한 콘셉트: 트위터의 '마음에 들어요' 기능

콘셉트의 목적이 사용자에게 불분명하면 개발자가 의도하지 않은 방식으로 오용될 가능성이 높다. 트위터의 '마음에 들어요favorite' 콘셉트가 바로 이런 사례에 해당한다.

2017년 5월 정치 평론가인 앤디 오스트로이Andy Ostroy는 「허핑턴 포스트The Huffington Post」에 트럼프 대통령과 영부인의 관계에 대해 농담하는 트윗을 올렸다(그림 5.4). 그

그림 5.4 트위터의 '마음에 들어요' 콘셉트의 목적을 잘못 이해하고 호의적이지 않은 트윗에 하트 아이콘을 눌렀던 사례

런데 영부인이 해당 트윗에 하트 아이콘을 눌렀는데, 이는 (아마도 의도하지는 않았겠지만) 독자들에게 자신이 그 트윗이 마음에 든다는 표현을 한 것이었다. 그러나 나중에 무슨 일이 일어났는지를 깨닫고 이를 철회하는 해프닝이 있었다.

여기서 문제가 되는 것은 트위터의 '마음에 들어요' 콘셉트다. 사실 트위터는 2015년 이 콘셉트의 시각 디자인을 변경하면서 별 아이콘을 하트 아이콘으로 변경했다.[57] 트위터는 이런 변경이 콘셉트와 관련된 사용자들의 혼란을 해결할 수 있을 것이라고 생각했지만, 일부 사용자들에게는 별로 도움이 되지 않았던 것이다. 진짜 문제점은 '마음에 들어요' 콘셉트의 목적에 대한 혼동이었다.

많은 사용자는 '마음에 들어요' 기능을 통해 트윗을 저장하고 나중에 참조할 수 있다고 생각했다. '마음에 들어요'라는 단어가 일반적으로 이런 목적을 가진 콘셉트에 적용된다는 점을 고려할 때 사용자들의 이런 가정은 합리적이라고 할 수 있다. 그러나 '마음에 들어요'의 실제 목적은 해당 트윗에 동의한다는 것을 다른 사람들에게 보여 주는 것이었다. 그러나 이는 일반적으로 '좋아요' 콘셉트나 '업보트' 콘셉트의 목적에 해당하는 것이다.

트위터는 2018년에 '마음에 들어요' 콘셉트의 이름을 '좋아요' 콘셉트로 바꾸고 원래 목적에 맞는 이름을 붙임으로써 이 문제를 해결했다(그림 5.5). 또한 사용자가 (비공개로) 향후 참조하기 위해 트윗을 저장하려는 목적에 대응하기 위해 '북마크bookmark'

그림 5.5 '마음에 들어요' 콘셉트가 갖는 문제에 대한 트위터의 대응: 새로 도입된 '북마크' 콘셉트는 공유 메뉴에서 이용할 수 있다(오른쪽). 그리고 '좋아요'로 이름이 바뀐 원래 콘셉트는 하트 아이콘으로 표시된다(왼쪽).

콘셉트를 도입했다. 북마크는 트윗의 '공유' 아이콘을 눌러야 나타나는데, 이는 아마도 트윗에 북마크 표시를 한다는 것이 자신과 트윗을 공유한다는 의미로 사용한 것이 아닐까 생각된다.

혼란스러운 콘셉트 악용: 베이비시터 사기

목적을 잘못 이해한 콘셉트는 악용될 가능성이 높다. 예를 들어, '출금 가능 잔액available funds' 콘셉트의 경우, 좋은 의도와 달리 많은 사기꾼의 표적이 됐다. 미국에서는 수표가 입금되면 (수표의 진위가 판명되지 않더라도) 수표가액의 일부 금액이 예금자의 계좌에 나타나고 즉시 인출할 수 있다. 이는 은행이 예금 처리를 지연시키지 못하도록 1987년 의회법에서 의무화한 법률에 따른 조치다.

　그러나 안타깝게도 많은 사람이 이 콘셉트와 '수표 추심cleared check' 콘셉트를 혼동해 계좌에 출금 잔액이 늘어난 것이 곧 수표가 진짜로 검증된 것이라 생각했다. 사기꾼들은 이러한 혼동을 무자비하게 악용했다. '베이비시터 사기'라고 알려진 사례를 예로 들어 보자. 집주인은 새로 고용한 베이비시터에게 이사 비용으로 1,000달러를 주기로 하고 실제로는 훨씬 더 많은 금액인 5,000달러를 수표로 송금한다. 그런 다음 고용주는 이사 비용(1,000달러)을 초과해 입금한 4,000달러를 송금해 달라는 메시지를 보낸다. 베이비시터가 출금 가능한 잔액을 이용해 돈을 송금하면 수표가 부도 처리된다. 그러면 베이비시터의 계좌에 입금된 돈도 철회돼 버리고 베이비시터에게는 4,000달러의 빚이 남는 것이다.

이 콘셉트가 정말 그렇게 어려울까? 이미지의 크기에 관한 이야기

때로는 목적이 불분명한 단일 콘셉트로 인해 혼란이 야기되는 경우가 있다. 예를 들어, '해상도'와 관련된 '이미지 크기image size' 콘셉트를 살펴보자. 예를 들어, 사진 경진 대회를 주최하는 기업이라면 이런 콘셉트들의 차이는 당연히 잘 알고 있을 것이라고 생각하지만, 간혹 이를 잘못 이해해 이미지 해상도를 최소로 규정하는 경우가 있다.

　문제는 사진의 해상도만 알고 크기를 모르면 품질에 대해 아무것도 알 수 없다는 것이다. 예를 들어, 인치당 360픽셀의 해상도는 그리 나쁘지 않지만, 원래 이미지의 크기가 우표와 비슷하다면 이를 엽서 크기로 출력했을 때는 전혀 선명하지 않을 것이다.

이를 이해하려면 두 가지 콘셉트를 이해해야 한다. 첫째, '픽셀 배열pixel array' 콘셉트로, 사진을 컬러 픽셀의 2차원 배열로 표현하는 (한때는 획기적이었던) 일반적인 아이디어다. 이 콘셉트의 목적은 '이미지 편집'이다. 예를 들어, 픽셀 값을 변경해 대비 또는 밝기를 조정하거나 픽셀 수를 변경하는 리샘플링 작업을 통해 품질을 낮추거나 (여러 픽셀을 한 개로 대치), 높이거나(추가로 픽셀을 보간) 하는 액션이 포함된다.

둘째, '이미지 크기' 콘셉트다. 일반적으로 사용자들은 디지털 이미지의 크기를 실제 출력 크기라고 생각하지 않기 때문에 이미지와 출력 크기를 연관 짓겠다는 목적은 단순하지만 낯선 콘셉트다. 실제 인쇄를 할 때는 이미지 크기를 이용해 기본값을 결정하고 어도비 인디자인과 같은 전자출판 프로그램에서 불러올 때는 페이지에 표시되는 크기를 결정한다. 그러나 이들 프로그램들에서는 이미지를 수동으로 조정할 수 있으므로 '이미지 크기' 콘셉트의 목적이 애매해진다.

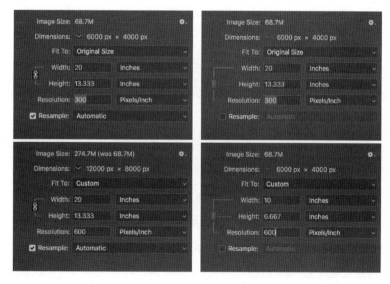

그림 5.6 포토샵의 이미지 크기 대화 상자. 리샘플(Resample) 옵션을 선택한 후(왼쪽 위) 해상도(Resolution)를 '300'에서 '600'으로 변경하면, 픽셀 값(Dimension)이 두 배가 된다(왼쪽 아래). 만약 리샘플 옵션을 선택하지 않고(오른쪽 위) 해상도를 변경하면 픽셀 값은 동일하지만, 너비(Width)와 높이(Height)가 절반으로 줄어든다(오른쪽 아래).

마지막으로, 이미지 해상도는 자체적인 콘셉트가 아니라 주어진 이미지 크기로 인쇄한다고 가정할 때 인쇄 품질을 측정하는 척도다. 따라서 픽셀 배열이 1,000제곱 픽셀이고 이미지 크기가 10제곱 인치라면, 해상도는 100픽셀/인치가 된다.

지금까지의 설명이 이해된다면, 포토샵에서 이미지 크기, 픽셀 값, 해상도를 수정하는 대화 상자(그림 5.6)를 살펴보자. 왼쪽 위의 대화 상자에서 여러 개의 설정 값을 볼 수 있는데, 너비가 20인치, 6,000픽셀이라면, 해상도는 인치당 300픽셀이다. 자물쇠 아이콘 및 연결 선은 두 개의 값이 상호 제약이 있는 매개 변수라는 것을 나타낸다. 리샘플resample이 선택됐을 때(기본값의 왼쪽), 해상도를 두 배로 늘리면 픽셀 크기가 두 배로 늘어난다. 리샘플을 해제하면 (기본값의 오른쪽) 픽셀의 크기가 바뀌지 않는 대신 이미지의 너비와 높이가 절반으로 줄어든다.

이런 조작 방법은 전문가에게도 복잡하고 오류가 발생하기 쉽다. 목적이 의심스러운 이미지 크기 콘셉트가 이 모든 복잡성의 원인일 것이다.[58]

누구의 목적인가? 내 것 또는 당신 것?

콘셉트의 목적을 이해하려고 할 때는 '정확히 누구의 목적에 부합하는가?'라는 질문으로 시작하는 것이 좋다.

소셜 미디어 앱에서 많은 콘셉트가 사용자의 이익을 위한 것이라고 주장하지만, 실제로는 소셜 그래프를 확장하거나, 사용량을 늘리거나, 광고를 더 많이 판매해 회사의 수익을 높이기 위해 디자인된다.

예를 들어, '알림notification' 콘셉트의 취지는 사용자에게 적절한 조건이 발생할 때마다 업데이트 정보를 제공하는 것이다. 그러나 실제로는 '사용자 참여'를 높이는 용도로 사용된다. 분명한 사례 중 하나가 바로 '페이스북'이다. 페이스북에는 알림 이벤트를 제어하는 다양한 옵션이 있지만, 알림을 완전히 꺼버리는 옵션은 없다.

이와 마찬가지로 '태그tag' 콘셉트도 특정 인물이 포함된 게시물을 좀 더 쉽게 찾을 수 있는 간단한 기능을 제공하는 것처럼 보인다. 페이스북에서 사진에 있는 사람을 태그하라는 메시지를 표시할 때 태그를 다는 목적이나 결과를 설명하지 않는다는 점에 유의할 필요가 있다(그림 5.7). 그러나 다시 한번 주의 깊게 살펴보면 진짜 목적에

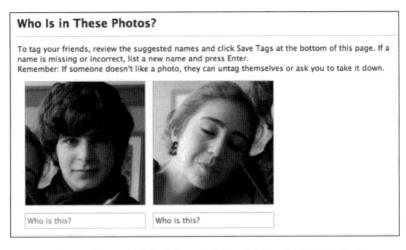

그림 5.7 페이스북의 '태깅' 콘셉트: 왜 태깅을 해야 하는지를 설명하지 않는다.

대한 힌트를 얻을 수 있다. 기본적으로 게시물에 태그하면 그 결과가 (예상대로) 태그된 친구에게 표시되는 것뿐 아니라 태그된 사람의 모든 친구에게도 해당 게시물이 표시된다. 이런 식으로 소셜 그래프 구조에서 연결 정보를 추가함으로써 두 그룹 간의 연결 관계를 간단하게 알아내는 것이다.

신용카드에서 사용되는 '칩 앤 핀Chip and PIN' 보안 방식은 명백히 다른 두 개의 콘셉트로 구성된다. '칩chip' 콘셉트의 목적은 IC 칩이 내장된 카드는 기존의 마그네틱 카드보다 만들기 어렵기 때문에 가짜 카드에 따른 사기 피해를 줄이려는 것이고 사용할 때 비밀번호를 입력받도록 하는 '핀pin' 콘셉트의 목적은 도난당한 카드에 따른 피해를 줄이기 위한 것이다.

그러나 이 보안 방식에는 허점이 있고 메시지를 중간에서 가로채는 중간자 방식에 취약한 것으로 드러났다. 은행들이 이러한 문제점을 (인정하지도 않고) 수정하지 않는 것은 칩 콘셉트의 목적이 사기 피해를 없애려는 것이 아니라 오히려 운영 시스템은 안전하며 사기 피해의 원인은 소비자나 판매자에게 있다는 식으로 책임을 전가해 결과적으로는 은행의 비용을 절감하는 데 있다고 할 수 있다.[59]

그림 5.8 게시물을 읽으려면 로그인이 필요한 이유에 대한 쿠오라의 솔직하지 못한 설명

기만적인 목적

때때로 디자이너는 더 교활한 목적을 숨기기 위해 일부러 콘셉트의 목적을 잘못 표현하기도 한다.

- 모든 질문/답변 게시판에는 스팸 글이나 무가치한 글의 게시를 막는 목적의 '사용자user' 콘셉트가 있다. 그런데 많은 사이트에서 로그인을 하지 않으면 새 질문과 답변을 작성하는 것은 물론, 기존 질문과 답변조차 볼 수 있도록 접근을 제한한다. 이에 대해 쿠오라Quora는 '왜 로그인을 해야 할까? 쿠오라는 어떤 지식이든 갖고 있는 사람들끼리 서로 돕는 지식-공유 커뮤니티다'라는 식으로 답변하고 있다(그림 5.8). 이런 가식적인 답변은 실제로 목표하고 있는 사용자에 대한 데이터 수집, 친숙한 경험 제공, 정교한 광고 생성 등의 목적을 숨기고 있다.

- 여론 조사를 가장한 '푸시 폴push poll'은 일반적인 여론 조사처럼 보이지만, 사실은 특정 정치적 이익을 위해 관점을 바꾸도록 설득하는 선거 운동에 해당한다.

- '직항direct flight' 콘셉트는 동일 편명을 가진 항공 노선을 선호하는 예약에 대응하려고 항공사들이 고안한 것이다. 여러 구간에 걸쳐 동일한 항공편 번호를 사용한다는 의미의 '직항' 티켓은 예약 시스템에서 주목도와 판매량이 높다. 그러나 이러한 목적을 오해하는 소비자들은 직항과 논스톱을 혼동하는

그림 5.9 논스톱과 직항 옵션을 표시하는 항공권 예약 앱: 왼쪽 아래의 체크 박스에 직항 콘셉트에 대한 설명이 추가돼 있다.

경우가 많았다. 그래서 오늘날 대부분의 항공권 판매 사이트들은 이 혼란스러운 콘셉트를 삭제했으며 이 콘셉트를 사용하는 경우에는 부주의한 소비자가 이해할 수 있도록 항공기 변경은 없지만, 중간에 이착륙이 있다는 설명을 추가한다(그림 5.9).

부적합: 목적이 달성되지 않을 때

디자인의 본질은 주어진 맥락(컨텍스트)에 맞는 형태를 만드는 도전이라 할 수 있다. 따라서 이 도전의 목표는 아이들의 나무 퍼즐판 조각이 구멍에 딱 맞는 것처럼 주어진 맥락에 '딱 맞는' 형태를 찾는 것이다.[60]

이 비유에 따르면, 소프트웨어 디자인의 목적은 '구멍의 모양을 설명하는 것'으로 정의할 수 있다. 문제는 이 모양이 복잡하고 제대로 알 수도 없어서 완벽하게 설명할 수 없다는 것이다. 따라서 구멍의 모양을 알 수 있는 유일한 방법은 일단 퍼즐 조각을 디자인한 후 여기저기 끼워 맞춰 보고 잘 맞지 않는 부분을 찾아내는 것이다.

구멍의 정확한 모양을 모르기 때문에 반드시 시험을 거쳐야 한다. 그러나 한편으로는 구멍의 모양이 복잡하고 매번 시도할 때마다 모양의 일부만 알 수 있기 때문에 시험으로도 모든 문제를 해결할 수는 없다.[61] 실제 환경에서 사용해 보기 전까지는 디자인의 효과를 완전히 예측하는 것이 불가능한 것이 사실이다.

디자인의 잠재적인 부적합 요소를 완벽하게 예측할 수는 없지만, 적어도 과거에 반복적인 시도로 부적합을 찾아낸 경험을 활용할 수는 있다. 즉, 요구사항을 완벽하게 열거하는 것은 불가능하지만, 부정적인 요구사항(피해야 할 부적합 요소)을 열거할 수는 있다. 콘셉트는 다음과 같은 두 가지 방식으로 부적합의 위험을 낮춘다.

첫째, 디자인을 콘셉트로 분해하면, 전체적으로 디자인 적합성을 찾아야 하는 문제가 보다 관리하기 쉬운 하위 문제로 나뉜다.

둘째, 콘셉트는 반복적으로 발생하는 요구를 구체화하고 컨텍스트 전반에 공통성을 부여한다. 한 컨텍스트에서 학습한 부적합 요소는 보통 다른 컨텍스트에도 적용된다. 예를 들어, 예약 콘셉트에서의 부적합 요소는 누군가 여러 예약을 독차지해 놓고 일부 예약은 사용하지 않을 수 있다는 것이다. 만약 독자가 예약 기능이 포함된 시스템을 만드는 경우에는 동일 시간대에 다른 식당도 예약하는 중복 예약을 제한하거나 노쇼 고객에게 페널티를 주는 등의 기능을 도입해 디자인 단계에서부터 잠재적인 문제점을 완화하는 방법을 고려해야 한다.

지금부터는 몇 가지 유익한 부적합 사례를 살펴볼 것이다. 실제로 발생 가능한 다양한 부적합의 사례를 설명하고 이를 방지하는 다양한 전략을 제안한다.

잘못된 디자인에 따른 치명적인 부적합

2001년 12월, 아프가니스탄에 주둔한 한 미군 병사는 탈레반 초소에 대한 공습을 요청하면서 목표물의 좌표를 생성하기 위해 PLGR 장치('플러거'라고 불리는 정밀 경량 GPS 수신기)를 사용했다. 그런데 좌표를 생성하는 작업 도중 배터리가 방전돼 배터리를 교체했다. 그 병사는 장치를 재시작한 다음에도 생성된 좌표가 남아 있는 것을 확인했다. 그러나 그는 이 장치가 재시작 시 현재 좌표를 기본값으로 설정한다는 사실을 몰랐다. 결과적으로 그는 자신의 위치에 공습을 요청해 버렸고 2,000파운드의 위성 유도 폭탄이 탈레반이 아닌 미군 초소에 떨어지면서 3명의 미군이 사망하고 20명이 부상을 입었다.[62]

이 사례의 경우, 장치 디자이너가 '배터리battery' 콘셉트와 '목표target' 콘셉트 간의

그림 5.10 아프가니스탄에서 미군 병사가 무의식적으로 자신의 위치를 공습 좌표로 설정했던 장치와 유사한 GPS 수신기(왼쪽)와 현재 표시되는 경고 메시지(오른쪽)

연관성을 좀 더 고민했다면 부적합을 예상할 수 있었을 것이다.[63] 그리고 디자인을 간단하게 수정했다면 이런 재앙을 피할 수 있었을 것이다. 이 장치의 이후 버전에서는 경고 메시지를 표시하는 방식으로 변경됐다('DAGR'이라고 불리는 교체 장치는 그림 5.10처럼 경고 메시지를 표시한다).

상황 변화에 따른 부적합

코로나19에 따른 팬데믹이 발생하자 사람들이 줌Zoom이나 구글 행아웃Google Hangouts, MS 팀즈Microsoft Teams와 같은 영상 통화 앱을 이용해 온라인으로 프레젠테이션을 하는 경우가 잦아졌다. 그러다 보니 부적합한 콘셉트가 나타났다. 그것은 바로 프레젠테이션을 재생하면 슬라이드 화면이 전체 화면 모드로 전환되는 것이었다. 즉, 슬라이드 화면 외에 모든 요소가 감춰지다 보니 발표자는 청중이 제대로 듣고 있는지도 모른 채 혼자 떠들거나 슬라이드가 제대로 표시되는지를 확인하기도 어려웠다.

이런 부적합에 대해 애플이 제시한 해법은 맥용 슬라이드쇼 앱인 키노트의 '슬라이드쇼slideshow' 콘셉트를 강화해 슬라이드가 전체 화면을 차지하지 않고, 일반 크기의 창에 표시되는 '윈도우에서 슬라이드쇼 재생' 기능을 제공하는 것이었다.

이 사례는 상황이 바뀔 때 어떻게 부적합이 발생하는지를 보여 준다. 앞에서 다룬 애플의 휴지통(4장)에서도 이와 유사한 부적합 사례가 있었다. 즉, 컴퓨터의 기본 드라이브에서 삭제한 파일을 영구적으로 삭제해야만 USB 드라이브의 공간을 복구할 수 있다는 것이다. 이 문제가 발생한 이유는 '휴지통' 콘셉트를 디자인했던 40년 전에는 개인용 컴퓨터에 USB 드라이브는 말할 것도 없고 외장 드라이브 자체가 없었던 시절이기 때문이다.

과거의 부적합으로 회귀

스프레드시트에서는 연속된 셀에서 결과를 계산하는 수식은 '범위range' 콘셉트를 사용해 표현할 수 있다. 예를 들어, 세 개 셀의 합을 계산한다면 $B1+B2+B3$으로 정의할 수도 있지만, 그 대신 $SUM(B1:B3)$처럼 작성하는 것이다(그림 5.11).

범위 콘셉트의 목적은 수식을 입력할 때 타이핑의 횟수를 줄이거나 간결해 보이려는 것이 아니다. 이러한 목적은 (언어 계층에서) 새로운 콘셉트를 도입하지 않고도 구현할 수 있기 때문이다. 그보다는 시트의 셀이 추가되거나 삭제되더라도 연산을 유지할 수 있도록 하기 위한 것이다. 만약 1행과 2행 사이에 새로운 셀을 추가하고 합계에 반영되도록 하고 싶다면 사용자가 수동으로 $B1+B2+B3+B4$라고 변경해야 하지만, 범위를 이용한 수식은 자동으로 $SUM(B1:B4)$로 변경된다. 따라서 범위 콘셉트의 작동 원리는 다음과 같이 한 문장으로 표현할 수 있다.

'범위 기능을 사용한 수식을 생성한 후 이 범위 내에 행이나 열이 추가되거나 삭제돼 변경이 발생하면, 수식은 자동으로 변경 내용을 반영한다.'

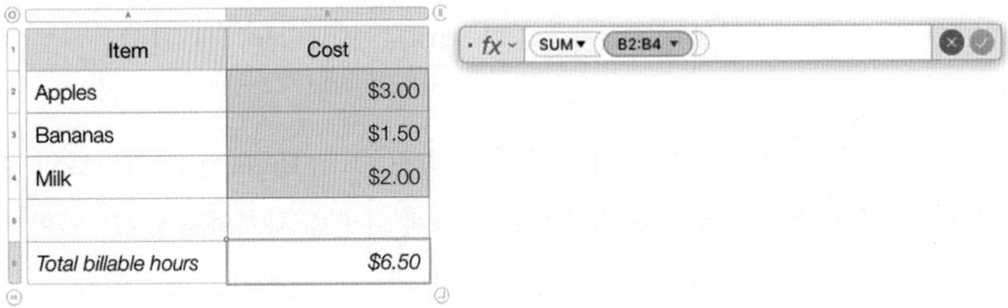

Item	Cost
Apples	$3.00
Bananas	$1.50
Milk	$2.00
Total billable hours	$6.50

fx ∨ SUM ▾ (B2:B4 ▾)

그림 5.11 애플 넘버스 앱에서의 범위 정의: 선택된 영역 표시 화면(왼쪽)과 수식 화면(오른쪽)

여기서 주의해야 할 것은 '범위 내'에 대한 정의다. 일반적으로 '범위 내'란, 범위의 '첫째 셀의 앞'과 '마지막 셀의 뒤'라는 두 개의 마커로 경계를 정한다고 생각할 수 있다. 따라서 '범위 내'에 행을 추가하려면 마지막 행의 바로 아래(마지막 행과 마커 사이)나 첫째 셀의 바로 위에 행을 추가하는 것이 포함될 것이다.

애플의 스프레드시트 앱인 넘버스에서 일반적으로 행을 추가할 때는 현재 행 아래에 추가하는 액션과 위에 추가하는 액션(그리고 이와 같은 방식으로 열을 추가하는 액션)이 있다. 이런 액션에는 키보드 단축키도 할당돼 있어서 범위를 쉽고 빠르게 추가할 수 있다.

이때 범위 내의 마지막 행을 선택한 후 그 아래에 행을 추가하면 새 행이 범위에 포함되지만, 범위의 아래 행을 선택한 후 그 위에 추가한 새 행은 범위에서 제외돼야 한다. 말로는 복잡하지만, 실제로는 매우 직관적으로 알 수 있다. 즉, 현재 선택한 셀이 범위 내에 있다면 어떤 작업을 하든 새 행은 범위에 포함돼야 한다. 그러나 범위 밖에서 시작하는 경우에는 새 행도 범위 밖에 있어야 한다.

실제로 2009 버전의 넘버스는 이런 식으로 동작했다. 그러나 현재 버전에서는 범위의 첫 행과 마지막 행을 다르게 취급한다. 만약 첫 행의 위 또는 끝 행의 아래에 행을 추가하면 선택한 행과 추가 방향(위나 아래)에 관계없이 범위에 포함되지 않는다.

이러한 부적합은 실무에서 큰 불편함을 초래한다. 예를 들어, 컨설팅 프로젝트에 대해 요금을 청구하는 스프레드시트가 있다고 가정해 보자(그림 5.12). 시트의 각 행은 청구일과 내역, 소요 시간이 있고 맨 아래 요약 행에는 총 소요 시간이 나와 있다. 그리고 새로운 작업을 끝낼 때마다 시트에 행을 추가한다. 이전 버전의 넘버스에서는 마지막 작업 내역 행을 선택한 후 아래에 행을 추가하고 작업 내역을 기록하

	Task	Time (hours)
Jan 1, 2018	Interviewing client	4
Jan 3, 2018	Making slides	5
Jan 7, 2018	Writing report	3.5
Total billable hours		12.5

그림 5.12 범위 문제에 대한 해결 방법: 빈 행을 미리 추가한 후 새 행을 추가할 때는 빈 행 위에 새 행을 삽입하는 식으로 범위 끝에 새 행을 추가할 수 있다.

는 것으로 완료할 수 있었다.

그러나 새 버전의 넘버스에는 더 이상 이렇게 작동하지 않는다. 범위의 마지막 행 바로 위에 새 행을 추가한 후 마지막 행을 위로 끌어 올려 새 행 위에 배치하는 방법을 사용하거나 마지막 항목 뒤에 가짜 빈 행을 추가한 후 이 행을 포함하도록 수식을 작성하는 방법(그림 5.12의 회색 영역)을 사용해야 한다. 이 방법을 사용할 수 있는 이유는 수식이 빈 셀을 0으로 취급하기 때문이다. 또한 마이크로소프트 엑셀에서도 (현재 행의 위나 아래에 행을 추가하는 별도의 액션이 없다는) 정확히 동일한 결함이 존재한다.

이 부적합에서 정말 궁금한 점은 애플이 왜 잘못을 했는지 또는 (작동 원리를 신중히 고려하면 알 수 있었을) 문제를 바로잡기 위해 무엇을 했는지에 관한 것이 아니다. 더욱 놀라운 것은 애플의 디자이너들이 올바른 디자인을 알고 있었는데도 이를 잊어버렸다는 사실이다. 아마도 애플 디자이너가 이를 콘셉트 카탈로그에 기록해 뒀다면 버전이 바뀌면서 최고의 아이디어가 이처럼 사라지는 일은 없었을 것이다.

핵심 정리 및 실천사항

5장의 핵심 내용은 다음과 같다.

- 콘셉트 디자인은 제시된 각 콘셉트에 대해 '목적은 무엇인가?'라는 간단한 질문을 던지는 것에서 시작된다. 이 질문에 답하기는 어렵지만, 그만한 가치가 있다.

- 사용자의 입장에서는 콘셉트의 목적을 아는 것이 콘셉트를 사용하기 위한 전제 조건이다. 많은 설명서와 도움말은 액션에 대한 세부사항은 설명하지만, 목적은 언급하지 않으므로 특히 초보자에게 불만족스런 결과를 초래한다.

- 콘셉트의 목적은 설득력이 있어야 하고 필요 중심적이며 구체적이고 평가할 수 있어야 한다. 비유를 이용해 콘셉트를 설명하는 것은 대부분 도움이 되지 않는다.

- 목적 없는 콘셉트는 의심할 필요가 있다. 이런 경우, 보통 진짜 콘셉트라기보다는 사용자에게 공개되면 안 되는 내부 동작 방식이 노출된 경우다.

- 콘셉트의 목적이 혼란스러우면 기능의 오용으로 이어지고 사용자에게 오해를 불러일으켜 후회할 행동을 유도하는 식으로 악용될 수 있다.
- 시간이 지남에 따라 사용 환경도 변하기 때문에 콘셉트가 목적을 달성하지 못하는 부적합 문제를 예측하는 것은 어렵다. 하지만 콘셉트는 경험을 기록하는 구조를 제공하기 때문에 도움이 된다.

다음은 바로 적용해 볼 수 있는 실천사항이다.

- 콘셉트를 사용하는 데 어려움이 있다면, 우선 그 콘셉트의 목적을 잘못 이해한 것은 아닌지 그 증거를 찾아보자.
- 다른 사람에게 콘셉트를 설명해야 한다면, 사용 환경이 어떻든 반드시 콘셉트의 목적부터 설명한다.
- 개발 중인 제품에 콘셉트를 추가해야 한다면, 우선 설득력이 있는 목적을 정의한 후 사용자도 이 목적에 공감하는지를 확인한다.
- 팀에서 콘셉트 작업을 시작하는 경우, 사용자 인터페이스의 초안을 만들기 전에 간략한 콘셉트 설명을 작성하고 콘셉트의 목적과 작동 원리에 대한 디자이너와 개발자들의 의견이 일치하는지 확인한다.

06

콘셉트의 구성

지금까지는 콘셉트에 대해 개별적으로만 자세히 설명했다. 그러나 실제로는 아주 단순한 앱이라도 두 가지 이상의 콘셉트로 구성되는 것이 일반적이므로 콘셉트들이 서로 어떻게 결합되는지를 이해해야 한다.

6장에서는 서로 다른 콘셉트를 연결해 한 콘셉트에서 액션이 발생하면 다른 콘셉트에서도 이와 연관된 액션이 발생하도록 하는 새로운 종류의 구성composition을 사용해 콘셉트를 결합하는 방법을 알아본다.

콘셉트를 다양하게 구성하면 단순 결합보다 흥미로운 다양한 작업을 할 수 있다. 콘셉트가 병렬로만 실행돼 상호 작용이 거의 없이 개별 목적을 달성하는 기초 수준 콘셉트가 더 많이 연결돼 새로운 기능을 생성하는 중급 수준, 마지막으로 개별 콘셉트들이 제공하는 것보다 훨씬 간단하면서도 통합된 경험을 제공해 시너지 효과를 낼 수 있는 고급 수준에 이르기까지 다양한 구성을 알아볼 것이다.

콘셉트로 디자인할 때는 콘셉트 간의 동기화를 어느 정도 긴밀하게 할 것인지의 여부를 선택할 수 있다. 동기화가 긴밀할수록 자동화가 더 많이 이뤄지지만, 유연성은 떨어진다. 따라서 몇 가지 과대-동기화와 과소-동기화 사례를 통해 잘못된 선택의 문제점에 대해서도 설명한다.

왜 기존 구성은 동작하지 않을까?

소프트웨어 컴포넌트는 일반적으로 클라이언트-서비스 방식으로 구성되며 하나의 컴포넌트가 '클라이언트'의 역할을 하고 한 개 또는 그 이상의 컴포넌트가 클라이언트에 제공되는 '서비스' 역할을 한다. 이런 구성 방식은 아주 작은 프로그램(예: 클라이언트는 평균을 계산하는 함수, 서비스는 기초 수식 제공 내장 라이브러리)부터 초대형 프로그램(예: 클라이언트는 급여 계산 애플리케이션, 서비스는 관계형 데이터베이스)에 이르기까지 동일하게 적용될 수 있다.

클라이언트-서비스 구성을 활용하면 아무리 복잡한 기능이라도 단순한 컴포넌트로부터 만들어갈 수 있고 컴포넌트를 계층화할 수도 있다. 클라이언트는 자신이 이용하는 서비스를 제공하는 컴포넌트만 보기 때문에 다른 서비스를 이용하는 컴포넌트는 알지 못한다.

콘셉트의 경우, 이런 구성 방식과는 다르게 동작한다. 콘셉트는 사용자를 대상으로 하기 때문에 한 콘셉트가 다른 콘셉트 뒤에 숨어서는 안 된다. 더욱이 콘셉트는 독립적이어야 하며 그래야만 서로 개별적으로 이해되고 상황이 바뀌어도 재사용할 수 있다. 반면, 클라이언트-서비스 구성에서 클라이언트는 서비스와 독립적으로 작동할 수 없고 사용하는 서비스에서 정보를 제공하지 않으면 클라이언트는 동작을 예측할 수도 없다.

새로운 종류의 구성

콘셉트의 구성이 낯설겠지만 알고 보면 단순하다. 콘셉트는 서로 독립적으로 실행된다. 그리고 개별 콘셉트에서 허용되는 경우에는 액션이 순서에 관계없이 호출될 수 있다.

예를 들어, 기차역에서 볼 수 있는 음료 자판기를 생각해 보자. 한 대의 자판기에 돈을 넣은 후 음료를 선택할 수도 있고 어떤 한 대의 자판기에 돈을 넣고 다시 바로 옆의 자판기에 돈을 넣은 후 다시 처음 자판기로 가서 음료를 선택하는 식으로 자판기를 이용할 수도 있다. 액션 순서에 대한 유일한 제약은 기계 자체에 의해 부과(예: 돈을 넣지 않으면 음료수를 마실 수 없다)된다.

공동 기능을 위해 함께 동작하는 콘셉트를 만들려면, 액션을 동기화해야 한다. 여기에는 액션이 발생하는 순서와 전달되는 값의 연관 관계를 제한하는 것이 모두 포함된다.

예를 들어, 화폐 교환기와 음료 자판기를 결합한 후 1달러 지폐를 교환기에 넣고 그 대가로 25센트 동전 네 개를 받은 후 자판기에서 음료를 구입하는 데 사용되도록 할 수 있다. 이것이 바로 '동기화'다.

이때 액션의 순서만 보면, 기계는 결합 이전의 액션과 동일하게 작동한다. 그러나 동기화 구성에 따라 일부 액션 단계, 즉 거스름돈을 돌려받거나 음료를 구매하지 않는 동작 등은 더 이상 발생하지 않는다. 자동화라는 것은 이전에는 수동으로 할 수 없었던 새로운 작업을 하는 것이 아니라 불가피하게 만드는 것이다.

자유 구성

가장 느슨한 종류의 구성은 자유 구성으로, 여러 콘셉트가 하나의 제품에 병합되지만, 대부분 서로 독립적으로 작동하는 방식이다.

그림 6.1의 투두이스트^{Todoist} 앱은 단순하면서도 세련된 할 일 관리 앱이다. 이 앱은 할 일 목록의 기본 기능에 작업을 프로젝트와 하위 프로젝트로 구성하고 작업에 레이블을 붙이는 등의 몇 가지 기능을 추가했다. 이런 추가 기능 중 레이블 기능을 살펴보고 어떻게 콘셉트 구성으로 표현할 수 있는지를 살펴보자.

우선, 가장 기본적인 형태의 '할 일^{todo}' 콘셉트와 '레이블' 콘셉트에 대해 알아보자(그림 6.2와 그림 6.3). '할 일' 콘셉트는 작업 집합을 완료^{done} 상태와 보류^{pending} 상태로 구분하며 작업을 추가하면 '보류 상태', 작업을 끝내면 '완료 상태'가 된다(작동 원리).

'레이블' 콘셉트는 아이템과 레이블을 연결하고 지정한 레이블이 붙은 모든 아이

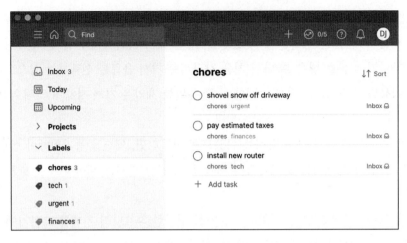

그림 6.1 '집안일'이라는 레이블이 붙은 작업을 보여 주는 할 일 관리 앱

템을 찾아내는 '검색find' 액션을 가진다. 또한 아이템과 관련된 레이블을 제거하는 '정리clear' 액션도 가진다. 작동 원리에 따르면, 아이템에 레이블을 붙이는 작업을 반복한 후 특정 레이블을 매개 변수로 해서 '검색' 액션을 실행하면, 해당 아이템이 결과에 포함돼 표시된다. 이와 반대로 아이템에 해당 레이블이 없거나 정리한 경우에는 아이템이 결과에 표시되지 않는다.

실제로, 이런 콘셉트는 더 많은 기능을 제공한다. 예를 들어, 할 일은 마감일을 작업과 연결해 결과를 표시할 수 있고 레이블은 (다른 레이블과의 결합을 통해) 좀 더 다양한 쿼리를 할 수 있다. 이와 반대로 이러한 기능으로 인해 구성을 이해하기가 불필요하게 복잡해진다.

구성은 그림 6.4에 나와 있다. 구성에 의해 만들어진 간단한 'app'에 이름todo-label을 지정한 후 구성에 포함된 '할 일'과 '레이블'을 나열하고 동기화할 액션을 지정한다. 참고로, 레이블 콘셉트가 포함되면, 할 일 콘셉트의 작업Task 유형에 특화되며 작업에 레이블을 붙이는 용도로 사용된다는 점에 유의한다.

이번 사례의 경우, 지정된 동기화는 한 개 있으며 이는 할 일 콘셉트에서 작업을 삭제delete하면, 레이블 콘셉트에서 해당 작업의 레이블이 정리된다는 의미다. 즉, 작업이 삭제되면, 레이블도 사라진다. 이 동기화가 없다면 '할 일' 콘셉트의 관점에서

```
1   concept todo

2   purpose keep track of tasks

3   state
4      done, pending: set Task

5   actions
6      add (t: Task)
7         when t not in done or pending
8         add t to pending

9      delete (t: Task)
10        when t in done or pending
11        remove t from done and pending

12     complete (t: Task)
13        when t in pending
14        move t from pending to done

15  operational principle
16     after add (t) until delete (t) or complete (t), t in pending
17     after complete (t) until delete (t), t in done
```

그림 6.2 '할 일' 콘셉트의 정의

```
1   concept label [Item]

2   purpose organize items into overlapping categories

3   state
4      labels: Item -> set Label

5   actions
6      affix (i: Item, l: Label)
7         add l to the labels of i

8      detach (i: Item, l: Label)
9         remove l from the labels of i

10     find (l: Label) : set Item
11        return the items labeled with l

12     clear (i: Item)
13        remove item i with all its labels

14  operational principle
15     after affix (i, l) and no detach (i, l), i in find (l)
16     if no affix (i, l), or detach (i, l), i not in find (l)
```

그림 6.3 '레이블' 콘셉트의 정의

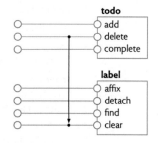

```
1   app todo-label
2   include
3      todo
4      label [todo.Task]
5   sync todo.delete (t)
6      label.clear (t)
```

그림 6.4 '할 일' 콘셉트와 '레이블' 콘셉트의 자유 구성. 도표(오른쪽)에서 왼쪽의 원은 '사용자에게 제공되는 액션', 검은색 화살표는 '동기화'를 의미한다.

더 이상 존재하지 않는 작업에 대한 레이블이 '레이블' 콘셉트에 존재하는 경우가 발생한다. 이런 경우, 작업에 레이블을 붙이고 작업을 삭제한 후 레이블로 검색하면, 존재하지 않는 작업이 검색 결과에 표시되는 비정상적인 행위가 발생할 수 있다.

지금부터는 좀 더 흥미로운 예제를 다뤄 보자. 가장 먼저 이해해 둘 것은 두 가지 콘셉트를 구성에 담으면 사용자가 원하는 순서대로 액션을 실행할 수 있다는 것이다. 동기화가 없는 경우의 유일한 제약사항은 콘셉트 자체의 제약(예: 작업을 추가하지 않고 삭제할 수는 없음)밖에 없다.

자유 구성에서는 콘셉트가 대체로 서로 독립적이지만, 무의미한 실행이 발생하지 않도록 정리가 필요할 수도 있다. 이번 사례의 경우, 동기화 없이 두 콘셉트를 결합해 버리면 ('할 일' 콘셉트에서) 작업을 삭제했는데도 (레이블 콘셉트에서) 검색의 결과로 해당 작업이 나타나는 식의 실행이 가능해진다. 그러나 동기화를 사용하면 항상 todo.delete 다음에 label.clear가 이어진다.

역설적이게도 동기화는 새로운 실행을 결코 추가하지 않으며 단지 무의미한 일부 실행을 제거한다. 그리고 두 개의 콘셉트가 결합해 생성되는 다른 모든 실행은 그대로 유지된다. 예를 들어, 이 구성은 *todo.add(t)*, *label.affix(t, l)*, *todo.complete(t)*, *label.find(l):t*와 같은 액션으로 이뤄진 행위를 허용하며 이들 액션은 각각 새 작업 *t*를 추가하고 작업 *t*에 레이블 *l*을 붙이고 작업을 완료 상태로 만들고 레이블 *l*이 붙은 모든 작업을 쿼리하고 작업 *t*를 얻는 것을 의미한다.[64]

이때 동기화의 목적은 콘셉트의 관점에서 동일한 집합이 존재하도록 하는 것, 즉

```
1    concept email

2    purpose communicate with private messages

3    state
4      inbox: User -> set Message
5      from, to: Message -> User
6      content: Message -> Content

7    actions
8      send (by, for: User, m: Message, c: Content)
9        when m is a fresh message not in a user's inbox
10       store c as content of m
11       store 'by' as user m is from, and 'for' as user m is to

12     receive (by: User, m: Message)
13       when m is to user 'by' and not in inbox of 'by'
14       add m to inbox of by

15     delete (m: Msg)
16       when m belongs to some user's inbox
17       remove m from that inbox
18       forget from, to and content of m

19   operational principle
20     after send (by, for, m, c) can receive (by, m),
21       and m in inbox of by and has content c
```

그림 6.5 '이메일' 콘셉트의 정의

레이블 콘셉트가 '할 일' 콘셉트가 모르는 작업을 참조하지 않도록 하는 것이므로 두 콘셉트는 '존재 결합existence coupled'돼 있다고 말할 수 있다. 다른 모든 면에서 두 콘셉트는 직교 관계에 있다. 따라서 '할 일' 콘셉트는 레이블의 부착과 제거 여부를 알 수 없고 '레이블' 콘셉트는 작업이 보류 상태인지, 완료 상태인지를 알 수 없다.

이러한 느슨한 형태의 구성은 특히 구성 요소 간의 보다 풍부한 동기화를 쉽게 지원하지 않는 플랫폼에 구축된 앱에서 흔히 볼 수 있다. 예를 들어, '댓글'이나 '업보트'와 같은 콘셉트를 제공하는 웹 서비스와 콘텐츠 관리 플러그인은 이번 예시의 작업처럼 사이트에 연결하는 데 필요한 몇 가지 공유 식별자(댓글을 달고 업보팅하는 데 필요한 식별자)만 있으면 되기 때문에 정확하게 작동한다.

협업 구성

보다 긴밀한 형태의 구성에서는 콘셉트를 연결해 어떤 콘셉트도 단독으로는 제공하지 못하는 새로운 기능을 제공한다. 투두이스트 앱의 훌륭한 기능 중 하나는 앱을 실행하지 않고도 앱과 연결된 계정으로 이메일을 보내 작업을 추가할 수 있다는 것이다.

콘셉트 구성으로 보면, 이 기능은 '이메일' 콘셉트의 '메일 수신' 액션과 '할 일' 콘셉트의 '작업 추가' 액션을 동기화한 것뿐이다. 이를 좀 더 구체적으로 알아보기 위해 '이메일email' 콘셉트를 정의해 보자(그림 6.5). 상태는 각 사용자와 사용자의 받은 편지함에 있는 메시지의 매핑, 각 메시지의 송·수신자 기록 메시지의 내용으로 구성된다.

'송신send' 액션은 내용이 포함된 새로운 메시지를 생성하고 '수신receive' 액션은 수신자를 위해 이전에 생성된 메시지를 받은 편지함에 추가한다. 작동 원리는 메시지 전송의 기본 아이디어를 표현한다. 즉, 사용자가 내용이 포함된 메시지를 보내고 수신자가 이를 받으면, 그 결과 내용이 담긴 메시지는 수신자의 받은 편지함에 추가된다.

그림 6.6의 구성은 좀 더 까다롭다. 즉, 이전의 동기화에 '이메일' 콘셉트의 '메일 수신' 액션을 '할 일' 콘셉트의 '작업 추가' 액션에 연결하는 새로운 동기화가 통합돼 있다. 그리고 작업 메시지를 수신하는 특수한 이메일 계정에는 'todo-user'라는 이름을 지정했다. 이 사용자가 수행한 액션만 받는 것으로 제한함으로써 다른 사용자의

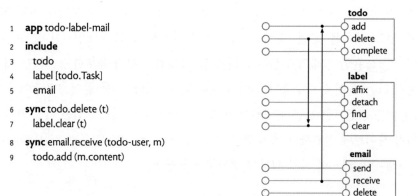

그림 6.6 '할 일' 콘셉트와 '이메일' 콘셉트의 협업 구성. 이 그림은 동기화를 부분적으로만 설명한다. 즉, 수신에서 추가로 향하는 화살표가 모든 email.receive가 task.add로 연결된다는 의미는 아니며 todo-user에게 보내는 메시지만 해당한다.

이메일 수신이 이 동기화에 영향을 받지 않도록 한다. 또한 '추가' 액션은 예상대로 이메일 메시지의 내용에 추가되는 작업을 바인딩한다.

실제 앱에서는 동기화가 좀 더 정교하게 이뤄진다. 즉, 이메일 메시지의 제목과 본문 형식을 지정함으로써 작업의 제목과 설명을 별도로 설정할 수 있고 해시태그를 이용해 작업에 레이블을 붙일 수도 있다. 그러나 내가 제안한 단순 동기화만으로도 디자인의 본질을 전달할 수 있다.

새로운 기능은 실제로는 한 단계를 자동화하는 편의 기능일 뿐이다. 원칙대로라면 할 일 목록에 추가하고 싶은 작업이 생길 때마다 자신에게 이메일을 보낸 후 나중에 모든 이메일을 읽으면서 할 일 관리 앱에 작업을 추가해야 한다. 그러나 동기화를 통해 이러한 추가 작업을 생략할 수 있다.[65] 협업 구성을 사용할 수 있는 방법은 다음과 같다.

로깅Logging. 이벤트 발생 로그를 추적하는 콘셉트는 다른 콘셉트와 공동으로 구성할 수 있다. 추적의 목적은 진단(실패를 초래한 이벤트들을 보관하고 나중에 그 원인을 판별), 성능 분석(서비스의 응답성 확인), 분석(서비스 사용자 및 사용 패턴 데이터 수집), 침입 탐지(공격 여부를 판별하는 요청 패턴 검색), 감사(예를 들어, 병원 직원들의 환자 데이터 접근 내역 기록) 등이 될 수 있다.

억제Suppression. 보안 측면에서는 다른 콘셉트의 특정 액션을 억제하려는 목적의 콘셉트만 추가할 수 있다. '접근 제어access control' 콘셉트는 권한이 없는 사용자의 액션 실행을 방지할 수 있다. 즉, 부여된 액션과 '접근 허용grantAccess' 콘셉트를 동기화해 '접근 허용' 액션이 발생하지 않으면 이와 연결된 액션도 발행하지 않도록 한다. 이와 동일한 아이디어를 보다 일반적인 접근 제어에 사용할 수도 있다. 예를 들어, '포스트' 콘셉트가 있는 소셜 미디어 앱에서는 두 명의 사용자가 친구 관계일 때만 다른 사람의 포스트를 읽게 하는 방식으로 '친구' 콘셉트를 구성할 수 있다.[66]

스테이징Staging. 구성은 액티비티의 각기 다른 단계stage를 가져올 수 있다. 예를 들어, 휴대폰으로 전화를 걸 때 전화번호가 아니라 이름을 이용할 수도 있다. 즉, '연락처' 콘셉트와 '전화 걸기' 콘셉트의 구성은 각각 '번호 조회'와 '전화 걸기'를 수행한다. 이렇게 단계별로 분리하면 '착신 전화call forwarding'도 하나의 콘셉트로 취급할 수 있다. 이와 유사한 패턴이 브라우저의 요청 과정에서도 발생한다. 즉, 브라우저 요청은 도메인명을 IP 주소로 변환하는 역할을 하는 '도메인 이름domain name' 콘셉트를 사용한 조회를 거친 후 요청을 처리하는 'http' 콘셉트에서 처리된다.

알림Notification. 대부분의 앱이나 서비스는 사용자에게 알림 기능을 제공한다. 예를 들어, 일정 관리 앱에는 미리 알림 기능이 있고 도움말 게시판에는 사용자가 문의한 내용에 대한 답변 알림을 등록할 수 있다. 또한 온라인 쇼핑몰은 구매 확인 알림을 보내고 배송업체는 배송 현황 알림을 보내며 소셜 미디어 앱은 친구가 새 글을 올리면 알림을 보낸다. 이들 작업은 다른 콘셉트의 액션과 연결돼 '이벤트 추적' 액션을 제공하는 '알림 콘셉트' 및 '알림' 액션(알림 시점, 방식, 빈도 등은 설정 가능)에서 수행할 수 있다.

완화Mitigation. 때로는 자유 구성이 사용자에게 너무 많은 재량권을 주어 바람직하지 않은 동작이 발생하는데, 이런 문제는 협업 구성을 통해 완화할 수 있다. 예를 들어, 많은 소셜미디어 플랫폼에서는 사용자가 개별 게시물을 평가할 수 있는 '업보트' 콘셉트를 포함해 '포스트' 콘셉트를 구성한다. 그런데 '포스트' 콘셉트에서 편집을 허용하는 경우, 악의적인 사용자가 긍정적인 추천을 많이 받은 게시물의 내용을 완전히 다른 내용으로 변경하는 식으로 오용할 수 있는 문제가 발생한다. 이런 문제의 일반적인 해법 중 하나(예: 슬랙의 경우)는 수정된 게시물에 삭제가 불가능한 마커를 추가하는 것이다. 다른 방법 중 하나는 '포스트' 콘셉트의 '편집edit' 액션을 승인의 일부를 취소하는 다른 콘셉트의 액션과 동기화하는 것이다. 예를 들어, 유튜브에서는 영상에 달린 긍정적인 댓글을 상단에 고정할 수 있는 기능이 있다. 그러나 만약 댓글이 편집되면 'comment.edit'와 'pinning.unpin' 액션이 동기화돼 자동으로 고정이 해제된다.

추론Infernce. 사용자의 액션이 직접 수행되지 않고 다른 액션에서 추론되는 경우가 있다. 예를 들어, 대부분의 메시징 앱은 읽은 항목과 읽지 않은 항목을 구분하고 사용자가 직접 둘 간의 상태를 전환할 수도 있다. 그러나 일반적으로 처음에는 읽기와 관련된 다른 액션들(스크롤하며 내용을 보거나 항목을 직접 여는 경우)과의 동기화를 통해 항목을 읽었는지의 여부를 표시한다.

분리된 관심사separated concerns**의 연결**. 자유 구성으로 관심사가 분리된 콘셉트는 앱의 명확성과 사용성을 향상시키는 것이 일반적이다. 예를 들어, 휴대폰에서 '셀룰러

cellular' 콘셉트와 '와이파이wifi' 콘셉트를 사용하면 모바일 데이터와 와이파이를 구분할 수도 있고 앱이 어떤 데이터 방식을 사용할 것인지를 관리할 수도 있다. 그러나 때로는 분리된 두 콘셉트를 결합해야 할 필요가 생긴다. 예를 들어, 애플의 팟캐스트 앱에서는 모바일 데이터로는 팟캐스트 다운로드를 하지 못하게 하는 옵션을 제공한다(따라서 와이파이로 무료 데이터를 사용할 수 있을 때만 데이터를 사용하도록 강제함).[67]

시너지 구성

자유 구성에서는 소프트웨어 제품이 대체로 직교하는 방식으로 결합되며 각 콘셉트는 공유한 기능을 제공하고 동기화는 정리 목적으로만 사용된다. 그리고 협업 구성에서 동기화는 콘셉트를 서로 연결해 자동화하고 개별 콘셉트가 자체로는 제공하지 못하는 새로운 기능을 제공한다.

시너지 구성에서는 좀 더 효과적인 상승 효과가 발생한다. 즉, 콘셉트를 더욱 긴밀하게 동기화함으로써 한 콘셉트의 기능이 다른 콘셉트의 목적 달성에 크게 기여한다. 따라서 구성의 전체 가치는 개별 콘셉트의 가치의 합보다 커진다.

이 현상을 설명하기 위해 '할 일' 콘셉트와 '레이블' 콘셉트의 구성에서 '보류'라는 내장 레이블을 사용해 보류/완료 상태를 표시하며 이 레이블은 작업이 추가되면 자동으로 부착되고 작업이 완료되면 제거된다고 가정해 보자. 이는 두 개의 동기화로 설명할 수 있다(그림 6.7). 하나는 작업이 추가될 때 레이블을 부착하는 것이고 다른 하나는 작업이 완료됐다는 의미로써 레이블을 제거하는 것이다. 일관성을 위해 작업에서 레이블이 분리되면 완료로 표시하는 세 번째 동기화를 추가했다.

이 구성의 장점은 레이블 쿼리 기능에 작업이 보류 중인지의 여부가 통합됐다는 것이다. 예를 들어, 레이블 콘셉트에서 논리적 쿼리문을 제공하는 단일 통합 인터페이스가 있다면 '보류 및 긴급' 상태의 작업을 찾을 수 있는 것이다. 더욱이 이제 상태 컴포넌트가 레이블에 저장되기 때문에 '할 일' 콘셉트에서 작업의 보류 여부를 기억하는 상태 컴포넌트는 더 이상 필요하지 않다.

이러한 간단한 설정은 시너지 구성이 가져다 주는 장점의 일부일 뿐이다. 다음 섹션에서는 매우 복잡하지만 좀 더 강력한 사례를 통해 영리한 시너지 구성이 얼마

```
1  app todo-label-syn

2  include
3     todo
4     label [todo.Task]

5  sync todo.delete (t)
6     label.clear (t)

7  sync todo.add (t)
8     label.affix (t, 'pending')

9  sync todo.complete (t)
10    label.detach (t, 'pending')

11 sync label.detach (t, 'pending')
12    todo.complete (t)
```

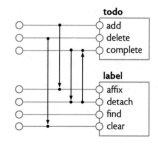

그림 6.7 '할 일' 콘셉트와 '레이블' 콘셉트의 시너지 구성

나 효과적인지를 살펴볼 것이다. 그 전에 시너지 구성의 다른 예시들을 몇 가지 살펴보자.

지메일 레이블과 휴지통. 구글의 이메일 앱인 지메일은 앞에서 설명한 대로 레이블을 사용해 시너지 효과를 얻는다. 즉, 이메일 메시지를 전송하면 자동으로 '전송됨sent'이라는 레이블이 부착되며 '보낸 편지함' 버튼은 단순히 '전송됨' 레이블이 붙은 메시지를 검색하는 쿼리와 연결된 것이다. 이와 동일한 아이디어가 '휴지통'에도 적용된다. 즉, 메시지를 삭제하면 '삭제됨deleted' 레이블이 부착되고 레이블을 제거하면 메시지가 복원된다.[68]

모이라 메일링 리스트와 그룹. MIT는 1980년대부터 내부적으로 개발한 '모이라Moira'라는 시스템을 사용해 메일링 리스트를 관리한다. 여러 사용자가 메일링 리스트를 관리할 수 있도록 해당 사용자만 모아서 두 번째 리스트를 만든 후 이 리스트를 첫 번째 리스트의 관리자로 지정할 수 있다. 제어 권한을 부여하거나 회수하려면 두 번째 리스트에서 사용자를 추가하거나 삭제하면 된다. 이는 '메일링 리스트mailing list' 콘셉트가 '관리자 그룹administrative group' 콘셉트와 긴밀하게 결합돼 별도의 인터페이스를 만들 필요가 없는 멋진 시너지 효과의 사례라고 할 수 있다.[69]

무료 샘플과 장바구니. 일부 온라인 쇼핑몰에서는 사용자가 구매하지 않은 무료 샘플(또는 카달로그) 항목을 장바구니에 추가한다. 이는 '장바구니shopping cart' 콘셉트와 '무료 샘플free sample' 콘셉트의 시너지 구성으로, 무료 샘플을 주문에 추가하는 액션과 장바구니에 상품을 추가하는 액션이 동기화된다. 이 방식은 사용자에게도 편리(무료 샘플을 포함해서 모든 상품을 한곳에서 볼 수 있음)하고 개발자에게도 편리(무료 샘플을 별도로 보관할 필요 없음)하다. 그러나 많은 시너지 효과가 그러하듯이 예기치 않은 문제가 발생할 수 있다.[70]

포토샵의 채널과 마스크, 선택. 시너지 효과의 탁월한 사례 중 하나가 바로 어도비 포토샵의 '채널channel', '마스크', '선택selection' 콘셉트로, 이들을 함께 사용하면 강력한 효과를 낼 수 있다.[71]

휴지통과 폴더의 아름다운 시너지 효과

4장에서 '휴지통' 콘셉트를 소개하면서 휴지통을 단순히 아이템의 집합으로 취급한 것이 낯선 독자도 있었을 것이다. 매킨토시나 윈도우 사용자에게 가장 친숙한 휴지통 콘셉트는 아이템의 집합이 아니라 폴더이기 때문이다.

'휴지통' 콘셉트의 일부 초기 버전에서는 휴지통이 하나의 집합이었으며 폴더를 삭제하면 개별 파일로 분리돼 휴지통에 배치됐다. 이로 인해 원래의 폴더를 복원하는 것이 어려웠고(애플이 초창기부터 사용했던) 두 가지 콘셉트를 융합한 더 나은 디자인을 구현한 것이다.[72]

최근 디자인은 휴지통과 폴더라는 두 가지 별개의 콘셉트를 솜씨 있게 구성한 것이라고 이해할 수 있다. 따라서 이러한 관점에서 보면, 행위의 다양한 측면을 구분해낼 수 있다. 즉, 아이템을 삭제, 복원 또는 영구 삭제할 수 있다는 휴지통의 본질을 이해하려면 '휴지통' 콘셉트만 알면 되고 휴지통에 있는 아이템이 어떻게 나타나는지 이해하려면 폴더 콘셉트만 알면 된다.

이로 인해 발생하는 시너지 효과는 간결한 사용자 인터페이스에서 드러난다. 즉, 휴지통에서 아이템을 나열하는 데 있어 특별한 액션이 필요하지 않다. 휴지통은 일반적인 폴더처럼 정렬과 검색을 할 수 있다. 아이템을 복원할 때도 특별한 조작 없이 아이템을 휴지통 폴더에서 밖으로 옮기기만 하면 된다. 또한 시너지 구성을 통해 삭제된 폴더의 구조를 그대로 유지한 채 복원할 수 있다.

이러한 동기화는 복잡하지 않다. 파일을 ('폴더' 콘셉트의) 휴지통으로 이동하는 것은 (휴지통에서) 파일을 삭제하는 것과 동기화되고 폴더 이동은 모든 폴더와 그 안의 파일을 삭제하는 것과 동기화되며 휴지통에서 폴더를 밖으로 이동하는 것은 모든 폴더와 파일을 복구하는 것과 동기화된다.

시너지는 완벽하지 않다

콘셉트 간의 기능을 완벽하게 병합하는 것은 거의 불가능하며 대부분의 시너지에는 어느 정도 비용이 발생한다. 휴지통의 경우에도 일반적인 폴더와 달리, '휴지통 비우기' 액션을 제공해야 하므로 폴더에서 제공하는 기능만으로는 충분하지 않다.

매킨토시 휴지통을 개발한 디자이너들은 이러한 불균일성을 최소화하려고 노력했다. 예를 들어, 오로지 휴지통 폴더에만 적용되는 '삭제한 날짜' 필드를 제거하기 위해 노력한 결과, 모든 폴더에 공통으로 적용되는 '추가된 날짜' 필드를 영리하게 포함시킴으로써 휴지통에서 삭제된 날짜별로 정렬할 수 있도록 했다.

더 큰 문제는 매킨토시 데스크톱에는 드라이브가 여러 개가 있어도 휴지통 폴더는 하나뿐이라는 것이다. 따라서 다른 폴더에서와 달리, 휴지통은 각기 다른 볼륨의 아이템도 '보관'될 수 있다. 따라서 최신 버전의 맥 OS에서는 휴지통에 있는 아이템을 볼륨별로 그룹화할 수 있는데, 이는 다른 폴더에서는 사용할 수 없는 기능이다(그림 6.8).

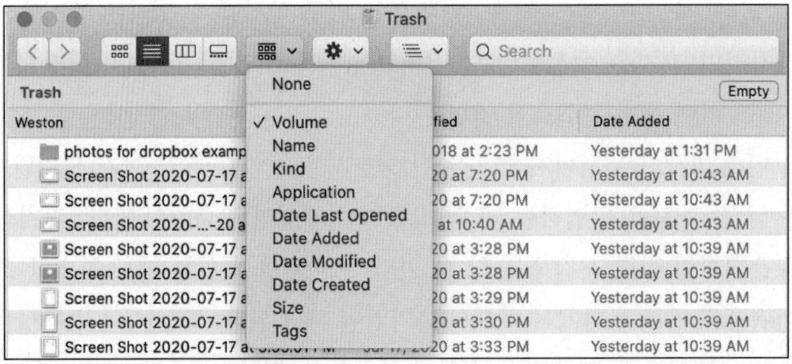

그림 6.8 '휴지통' 콘셉트와 '폴더' 콘셉트의 시너지 구성. 아이템은 삭제된 날짜에 해당하는 '추가된 날짜' 필드를 기준으로 정렬할 수 있기 때문에 '폴더' 콘셉트의 일반적인 기능을 자연스럽게 활용할 수 있다. 볼륨으로 정렬하는 것은 휴지통 폴더에만 적용되기 때문에 좀 더 문제가 많은 기능이다.

휴지통을 폴더로 표현하다 보면 때로는 혼란스러울 수 있다. 예를 들어, 휴지통이 아이템을 '보관'하고 있다고 표현하면 매우 어색할 것이다. 5장에서는 이동식 드라이브를 노트북에 연결하고 드라이브의 공간을 확보하고자 일부 항목을 휴지통으로 옮기는 시나리오를 다뤘다. 휴지통 폴더는 한 개만 존재하고 그 휴지통은 노트북에 '포함'돼 있기 때문에 그 액션을 하면 드라이브 공간이 확보될 것이라고 생각할 수 있다.

그러나 휴지통을 볼륨으로 나눈 것에서 알 수 있듯이 휴지통 폴더는 더 이상 외장 드라이브 외에 저장되지 않으므로 파일을 휴지통으로 이동해도 공간이 확보되지 않는다. 외장 드라이브의 연결을 끊으면 휴지통에 버린 항목이 휴지통 폴더에서 사라지고 연결하면 다시 나타나는 것을 볼 수 있다.[73]

과대-동기화 및 과소-동기화

콘셉트를 구성하는 데 있어 동기화는 제품 디자인 전체에서 중요한 역할을 맡는다. 동기화를 너무 많이 하면, 사용자의 제어권을 빼앗게 되며 자유 구성에서는 허용되는 시나리오를 사용할 수 없게 된다. 이와 반대로 너무 적게 동기화하면, 자동화할 수 있는 작업조차 사용자가 처리하도록 부담을 준다. 또한 예기치 않은 바람직하지 못한 행위로 인해 치명적인 결과를 초래할 수도 있다.

과대-동기화 및 취소된 세미나의 이상한 사례

애플 캘린더 앱의 '캘린더 이벤트calendar event' 콘셉트는 특정 일시에 이벤트를 생성할 수 있다. 그리고 '초대장' 콘셉트와 결합해 생성한 이벤트를 다른 사용자에게 보낼 수 있고 초대를 받은 사용자는 이벤트를 수락하거나 거부할 수 있다.

이 앱의 원래 디자인에서는 사용자가 초대 이벤트를 삭제하는 과정에서 난처한 상황이 발생했다. 즉, '삭제delete' 액션이 '거절decline' 액션과 동기화돼 있기 때문에 초대를 명시적으로 거절해야만 이벤트를 삭제할 수 있다는 문제가 있었다. 따라서 초대장을 보낸 친구의 기분을 상하게 하지 않으면서 캘린더의 공간을 비울 수 없어 불편했다. 더욱이 더 문제가 됐던 스팸 초대장의 경우, 스팸 발송자는 거절 알림을 통해 이메일 주소가 유효한지를 알 수 있어서 향후 스팸이 발생할 가능성이 높아진다.

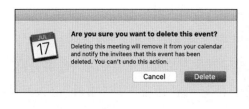
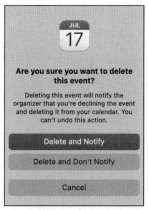

그림 6.9 이벤트를 삭제하고자 할 때 보낸 사람에게 거절 알림을 보내도록 동기화된 원래의 애플 캘린더 대화 상자(왼쪽)와 동기화를 선택하도록 문제를 수정한 최신 버전(오른쪽)

수년 동안 이를 해결하는 유일한 방법은 새 캘린더를 만들어 그곳으로 이벤트를 옮긴 후 새 캘린더 전체를 삭제하는 것이었다. 결국 (2017년 즈음에) 애플은 '삭제' 액션과 '알림' 액션을 분리했다(그림 6.9).

그러나 내 연구실이 세미나 발표와 관련해 갖고 있던 당혹스러운 문제의 원인이 구글 캘린더와 동일한 디자인 결함으로 밝혀졌다. 예를 들어, 세미나를 개최한다는 안내가 나간 지 얼마 지나지 않아 취소 알림이 발송되곤 했다. 그러면 주최자는 세미나가 취소되지 않았다는 안내를 다시 해야만 했던 것이다. 알고 보니 세미나 취소는 가짜로 밝혀졌다. 이 문제의 원인은 연구원들이 세미나 알림을 개인 캘린더에 추가한 후 누군가가 해당 이벤트를 삭제하면 구글 캘린더는 처음 초대를 보낸 이메일 주소(이 경우에는 1,000명 이상의 회원이 있는 메일 그룹)로 취소 메시지를 자동으로 발송하기 때문이다. 과대-동기화의 다른 몇 가지 사례는 다음과 같다.

- 텀블러의 의문스러운 디자인: 블로그 서비스인 '텀블러'에서 사람들이 내 게시물에 댓글을 달 수 있도록 허용하려면 게시물 제목 끝에 물음표를 삽입하면 된다. 이런 종류의 동기화에서 한 액션(게시물 생성)에 수반되는 액션(댓글 활성화)이 발생할 것인지의 여부는 첫 번째 액션의 콘텐츠 값에 따라 달라진다. 그러나 이 방식은 제목이 질문일 경우 혼란을 줄 수 있는 달갑지 않은 동기화일

뿐 아니라 '제목title' 콘셉트가 일반적이지 않아서 이해하기 어렵다(둘러보기 48의 '콘셉트는 일반적이다' 절 참조). 나중에 텀블러는 물음표 대신 체크 박스를 도입해 이 문제를 해결했다.

- **트위터의 답글:** 이와 유사한 문제가 트위터에서도 발생했다. 2016년 중반까지 사용자 이름으로 시작하는 트윗은 답글로 간주됐다. 그러다 보니 트윗을 작성할 때 사람을 언급(멘션)하고 싶지만, 답글이 아닌 경우에는 이름 앞에 마침표를 넣는 관습(예: '.@daniel Rellay?')이 생겼다.

- **원치 않는 구글 동기화:** 만약 사용자 아이디가 외부 이메일 주소인 구글 계정이 있는 경우, 해당 계정에 지메일 기능을 추가하면 자동으로 사용자 아이디가 새 지메일 주소와 일치되도록 변경되며 이전 사용자 아이디와 이메일 주소는 복원할 수 없다.[74]

- **엡손 사의 일방적인 프린터 드라이버:** 엡손 사는 자사의 포토 프린터를 설정할 때 사용자가 프린터에 손상을 줄 수 있는 특정 조합은 설정할 수 없도록 했다. 예를 들어, 위에서 용지를 투입하는 상단 공급 장치를 설정하면(프린터에 들어갈 때 종이가 구부러져야 하므로) 용지 옵션에서 '두꺼움'을 선택할 수 없도록 하는 식이다. 그러나 프린터 드라이버에는 대부분의 미술용 아트지는 두껍다는 가정하에 상단 공급 방식을 선택할 수 없도록 강제했다. 그러나 이는 잘못된 설정이었다. 많은 미술용 아트지가 얇고 유연함에도 불구하고 이러한 프린터의 제약으로 인해 전면 공급(종이를 하나씩 수동으로 공급하는 불편함이 있음)을 하거나 상단 공급을 하기 위해 일부러 잘못된 잉크 설정을 해야만 했다.

과소-동기화 및 가입할 수 없는 그룹

1년여 전, 나는 이웃과 함께하는 온라인 포럼을 만들고자 구글 그룹을 개설했다. 이웃들의 계정을 미리 알지 못했기 때문에 그룹으로 연결되는 링크를 보내면서 가입할 것을 요청했다.

그러나 안타깝게도 이 방식은 제대로 동작하지 않았고 사람들은 '가입 요청' 버튼이 있는 페이지로 들어갈 수도 없었다. 내 생각에는 그룹 설정에 문제가 없었다. 즉,

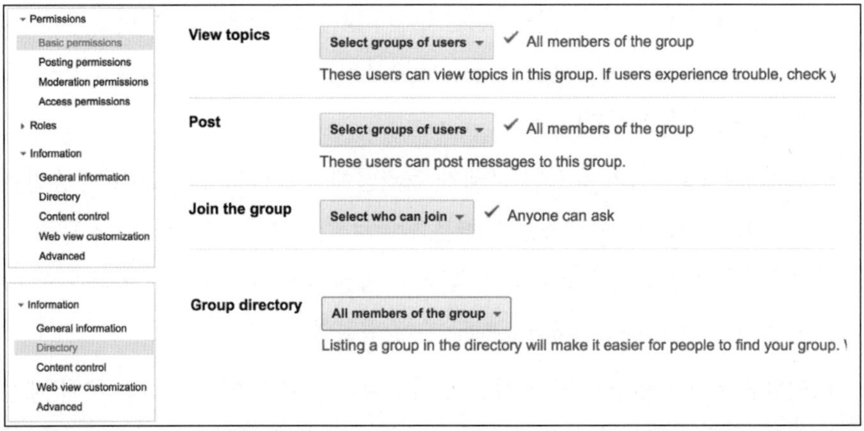

그림 6.10 구글 그룹스의 접근 제어(2019). 윗부분은 'Permissions' 탭에서 'Basic Permissions'를 클릭하면 표시되는 옵션이고 아랫부분은 'Information' 탭에서 'Directory'를 클릭하면 표시되는 옵션이다. '가입 요청' 버튼을 보여 주는 페이지가 회원 전용이므로 'Directory'의 기본 설정에서 수행하는 권한 설정은 사실상 의미가 없다.

'permissions(권한)'의 'Select who can join(참여 가능한 사람 선택)' 항목에서 'Anyone can ask(누구나 요청 가능)'를 선택했다(그림 6.10의 위).

나중에 알고 보니 그룹 디렉터리에 그룹이 표시되는지 여부를 결정하는 다른 설정이 있었다(그림 6.10의 아래). 이 항목에서 표시^{visibility} 여부를 'Anyone on the web(웹상의 모든 사용자)'으로 설정하지 않으면 그룹은 디렉터리에서 나타나지 않으며 가입 요청을 위한 접근도 할 수 없는 것이었다.

누가 참여할 수 있는지를 결정하는 액션('권한' 콘셉트)과 표시 여부를 설정하는 액션('그룹 디렉터리' 콘셉트) 사이의 동기화가 되지 않아서 이런 문제가 발생했다. 이런 문제가 발생한 후 구글은 이 디자인을 약간 수정해서 두 컨트롤을 같은 페이지에 배치했지만(그림 6.11), 여전히 동기화되지는 않았다. 따라서 'Who can join group(그룹에 참여 가능한 사용자)'에서 'Anyone on the web can ask(웹상의 누구나 요청 가능)'를 선택하더라도 'Who can see group(그룹을 볼 수 있는 사용자)'에서 'Anyone on the web(웹상의 모든 사용자)'을 선택하지 않으면 제대로 동작하지 않는다.

과소-동기화의 다른 사례는 다음과 같다.

- 라이트룸의 임포트 기능: 어도비의 사진 편집 애플리케이션인 '라이트룸 클래식'

118

그림 6.11 구글 그룹 권한 설정(2021년 2월)의 최근 화면. 보기 권한을 단일 설정으로 통합하고 가입 권한과 동일한 페이지에 배치했다. 그러나 안타깝게도 기본값은 표시된 그대로이며 가입 요청을 하려면 그룹을 볼 수 있어야 한다.

은 다양한 사진 임포트(가져오기) 기능을 제공한다. 단순히 메모리 카드나 카메라에서 하드 드라이브로 사진을 복사하는 작업 외에도 복사한 사진을 원하는 위치로 이동하거나 메타데이터에 저작권 정보를 추가하고 모든 사진에 설정 값을 지정하며 키워드를 추가하고 미리 보기를 생성하고 원본 사진이 저장된 외장 드라이브나 메모리 카드를 제거하는 등의 다양한 기능을 수행한다. 그리고 이러한 모든 동기화는 선택사항으로써 매우 복잡한 사용자 인터페이스의 설정 메뉴에서 제어할 수 있었다.

2015년 어도비는 임포트 대화 상자를 단순화하고 전문 사진가들이 자주 사용하는 일부 동기화 기능들을 제거한 '라이트룸 버전 6.2'를 출시했다. 그러나 사용자들의 부정적인 반응이 급속도로 확산됐기 때문에 어도비는 결국 해당 업데이트를 원상 복구했다.[75]

- **구글 폼과 시트, 데이터 시각화:** 시너지 효과를 잘 활용하는 사례로는 '구글 폼'을 들 수 있다. 구글 폼은 구글 시트(구글의 스프레드시트 앱)를 응답 데이터의 저장소로 활용한다. 더욱이 구글 폼에는 데이터를 보기 좋게 요약해 주는 '파이 차트', '히스토그램' 등과 같은 시각화 기능도 있다. 그러나 유감스럽게도 시각화 기능은 시트와는 별개의 다른 데이터 복사본과 동기화된다. 따라서 이후에는 시트를 편집(예: 설문 응답 결과에서 중복을 제거하는 데이터 삭제 기능)해도 변경된 내용이 시각화 기능에 반영되지 않는다.[76]

- 줌의 손 들기 기능: 화상 회의 앱으로 잘 알려진 줌 앱에는 참가자가 손을 들어 주최자에게 발언권을 요청하는 기능이 있다. 그리고 일반적으로 회의 참가 자들은 말을 하지 않을 때 마이크를 음소거해서 배경음이 들어가지 않도록 한다. 그러다가 발언권이 주어지면 음소거를 해제하고 발언한 후 다시 음소 거를 하는 식이다. 그런데 참가자들은 발언이 끝난 후 손을 내리지 않는 경 우가 자주 발생한다. 그러면 주최자는 그 사람이 손 내리는 것을 잊은 것인 지, 다시 말하고 싶어서 손을 든 것인지 혼동할 수밖에 없다. 따라서 '손 들 기raised hand' 콘셉트와 '음소거audio mute' 콘셉트를 동기화하면 이러한 불편함 을 없앨 수 있다.[77]

- 테락-25 방사선 치료기: 1980년 후반, 방사선 치료기에서 발생한 몇 건의 심각 한 사고의 원인은 결국 동기화의 결함에서 비롯된 것으로 밝혀졌다. 문제의 방사선은 (1) 전자를 집중시키는 자기 분광기와 (2) 전자를 엑스레이 광자로 변환하는 (회전형 턴테이블 방식의) 평탄화 필터로 출력을 조정했다.

  그리고 방사선을 환자에게 사용할 때는 전자를 직접 쏘는 모드나 엑스레 이 모드 중 하나를 사용했다. 엑스레이 모드는 전자를 직접 쏘는 것보다 훨 씬 높은 전자 전류가 필요했다. 따라서 이때는 평탄화 필터를 제 위치에 두 는 것이 중요했다. 그러나 불행하게도 가끔씩 동기화 기능의 결함으로 인해 높은 전류가 환자에게 직접 전달돼 대량의 과다 복용이 발생하기도 했다. 이 결함은 (의도된 동기화 기능을 수행하지 못한) 프로그래밍 오류로 밝혀졌는데, 좀 더 나은 디자인을 했다면 방지할 수 있었던 문제였다.[78]

핵심 정리 및 실천사항

6장의 핵심 내용은 다음과 같다.

- 콘셉트는 프로그램처럼 큰 콘셉트가 작은 콘셉트를 포함하는 식으로 구성되 지 않는다. 오히려 각 콘셉트는 사용자에게 동등한 조건으로 노출되며 소프 트웨어 앱이나 시스템은 함께 실행되는 콘셉트의 집합이다.
- 콘셉트는 액션을 동기화해 구성된다. 즉, 액션이 새롭게 추가되는 것이 아

니라 오히려 개별적으로는 실행이 가능했을 일부 단계의 액션이 제거된다.

- 자유 구성에서는 콘셉트가 서로 독립적으로 동작하며 일부 (기존 기능에 대한 일관된 관점을 보장하기 위한) 속성에 의해서만 제한된다.

- 협업 구성에서는 콘셉트가 함께 작동해 자동화를 통해 새로운 기능을 제공한다.

- 시너지 구성에서는 콘셉트가 매우 밀접하게 얽혀 있으며 한 콘셉트의 기능이 다른 콘셉트의 목적을 달성하는 데 기여한다.

- 구성은 콘셉트 자체가 익숙한 경우에도 창의적인 디자인 기회를 제공한다. 시너지는 디자인의 핵심으로, 단순한 부분의 조합에서도 큰 효과를 얻을 수 있다.

- 동기화는 소프트웨어 디자인의 필수 부분이다. 동기화가 충분하지 않으면 부적절하거나 혼란스러운 동작이 발생하고 자동화 기회를 놓칠 수 있다. 이와 반대로 지나치면 사용자의 선택권이 제한될 수 있다.

다음은 바로 적용해 볼 수 있는 실천사항이다.

- 디자인 중인 콘셉트가 복잡해 보이면 (좀 더 명확한 목적이나 설득력 있는 작동 원리를 가짐으로써) 설명하거나 증명하기 쉬운 좀 더 단순한 콘셉트들의 구성으로 바꿔 생각해 보자. 좀 더 자세한 내용은 9장에서 설명한다.

- 콘셉트를 선택할 때 재사용할 수 있는 친숙한 콘셉트가 있는지 찾아보자(10장). 예를 들어, 알림 콘셉트를 식별했다면 앱 전체에 걸쳐 일관되게 알림을 사용하는 방법을 살펴본다.

- 디자인에서는 일단 포함시킬 콘셉트를 정한 후 어떻게 동기화할 것인지를 결정한다. 동기화부터 시작해 잘못된 행위를 제거한다. 그런 다음 자동화를 고려하되, 사용자에게 충분한 유연성을 제공해야 한다.

- 콘셉트와 콘셉트를 구성해 단순화할 수 있는 시너지 효과를 찾아보자. 그러나 완벽한 시너지를 얻는 경우는 거의 없다는 사실도 기억해야 한다.

07

콘셉트의 의존성

여러 콘셉트가 결합돼 구성되면, 각 콘셉트는 상호 관계 속에서 특정한 역할을 수행한다. 예를 들어, 사용자가 할 일 작업에 레이블을 붙일 수 있도록 '레이블' 콘셉트와 '할 일' 콘셉트를 구성했다면, '할 일' 콘셉트는 '레이블' 콘셉트의 적용 대상이 되는 것이다.

동기화는 동기화된 액션을 동등하게 취급하기 때문에 구성 자체는 대칭적이다. 그럼에도 불구하고 구성은 한 콘셉트가 다른 콘셉트의 기능을 보강하기 위해 비대칭성을 도입할 수 있다. '레이블' 콘셉트는 '할 일' 콘셉트의 기능을 확장한다. 즉, 단순히 작업만 추가하는 것 외에 레이블을 붙이는 작업도 할 수 있는 것이다. 그러나 반대로는 할 수 없다. 어느 누구도 사물에 레이블을 붙이는 앱을 먼저 만든 후 레이블을 붙일 수 있는 작업을 만드는 식으로 앱을 확장하지는 않는다.

이러한 비대칭성은 소프트웨어 제품에서 중요한 구조를 드러내며, 7장에서는 이를 살펴본다. 그리고 다이어그램으로 묘사할 수 있는 콘셉트 중에서 의존성^{dependence}
개념도 설명한다.

지금까지 콘셉트는 서로 독립적이라고 주장하다가 의존성이라는 개념을 소개하
는 것이 역설적으로 보일 수도 있겠지만, 실제로는 그렇지 않다. 사실 콘셉트의 본
질은 독립적으로 이해하고 구현할 수 있다는 것이다. 7장에서 다루는 의존성은 제품
전체의 맥락에서 콘셉트가 수행하는 역할에서 비롯된 것으로, 제품이 갖는 콘셉트
라기보다는 제품의 속성에 가깝다.

콘셉트를 점진적으로 확장하기

소프트웨어 제품 중에는 항공기나 원자력 발전소에서 사용하는 프로그램처럼 최종
완성품의 형태로 출시돼야 하는 것들이 있다. 이러한 소프트웨어를 사용자 요구에
맞춰 점진적으로 기능을 구현하는 식의 '최소 실행 가능 제품^{MVP}' 수준으로 배포할
수는 없을 것이다.

그러나 대부분의 경우에는 점진적인 개발이 더 낫다. 점진적 개발은 개발자가 디
자인 작업 초기에 피드백을 받을 수 있고 배포한 작업에 대한 효용성을 빠르게 평가
할 수 있으며 부적합한 부분이 발견되면 이를 즉시 처리할 수 있기 때문이다. 따라
서 새로운 소프트웨어 제품을 디자인할 때는 한 번에 몇 가지의 콘셉트만을 추가하
면서 점진적으로 제품을 성장시킨다고 생각하는 것이 유용하다.

모든 성장 단계마다 항상 콘셉트를 추가해야 하는 것은 아니다. 예상보다 덜 유용
하거나 쉽게 고칠 수 없는 중대한 결함이 있거나 다른 콘셉트를 확장해 그 기능을 포
함할 수 있는 콘셉트라면 제거될 수도 있다. 때로는 기존 콘셉트가 다듬어져 더 강
력하면서 동시에 (목적과 작동 원리에서) 더 설득력 있는 콘셉트가 되기도 한다. 그리고
가장 흥미로운 사례로써 콘셉트의 추가 유무에 관계없이 복잡도를 높이지 않고도 제
품의 기능을 확장하는 시너지 효과가 나타나기도 한다.

우수한 제품 중에는 무분별하게 성장을 추구하다가 몰락하는 경우도 있다. 작지
만 성공적인 시스템을 디자인한다는 야심찬 목표를 추구할 경우, IBM 사의 유명한
엔지니어인 프레디 브룩스^{Fred Brooks}가 말한 '두 번째 시스템 효과'의 영향을 받을 가

능성이 높다. '두 번째 시스템 효과'란, 첫 번째 시스템의 성공을 과신한 결과 이후의 시스템이 불필요하고 복잡하게 부풀려지는 현상을 말한다.[79]

이러한 이유로 인해 소프트웨어 제품의 성장 가능성을 간단명료하게 표현하고, 마찬가지로 불필요한 것을 잘라 내는 방법이 중요하다. 콘셉트 의존성 다이어그램 이 바로 이러한 기능을 제공한다.

콘셉트 인벤토리 구축

3장에서 콘셉트가 애플리케이션 맵을 제공하는 방법에 대해 언급했는데, 여기서 애 플리케이션 맵은 애플리케이션의 기능과 목적을 제공하는 일종의 콘셉트 인벤토리 를 말한다. 지금부터는 가상의 앱 사례를 통해 어떻게 애플리케이션 맵이 만들어지 는지 살펴본다.

실제로는 대부분의 디자인 작업이 팀 단위로 이뤄지지만, 여기서는 혼자 앱을 디 자인하는 것처럼 설명한다. 또한 실제 디자인에 대한 중요한 질문은 모두 무시하고 어떤 콘셉트를 포함해야 할 것인지에 대해서만 다룬다.

만약 새의 울음소리를 듣고 새의 종류를 식별할 수 있는 앱을 만들고 싶다고 가정 해 보자. 이 앱의 핵심 요구사항은 새의 울음소리를 듣고 어떤 종류의 새가 울었는 지 알아내는 것이다. 그리고 아마도 이런 앱을 원하는 사람들은 특정 종류의 새 울 음소리도 듣고 싶어 할 것이다.

이런 앱의 동작 방식을 생각해 보자. 한 사용자가 새의 울음소리 파일을 업로드하 면 다른 사람들이 이를 듣고 어떤 새의 울음소리인지 제안할 수 있을 것이다. 이 밖 에도 여러 가지 콘셉트를 브레인스토밍하기 시작한다. 그리고 새로운 앱을 개발하 기에 앞서 기존 앱 몇 가지를 사용해 보면서 적합성도 확인해 본다. 질문과 답변을 제공하는 포럼(예: 스택익스체인지, 쿠오라, 피아자 등)에서 사용되는 '질의응답Q&A' 콘셉 트도 고려해 볼 수 있을 것이다.

'기존 앱 중 하나를 사용하면 되지 않을까?'라고 생각할 수도 있다. 종종 그것이 문 제 해결을 위한 최선의 방법이기도 하다. 그러나 기존 앱으로는 충분하지 않다는 것 을 확신하려면 기존 솔루션의 부족한 점을 여러 개 찾아내고 그 제한사항이 정말 중요한지 확인해야 한다. 이번 앱의 경우, 어떤 솔루션도 녹음 파일을 쉽게 업로드하고 재생하는 기능이 없다는 것을 발견할 수도 있고 클릭 몇 번만으로 새 울음소리를 녹음하고 게시하는 통합 기능을 갖추는 것이 중요하다는 사실을 알아낼 수도 있다.

이제 새로운 앱을 디자인해야 한다는 확신이 들었고 '질의응답' 콘셉트와 '녹음 recording' 콘셉트와 같은 몇 개의 기본 콘셉트를 갖게 됐다고 가정해 보자. 일관성 있는 앱을 만들려면 어떤 추가 콘셉트가 필요할까? 이 앱은 크라우드 소싱에 의존하고 있고 합의를 도출하기 위한 콘셉트가 필요하므로 사용자가 답변을 승인할 수 있도록 '업보트' 콘셉트를 추가할 수 있다.

사용자가 앱을 어떻게 사용할 것인지 브레인스토밍을 하다 보면, 새 식별 정보를 어떻게든 통합해야 한다는 사실을 깨닫게 된다. 사용자는 특정 종을 검색해 보고 일치하는 결과가 나오면, 녹음된 새소리를 듣고 싶어 할 것이다. 그래서 어떻게 작동할 것인지 정확히 알 수는 없지만, '식별identification' 콘셉트를 임시로 추가한다. 사용자가 질문에 답하면서 해시태그를 사용해 식별 값을 추가하면, 앱이 자동으로 답변의 업보팅을 확인해 새의 종류와 녹음 소리의 관계를 추출할 수 있다.[80] 마지막으로, 기여자를 확인하기 위해 '사용자' 콘셉트를 추가하기로 한다. 그러면 이제 버드송BirdSong 앱 0.1 버전의 개략적인 윤곽이 잡힌 것이다.

일반 콘셉트의 목록

지금까지 소개한 콘셉트와 그 목적은 다음과 같다.

- 질의응답: 질문에 답변할 수 있도록 게시판을 지원
- 녹음: 오디오 파일 업로드 허용
- 업보트: 개인의 선호/비선호에 따른 기여도 순위 지정
- 식별: 크라우드 소싱을 통해 개체를 카테고리에 할당하는 기능 지원
- 사용자: 콘텐츠 및 작업 인증

각 콘셉트에는 일반적인 목적이 할당돼 있으며 특정 앱의 맥락에 맞춰 구체화될 것이다. 버드송 0.1의 경우, 질문은 새의 울음소리에 관한 것이고 오디오 파일에는 새

울음 소리가 담겨 있을 것이며 업보팅은 사용자의 답변이나 개체 식별 정보에 붙게 될 것이다. 단지 새에 국한된 것으로 보이는 식별 콘셉트조차 (페이스북의 '태그' 콘셉트 처럼) 다른 관련된 콘셉트에서 좀 더 쉽게 영감과 교훈을 얻길 바라는 마음에서 되도록 쉬운 용어로 표현했다.

콘셉트를 일반화하면 이전 애플리케이션에서 얻은 디자인 지식을 재사용할 수 있을 뿐 아니라 디자인을 단순화할 수도 있다. 오로지 새에만 국한된 콘셉트는 되도록 적게 사용할수록 이해하기가 쉬워진다. 예를 들어, 새가 수컷인지 암컷인지도 '식별' 콘셉트에 추가하고 싶을 수 있다. 그러나 조금만 생각해 보면 이것은 좋지 않은 생각이라는 것을 알 수 있다. 즉, 앱에 대한 경험과 이해가 더 쌓이고 앱이 어떻게 사용될지 알기 전까지는 이런 (성별) 구분을 추가하는 것이 다른 콘셉트보다 중요할 이유가 없기 때문이다. 오히려 새가 서로 관련돼 있다는 개념으로 식별 콘셉트를 확장해 성별뿐 아니라 다른 변종도 수용할 수 있도록 하는 것이 좀 더 타당한 시도라고 할 수 있다.

콘셉트 의존성 다이어그램

각 콘셉트는 일반적이고 독립적이기 때문에 전통적인 소프트웨어 엔지니어링의 의미에서 콘셉트와 콘셉트 간에는 의존성이 존재하지 않는다. 그러나 콘셉트 자체보다는 애플리케이션 전체에서의 역할과 관련된 콘셉트 간에 다른 종류의 의존성이 존재한다.[81]

업보트 콘셉트를 예로 들어 보자. 먼저 확실히 해 둘 것은 설령 앱에 이 콘셉트가 있더라도 업보트할 대상이 없다면 무의미하다는 것이다. 따라서 이번 예제에서는 질문에 대한 답변('이 소리는 참새 울음 소리다')에 업보트할 수 있을 것이다.[82]

따라서 업보트 콘셉트는 '질의응답' 콘셉트에 '의존'한다고 할 수 있다. '질의응답' 콘셉트가 없다면 '업보트' 콘셉트를 사용할 이유가 없기 때문이다. 이러한 의존성을 모두 모으면 그림 7.1의 다이어그램이 된다.

때로는 한 콘셉트의 필요성이 여러 콘셉트 중 하나에 의해 정당화될 수도 있다. 이 경우, 의존성 중 하나를 기본 의존성(실선)으로 표시하고 다른 의존성을 보조 의

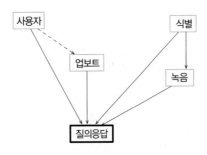

그림 7.1 버드송 앱의 콘셉트 의존성. 실선 화살표는 기본 의존성, 점선 화살표는 보조 의존성을 나타낸다. 핵심 콘셉트는 굵게 표시했다.

존성(점선)으로 표시한다. 보조 의존성은 중요성은 낮지만, 추가하면 좋은 콘셉트를 나타낸다.

그림 7.1에서 보면 사용자 콘셉트는 '질의응답' 콘셉트에 기본 의존성을 가진다. 이는 사용자 인증이 포함된 이유가 질문과 답변을 할 때 사용자를 식별하는 것이 주된 목적이기 때문이다. 그리고 '업보트' 콘셉트에는 보조 의존성을 갖는데, 이는 사용자 인증으로 중복 투표를 방지할 수 있기 때문이다. 그러나 이 기능은 IP 주소나 브라우저 ID 등으로 대체할 수 있기 때문에 중요도는 다소 낮다.

다이어그램은 어떤 콘셉트가 앱의 핵심이고 어떤 콘셉트를 생략할 수 있는지 알려 준다. 질의응답의 경우, 모든 콘셉트가 직·간접적으로 의존하기 때문에 이 콘셉트 없이는 앱이 존재할 수 없으며 다른 콘셉트가 하나라도 포함되면 반드시 '질의응답' 콘셉트도 포함돼야 한다. 반면, '질의응답' 콘셉트는 다른 콘셉트의 보조 없이 단독으로 존재할 수 있다. 그러나 '사용자' 콘셉트가 없으면 인증 기능이 제공되지 않고 '업보트' 콘셉트가 없으면 크라우드 소싱 기능을 활용할 수 없으며 '녹음' 콘셉트가 없으면 노래를 말로 설명하거나 다른 파일에 링크를 걸어야 하기 때문에 꽤 형편 없는 앱이 될 것이다.

콘셉트의 하위 집합 간의 의존성 문제가 없다면, 콘셉트들을 모아 앱을 만들 수 있다. 예를 들어, '질의응답', '녹음', '업보트' 콘셉트로는 앱을 만들 수 있다. 반면, '식별'과 '질의응답' 콘셉트로는 앱이 되지 않는데, 이는 식별이 녹음에 의존하기 때문이다. 이 예제의 경우, '식별' 콘셉트는 역방향 조회 기능을 제공한다. 즉, 식별 정보가 제공되면 사용자를 관련 새소리로 안내한다. 그러나 '녹음' 콘셉트가 없다면, 이 역할을 수행할 수 없다.[83]

따라서 다이어그램은 단순히 한 개의 앱을 설명하는 것이 아니라 개발자가 '제품 라인'이라고 부르는 특정 콘셉트를 조합해서 개발할 수 있는 모든 제품군을 설명한다. 각각의 일관된 하위 집합은 구축 가능한 앱을 나타낸다.

하위 집합은 개발 단계를 나타낼 수도 있다. 개발 단계의 어느 시점에서든 일관된 단위로 평가할 수 있도록 일관된 하위 집합을 구현하고 싶을 것이다. 업보트 기능은 포함하고 질의응답은 포함하지 않는 하위 집합을 구현했다면 업보트를 누를 대상이 없기 때문에 설득력 있는 데모나 테스트를 만드는 것이 어려울 것이다.

마지막으로, 다이어그램은 설명 순서를 알려 준다. 앱을 한 번에 모두 설명할 수는 없으므로 한 번에 한 개 또는 두 개씩 순서대로 콘셉트를 설명한다. 그런데 어떤 순서가 합리적일까? 이때 의존성을 활용하면 동기 부여를 하기도 전에 콘셉트를 소개하는 것을 피할 수 있다. 따라서 초보 사용자에게 버드송 앱을 설명하려 한다면, 질의응답, 업보트, 사용자, 녹음, 식별순으로 설명하는 것이 타당하며 업보트, 질의응답, 사용자, 식별, 녹음순으로 설명하는 것은 적절치 않다. 왜냐하면, 질의응답 전에 업보트를 도입하면 어디에 업보트할 것인지를 설명할 수도, 시연할 수도 없기 때문이다.

앱 구조 분석 사례

이 섹션에서는 많은 사람이 사용하는 몇몇 앱의 구조를 분석하면서 콘셉트 의존성 다이어그램에 대해 좀 더 자세히 알아본다.

- 페이스북: 그림 7.2(왼쪽)는 페이스북의 주요 콘셉트와 관계를 보여 준다. 이 중에서 가장 기본은 당연히 '게시물post' 콘셉트다. 댓글은 게시물에 달리게 되므로 '댓글' 콘셉트는 '게시물' 콘셉트에 의존한다. '답글reply' 콘셉트는 댓글에 대한 스레드 방식의 대화를 제공한다. '사용자' 콘셉트는 주로 게시물에 대한 인증을 제공하지만, 댓글이나 답글, 태그 및 좋아요에 대한 인증도 제공한다.

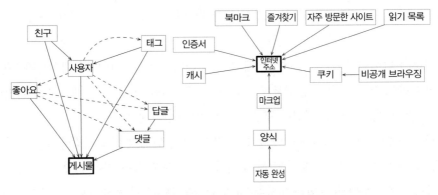

그림 7.2 페이스북(왼쪽)과 애플 사파리(오른쪽)의 콘셉트 의존성

'친구' 콘셉트의 목적은 사용자가 자신의 게시물에 대한 접근 권한을 제어하는 것이므로 사용자뿐 아니라 게시물에도 의존하는 것이 흥미롭다.

'태그' 콘셉트는 게시물에 표시된 사용자를 식별하는 것이므로 사용자 및 게시물에 모두 의존한다. 마지막으로 '좋아요' 콘셉트는 주로 게시물에 의존하지만, 댓글과 답글에도 사용된다.[84]

- 사파리 브라우저: 그림 7.2(오른쪽)는 애플 사파리 브라우저의 주요 콘셉트를 보여 준다. 누구나 예상할 수 있듯이 가장 기본이 되는 콘셉트는 그림의 중앙에 위치한 '인터넷 주소url' 콘셉트다. 이 콘셉트는 영구적인 이름url을 이용해 서버에 요청을 보내면 리소스(웹 페이지)를 얻을 수 있다는 개념을 구현한 것이다. 그리고 '마크업' 콘셉트를 사용해 이러한 리소스를 마크업 페이지로 만들 수 있다. 그러나 대부분의 브라우저는 이에 의존하지 않기 때문에 HTML 렌더링 기능이 없는 브라우저에서도 사용할 수 있다. '캐시cache' 콘셉트는 '인터넷 주소' 콘셉트에만 의존한다. 캐시는 해당 인터넷 주소에서 반환된 이전 리소스를 저장해 좀 더 빠르게 브라우저를 이용할 수 있게 한다. '인증서' 콘셉트는 '인터넷 주소' 콘셉트에만 의존하며 브라우저가 연결한 서버가 인터넷 주소의 도메인 네임과 실제로 일치하는지 확인한다. '비공개 브라우징' 콘셉트는 쿠키가 서버로 전송되지 않는 모드를 제공해 사용자의 신원을 보호하므로 '쿠키cookie' 콘셉트에 의존한다.

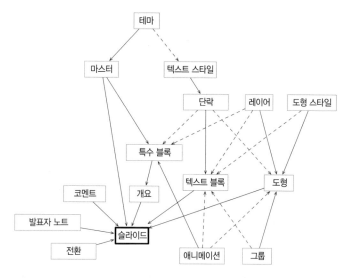

그림 7.3 애플 키노트에 대한 콘셉트 의존성

사파리 다이어그램의 맨 위에는 '북마크' 콘셉트와 이를 변형한 세 가지의 콘셉트가 있다. '즐겨찾기favorite' 콘셉트는 '북마크' 콘셉트처럼 나중에 방문할 인터넷 주소를 저장하는 기능이지만, 주소를 툴 바에 표시한다는 차이가 있다. '자주 방문한 사이트frequently visited' 콘셉트는 자주 방문한 사이트 정보를 갖고 자동으로 책갈피를 생성한다. '읽기 목록reading list' 콘셉트는 북마크와 유사하지만, 페이지를 읽었는지의 여부를 추적하고 오프라인에서 읽을 수 있도록 다운로드하는 기능을 제공한다. 이처럼 미묘하게 다르면서도 유사한 콘셉트를 확장하는 방식으로 좀 더 시너지 효과를 낼 수 있는 디자인 기회를 제시한다. 즉, 북마크의 기능을 확장해 페이지를 읽었는지 여부를 기록하고 오프라인 읽기 기능을 추가할 수도 있다. 또한 '즐겨찾기' 콘셉트처럼 자주 방문한 사이트를 북마크의 특정 폴더에 추가하고 원치 않는 경우에 삭제하도록 구성할 수도 있다.[85]

- 키노트Keynote: 그림 7.3은 애플의 프레젠테이션 앱인 키노트의 주요 콘셉트를 보여 준다. 예상대로 기본은 '슬라이드slide' 콘셉트다. '특수 블록special block' 콘셉트는 각 슬라이드마다 선택적으로 표시되는 제목과 본문, 슬라이드의 번호를 정의하고 '마스터master' 콘셉트에서 기본 요소로 지정된다. '테마theme' 콘

셉트를 사용하면 여러 프레젠테이션에서 일관성과 편의성을 위해 마스터 모음을 공유할 수 있으며 문서 전체에서 재사용할 수 있는 스타일 기능을 제공하는 '스타일시트stylesheet' 콘셉트의 역할을 함으로써 '텍스트 스타일text style' 콘셉트를 자연스럽게 강화한다.

'특수 블록' 콘셉트 외에 '텍스트 블록text block'과 '도형shape'이라는 별도로 분리된 콘셉트도 있다. 텍스트는 항상 '단락' 단위로 구성된다. 표준 스타일 콘셉트는 두 가지로 구현되는데, 하나는 단락의 텍스트, 다른 하나는 도형의 텍스트다. '레이어' 콘셉트는 도형과 텍스트 블록을 쌓아서 배치하는 기능(도형 위치를 '뒤로' 또는 '앞으로' 보내는 동작을 포함)을 지원한다. '애니메이션animation' 콘셉트는 주로 특수 블록에 시각적 효과를 주어 표시하는 기능을 지원하며 도형과 텍스트 블록 표시를 순서대로 지정하는 기능도 제공한다.[86]

핵심 정리 및 실천사항

7장의 핵심 내용은 다음과 같다.

- 콘셉트는 독립적이며 상호 의존성이 없다. 콘셉트는 그 자체로 이해되고 디자인되며 구현될 수 있다. 이러한 콘셉트의 독립성은 단순성과 재사용성의 핵심이다.
- 소프트웨어 제품이라는 맥락에서는 의존성이 발생할 수 있다. 그러나 이는 한 콘셉트가 동작하기 위해 다른 콘셉트에 의존한다는 의미가 아니라 특정 기능을 제공하려면 그 기능에 해당하는 콘셉트가 필요하다는 의미다.
- 의존성 다이어그램은 제품의 콘셉트와 이를 포함하려는 의도를 간결하게 설명한다. 이는 디자인 및 구성 순서를 계획하고 하위 집합을 식별하고 구조를 설명하는 데 도움이 된다.

다음은 바로 적용해 볼 수 있는 실천사항이다.

- 앱을 디자인할 때는 한 번에 한 개 또는 두 개 정도의 콘셉트로부터 확장하는 것이 좋다. 특히 처음에는 이후 모든 성장에 기초가 될 기본 콘셉트부터

파악하자.

- 의존성 다이어그램을 그려 앱의 콘셉트와 그 관계를 간략하게 표시해 보자. 기존 디자인에 새로운 콘셉트를 추가할 때마다 그 콘셉트가 어떤 기존 콘셉트에 의존하는지를 신중히 고려한다. 일반적으로 의존하는 콘셉트가 많을수록 좋은데, 이는 콘셉트가 더욱 광범위하게 사용된다는 의미이기 때문이다.

- 콘셉트를 프로토타이핑하거나 구현할 순서를 고민할 때는 의존성 다이어그램을 참조해서 항상 일관된 하위 집합을 갖도록 한다.

- 앱을 간소화할 수 있는 방법을 찾으려면, 하위 집합을 일관되게 평가하고 하위 집합이 얼마나 많은 가치를 제공하는지 추정하자. 아마도 적은 비용으로도 대부분의 가치를 제공하는 하위 집합이 있을 것이다.

- 사용자 매뉴얼을 작성하거나 훈련 자료를 개발할 때는 의존성 다이어그램에서 정의한 순서에 따라 가장 효율적이고 합리적인 순서로 콘셉트를 제시하도록 한다.

콘셉트의 매핑

일반적으로 콘셉트는 사용자 인터페이스 뒤에서 백그라운드로 실행되는 것이라고 생각한다. 인터페이스는 콘셉트의 동작을 활성화하는 버튼을 제공하고 콘셉트의 상태를 시각화하는 기능을 제공한다. 따라서 사용자가 소셜 미디어 게시물의 '좋아요' 버튼을 클릭하면 upvote.like(u,p) 형태의 작업이 활성화되고 사용자 u가 게시물 p에 대해 수행한 '좋아요' 액션을 통해 '업보트' 콘셉트에 전달된다. 이 액션의 결과인 '업보트' 콘셉트의 상태 변화는 사용자에게 표시되는 '좋아요'의 개수에 반영된다.

사용자 인터페이스를 만드는 데는 시각적 디자인 이상이 필요하다. 그 본질은 기본 콘셉트를 인터페이스라는 물질적 형태와 연결하는 '매핑mapping 디자인'이라고 할 수 있다. 인터페이스 디자이너는 일반적인 흐름과 링크로 연결된 다양한 화면과 대화 상자를 만들고 콘셉트의 액션과 상태를 연결하는 컨트롤 및 뷰 요소를 넣는 식으로 매핑을 디자인한다.

매핑 디자인은 HCI 분야에서 광범위하게 연구되는 주제로, (대부분 물리, 언어, 디자인 계층에서) 개발된 가이드라인들은 콘셉트 기반 디자인 시스템에도 똑같이 잘 적용된다.[37]

그러나 콘셉트는 디자인의 콘셉트 계층과 물리 계층, 언어 계층 간의 관계를 구체화하고 재고할 수 있는 기회를 제공한다. 따라서 8장에서는 매핑 디자인이 얼마나 까다롭고 복잡한지와 얼마나 깊이 있는 정보를 기본 콘셉트에서 얻어야 하는지를 보여 주는 사례에 중점을 둘 것이다.

간단한 개념을 어렵게 만드는 방법

기본 콘셉트가 간단하더라도 사용성이 나쁜 매핑 디자인을 할 가능성은 여전히 존재한다. 예를 들어, 지난주 최신 버전의 오라클 자바로 업그레이드할 것인지 묻는 메시지가 내 데스크톱에 표시됐다. 그래서 'Yes(예)'를 클릭했다. 그러자 설치 프로그램이 실행됐고 두 개의 버튼이 있는 대화 상자가 표시됐다. 하나는 'Install(설치)', 다른 하나는 'Remove(제거)'이다(그림 8.1).

이 대화 상자에 별 문제가 없다고 생각할 수도 있겠지만, 나는 조금 혼란스러웠다. 'Install(설치)' 버튼은 새 버전의 소프트웨어를 설치하는 기능을 할 것이다. 그러나 'Remove(제거)' 버튼의 역할은 무엇일까? 실제로 이 버튼을 클릭하면 현재 시스템

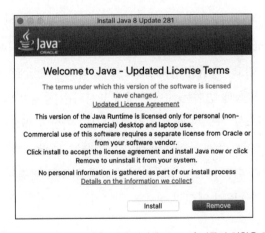

그림 8.1 자바 설치 과정의 모호한 대화 상자. 'Remove' 버튼의 역할은 무엇일까?

136

에 설치된 프로그램을 삭제한 후 아무런 작업도 수행하지 않는다.

'Install' 및 'Remove' 버튼이 원래 의미하는 대로 동작하기 때문에 합리적으로 보일 수도 있다. 그런데 왜 나는 혼란스러웠을까? 그 이유는 방금 업그레이드를 하라는 메시지에 따라 설치 프로그램을 다운로드하고 실행한 것일뿐, 이전 버전을 제거하려는 의도는 아니었기 때문일 것이다. 더욱이 다른 많은 설치 프로그램은 이전 버전 제거, 새 버전으로 교체 또는 (실행할 버전을 선택할 수 있도록 하는) 추가 설치 등의 옵션을 제공한다. 따라서 대화 상자에서 기본값으로 강조돼 표시된 'Remove' 버튼도 이런 의미일 것이라고 생각했기 때문이다.

아마도 이 대화 상자를 만든 디자이너는 이런 혼란의 가능성이 있다는 것을 알고 있었을 것이다. 왜냐하면 Install과 Remove의 역할을 알려 주는 설명(사용자 경험 디자인의 창시자인 돈 노먼이 말하는 이른바 '사용자 설명서')을 대화 상자에 넣었기 때문이다.

그렇다면 더 나은 방법은 무엇일까? 우선, '설치Install' 콘셉트에 포함된 두 가지 다른 동작을 구분해야 한다. 하나는 앱을 설치한 후에 사용하는 것이고 다른 하나는 앱을 제거해 저장 공간을 확보하는 것이다. 나중에 이 두 가지를 모두 지원하려는 의도라면 별도의 탭에서 별도의 업무 흐름(업그레이드할 것인지 물어본 후 'Install' 버튼을 기본값으로 표시하는 식)을 제시하는 것이 좋았을 것이다. 그리고 새 버전을 설치하기 위해 기존 버전을 제거하는 것은 앱 삭제unstalling와 구별해야 한다. 즉, 첫 번째 동작의 경우 'Install' 버튼 옆에 옵션('기존 버전을 제거하시겠습니까?')을 추가해서 표시하는 것이 낫고 두 번째 동작의 경우에는 'Remove'가 아니라 'Uninstall'이라고 표시하는 것이 낫다.

정리하면, 대다수 사용자가 이런 사례에 대해 충분히 알고 있을 것이다. 따라서 이런 일반적인 영어 단어로 이뤄진 대화 상자에도 콘셉트의 문제가 숨어 있다는 사실을 아는 것만으로도 충분하다.

인터페이스에 사용자 매뉴얼 포함

때로는 콘셉트가 매우 복잡해서 추가 설명 없이는 실력이 있는 디자이너조차도 액션과 상태에 대한 의미를 전달하기 힘들 수 있다. 2장에서 '백업' 콘셉트의 복잡성으

그림 8.2 change.org 사이트 청원 작성자 화면의 눈속임 사례: 서명 참여자 수(화면 오른쪽 중간의 683)가 작성자에게 보이는 실제 지지자 수(왼쪽 상단에 표시된 698)보다 적게 표시된다.

로 인해 '오늘 오후 1시 5분 기준으로 백업이 완료됐습니다'라는 백블레이즈 메시지가 어떻게 오해를 받는지 설명했다.

이 메시지는 오후 1시 5분 이전에 저장된 파일이 모두 백업됐다는 의미가 아니다. 이 메시지를 제대로 다시 작성한다면 '마지막 백업: 오늘, 오후 1시 5분'으로 바꾸고 그 아래에 '이 백업에는 오후 12시 48분 스캔 작업 이전에 저장된 파일이 포함됩니다'라는 설명을 덧붙이는 것이 좋다. 또는 좀 더 확실하게 '백업 기준 시각: 오늘 오후 12시 48분'이라고 표시하고 '이 백업은 오후 1시 5분에 완료됐습니다'라고 덧붙일 수도 있다.

이런 추가 설명 방식은 애플의 '방해 금지do not disturb' 콘셉트에서 가져온 것이다. 즉, '반복적으로 걸려온 전화 허용'이라는 오해의 여지가 있는 선택 상자 아래에 '3분 이내에 같은 사람에게서 걸려오는 두 번째 전화는 착신 벨소리가 울립니다'라는 회색 글꼴의 부연 설명이 있다.

다크 패턴: 의도적 난독화

기업은 자사의 이익을 위해 소비자에게 피해가 되는 행동을 유도하곤 한다. 즉, 자

138

그림 8.3 이것은 change.org에서 진행 중인 청원을 지지해 달라는 요청일까?

연스럽게 클릭하도록 또는 클릭하지 않도록 디자인을 하는데, 이를 '다크(눈속임) 패턴'이라고 한다. 이는 종종 의도적이고 악의적인 목적으로 기본 콘셉트를 이해하기 어렵게 매핑하는 방식을 통해 이뤄진다.[87]

청원 사이트인 change.org에는 이런 난독화 사례가 몇 가지 포함돼 있다. 몇 년 전 나는 이 사이트에서 시장을 상대로 동네 공원 내 건축을 반대하는 청원서를 만들었다. 청원(그림 8.2)을 볼 때마다 서명자 수가 초 단위로 증가하는 것처럼 보였다.

그러나 얼마 후에 청원의 생성자에게만 나타나는 왼쪽 상단의 숫자가 실제 서명자의 수라는 것을 알게 됐다. 초 단위로 증가하는 것처럼 보였던 서명자 수는 항상 실제 서명자의 수에서 정지한다. 즉, 청원 화면을 표시할 때마다 실제 서명자 수보다 낮은 숫자에서 카운트를 시작해서 상승하는 것으로, 마치 실시간 활동인 것처럼 잘못된 인상을 주는 효과였던 것이다.

이보다 좀 더 교활한 기법도 있다. 예를 들어, 사용자가 청원에 서명하면 이어서 기부 요청이 나타난다(그림 8.3). 대부분의 사람들에게는 이 '기부donation' 콘셉트와 본인이 서명한 '청원petition' 콘셉트가 연결돼 있다고 생각하는 것이 합리적일 것이다. 즉, 기부를 하게 되면 청원과 관련된 조직에 전달돼 그 활동에 자금으로 사용될 것이라고 기대할 것이다. 그러나 사실 그 기부금은 청원과는 관련이 없으며 change.

그림 8.4 노란색과 파란색으로 구분돼 겹쳐 표시된 두 개의 버튼. 아마존 프라임 콘셉트에서는 별개의 동작처럼 보이지만, 실제로는 둘 다 동일한 가입 동작에 연결돼 있다.

org(도메인 이름과 달리 비영리단체도 아님)에 기부된다. 내가 만든 청원의 경우에도 지지자들이 2,000달러 이상을 청원이 아닌 change.org에 기부했다. 이런 식으로 기부를 유도한다는 것을 내가 미리 알았다면, 서명자들에게 조심하라고 알려 줬을 것이다.

버튼을 눌렀을 때 실행되는 동작을 혼란스럽게 하는 매핑 난독화의 사례도 있다. 예를 들어, 아마존 영국 웹 사이트에 접속하면, 아마존 프라임 무료 평가판 가입을 유도하는 화면이 두 개의 버튼 모양과 같이 나타난다. 즉, 'Try Prime Free'(프라임 무료 사용해 보기)라고 적힌 노란 버튼과 그 아래 '가입 없이 계속 사용'이라고 생각되는 'Continue…'(계속)이라고 적힌 파란색 버튼이 표시된다(그림 8.4). 그러나 사실 파란색 버튼은 'Continue with FREE One-Day Delivery'(무료 1일 배송으로 계속)이라는 의미로, 두 버튼이 모두 'Signup(가입)' 버튼에 해당한다. 실제로 가입 없이 계속 사용하려면 버튼 왼쪽의 눈에 잘 띄지 않는 파란색 텍스트 링크를 선택해야 한다.

매핑은 중요한 정보를 숨기거나 접근하기 어렵게 만드는 식으로 사용자의 행동을 통제할 수 있다. 예를 들어, 많은 항공사가 상용 고객 마일리지의 만료 날짜를 찾기 어렵게 하는 식으로, 마일리지가 만료되도록 유도한다. 이것은 '상용 고객 우대 프로그램' 콘셉트가 오히려 고객의 이익에 반하도록 디자인된 것처럼 보이는 사례 중 하나다. 이와 유사하게, 페이팔은 입금된 자금을 외부 은행 계좌로 자동 이체하는 기능을 제공하지 않고 사용자의 계정 잔액을 숨기는 식으로 사용자의 비용(즉, 페이팔의

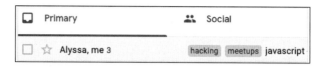

그림 8.5 지메일 레이블: 'hacking'과 'meetup'이라는 두 개의 레이블이 있는 대화

이익)을 최대화했다는 비판을 받아왔다.

복잡한 매핑 구성: 지메일 레이블의 미스터리

구글의 이메일 서비스인 지메일^{Gmail}은 메일을 분류하기 위한 '레이블' 콘셉트를 제공한다. 예를 들어, 'hacking'이라는 레이블을 생성하고 괴짜 친구들과 프로그래밍에 대해 주고받은 이메일마다 이 레이블을 지정할 수 있다. 그리고 나중에 프로그래밍과 관련된 이메일을 찾고 싶을 때 레이블을 이용해 필터링할 수 있다.

이 방식은 6장에서 언급했던 시너지 구성의 좋은 사례다. 보낸 메일과 지운 메일에는 특별한 '시스템 레이블'을 사용함으로써 레이블 콘셉트로 모든 종류의 조회 기능을 통합할 수 있다. 예를 들어, 보낸 편지함으로 이동하는 역할을 하는 'Sent(전송)' 버튼을 누르면, 전송 레이블을 가진 메일만 추출해서 보여 주면 된다.

더욱이 지메일은 '대화 목록^{conversation}' 콘셉트도 제공한다. 대화 목록은 특정 주제와 관련된 메일들을 그룹화해서 원래 메일, 회신 메일, 회신 메일에 대한 회신 메일 등을 모아 한 번에 볼 수 있도록 하는 것이다.

이러한 콘셉트를 구성하고 매핑하는 것은 매우 어렵다. 지메일 디자이너는 레이블을 다는 것은 개별 메일에서만 가능하고 대화 목록에서는 레이블을 보여 주는 것만 가능하게 했다. 그 결과 몇 가지 이상한 현상이 나타난다. 그림 8.5를 보면 대화는 'hacking'과 'meetups' 두 개의 레이블이 있는 것처럼 보인다. 물론 두 레이블 중하나씩 필터링하면 대화 목록이 나타난다. 그러나 두 레이블을 동시에 필터링하면 대화 목록이 표시되지 않는다(그림 8.6).

놀랍게도 이 동작은 버그가 아니다. 대화 목록에 표시된 레이블은 목록에 포함된 모든 메일의 누적 레이블이다. 이 경우, 대화 목록 중 하나의 메일에는 레이블 hacking이 있고 다른 메일에는 meetups가 있다. 따라서 대화 목록에는 두 레이블

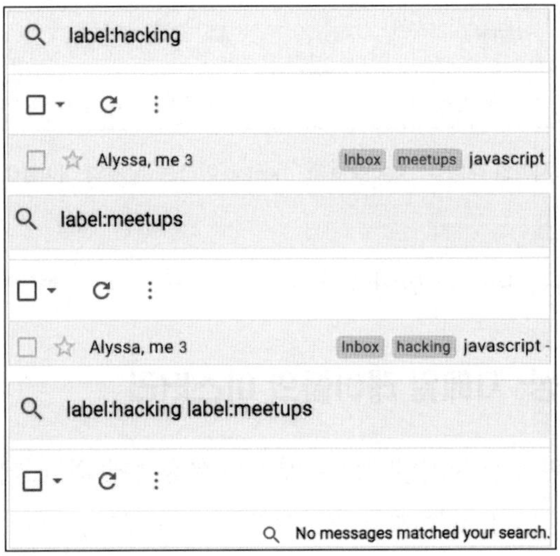

그림 8.6 지메일 레이블 필터링에서 이상한 점: 대화 목록에 'hacking'과 'meetups' 레이블이 모두 있는 것 같지만, 두 개의 레이블을 모두 선택하면 결과가 나타나지 않는다.

이 모두 있다고 표시된다. 그러나 개별 메일들은 두 개의 레이블을 동시에 포함하는 것이 아니므로 두 개의 레이블을 모두 선택해서 필터링하면 결과가 없는 것으로 표시된다.

서로 다른 레이블을 가진 메일들이 어떻게 대화 목록에서는 같은 레이블을 가진 것처럼 나타나는지 궁금할 것이다. 만약 대화 목록을 선택한 후에 레이블을 추가하면 대화 목록 내의 모든 메일에 레이블이 추가되는 것을 알 수 있다. 그러나 콘텐츠에 따라 수신되는 메일에 레이블을 붙이는 규칙을 만들 수도 있다. 그리고 대화 목록에 레이블을 추가하는 것은 현재 대화 목록에 속한 메일에만 영향을 미친다. 나중에 추가된 메일에 레이블이 상속돼 자동으로 추가되지 않는다는 것이다. 더욱이 어떤 레이블(예: 전송 레이블)은 개별 메일에 자동으로 적용된다.

실제로 이런 디자인으로 인한 불편함은 의외로 평범한 곳에서 발생한다. 즉, 레이블을 필터링하면 해당 레이블을 갖는 메일이 들어간 모든 대화 목록이 표시되지만, 대화 목록 내에서 어떤 메일이 해당 레이블을 갖고 있는지는 알 수 없다.[88]

예를 들어, 지메일에서 보낸 편지함을 클릭하면 자신이 보내지 않은 메일이 포함된 대화 목록이 표시된다. 지메일에서는 이 문제를 감추고자 보낸 메시지를 기본적

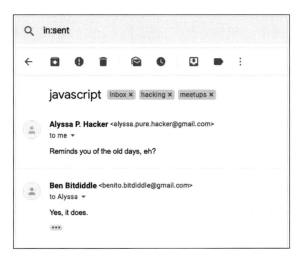

그림 8.7 지메일에서 보낸 메일 필터링 결과: 두 개 중 첫 번째가 보낸 메일이다.

으로 확장해서 표시하고 나머지는 압축해서 표시한다(그림 8.7). 그러나 이러한 구분이 항상 쉬운 것은 아니다.[88]

더 큰 문제는 이 기본 확장 방식은 보낸 메일에만 적용되는 것처럼 보인다는 것이다. 왜냐하면 다른 경우에는 가장 최근 메일 외에는 모두 압축돼 표시되기 때문이다. 이런 불일치 현상은 지메일 개발자가 이 문제를 알고 있지만 해결하지 못했다는 증거라고 할 수 있다.[89]

이해할 수는 있지만, 쓸모 없는: 백블레이즈 복원

지금까지 살펴본 사례를 살펴보면 문제는 사용자 인터페이스에서의 명확성 부족이다. 즉, 기본 콘셉트라는 관점에서 컨트롤과 화면의 의미가 불명확하다는 것이다. 이와 반대되는 것으로, 의미는 충분히 명확하지만 매핑의 문제로 인해 사용자가 불필요한 작업을 하거나 필요한 정보를 얻기가 어려운 경우도 있다.

2장에서 언급했던 백블레이즈는 내가 수년간 사용한 훌륭한 백업 서비스다. 백업 속도도 (하루 200GB까지) 매우 빠르고 설정이 간단하며 서비스도 안정적이다. 또한 파일의 최신 버전은 웹 사이트의 복원 페이지에서 파일을 선택하고 다운로드만 하면 간단히 복원할 수 있다.

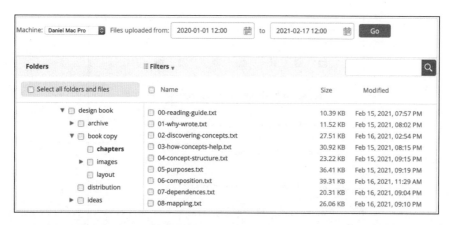

그림 8.8 파일 복원용 백블레이즈 대화 상자. 시작 날짜(from)와 종료 날짜(to)로 표시되는 파일이 필터링된다. 겉보기에 매핑에 큰 문제는 없어 보인다.

그러나 최신 버전이 아닌 이전 버전을 복원하는 것은 그리 쉽지 않다. 백블레이즈에서는 대화 상자(그림 8.8)에서 파일 시스템을 탐색하고 원하는 폴더(왼쪽)를 찾은 후 해당 폴더에서 다운로드할 파일을 선택(오른쪽)할 수 있다.

파일의 이전 버전을 복원하려면, 대화 상자 상단의 날짜 필드를 이용한다. 시작 날짜를 입력하면 해당 날짜 이후에 수정된 파일만을 대상으로 할 수 있으며 종료 날짜를 입력해서 복원할 버전을 선택한다. 예를 들어, 2021년 1월 1일부터 2021년 3월 1일 사이로 날짜를 설정하면 2021년 1월 1일 이후 수정(또는 생성)된 파일만 표시되며 3월 1일이나 그 이전에 백업된 가장 마지막 파일을 복원한다.

이 방식은 괜찮아 보이지만, 곤란한 문제가 있다. 예를 들어, 중요한 파일에 원인 모를 손상이 생겼다고 가정해 보자. 그래서 손상되지 않은 마지막 버전을 복원하려고 한다. 만약 손상된 날짜를 알고 있다면 해당 날짜를 종료 날짜 필드에 입력하면 된다. 그러나 날짜를 모른다면 이전 버전을 검색해 찾아야 한다.

즉, 문제를 발견한 전날부터 시작해 한 번에 하루씩 거슬러 올라가면서 파일을 복원하고 손상되지 않은 버전을 찾을 때까지 반복해서 확인해야 한다. 손상이 1월 1일과 3월 1일 사이에 발생했다는 것을 알고 있다면, 3월 1일부터 확인하기 시작해 최악의 경우 1월 1일까지 60번을 반복해야 한다.[90]

그리고 별 거 아닌 것 같지만, 불행하게도 대화 상자에서 날짜를 변경할 때마다

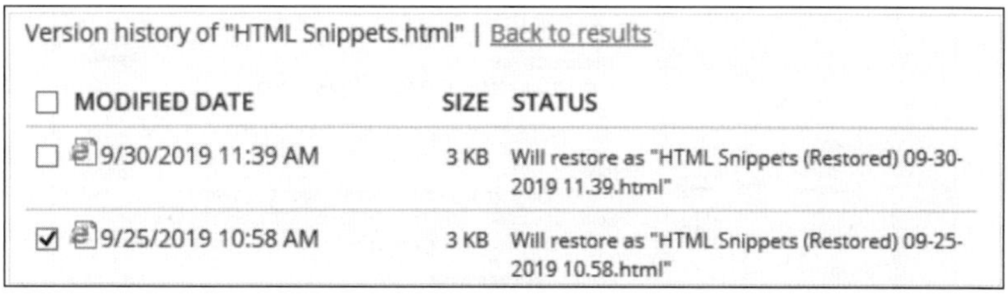

그림 8.9 파일의 모든 버전 목록을 보여 주는 카보나이트 솔루션의 파일 복원 대화 상자

폴더 트리를 다시 로드해야 한다(약 20초 소요). 그리고 트리가 재설정됐기 때문에 원하는 파일을 다시 선택하고 다운로드하고 검토해야 한다.

말만 들어도 힘든 과정이라는 것이 느껴질 것이다. 모든 이전 파일 버전을 복원할수 있다는 기본 콘셉트는 괜찮았다. 문제는 매핑으로 인해 원하는 파일을 얻기가 어렵다는 것이다. 이에 대한 한 가지 솔루션은 (카보나이트나 크래시플랜 등 다른 백업 솔루션들이 채택한 방식으로써) 파일의 모든 버전을 수정 날짜와 함께 표시하고 한 번에 다운로드할 수 있도록 하는 것이다(그림 8.9).

실시간 필터링의 수수께끼

아이템 목록을 화면에 출력하는 앱이 있다고 가정해 보자. 이때 각 아이템이 화면에출력될 것인지의 여부는 아이템이 어떤 속성 값인지에 따라 다르다. 즉, 속성 값이참일때만 화면에 출력되는데, 이 속성 값은 화면에 출력된 상태에서도 변경할 수 있다. 이러한 디자인과 관련된 질문을 하나 던져 보자. 만약 화면에 출력된 아이템 중하나의 속성 값을 거짓으로 바꾸면 어떻게 될까?

실제로 애플 메일의 '깃발flag' 콘셉트가 이처럼 동작한다. 즉, 사용자가 임의로 사용할 수 있는 일곱 가지 색상의 깃발이 있고 메일에 깃발을 달고 깃발의 색상별로 메일을 표시하는 액션이 있다.[91]

'깃발' 콘셉트는 말 그대로 메일 및 메일에 달린 깃발 간의 매핑 상태를 유지한다. 왼쪽 사이드바 메뉴에서 색상별 깃발 아이콘을 클릭하면 해당 색상의 깃발이 포함된모든 메일이 표시된다(그림 8.10).

아마 처음에는 깃발 클릭 동작과 깃발이 달린 모든 메일을 찾는 '깃발' 콘셉트의

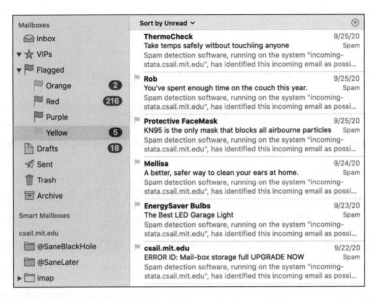

그림 8.10 능숙하게 매핑된 깃발 콘셉트가 돋보이는 애플 메일 사례: 노란 깃발이 있는 메일이 표시된다. 첫 번째 메일에서 깃발이 제거됐지만, 메일은 여전히 표시된다.

액션이 매핑된다고 생각할 것이다. 그러나 깃발 클릭은 깃발이 달린 아이템을 표시하는 모드로, 인터페이스를 전환하는 정교한 매핑이라고 생각하는 것이 좋다. 왜냐하면 깃발이 달린 메일들의 상태가 자발적으로 변경(예: 방금 수신된 메일에 사전 규칙에 따라 깃발이 달리는 경우)되는 경우에도 화면 표시를 실시간으로 업데이트할 수 있기 때문이다.

자, 여기서 문제를 풀어 보자. 만약 깃발이 달린 메일 목록이 표시된 화면에서 메일 중 하나를 선택해 깃발을 제거하면 어떻게 될까? 일단, 쉽게 생각할 수 있는 확실한 방법은 일관성을 유지하기 위해 목록에서 즉시 해당 메일을 제거하는 것이다(즉, 표시된 메일과 지정된 깃발이 달린 메일이 정확히 일치하도록 처리).

그러나 실제로 이것은 나쁜 매핑 디자인이라고 할 수 있다. 예를 들어, 실수로 메일 깃발을 제거해서 복원하려는 경우를 생각해 보자. 일단, 깃발을 제거하면 메일이 목록에서 사라지고 선택한 항목도 사라진다. 깃발을 복원하고 싶어도 목록에서 메일을 찾을 수 없는 것이다. 역설적인 것은 특정 메일에 깃발을 단 이유는 그 메일을 찾기가 어려웠기 때문일 것이라는 사실이다.[92]

직관적이진 않지만, 이때 바람직한 동작은 화면을 업데이트하지 않고 원래 표시된 모든 메일 목록을 유지하는 것이다. 즉, 메일에서 깃발을 제거해도 메일을 그대로 유지하되, 깃발로 보기 화면을 벗어났다가 돌아오면 그때는 메일을 더 이상 표기하지 않는 것이다.

이 방식을 사용하려면 목록 내의 각 메일마다 개별적으로 깃발을 지정해야 한다. 이 방식에서는 목록을 처음 표시할 때 모든 메일에 깃발을 지정해야 하기 때문에 처음에는 불필요한 것처럼 보일 수 있다. 그러나 메일에서 깃발을 제거해도 해당 위치에서 계속 선택돼 있으므로 깃발을 쉽게 복원할 수 있다. 애플 메일이 바로 이런 식으로 동작한다. 그림 8.10을 보면 맨 위에 있는 메일의 깃발을 제거했지만, 메일이 여전히 표시되고 있다.

모호한 액션 해결

대부분의 사용자의 제스처gesture는 해석하기 쉽지만, 가끔 모호할 때도 있다. 특히 액션의 인수 값이 이전에 선택한 항목에 따라 달라질 때 이런 문제가 발생할 수 있다. 이에 대한 예제를 살펴보자.

'컬렉션collection' 콘셉트에서는 중복된 아이템을 컬렉션에 추가하거나 제거할 수 있다. 컬렉션을 사용하는 애플리케이션에는 조테로(Zotero, 논문 인용을 컬렉션으로 정리), 사파리 브라우저(북마크용 컬렉션을 제공), 어도비 라이트룸(사진이나 동영상 컬렉션을 정리) 등이 있다.

'폴더' 콘셉트와 구별되는 컬렉션 콘셉트의 특징은 한 개의 아이템이 두 개 이상의 컬렉션에 속할 수 있다는 것이다. 예를 들어, 아이템 i를 컬렉션 c에 추가하는 collection.add(i, c)라는 동작을 매핑하는 것은 일반적으로 간단하다. 예를 들면, 사용자가 아이템을 컬렉션으로 끌어다 놓는 식으로 구현한다.

반면, 아이템 i를 컬렉션 c에서 제거하는 collection.remove(i, c)라는 동작은 좀 더 까다롭다. 그 이유는 일부 프로그램에서는 한 번에 둘 이상의 컬렉션을 선택할 수 있기 때문이다. 이 기능은 여러 컬렉션에 속한 아이템을 한 화면에서 볼 수 있기 때문에 중요하다. 그림 8.11에서는 어도비 라이트룸에서 한 개의 사진이 두 개의 컬렉션

그림 8.11 어도비 라이트룸의 컬렉션 콘셉트에 대한 매핑 딜레마: 두 개의 컬렉션이 표시된 경우, 제거할 사진을 선택해도 어느 컬렉션에서 제거할 것인지 식별할 수 없다.

에 중복으로 선택된 것을 볼 수 있다.

이런 경우에는 '제거remove' 액션에 필요한 인수 값을 지정하는 것이 더 이상 쉬운 문제가 아니다. 예를 들어, 아이템을 선택한 후에 'Remove' 버튼을 누른다고 가정해 보자. 이때 선택한 아이템이 두 개의 컬렉션에 모두 속하는 경우에는 어느 컬렉션에서 제거해야 할 것인지가 명확하지 않다.

이 사례는 까다로운 매핑 문제 중 하나다. 이 글을 작성하던 때(2020년 말)에 라이트룸에서 이 작업을 시도하면 제거 요청이 모호하다는 오류 메시지가 나타났다. 그러나 2021년 2월 이후에는 선택된 모든 컬렉션에서 아이템을 제거한다.[93]

표준 위젯으로 충분하지 않을 때: '값 없음'으로 설정

일부 '콘셉트' 액션은 인수를 취하는데, 인수 값은 값 집합에서 가져올 수도 있고 선택한 값이 없다는 것을 나타내는 'none(없음)'일 수도 있다. 예를 들어, 서식 속성 p 에 값 v를 설정하는 작업인 set(p, v)를 갖는 '서식' 콘셉트가 있다고 가정해 보자. 어떤 속성 값을 설정한 후 실행 취소undo를 하는 경우, 속성 값을 '없음'으로 설정할 수 있다.

이런 미묘한 차이는 4장에서 언급했던 부분 스타일 예제에서 발생한다. 다시 말해, 일부 서식 속성의 값만 지정하는 스타일을 정의할 수 있다는 것이다. 예를 들어, 글꼴 스타일을 '이탤릭체italic'로 설정하고 그 밖의 다른 속성(예: 글꼴 크기와 서체 등)은

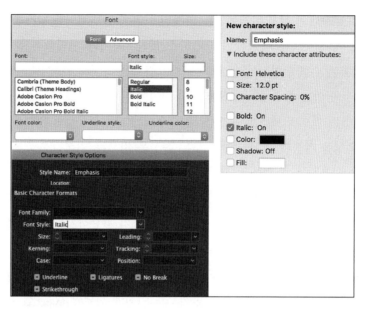

그림 8.12 스타일 대화 상자에서 '없음(none)' 값 매핑. 최신 버전의 MS 워드와 인디자인(왼쪽 아래)은 선택한 아이템을 텍스트로 편집할 수 있는 드롭다운 메뉴와 같은 확장 위젯을 사용한다. 이전 버전의 MS 워드에서 별도의 글꼴 선택기를 이용하면 텍스트 필드(왼쪽 상단)를 채울 수 있었다. 애플 페이지 09 앱(오른쪽)은 체크 박스를 사용했다.

변경하지 않는 '강조emphasis'라는 문자 스타일을 정의할 수 있다.

이제 이를 사용자 인터페이스에 어떻게 매핑할 수 있는지 생각해 보자. 예를 들어, 글꼴 스타일을 이탤릭체로 설정할 수 있어야 할 뿐 아니라 설정 해제, 즉 글꼴 스타일 값을 기본값인 '없음'으로 설정할 수도 있어야 한다. 이 경우, 이미 이탤릭체로 설정된 유형이 수정될 수 있으므로 글꼴 스타일을 '로마체roman'로 설정하는 것과는 다르다.

부분 스타일을 제공하는 최신 버전의 앱(예: MS 워드 및 어도비 인디자인)에서는 표준 사용자 인터페이스 요소의 확장 버전을 사용해 이 작업을 수행할 수 있다(그림 8.12의 왼쪽 하단). 체크 박스는 세 가지 상태(켜짐, 꺼짐, 설정되지 않음)의 위젯이 되고 드롭 다운 메뉴에서 값을 선택하는 것 외에도 선택한 값을 편집(텍스트 필드)해 삭제(설정 해제)할 수 있도록 드롭다운이 확장된다. 텍스트 필드를 자동 완성에 사용할 수 있으므로 메뉴에 많은 항목이 포함돼 있을 때 유용하기 때문에 생각보다 직관적이다.

이러한 프로그램의 이전 버전에서는 확장된 사용자 인터페이스 요소를 사용할 수 없었기 때문에 사용자는 불편한 인터페이스를 감수하거나 편법을 사용해야 했다. MS 워드에서는 수년 동안 비주얼 베이직 스크립트를 작성해야만 일부 스타일을 설정 해제할 수 있었고 이후에는 복잡한 대화 상자를 통해 목록에서 글꼴을 선택한 후 편집할 수 있는 별도의 텍스트 필드를 채울 수 있었다(그림 8.12의 왼쪽 상단). 인디자인에서는 속성을 설정한 후 스타일의 모든 속성을 지우는 '기본값으로 재설정$^{reset\ to\ base}$' 작업을 사용하는 것 외에는 설정을 해제할 방법이 없었다. iWork 09 버전의 애플 페이지(그림 8.12의 오른쪽)는 각 설정에 체크 박스를 추가해 이 문제를 피했다. 이 방법은 깔끔하고 명확한데다 멋진 인터페이스 요소가 필요하지도 않았지만, 아마도 많은 공간이 필요했기 때문인지 이후 버전에서는 제거됐다.

8장에서 다룬 예제들은 모든 사용자 인터페이스 프레임워크에 적용할 수 있다. 이 마지막 예제가 흥미로운 이유는 일반적으로 이전에 선택한 값을 '설정 해제'하는 방법을 제공하지 않는 최신 사용자 인터페이스 툴킷의 한계를 드러내기 때문이다.

핵심 정리 및 실천사항

8장의 핵심 내용은 다음과 같다.

- 콘셉트는 액션을 제스처(예: 버튼 클릭)에 매핑하거나 콘셉트 상태를 다양한 종류의 출력에 매핑하는 식으로 구체적인 사용자 인터페이스에 매핑돼야 한다.
- 사용자 인터페이스 디자인 원칙이 적용되더라도 콘셉트는 매핑 문제에 집중하는 데 도움이 된다. 자바 설치 사례에서 설치와 제거를 같은 대화 상자에 배치한 것이 어떻게 혼란을 일으키는지 살펴봤고 기본 콘셉트 구조에 좀 더 주의를 기울인 매핑이 필요하다는 것을 배웠다.
- 일부 콘셉트는 본질적으로 좀 더 복잡하기 때문에 매핑에 더 많은 독창성이 필요하며 때로는 사용자 인터페이스에 명시적인 설명이 필요할 수도 있다.
- 사용자 인터페이스를 기본 콘셉트보다 좀 더 단순하게 만들려는 시도는 역효과를 낼 수 있다. 지메일의 사례에서 레이블은 메일에 첨부되지만, 인터페이스는 이를 대화 목록과 연결시킴으로써 시각적 모양은 단순화하지만 사용성

은 저하되는 것을 확인했다.

- 매핑은 일반적인 사용 패턴을 고려해야 하며 백블레이즈와 애플 메일의 예에서 알 수 있듯이 단일 작업을 수행하는 것보다 복잡할 수 있다.

- 시각적 인터페이스는 표현력이 뛰어나지만, 모호함을 전부 해결하지 못할 수 있으며 인터페이스 툴킷은 매핑 디자인에 제약을 줄 수 있다.

다음은 바로 적용해 볼 수 있는 실천사항이다.

- 사용자 인터페이스 디자인에 접근할 때는 각 콘셉트를 개별적으로 매핑할 수 있는 방법을 먼저 생각한다. 그런 다음 화면(뷰)을 확장해 매핑된 콘셉트가 화면에서 서로 어떻게 어울리는지, 콘셉트 간에 어떤 전환과 링크가 필요한지를 고려할 수 있다.

- 콘셉트에 대한 매핑을 디자인할 때는 먼저 인터페이스에서 각 작업을 사용할 수 있는지(관련성이 있는 경우), 콘셉트의 상태가 이해하기 쉬운 방식으로 표시되는지(필요한 경우)를 확인하는 것부터 시작한다.

- 인터페이스 디자인을 콘셉트의 작동 원리 및 사용자가 사용할 가능성이 가장 높은 방식의 작업과 비교해 확인한다.

- 언제나 그렇듯이 콘셉트 기반 접근 방식의 주요 장점은 콘셉트를 통해 기반 기능을 도출함으로써 작업에 정보를 제공하는 선행 작업을 좀 더 쉽게 식별할 수 있다는 것이다. 따라서 콘셉트에 대한 매핑을 디자인할 때는 다른 앱에서 해당 콘셉트가 어떻게 매핑돼 있는지를 살펴보자.

3부

원칙

09

콘셉트의 구체성

9장에서는 디자인의 문제를 발견하는 데 놀라울 정도로 광범위하게 사용할 수 있는 간단한 원칙을 설명한다. 사실 이 원칙은 너무 간단해서 무시하고 싶을 수도 있지만, 예제를 살펴보면서 그 가치를 확신할 수 있길 바란다.

이 원칙은 바로 소프트웨어 제품을 디자인할 때 콘셉트와 목적이 일대일로 대응해야 한다는 것이다. 즉, 모든 콘셉트에는 동기를 부여하는 단 하나의 목적이 있어야 하고 제품의 모든 목적에는 그것을 충족하는 콘셉트가 하나씩 있어야 한다는 사실이다.

콘셉트는 적어도 하나의 목적이 있어야 한다는 사실이 새롭거나 놀랍지는 않을 것이다. 목적이 없다면 의미가 없을 것이고 제품에서 중요한 목적이라면 당연히 이를 전달하는 콘셉트가 필요할 것이기 때문이다. 또한 불필요하게 노력을 낭비할 필요가 없다는 측면에서 각 목적은 중복을 피하고 최대한 하나의 콘셉트로 전달돼야 한다는 주장도 합리적이다.

사실 이보다 좀 더 과격한 주장은 하나의 콘셉트는 최대 하나의 목적만을 충족해야 한다는 것이다. 그러나 구체성 원칙의 이러한 측면은 콘셉트 디자인에 대한 가장 유용한 아이디어로 밝혀졌으며 9장에서도 가장 많은 관심을 기울일 것이다.

목적 없는 콘셉트

목적 없는 콘셉트는 이상한 존재이지만, 이에 대해서는 앞의 5장에서 에디터 버퍼처럼 내부 메커니즘이 사용자에게 노출되는 경우를 사례로 들었다. 따라서 목적 없는 콘셉트라는 주제에 대해서는 5장의 설명을 참고하자.

콘셉트 없는 목적

디자인을 비평하다 보면 본질적인 목적은 있지만, 이를 달성하기 위한 콘셉트가 없는 경우가 있다. 모든 소프트웨어 제품은 시간이 지남에 따라 발전하기 때문에 새로운 요구사항이 항상 발생하지만, 이런 종류의 결함은 새로운 요구사항 때문에 발생한 것이 아니라 처음부터 명백하게 누락된 경우다. 그렇다면 콘셉트가 분명히 누락됐는데도 왜 디자이너가 즉시 추가하지 않았을까? 대표적인 이유 중 하나는 해결하기가 어렵기 때문이다. 예를 들어, 대부분의 이메일 클라이언트에는 이메일 메시지의 발신자와 수신자를 식별하는 데 사용하는 '통신원correspondent' 콘셉트가 없다. 이는 지메일처럼 폐쇄형 이메일 시스템 범위 내에서는 쉽게 수행할 수 있지만, 이를 보다 널리 제공하려면 범용 인증 인프라가 필요하기 때문이다.

이 콘셉트가 적용되면 이메일 메시지의 발신자 필드를 위조할 수 없고 스팸도 훨씬 쉽게 제어할 수 있다. 또한 보다 일반적이지만 상당한 이점을 가져다 준다. 애플 메일에서는 특정 발신자가 보낸 이메일을 안정적으로 검색할 수 없다. 검색 창에는 '사람'으로 검색할 수 있는 옵션이 있지만, 이는 메시지의 발신자와 수신자 필드에 있는 문자열을 일치시키는 정도의 기능이다. 대부분의 사람들은 두 개 이상의 이메일 주소를 사용하므로 검색하면 여러 개의 서로 다른 '사람'이 표시된다. 그리고 어떤 사람들은 여러 이메일 계정에서 자신의 이름 형식을 다르게 지정하므로 한 사람

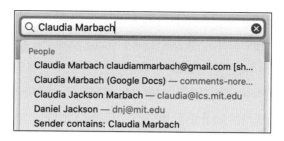

그림 9.1 이메일에 통신원 콘셉트가 없을 경우, 검색 결과를 예측하기 힘들다.

이 보낸 모든 이메일을 찾으려면 다른 문자열로 검색해야 할 수도 있다. 그림 9.1에서 내 아내의 이름으로 검색하면 내 이메일 주소까지 표시되는 것을 볼 수 있다(이는 아마도 누군가 나에게 메일을 보내면서 수신자 항목에 두 명의 이름을 모두 포함했기 때문일 것이다). 콘셉트가 없는 목적의 사례를 몇 가지 더 살펴보자.

백업에서의 삭제 경고. 대부분의 백업 서비스는 약관 및 실제 '백업^{backup}' 콘셉트에 불안한 허점이 있다. 즉, 컴퓨터에서 삭제된 파일은 일정 기간(예: 30일)이 지나면 백업 자체에서도 삭제되는 것이다. 이러한 정책의 근거는 고객이 백업 서비스를 무제한 클라우드 스토리지로 사용하는 것을 방지하기 위한 것이다.

그러나 역설적이게도 사람들이 백업 서비스를 이용하는 주요 이유가 실수로 파일을 삭제하기 때문이다. 따라서 사용자가 모르는 사이에 백업에서 파일을 삭제하는 대신, 파일을 지속적으로 추적하다가 완전 삭제를 해야 할 때 경고해 주는 기능이 있다면, 사용자는 의도적으로 지운 파일인지를 판단할 수 있으므로 안심할 수 있을 것이다. 이런 콘셉트 디자인은 사소하다고 할 수 없고, 파일 이름 변경 기능도 고려하는 것이 좋다.

'스타일' 콘셉트의 누락. 콘셉트 중에는 어떤 애플리케이션에서는 빈번하게 사용되지만, 다른 애플리케이션에서는 매우 유용한데도 사용할 수 없는 경우가 있다. 문서 서식을 지정하는 '스타일' 콘셉트는 워드프로세서와 전자출판 앱에서는 일반적으로 제공되는 기능이지만, 최근 들어서야 애플의 프레젠테이션 앱인 키노트에 도입됐고 마이크로소프트 사의 파워포인트에서는 여전히 누락돼 있다. 특히 수식이나 코드, 인용문처럼 조판 문자를 사용하는 경우에 스타일 기능이 없으면 일관된 서식을 유지하기 어렵다.

흔적만 남은 템플릿 콘셉트. 때로는 디자인에 포함된 콘셉트가 일상적인 목적도 달성할 수 없을 정도로 제한적으로 제공되는 경우가 있다. 대부분의 웹 사이트 제작 앱은 템플릿(또는 테마)이라는 콘셉트를 제공하는데, 이런 템플릿의 목적은 시각 디자인과 콘텐츠를 분리하는 것이다. 즉, 사용자는 콘텐츠에 집중할 수 있고 레이아웃과 색상, 글꼴 등을 결정하는 템플릿은 별도로 선택할 수 있다. 이러한 분리 방식의 핵심은 처음 시작할 때부터 어떤 템플릿을 사용할 것인지를 고집할 필요가 없다는 것이다. 마음에 드는 템플릿으로 시작해 일부 콘텐츠를 넣은 후 다른 템플릿을 사용해 콘텐츠가 어떻게 보이는지 확인할 수 있다.

이런 콘셉트는 홈페이지 제작 서비스로 유명한 스퀘어스페이스^{Squarespace}에서도 사용했는데, 2020년 초에 출시된 버전 7.1에서 템플릿 전환 기능이 사라지면서 문제가 발생했다. 따라서 새 버전에서는 몇 가지 개선사항과 더불어 모든 템플릿에 일관된 데이터 모델이 적용돼 템플릿을 좀 더 쉽게 전환할 수 있을 것이라고 기대한 사용자들은 혼란에 빠졌다.

기술이 발전하면 모든 문제가 해결될 것이라고 생각하기 쉽다. 그러나 이렇게 동떨어진 목적들은 가장 기본적인 요구사항조차 충족되지 않고 가장 익숙한 상황에서도 여전히 중요한 디자인 작업이 남아 있다는 것을 알려 준다.

중복 콘셉트

동일한 목적을 가진 다른 콘셉트가 이미 존재하는 경우, 콘셉트가 중복된다. 이런 일이 발생하는 이유는 디자이너가 처음에는 두 가지 다른 목적이라고 생각했지만, 알고 보면 좀 더 일반적인 목적의 속한 단일 기능의 변형으로 밝혀졌기 때문이다.

지메일의 카테고리. 지메일은 수신한 이메일을 자동 분류할 목적으로 '카테고리^{category}' 콘셉트를 도입했다(그림 9.2). 이 새로운 콘셉트에서는 사용자가 받은 이메일을 하나의 목록으로 표시하는 대신, 카테고리로 구분해 표시한다. 카테고리의 종류에는 '기본'(개인이 보낸 이메일), '소셜'(소셜 미디어 계정과 관련된 메시지), '프로모션'(영업 홍보물), '업데이트'(알림, 청구서 영수증 등), '포럼'(그룹 및 메일링 리스트와 관련된 메시지)이 있다.

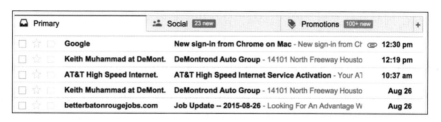

그림 9.2 중복 콘셉트인 지메일의 '카테고리' 콘셉트

아마 대부분의 사람들이 이 새로운 콘셉트를 지지할 것이라고 생각했을 것이다. 강력한 필터링 기능을 제공해 받은 편지함을 깔끔하게 정리할 수 있고 사용자에게 더 많은 제어 권한을 부여하기 때문이다. 그러나 오히려 이 새로운 콘셉트에 대한 부정적인 기사와 블로그 글이 넘쳐났다. 그리고 한동안 구글에서 '지메일 카테고리'를 검색하면, '지메일의 카테고리를 없애려면 어떻게 해야 하나요?'라는 질문이 첫 번째 질문으로 표시됐다.

사용자들이 이렇게 부정적인 반응을 보인 이유는 카테고리의 콘셉트가 중복되기 때문일 것이다. 블로그 글의 비판 내용 일부를 보면 지메일의 레이블 콘셉트가 이미 '메시지 분류'라는 동일한 목적을 달성하고 있다고 지적한다. 더욱이 이 콘셉트에는 사용자의 개입 없이 첨부되는 '시스템 레이블'(예: 보낸 편지함)이 이미 포함돼 있어 새로운 분류 알고리듬을 쉽게 수용할 수 있었다. 그렇다면 왜 구글은 새로운 카테고리를 시스템 레이블 기능으로 구현하지 않았을까?

기존의 시스템 레이블 기능을 활용했다면, 사용자는 카테고리의 새로운 콘셉트를 익힐 필요도 없었고 카테고리와 레이블을 굳이 구분하려고 부여한 제한사항(예: 탭 기능은 카테고리만 가능하다거나 외부의 메시지를 분류할 때는 레이블만 사용 가능)을 이해할 필요도 없었을 것이다.[94]

줌의 브로드캐스트 콘셉트. 화상 회의 앱으로 잘 알려진 줌에는 회의 참가자들을 '소회의실'로 배치하는 기능이 있다. 그리고 회의 주최자는 '브로드캐스트broadcast' 콘셉트를 사용해 모든 참가자를 대상으로 메시지를 보낼 수 있다.

이 콘셉트는 왜 필요하게 됐을까? 줌에는 이미 회의 참가자들 간의 메시지를 주고받을 수 있는 '채팅chat' 콘셉트가 존재한다. 참가자들은 채팅 메뉴에서 특정 참가자에게만 메시지를 보낼 것인지, 모든 참가자에게 메시지를 보낼 것인지를 선택할 수 있다. 그러나 참가자가 소회의실로 이동하면 '모든 참가자'의 의미가 달라져서 혼란을 준다. 이 경우에는 '모든 참가자'가 소회의실에 있는 사람만으로 제한되며 다른 소회의실의 참가자에게 메시지를 보내는 기능이 없다. 호스트조차도 소회의실로 이동한 참가자에게는 메시지를 보낼 수 없다. 따라서 채팅 콘셉트에서 호스트가 소회의실 참가자에게 메시지를 보낼 수 없는 문제를 해소하고자 '브로드캐스트' 콘셉트가 도입된 것이다.

그러나 좀 더 나은 디자인은 '브로드캐스트' 콘셉트를 완전히 제거하고 '채팅' 콘셉트를 확장해 소회의실 전체로 메시지를 보낼 수 있도록 하는 것이다. 지메일의 카테고리와 레이블처럼 채팅 메시지와 브로드캐스트 메시지는 같은 목적을 수행하지만, 신기하게도 비교하기 힘든 차이점이 있다. 브로드캐스트는 화면 전체에서 깜박이지만, 채팅 메시지는 롤링 메시지 로그에 표시된다. 브로드캐스트는 소회의실 밖으로도 전달되지만, 채팅 메시지는 그렇지 않다. 브로드캐스트는 표출된 후 곧 사라지지만, 채팅 메시지는 로그에 남는다. 특히 사용자에게 가장 불편한 점은 브로드캐스트는 메시지가 몇 초 동안만 표시되고 포함된 링크를 클릭할 수 없으며 콘텐츠를 복사해 붙여넣을 수도 없다는 것이다.

이상적인 것은 채팅 콘셉트에서 두 콘셉트의 기능을 모두 제공하는 것이다. 소회의실 내의 채팅 메뉴에서 회의실 내의 모든 사람 또는 전체 세션의 모든 사람에게 메시지를 보낼 수 있고 다른 회의실에 있더라도 모든 참가자에게 개별적으로 메시지를 보낼 수 있으며 특히 호스트는 자신의 위치와 관계없이 소회의실의 모든 사람에게 메시지를 보낼 수 있어야 한다.[95]

애플 메일의 검색 및 규칙. 애플 메일에는 이메일의 다양한 속성(예: 본문에 포함된 문자 또는 발신자 또는 수신자의 이름)을 입력하고 그에 따라 표시되는 메시지를 필터링할 수 있는 검색 상자가 있다(그림 9.3). 또한 수신 메일을 규칙에 따라 필터링하는 대화 상자가 있어 특정 기준(받는 사람 필드에 이름이 언급됐는지 여부 등)을 충족하는 이메일을 선택할 수 있다.

이 두 가지 기능은 '메시지 필터링message filtering'이라는 공통 목적을 기반으로 하며 메시지의 하위 집합을 정의해서 표시하거나 어떤 동작(예: 특정 폴더로 메시지 이동)

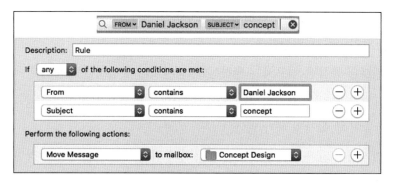

그림 9.3 애플 메일의 필터(위)와 규칙(아래)은 하나의 콘셉트에 대한 두 가지 버전을 구현한다.

을 실행하도록 지정할 수 있다. 그러나 이 하나의 공통 목적은 실제로는 '규칙rule'과 '필터filter'라는 두 가지 다른 콘셉트로 각자 구현돼, 각각 조금씩 다른 기능을 제공한다. 예를 들어, 규칙에서는 유연한 검색 기능(예: '~을 포함'하는 내용 검색)을 제공하고 참고(cc) 필드도 확인하는 기능이 있지만, 필터에는 없다. 반면, 필터에서는 이메일에 서명 존재 유무를 확인할 수 있지만, 규칙에서는 불가능하다. 반면, 지메일에서는 규칙과 필터를 한 개의 콘셉트로 통합한다.[96]

이 모든 경우에 중복을 제거하면, 개발자의 작업을 줄이면서 사용자에게는 좀 더 간단하고 강력한 기능을 제공할 수 있었을 것이다.

콘셉트 과부화

여기서 가장 흥미로운 기준은 콘셉트는 단 하나의 목적만 가져야 한다는 점이다. 콘셉트는 두 가지 목적을 동시에 충족할 수 없다.[97] 목적은 콘셉트 디자인의 모든 측면을 안내하는 역할을 한다. 서로 다른 두 가지 목적이 있다면, 서로 다른 방향으로 갈 수밖에 없고 콘셉트 디자인은 어느 한쪽에 유리하도록 타협할 수밖에 없다. 그리고 상황에 따라 이 방향 저 방향으로 끌려다니다가 두 가지 목적을 모두 충족시키지 못하는 디자인이 될 가능성이 높다.[98]

두 가지 목적을 모두 충족하려는 콘셉트에는 과부하가 발생한다. 다음은 과부하의 사례를 원인에 따라 네 가지 유형으로 분류한 것이다.

- '잘못된 통합'은 동일 목적이라고 (잘못) 가정하고 두 가지 다른 기능을 위해 디자인됐을 때 발생한다.
- '거부된 목적'은 사용자는 원하는데, 디자이너가 무시한 목적이다.
- '새로운 목적'은 오래된 콘셉트에 대해 새로 발생한 목적이며 사용자가 직접 만들어 낸 목적일 때가 많다.
- '피기백(편승)'은 새로운 목적을 수용하기 위해 기존 콘셉트를 수정 또는 확장한 것이다.

이러한 과부하에는 각자의 해결 방법이 있다.

- '잘못된 통합'을 피하려면, 하나의 목적을 뚜렷하게 표현하도록 노력하고 다양한 콘셉트가 동일한 목적을 반영하는지 확인해야 한다.
- '거부된 목적'을 피하려면, 기술에 익숙하지 않고 기술 도입을 꺼리는 사용자의 의견과 경험을 진지하게 고려해야 한다.
- '새로운 목적'은 디자인이 사용자에게 어떤 영향을 미치고 사용자가 어떤 새로운 용도를 창출할 것인지를 예측할 수 없기 때문에 피하기가 가장 어렵다. 그러나 새로운 목적이 발생했을 때 이를 제대로 인식하는 것만으로도 새로운 목적을 수용하는 새로운 콘셉트를 추가하는 등의 방법으로 대처할 수 있다.
- '피기백' 문제를 피하려면, 목적에 반하는 콘셉트를 갖고 디자인을 '최적화'하려는 욕구를 찾아내고 섣부른 최적화로 리소스를 최적화하면 결국에는 복잡도가 높아지는 대가를 치른다는 사실을 배우는 것이다.

잘못된 통합에 따른 과부하

때때로 한 콘셉트의 서로 다른 두 가지 목적이 일치하는 것으로 보이기 때문에 디자이너는 이를 하나의 통합된 목적으로 다루지만, 실제로는 목적이 서로 다르고 일치하지 않을 수도 있다.[99]

예를 들어, 페이스북에서는 '친구' 콘셉트의 목적을 '두 사용자가 서로의 게시물을 볼 수 있는 관계를 맺도록 하는 것'이라고 정의할 수 있다. 그런데 문제는 이 정의에는 두 가지 다른 특징을 갖는 목적이 감춰져 있다는 것이다. 그중 하나는 필터링이다. 페이스북에서는 친구의 게시물을 추천함으로써 사용자의 관심 밖에 있는 사람들의 게시물을 일일이 살펴봐야 하는 수고를 덜어 준다. 다른 하나는 '접근 제어'다. 친구를 선택하면 누가 내 게시물을 볼 수 있는지를 선택할 수 있다.

대부분의 사용자는 인간 관계가 대칭적인 경향이 있기 때문에 이러한 목적이 일치하는 경우가 많다. 즉, 친구가 나의 게시물을 보도록 허용했다면 나도 그 친구의 게시물을 보고 싶을 것이다. 그러나 상대가 유명인이라면 얘기가 다르다. 나는 오바마 대통령의 게시물을 읽고 싶지만, 오바마 대통령은 내 게시물을 읽고 싶어할 것 같지는 않다.

페이스북은 이런 문제를 인식하고 2011년에 접근 제어 목적이 아닌 필터링 목적으로만 사용되는 '팔로워follower' 콘셉트를 추가했다. '친구' 콘셉트는 여전히 두 가지 역할을 수행하지만, 친구의 '팔로잉'을 해제해 접근 제어용으로만 사용할 수 있다.

거부된 목적에 따른 과부하

잘못된 통합과 마찬가지로, 거부된 목적은 최초 디자인 당시에는 존재했던 두 번째 목적과 관련이 있다. 그러나 이 경우에는 디자이너가 그 목적을 디자인에 반영할 가치가 없다고 판단해 거부하는 것이다.

여러 목적을 일단 나열하고 그중에서 선별(거부)하는 것은 자주 사용되는 좋은 방법이며 애플리케이션이 비대해지는 것을 예방하는 핵심 전략이다. 되도록 많은 문제를 해결하는 '스위스 아미 나이프'와 같은 애플리케이션을 만들려는 유혹에 빠지기 쉽지만, 만족스러운 결과를 내기는 쉽지 않다. '가장 단순하게 동작되는 것을 만들라'는 애자일 원칙은 해결할 목적을 선택할 때도, 이를 충족하는 콘셉트를 디자인할 때도 모두 적용된다. 그러나 때로는 사용자의 요구를 무시하고 목적을 생략하는 것은 단순한 추구라는 명목만을 내세우는 고집이 될 수 있다.

5장에서 다룬 트위터의 '즐겨찾기' 콘셉트가 이런 사례다. 트위터가 '북마크' 콘셉트를 도입한 2018년 이전에는 사용자가 트윗을 즐겨찾기에 추가하고 이를 공개적으로 트윗하는 것 외에는 트윗을 저장할 수 있는 방법이 없었다. 따라서 '즐겨찾기' 콘셉트는 '트윗에 대한 찬성 표시'와 '트윗 저장'이라는 두 가지의 양립할 수 없는 용도로 사용해야 했다.

프로그래밍 도구는 대부분의 사람들에게 익숙하지 않기 때문에 잘 언급하지 않지만, 설득력 있게 설명할 수 있는 사례가 있어 소개한다. 개발자들은 보통 팀 단위로 코드를 통합하고 여러 버전의 파일을 관리하기 위해 버전 관리 시스템(예: 깃, 서브버전, 머큐리얼 등)을 사용한다. 그러나 실제로는 많은 사용자, 특히 전문가가 아닌 사용자는 이러한 도구를 백업용으로도 사용한다.

그 이유는 무엇일까? 버전 관리 시스템을 사용하면 언제 문제가 생길지 모르는 로컬 컴퓨터의 작업 내용을 서버에 수시로 복사할 수 있고 심지어 각 파일의 과거 버전을 언제든지 복구할 수 있다. 바로 이것이 백업 시스템의 역할이다. 따라서 이런 시스템이 구축돼 제공되고 있는데, 이를 파일 백업의 용도로 사용하지 않을 이유가 없을 것이다.

그러나 안타깝게도 버전 관리 시스템의 설계자는 이런 관점에 공감하지 않는다. 왜냐하면, 버전 관리 시스템의 '커밋commit' 콘셉트는 일관된 개발 상태를 유지하도록 프로젝트 스냅샷을 저장할 목적으로 디자인된 것이기 때문이다. 예를 들어, 어떤 기능이 완성됐을 때 또는 동료 검토를 받을 수 있을 만큼 작업이 충분히 구현됐을 때 커밋을 수행하는 것이다.

이런 목적은 되도록 자주 파일을 복사해 두려는 백업의 목적과 양립할 수 없다. 다량의 미완성된 작업을 하는 경우 백업은 하고 싶지만, 일관된 상태가 아닐 수도 있다. 따라서 딜레마에 빠지게 된다. 미완성 결과물을 커밋하면 일관된 의미가 없을 뿐 아니라 컴파일 오류를 일으킬 수 있다(그림 9.4). 그러나 커밋을 하지 않으면 서버에

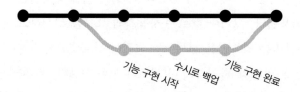

그림 9.4 거부된 목적의 사례: 백업 목적으로 커밋을 사용하는 경우. 아래쪽 회색 경로는 개발자가 새로운 기능을 구현하고자 별도로 생성한 '브랜치'다. 개발자는 기능 구현을 시작해 최종적으로 기능이 완성되면 작업을 커밋한다. 그러나 미완성된 작업을 백업하기 위해 일관성이 없는 지점에서 커밋을 하기도 한다.

복사되지도 않고 로컬 컴퓨터에 고장이 생기면 커밋을 잃을 위험성도 있다.

새로운 목적에 의한 과부하

어떤 콘셉트는 디자인할 당시에는 하나의 강력한 목적만 있었지만, 나중에 사용자가 콘셉트의 새로운 용도를 발견하면서 새롭게 목적이 획득되는 경우가 있다. 이메일의 평범한 제목 줄에 대한 얘기가 대표적인 사례다.

'제목 줄^subject line' 콘셉트는 일반적인 '요약^precis' 콘셉트의 하나로, 원본 텍스트와 함께 작성되거나 나중에 추가되는 짧은 요약을 제공하며 긴 텍스트를 좀 더 쉽게 찾고 분류하고 이해시키려는 기능이다.

이렇게 평범한 기능을 출발했기 때문에 제목 줄이 나중에 아주 중요한 역할을 하게 될 줄은 아무도 예상하지 못했다. 최초의 메일링 리스트 관리 프로그램 중 하나인 '리스트서브^Listserv'에서는 수신자에게 전송된 이메일이 수신자에게 직접 전송된 것이 아니라는 것을 쉽게 알 수 있도록 하기 위해 제목 줄에 메일링 서버의 이름을 접두사로 추가했는데, 이는 이메일의 to(받는 사람) 필드의 용도를 그대로 재현한 것이다(그림 9.5). 이후 지메일 같은 이메일 서비스들도 이메일을 대화 방식으로 그룹화할 때 이런 경험을 활용해 제목 줄을 활용하기 시작했다.

이렇게 새로 등장한 목적은 무해하게 보일 수 있지만, 그렇지 않은 사례도 있다. 즉, 부서의 어떤 직원이 숨은 참조(bcc)로 메일을 보내면서 특정 직원 그룹만 대상으로 하는 리스트서브 이메일 주소 포함시켰다. 그런데 리스트서브에서 수신자 주소를 제목 줄에 나타내는 바람에 '숨은 참조^bcc' 콘셉트의 의도한 개인 정보 보호 기능이 무력화된 것이다.

이메일을 대화 방식으로 그룹화할 때 제목 줄을 활용하는 방식은 모든 이메일을 같은 이메일처럼 만들어 버리는 문제가 있다. 내 학생 중 하나는 여행지마다 별도의 레이블을 지정하고 해당 레이블을 필터링해 특정 여행지와 관련된 모든 이메일

To: csail-related@lists.csail.mit.edu
Re: [csail-related] turn off the lights?

그림 9.5 (리스트서브) 서버 정보 식별이라는 새로운 용도로 사용되는 제목 줄

을 볼 수 있도록 분류했다.

그러나 불행하게도 여행사에서 보내는 확인 이메일의 모든 제목 줄에 '예정 여행 정보'라는 문구를 사용하다 보니 서로 다른 여행지에 관한 이메일이 모두 같은 대화 그룹에 속한다. 그리고 지메일에서 레이블을 필터링하면 같은 대화 그룹에 있는 모든 이메일이 레이블이 지정된 이메일로 표시되므로(8장에서 다룬 디자인 결함) 레이블을 사용해 특정 여행에 대한 이메일만 구분할 수 없게 됐다.

피기백에 따른 과부하

콘셉트 과부하가 생기는 가장 일반적인 이유는 디자이너가 새로운 콘셉트를 도입할 때 따라오는 디자인과 구현 작업을 피하려고 기존의 콘셉트를 활용해서 새로운 목적을 지원하려고 시도하기 때문이다. 이때 디자이너가 착각하는 것은 사용자가 더 적은 수의 콘셉트로 목적을 달성할 수 있는 이른바 경제성 높은 콘셉트를 좋아할 것이라는 점이다. 그러나 콘셉트가 적지만 복잡하고 혼란스러운 것보다는 비록 콘셉트가 많더라도 일관성 있고 설득력 있는 것이 낫다.

용지 크기에 대한 엡손의 특이한 콘셉트. 애플의 맥 OS 운영 체제에서는 프린터 드라이버가 인쇄 대화 상자에서 프린터별 설정을 제공할 수 있다. 그리고 엡손 포토 프린터에서는 용지 종류의 선택이나 인쇄 간 건조 시간 조정 등 다양한 범주의 특수 설정을 제공한다.

이러한 프린터는 일반적으로 다양한 급지 옵션을 제공하므로 상단이나 뒷면·앞면, 롤 용지 등의 용지를 사용할 수 있다. 이때 '용지 공급paper feed' 콘셉트는 어떻게 제어될까?

맥 OS 운영 체제에서 대부분의 애플리케이션은 페이지 설정 메뉴를 통해 설정할 수 있는 '용지 크기paper size' 콘셉트를 내장하고 있다. '용지 크기' 콘셉트의 목적은 표준 용지 크기를 한 번만 정의하면 운영 체제 어디에서든 쉽게 재사용할 수 있도록 하는 것이다. 기본 용지 크기(예: 표준 레터 크기)를 지정하는 것 외에도 여백을 조정하거나 임의의 용지 크기를 정의할 수 있다. 따라서 애플리케이션에서 용지 크기를 선택하면, 그에 따라 페이지 크기가 조정된다. 그리고 인쇄를 할 때는 용지 크기가 프린

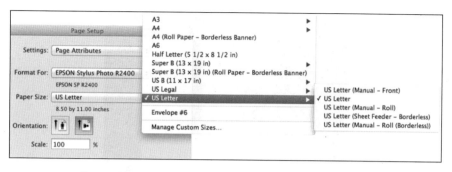

그림 9.6 엡손 프린터 드라이버: 용지 크기 메뉴에 피기백된 용지 공급 메뉴

터에 전달되고 프린터에 적재된 용지와 크기가 일치하는지도 확인한다.

그런데 안타깝게도 엡손 사는 용지 공급 콘셉트를 새로 도입하는 대신, 용지 크기 콘셉트에 피기백하는 방식을 선택했다. 그 결과, 페이지 설정 메뉴를 열면 용지 크기 옵션 이름에 용지 공급 설정이 포함돼 나타난다(그림 9.6). 이것은 사소한 구현이라 생각할 수 있지만, 다음과 같은 큰 혼란을 초래할 수 있다.

- 나중에 엡손 프린터에서 인쇄할 문서의 용지 크기를 선택할 때 이런 특수 옵션 중 하나에 의존해야 한다. 공급 옵션은 말할 것도 없고 특정 프린터(나중에 인쇄 대화 상자에서 사용할 프린터를 선택할 수 있도록)에 의존하는 것은 좋지 않다.

- 공급 옵션은 프린터 드라이버에서 제공하는 일부 표준 용지 크기에 고정돼 있어서 사용자가 변경할 수 없다. 그 결과, 새로운 사용자 지정 용지 크기도 생성할 수 없다.

- 일부 애플리케이션에서는 페이지 설정을 사용해 프리셋(사전 설정 값)을 정의한다. 어도비 라이트룸에서는 지정된 용지 크기의 테두리와 레이아웃을 정의할 수 있는 '프린터 사전 설정 값printer preset' 콘셉트가 있다. 예를 들어, 사진을 갖고 엽서를 생성하는 엽서 프리셋을 정의할 수 있다. 프리셋은 용지 크기에 따라 달라지므로 엡손 프린터로 인쇄하려면 피기백된 용지 크기 중 하나를 선택해야 한다. 따라서 결과적으로 프린터 프리셋은 공급 옵션에 의존하게 된다.[100]

그림 9.7 미러리스 디지털 카메라의 훌륭한 기능 중 하나인 정사각형 화면 비율로 촬영하는 기능

후지필름의 화면 비율. 후지필름 카메라에는 이미지의 '화면 비율aspect ratio'을 설정하는 기능이 있다. 이 콘셉트의 목적은 사진 촬영 시 뷰파인더에서 특정 화면 비율로 최종 이미지의 구도를 잡을 수 있도록 하려는 것이다. 예를 들어, 정사각형의 화면 비율로 이미지를 촬영할 수 있다(그림 9.7).

화면 비율을 설정하려면, 일단 '이미지 크기' 메뉴를 열어야 한다(그림 9.8 왼쪽). 그림 9.7에서는 정사각형(1:1) 비율을 선택한 것을 볼 수 있다. 그러나 이상한 것은 동시에 이미지 해상도(그림에서는 크다는 의미의 'L'로 표시)도 선택하게 된다는 것이다.

'이미지 품질image quality'이라는 다른 메뉴를 사용하면(그림 9.8 가운데), 사진을 메모리 카드에 저장하는 방법으로 RAW 파일이나 FINE(JPEG 고품질), NORMAL(JPEG 일반 품질) 또는 두 가지를 조합(FINE+RAW, NORMAL+RAW)하도록 선택할 수 있다.

만약 정사각형 비율로 사진을 찍고 RAW 파일로만 저장한다고 가정해 보자. 이미지 품질을 RAW로 전환하면 이미지 크기 설정이 회색으로 비활성화 표시되면서 'RAW'라는 단어로 대체되는 것을 볼 수 있다(그림 9.8의 오른쪽). RAW의 경우, 항상 센서의 모든 픽셀을 저장하기 때문에 이미지 크기 설정을 못하도록 하는 것은 당연하다. 그러나 왜 화면 비율 설정까지 할 수 없도록 한 것일까?

사실, 특별한 이유가 있는 것은 아니다. RAW 파일에서도 화면 비율 콘셉트는 완벽하게 동작하지만, 콘셉트 과부하로 JPEG 규격과 묶여 있기 때문에 단독으로 적

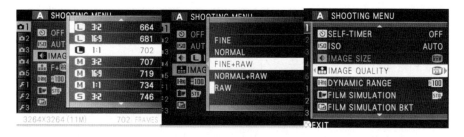

그림 9.8 후지필름 카메라의 피기백: 이미지 크기·화면 비율 설정(왼쪽), 이미지 품질 설정(가운데), 이미지 품질 메뉴에서 'RAW'를 선택하면 크기 옵션이 회색으로 표시되고 사용자 지정 비율을 설정할 수 있는 기능(오른쪽)이 표시된다.

용할 수 없게 된 것이다. 따라서 이미지를 RAW 파일로 저장하되, 사용자 정의 화면 비율로 사진을 찍고 싶다면 일단 이미지 품질 설정에서 조합 방식(FINE+RAW, NORMAL+RAW)을 선택해 촬영하고 나중에 JPEG 파일만 삭제하는 방법밖에 없다.

이러한 불편함을 해결하는 간단한 방법은 이미지 크기 콘셉트와 화면 비율 콘셉트를 별도로 제공하는 것이다. 두 가지 콘셉트를 각각 설정할 수 있도록 하면, 파일 유형과 무관하게 화면 비율을 사용자가 지정할 수 있다. 메뉴도 좀 더 단순해져 세 개 이미지와 세 개 화면 비율로 조합되는 아홉 개의 항목 대신, 각각 세 개 항목으로 구성된 메뉴 두 개만 있으면 된다.

한편으로는 사소한 설정처럼 보일 수도 있지만, 많은 사용자의 요청(심지어 온라인 청원 페이지도 있음)에도 불구하고 좀 더 많은 화면 비율을 제공하는 것을 후지필름이 꺼리는 이유가 궁금하다. 그러나 화면 비율 콘셉트를 별도로 제공하지 않는다면, 메뉴 옵션이 늘어나 새로운 비율이 추가될 때마다 이미지 크기 메뉴가 감당할 수 없을 정도로 커질 것이다.[101]

목적의 세분성 및 일관성

디자인에서 중복성이나 과부하가 나타나는지의 여부는 목적을 어떻게 공식화하느냐에 따라 달라진다. '다소 주관적이고 자의적인 판단이 아닐까?'라는 의문이 생길 수도 있다. 만약 과부하의 문제를 해결하려고 서로 다른 두 가지 목적을 통합해 하나의 새로운 목적을 선언하면 어떨까? 그러면 하나의 콘셉트에 두 가지 목적이 있는 문제가 해결될까? 물론, 그렇지 않다. 여러 목적이 마치 하나의 목적으로 가장한 문제를 파악하려면 일관성 테스트가 필요하다.

가장 이상적인 방법은 목적을 공식적으로 기술함으로써 문구 자체에서 일관성이 분명히 드러나도록 하는 것이다. 예를 들어, 9장의 앞부분에서 웹 사이트 구축 서비스에서 사용하는 '템플릿template' 콘셉트의 목적은 '시각적 디자인과 콘텐츠를 분리'하는 것이라고 했다. 이런 방식의 공식화를 통해 여러 가지 목적을 제시하지 않고도 다양한 활동을 암시적으로 통합한다.

그러나 목적을 설명할 때 '타인이 디자인한 템플릿으로 시작하고 나중에 재시작할 필요 없이 템플릿을 변경할 수 있도록 함으로써 매력적이고 시각적인 디자인을 갖춘 웹 사이트를 더 쉽게 구축할 수 있도록 하는 것'이라고 했다고 가정해 보자. 이 문장은 목적이라고 하기에는 너무 장황하고 특정 작업의 세부사항을 언급함으로써 작동 원리에 가까워졌다. 그러나 (물론 분리하면 더 좋겠지만) 다양한 부분도 하나의 일관된 목적의 측면이기 때문에 이를 하나의 목적으로 제시하는 것은 잘못이 아니다. 실제로 나는 각 부분을 마치 그 자체로 목적인 것처럼 취급하는 스퀘어스페이스의 디자인을 비판한 바 있다.

하나의 목적이 여러 부분으로 표현되는 경우, 그 목적이 일관성이 있는지 어떻게 알 수 있을까? 다음과 같은 몇 가지 기준을 참고하자.

- **재구성**: 여러 부분으로 나누지 않고도 설득력 있게 재구성할 수 있는가?
- **공통 이해 관계자**: 각 부분의 혜택이 동일한 이해 관계자에게 돌아가는가?
- **공통 사명**: 각 부분에 대해 더 높은 수준의 목적(콘셉트의 직접적인 목적과 구별하기 위해 '사명'이라고 할 수도 있음)을 식별하면 각 부분이 동일한 사명을 갖게 되는가?
- **무충돌**: 각 부분이 서로 충돌하지 않는가? 아니면 한 사용자는 원하지만 다른 사용자는 원하지 않는 시나리오가 예상되는가?

이러한 기준을 어떻게 적용할 수 있는지 예시를 통해 살펴보자.

그림 9.9 페이스북의 '좋아요' 콘셉트: 이모티콘에는 '좋아요', '최고예요', '힘내요', '웃겨요', '멋져요', '슬퍼요', '화나요'로 식별되는 툴팁이 있다.

일관성 기준 적용: 페이스북의 '좋아요' 콘셉트

페이스북 게시물 아래의 '좋아요' 버튼을 클릭하면 '최고예요'부터 '화나요'까지 다양한 감정을 표현하는 일곱 가지 이모티콘이 표시된다(그림 9.9). 이를 하나의 콘셉트, 즉 '좋아요' 콘셉트라고 할 때 이 콘셉트의 목적은 무엇일까?

여러 가지가 있겠지만, 가장 분명한 것은 이모티콘 중 하나를 클릭하면 나의 감정(반응)이 게시물의 작성자에게 (공개적으로) 전달된다는 것이다. 아마도 대부분의 페이스북 사용자가 이모티콘을 클릭할 때 이러한 반응을 염두에 두고 있을 것이다.

그러나 이 밖에도 다양한 기능이 있다. 페이스북을 사용하다 보면 내가 누른 '좋아요'를 기준으로 게시물이 표시되고 게시물이 표시되는 순서에 영향을 미친다는 사실을 깨닫게 된다. 어떤 게시물에 '좋아요'를 표시하면 향후 피드에서 그런 종류의 게시물이 더 많이 선별(큐레이션)될 가능성이 높아진다.

또한 페이스북은 사용자의 클릭을 추적해 개인 데이터 프로파일을 구축하고 이를 근거로 타깃팅 광고를 게재한다. 사용자에게 실제로 도움이 되는지는 모르지만, 페이스북은 게시물의 콘텐츠와 다른 사람의 게시물에 대한 반응을 바탕으로 취미부터 성적 취향까지 다양한 지표에 따라 사용자를 분류한다.

요약하면, '좋아요' 콘셉트의 목적은 '감정 반응을 전달하고 뉴스 피드를 선별하며 타깃팅 광고를 위한 추적 데이터를 제공하는 것'이라고 할 수 있다. 이렇게 세 가지 부분으로 구분한 목적에 대해 앞에서 정의한 기준을 적용해 보자.

재구성. '게시물에 대한 반응'이란, 표현은 그럴듯하게 들리지만 필요에 초점을 맞춘 것이 아니므로 (5장에서 설명했듯이) 목적이 아니다.

공통 이해 관계자. 페이스북은 광고주에게 사용자의 데이터를 판매해 광고주가 좀 더 효과적으로 사용자를 타깃팅할 수 있도록 하고 사용자에게 관련성이 높은 광고를 보여 줌으로써 사용자에게도 이익이 된다고 주장할 것이다. 그러나 대부분의 사용자는 이러한 주장에 반대하며 광고주와 페이스북이 그 수혜자라고 생각한다. 이와 반대로, 뉴스 피드를 선별하는 것은 사용자만을 위한 것이고 감정 반응을 표현하는 것도 커뮤니티와 공유하는 혜택이다. 따라서 각 부분은 각기 다른 이해 관계자 모두에게 혜택을 준다고 할 수 있다.

공통 사명. 각 부분의 사명mission도 다양하다. 감정 반응은 관계와 커뮤니티 구축에 기여하고 뉴스 피드 선별은 좀 더 매력적이고 유익한 콘텐츠에 대한 사용자의 요구를 충족하며 광고주를 위한 프로파일 추적 기능은 페이스북의 수익을 증대시킨다.

무충돌. 서로 상충되는 부분도 있다. 대부분의 사용자는 자신의 피드가 선별(큐레이션)되길 원하지만, 광고를 위해 추적되길 원하지 않는다. 친구의 게시물을 좀 더 많이 보고 싶지는 않지만, '좋아요' 메시지를 보내고 싶은 경우에는 감정 반응 기능과 피드 선별 기능이 일치하지 않을 수 있다. 특히 '화나요' 이모티콘의 경우, 게시글 작성자에게 화를 내는 것인지(분노에 대한 지지를 표현하는 것인지), 게시글에 화를 내는 것인지 헷갈릴 수 있다. 이런 감정 반응들은 서로 상반되는 것 같지만, 페이스북에 따르면 모든 반응은 피드를 선별한다는 측면에서 어떤 감정을 표현하든 동일한 효과를 가진다.

요약하면, 일관성 기준에 따른 점검 결과, 페이스북의 '좋아요' 콘셉트는 여러 개의 목적이 존재하는 콘셉트 과부하의 한 사례라고 할 수 있다.

콘셉트 분할: 페이스북의 '좋아요' 콘셉트

과부하의 해결책은 각각의 목적에 맞는 새로운 단일 콘셉트로 분할하는 것이다. 예를 들어, '좋아요' 콘셉트의 경우, 게시물에 대한 감정 반응 파악이 목적인 '리액션reaction', 피드를 선별하는 것이 목적인 '추천recommendation', 타깃팅 광고를 위한 광고 프로파일을 구성하는 데 사용되는 '프로파일링profiling'의 세 가지 콘셉트로 나눌 수 있다.

이렇게 콘셉트를 세분화할 때 좋은 점은 새로운 콘셉트가 이미 존재한다는 것이다.

실제로 리액션(선별 기능이 없는 리액션)은 슬랙Slack, 시그널Signal과 같은 커뮤니케이션 앱에서 사용되고 추천(리액션이 없는 선별 기능)은 '좋아요thumbs up/맘에 안 들어요thumbs down'를 선택하면 추천 영화를 선별하는 데 영향을 미치는 넷플릭스에서 사용되며 프로파일링 콘셉트는 이메일 메시지의 내용을 기반으로 광고를 타깃팅하는 구글의 지메일 서비스에서 사용된다.[102]

이러한 세 가지 콘셉트를 서로 다르게 취급함으로써 이제 다양한 수준의 동기화를 시도해 볼 수 있다. 한쪽 끝에서는 콘셉트 동기화가 전혀 없는 자유 구성을 할 수 있다. 이 버전에서는 사용자가 각 콘셉트에 대해 별도의 버튼을 클릭해야 한다. 이는 사용자에게 완전한 제어권을 부여하는 구성이지만, 자발적으로 '프로파일링' 버튼을 클릭할 사람이 거의 없기 때문에 페이스북의 이익에는 부합하지 않는다.

다른 쪽 끝에서는 콘셉트가 완전히 동기화돼 감정 반응을 클릭하면, 자동으로 선별에 필요한 게시물 추천과 프로파일링 기여 동작이 수행되는 것이다. 현재 페이스북의 디자인이 바로 '완전 동기화 방식'이다. 따라서 콘셉트 과부하의 문제는 과다 동기화 문제로 전환할 수 있다. 그러나 적어도 콘셉트가 분리돼 있으면 디자인에서 콘셉트가 서로 결합돼 있다는 것을 좀 더 명확하게 알 수 있고 상충되는 목적 사이에서 콘셉트 자체가 손상될 위험이 줄어든다.

두 극단 사이에는 다양하게 절충할 수 있는 지점이 있다. 한 가지 방안은 '프로파일링' 액션은 계속 숨겨둔 채 '리액션' 버튼과 '추천(좋아요/싫어요 선택)' 버튼을 분리하는 것이다.

실제로, 페이스북 사용자들은 '싫어요dislike' 버튼을 추가해 달라고 요청하고 있지만, 페이스북은 '싫어요' 버튼이 플랫폼에 부정적인 분위기를 조성할 수 있다는 이유로 이를 거절했다. 그러나 이는 불성실한 태도라고 할 수 있다. 왜냐하면, 추천과 리액션을 분리하면 '싫어요' 버튼이 없더라도 '추천+맘에 안 들어요' 액션을 실행함으로써 '싫어요'라는 의사를 표현할 수 있기 때문이다.

물론, 페이스북 디자이너들도 이러한 모든 요소와 그 이상의 방안을 고려했을 것이다. 콘셉트는 디자인을 분석하고 원칙적인 절충안을 도출하는 새로운 프레임워크를 제공한다. 콘셉트를 분할하는 것이 중요한 이유는 페이스북의 '좋아요' 콘셉트와 같은 고유한 콘셉트를 보다 일관성 있고 친숙한 콘셉트로 분해할 수 있으며 쉬운 사용자 경험을 위한 좀 더 나은 기반이 되고 디자인 지식을 기록하고 보존하는 데 좀 더 나은 구조가 되기 때문이다.

핵심 정리 및 실천사항

9장의 핵심 내용은 다음과 같다.

- 구체성 원칙에 따르면, 콘셉트는 목적과 일대일로 일치해야 한다. 이 간단한 원칙은 콘셉트 디자인에 대한 몇 가지 심오한 의미를 담고 있다.

- 목적이 없는 콘셉트는 드물지만, 숨어 있어야 할 동작이 사용자에게 노출되면 발생할 수 있다.

- 콘셉트가 없는 목적은 디자이너의 통제 밖에서 비롯된 제한 때문일 수도 있고 때로는 심각한 누락일 수도 있다.

- 여러 콘셉트가 동일한 목적을 수행하는 중복성 문제는 사용자에게 혼란을 주고 리소스를 낭비한다.

- 하나의 콘셉트가 여러 가지 목적을 갖는 과부하에는 여러 가지 발생 유형이 있다. 즉, 디자이너가 여러 가지 목적이 실제로는 하나라고 착각하는 '잘못된 통합', 디자이너가 의도적으로 사용자가 원하는 기존 콘셉트의 목적을 무시하고 다른 목적으로 사용하는 '거부된 목적', 시간이 지남에 따라 콘셉트가 새로운 (종종 호환되지 않는) 목적을 발견하는 '새로운 목적', 디자이너가 새로운 목적을 기존 콘셉트에 연결해 디자인 및 구현 노력을 절약하려는 '피기백' 등 여러 가지 방식으로 발생한다.

- 목적이 없는 콘셉트는 인터페이스를 불필요하게 복잡하게 만들어 사용자에게 혼란을 주고 누락된 콘셉트는 사용자가 좀 더 복잡한 인터랙션을 통해 누락을 해결하도록 유도하며 중복된 콘셉트는 하나여야 할 두 콘셉트를 혼동하게 만들어 사용자가 같은 일을 수행하기 위해 다른 방법을 배우도록 강요하며 과부하 콘셉트는 서로 관련이 없는 목적이 결합돼 예상치 못한 복잡성을 초래한다. 따라서 이들 중 하나라도 위반하면 복잡성이 증가하고 명확성

을 잃게 된다.

- 기능에 대한 원치 않는 제한도 종종 발생한다. 중복성은 애플리케이션의 핵심 콘셉트 디자인을 하위 팀이 부주의하게 다루는 경우에 발생하는 예외적인 증상이다. 그리고 과부하에서는 추가 목적이 기존 콘셉트에 맞춰 강제로 제한되는 증상이 나타난다.

- 일관성 기준은 여러 부분으로 표현된 목적이 실제로 하나의 목적인지, 여러 개의 목적인지를 판단하는 데 도움이 된다. 여기에는 단일 목적으로 재구성할 수 있는지의 여부, 각 부분에 공통 이해 관계자가 있는지의 여부, 공통 사명을 수행하는지의 여부, 서로 상충되는지의 여부 등이 포함된다.

다음은 바로 적용해 볼 수 있는 실천사항이다.

- 앱을 디자인할 때 미처 고려하지 못한 필수적인 목적이 있는지 초기에 스스로에게 물어보자. 사용자의 피드백을 분석할 때 사용자가 겪는 문제가 누락된 콘셉트에 따른 것인지를 고려하자.

- 각 콘셉트를 쌍으로 비교해 중복이 없는지 확인하고 콘셉트의 공통된 기능이 있다면, 이를 통합할 수 있는지 좀 더 자세히 살펴보자.

- 콘셉트가 복잡해지거나 사용자에게 직관적이고 유연하지 않은 것 같다면 콘셉트 과부하 문제일 수 있다. 5장의 목적 기준을 사용해 최대한 정확하게 목적을 공식화하고 목적을 여러 부분으로 구분해 표현할 수 있는 경우, 9장의 일관성 기준을 적용해 각 부분이 서로 다른 목적을 반영하는지 판단한다.

- 하나의 콘셉트가 과부하라고 판단되면, 그 콘셉트를 보다 설득력 있고 통일된 목적을 가진 일관성 있는 콘셉트로 나눈다. 다른 앱이나 서비스에서 제공되는 표준 콘셉트를 주의 깊게 살펴보자. 익숙한 콘셉트로 구성하는 것이 특이한 단일 콘셉트보다 유연하고 강력하다.

10

콘셉트의 친숙성

디자인 초보자들은 전문 디자이너가 '무'에서 새로운 아이디어를 창조하는 기이한 능력을 갖고 있다고 생각하는 경우가 많다. 그러나 순간적인 영감이라 생각되는 아이디어가 사실은 오랜 경험을 통해 얻은 통찰력인 경우가 훨씬 더 많다. 훌륭한 디자이너는 새로운 디자인 문제가 발생할 때마다 이를 해결할 수 있는 디자인 레퍼토리를 염두에 두고 있으며 표준 해법이 부적절한 것으로 판명될 때만 새로운 것을 시도한다.[103]

이런 점에서는 소프트웨어도 디자인 분야와 다르지 않다. 이전 디자인에서 얻은 교훈을 적용하려면, 그에 앞서 디자인 아이디어를 재사용 가능한 조각으로 추출할 수 있어야 한다. 이것이 바로 콘셉트의 목표다. 콘셉트는 크고 모호한 문제가 아니며 여러 맥락에서 반복적으로 발생하는 작고 잘 정의된 니즈, 즉 특정 디자인 문제에 대한 구체적인 해결책이다.

이미 완벽하게 좋은 콘셉트가 존재함에도 불구하고 새로운 콘셉트를 발명하는 것은 단순히 노력만 낭비하는 것일 뿐 아니라 기존 콘셉트에 익숙한 사용자들에게 혼란을 줄 수 있다. 10장에서는 이에 대한 몇 가지 예를 살펴본다. 가장 먼저 익숙한 콘셉트를 성공적으로 재사용한 좋은 사례를 살펴본다.

성공적인 콘셉트 재사용

콘셉트 재사용은 특히 웹 앱에서 흔히 볼 수 있다. 사실, 모든 소셜 미디어 앱이 근본적으로 동일한 것으로 보일 때가 많다. 다른 사람 및 커뮤니티와 관계를 맺고 텍스트와 이미지, 동영상을 공유하고 댓글과 평점으로 다른 사용자의 게시물에 반응하는, 어디서든 흔히 볼 수 있는 슈퍼앱super-app 중 하나일 뿐이다. 페이스북, 트위터, 인스타그램, 왓츠앱, 스냅챗 등 많은 인기 앱은 조금만 멀리서 보면 작은 차이만 있을 뿐, 거의 구분할 수 없을 정도로 유사해 보인다.

이 카테고리에 속하는 새로운 앱이 등장하면, 처음에는 기존 앱과 달라 당황할 수도 있다. 그러나 조금만 사용해 보면 이미 익숙한 콘셉트를 모두 제공하기 때문에 큰 어려움 없이 사용법을 파악할 수 있다. 즉, 콘텐츠 작성과 관련된 '게시물', '메시지message', '댓글' 콘셉트와 프라이버시 및 필터링과 관련된 '친구', '팔로워follower', '그룹' 콘셉트, 품질 관리를 위한 '평점rating', '좋아요', '중재' 콘셉트, 콘텐츠 강조 활동과 관련된 '알림', '즐겨찾기', '최근 활동recent activity' 콘셉트 등이 모두 유사하다.

동일한 콘셉트가 다른 모습으로 나타날 수 있다. 따라서 기존의 '대화방chatroom' 콘셉트는 와츠앱이나 구글 그룹 또는 페이스북에서는 '그룹' 콘셉트가 되고 IRC나 슬랙에서는 '채널channel' 콘셉트가 된다. 트위터는 기존 콘셉트에 디자인을 연결한 좋은 예를 제공한다. 예를 들어, '팔로워follwer' 콘셉트를 설명하는 방식은 다음과 같다 (그림 10.1).

> "트위터에서 누군가를 팔로우한다는 것은 무슨 의미일까? … 누군가를 팔로우하면
> 그 사람이 새 메시지를 올릴 때마다 내 트위터 타임라인에 해당 메시지가 표시되는
> 것이다."

이 질문에 대한 답변을 통해 트위터는 콘셉트의 작동 원리를 명확히 설명하고 있다.

그림 10.1 가장 많은 팔로워를 보유한 트위터 사용자

이는 트위터 사용자라면 정확히 알아야 할 원칙이다. 즉, 팔로우의 의미를 '좋아요' 또는 '메시지를 읽고 싶다'라는 추상적인 용어로 설명하지 않는다. 내가 팔로우하고 상대방이 트윗을 올리고 내 타임라인에 해당 메시지가 표시되는 간단한 시나리오로 설명된다. 하지만 트위터의 설명에서 핵심 부분(점 세 개로 표시된 부분)을 생략했다. 본격적인 설명은 다음과 같다.

> "누군가를 팔로우한다는 것은 그 사람의 새 메시지를 구독한다는 뜻이다. 누군가를 팔로우하면…"

이때 중요한 부분이 바로 첫 번째 문장이다. 이미 콘셉트를 알고 있는 사용자가 콘셉트를 다시 배우는 수고를 덜어 주기 위해 '팔로워follower' 콘셉트는 사용자들에게 이미 익숙한 '구독subscription' 콘셉트의 한 형태일 뿐이라는 것을 알려 준다. '구독' 콘셉트는 특정 이벤트(이 경우, 특정 사용자의 트윗)를 구독하고 이벤트가 발생할 때 알림을 받는 콘셉트다.[104]

슬라이드 그룹화: 발명하지 않기

디자이너가 일반 콘셉트를 재사용할 것인지, 신규 콘셉트를 만들 것인지 선택해야 할 때 되도록 일반 콘셉트를 재사용하는 것이 바람직하다. 즉, 일반 콘셉트로는 목적을 효과적으로 달성하지 못할 것이 분명한 경우에만 신규 콘셉트를 만드는 것이 좋다.

이를 설명하기 위해 두 가지 슬라이드 프레젠테이션 도구를 사용해 슬라이드 순서를 구성하는 방법을 살펴보자. 여기서의 목적은 프레젠테이션을 소규모의 슬라이드 그룹으로 만들고 각 그룹별로 작업할 수 있게 하는 것이다. 예상되는 작동 원리는 다음과 같다.

'연속된 슬라이드 집합을 그룹으로 지정하면, 슬라이드 그룹별로 한 번에 숨기기, 표시하기, 이동하기 등의 액션을 전체 그룹에 한 번에 적용할 수 있다.'

애플 키노트는 이러한 목적을 위해 '슬라이드 그룹slide group' 콘셉트를 제공한다. 그룹은 상위 슬라이드에 속한 여러 개의 하위 슬라이드로 구성되며 상위 슬라이드보다 들여쓴 형태로 배치한다(그림 10.2의 왼쪽). 그룹 단위로 숨기거나 표시하는 토글(두 상태 중 하나를 선택하는 방식)이 있고 상위 슬라이드를 드래그하면 그룹 단위로 이동할 수 있다.

마이크로소프트 파워포인트는 동일한 용도로 '섹션' 콘셉트를 제공한다(그림 10.2의 가운데 및 오른쪽). 각 섹션에는 이름을 지정할 수 있고 키노트와 마찬가지로 하위 슬라이드를 숨기거나 표시할 수 있는 토글이 있다. 이 방식은 나름대로 잘 작동하는 합리적인 디자인이라고 할 수 있다.

그러나 내 생각에는 키노트의 디자인이 좀 더 효과적이고 사용하기 쉽다. 파워포인트의 '섹션' 콘셉트는 1단계의 구성으로만 제한되는 반면, '그룹' 콘셉트에서는 그룹 안에 그룹을 배치할 수도 있다(최대 6단계 깊이). 그림 10.2의 샘플 슬라이드를 보면, 키노트에서는 슬라이드 11이 'concept familiarity(콘셉트 친숙성)' 아래에 위치하는 'grouping slides(슬라이드 그룹화)'라는 제목의 슬라이드 아래에 위치하지만, 파워포인트에서는 섹션을 중첩할 수 없기 때문에 'concept familiarity'라는 제목의 섹션 안에 다른 구조가 들어갈 수 없다. 즉, 프레젠테이션 순서에서 섹션을 앞뒤로 이동할 수는 있지만, 섹션을 다른 섹션 안에 넣을 수는 없다.

그룹의 사용자 인터페이스는 좀 더 직관적이다. 그룹을 만들려면 상위 슬라이드 다음에 오는 슬라이드를 선택한 후 오른쪽으로 드래그하고 그룹을 제거하려면 다시 왼쪽으로 드래그하면 된다. 그룹 중간에 있는 슬라이드를 왼쪽으로 드래그하면 예

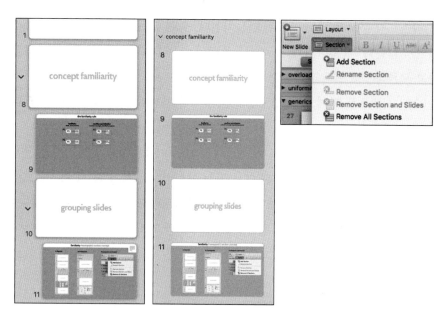

그림 10.2 키노트와 파워포인트에서의 슬라이드 구성(왼쪽), 익숙한 콘셉트인 트리 방식을 재사용하는 키노트의 '그룹' 콘셉트(가운데), 새롭고 낯선 콘셉트인 파워포인트의 '섹션' 콘셉트(오른쪽). 동작을 예측하기 어려운 섹션의 일부 액션

상대로 한 단계 위로 승격되고 이전에 속해 있던 그룹이 두 개의 형제 그룹으로 분할된다.

섹션을 생성하는 것은 좀 더 까다롭다. 연속된 여러 장의 슬라이드를 선택하고 섹션 메뉴에서 '섹션 추가' 명령을 실행해 보자. 그러면 실제로 섹션이 생성되지만, 해당 섹션에는 처음 선택한 슬라이드부터 전체 프레젠테이션의 마지막까지 모든 슬라이드가 포함된다. 선택한 슬라이드가 섹션 내에 있는 경우 새 섹션이 해당 섹션을 따르고, 그렇지 않은 경우 이전 슬라이드에 대해 두 번째 새 섹션('기본 섹션'으로 이름 지정)이 만들어진다.[105]

복잡하고 잘 이해가 되지 않는다. 좀 더 나쁜 것은 예측이 안 된다는 것이다. 섹션 추가 기능이 이렇게 동작하리라 짐작하기 어렵다. 예를 들어, 선택한 슬라이드만 포함하는 새 섹션을 만드는 것이 좀 더 합리적인 동작일 것이다.[106]

이와 대조적으로, 키노트의 동작은 대부분 간단하고 예측 가능하다. 그룹이 없는 상태에서 슬라이드 하나를 오른쪽으로 드래그하면 해당 슬라이드가 자식이 되고 이전 슬라이드가 부모가 되는 그룹이 만들어진다. 기본 그룹은 섹션과 달리, 자동으로 생성되지 않는다. 예측하기 힘든 유일한 동작은 인접하지 않는 여러 슬라이드를 선택하고 오른쪽으로 드래그하는 경우다. 이렇게 드래그를 시작하면 슬라이드가 하나의 연속된 시퀀스로 함께 그룹화돼 동일한 부모의 자식이 되는 것을 시각적으로 확인할 수 있다.

애플이 좀 더 나은 콘셉트를 디자인할 수 있었던 이유는 무엇일까? 가장 큰 이유는 기존 콘셉트를 잘 활용했기 때문이다. 이는 애플의 콘셉트가 좀 더 직관적으로 느껴지는 이유이기도 하다. '개요 트리outline tree' 콘셉트라고 부르는 이런 기능은 이미 많은 사용자에게 익숙하다. 모든 워드 프로세스와 개요 작성 도구에는 이 기능이 있다. (보통 짧은 문장이나 구문으로) 목록을 만들고 글머리 기호(번호)를 적용하면, 개요 항목이 적용된 트리 구조가 생성된다.

프리셋 내보내기: 확장이 익숙함을 깨뜨릴 때

익숙하지 않은 콘셉트의 두 번째 예는 다른 상황에서 발생한다. 이 사례는 기존의 친숙한 콘셉트로 시작됐지만, 새로운 기능으로 확장되면서 친숙함이 사라지는 경우다.

이 사례로는 '프리셋preset' 콘셉트를 들 수 있다. 이 콘셉트의 목적은 사용자가 자주 사용하는 명령의 설정 값 입력 작업을 간단하게 하는 것이다. 즉, 매개 변수를 사전 설정해 저장하고 명령을 호출할 때 사용자가 매개 변수를 직접 설정하거나 이미 저장해 둔 사전 설정을 사용하게 만들 수 있다.

어도비 라이트룸 클래식은 다양한 명령에 대해 프리셋을 효과적으로 사용한다. 인쇄, 편집, 이미지 가져오기 및 내보내기를 위한 프리셋이 있다. 이번 살펴볼 문제 사례는 내보내기(익스포트)에 대한 프리셋 콘셉트와 관련이 있다.

내보내기 대화 상자의 스크린샷을 살펴보자(그림 10.3). 오른쪽에는 매개 변수 설정이 있고 왼쪽에는 프리셋의(계층) 목록이 있다. 매개 변수를 수동으로 조정할 수도 있고 프리셋 이름을 클릭하면 매개 변수에 사전 설정된 값이 적용되며 원하는 경우 해당 값을 재정의할 수도 있다. 이 모든 기능은 프리셋 대화 상자를 사용해 본 사람이라면 누구나 익숙하게 사용할 수 있다.

그림 10.3 프리셋 콘셉트에서 기존과 다른 방식을 사용한 어도비 라이트룸의 내보내기 대화 상자. 이름을 클릭해 프리셋을 선택하는 것(왼쪽) 외에도 체크 박스를 선택하면 여러 프리셋을 선택할 수 있으며 이를 통해 동일한 사진 세트를 매번 다른 설정으로 여러 번 내보낼 수 있다(오른쪽).

그러나 프리셋 목록을 자세히 살펴보면 각 프리셋 이름 옆에 체크 박스가 있다는 것을 알 수 있다. 이것은 한 번에 여러 프리셋을 선택할 수 있는 강력한 확장 기능이다. 여러 프리셋을 선택한다는 것이 무슨 뜻일까? 일반적으로 프리셋 콘셉트의 경우, 명령이 실행될 때 하나의 매개 변수 집합만 사용하기 때문에 큰 의미가 없다. 그러나 어떤 특정 명령의 경우, 서로 다른 프리셋을 조합해서 여러 번 실행하고 싶은 경우가 있다. 예를 들어, 선택한 사진을 고해상도 버전과 저해상도 버전으로 한 번에 내보내고 싶을 수 있다.

이러한 새로운 목표, 즉 여러 프리셋을 사용해 내보내기를 연속적으로 실행하는 기능은 매우 합리적이며 많은 사용자가 요청했던 기능이다. 그러나 이 기능을 '프리셋' 콘셉트에 무리하게 적용하면 몇 가지 이상한 현상이 발생한다. 예를 들어, 프리셋의 체크 박스를 선택하면 더 이상 해당 매개 변수를 편집할 수 없는 현상이 있다.

예상대로 이 새로운 기능이 추가됐을 때 많은 사용자가 라이트룸 커뮤니티 포럼에 도움을 요청하는 글을 올렸다. 나를 포함한 많은 사용자는 프리셋 이름을 클릭하는 것과 체크 박스를 클릭하는 것이 다르다는 사실조차 몰랐다. 그리고 섹션이 회색으로 표시되거나 숨겨지는 현상도 사용자를 당황하게 했다. 대화 상자 하단에 '자세히 알아보기(Learn more...)' 링크가 있다는 것을 통해 라이트룸 디자이너가 이러한 문제를 잘 알고 있지만, 아직 해결하지 못했다는 것을 알 수 있다 .

콘셉트의 구체성 원칙을 적용하면 여기에서 두 가지 뚜렷한 목적을 발견할 수 있다. 첫째, 명령에 대한 공통 매개 변수 설정을 저장하는 것이고 둘째, 다른 설정이지만 미리 정해진 명령을 반복하는 것이다. 첫 번째는 프리셋 콘셉트로 충족된다. 두 번째는 프리셋 콘셉트와는 독립적이지만 프리셋과 함께 사용되는 새로운 콘셉트로써 포토샵의 '액션'과 같은 프로그램(일련의 동작을 사용자가 정의하고 호출할 수 있는 작은 프로그램)이 필요할 수 있다.[107]

콘셉트 구현의 적합성

실제로 구현하려는 콘셉트가 친숙한 일반 콘셉트인 경우, 매우 특별한 경우가 아니라면 일반 콘셉트의 동작을 정확히 준수해야 한다. 그렇지 않게 구현한 경우, 일반 콘셉트에 익숙한 사용자는 해당 콘셉트가 다른 기능들과 동일한 방식으로 작동한다고 가정하므로 혼란스러워할 것이다.

이를 설명하기 위해 애플의 '연락처contact' 콘셉트 디자인의 딜레마를 살펴보자. 아이폰 사용자라면 대부분 애플 연락처 앱을 사용한다. 연락처에 전화번호를 저장하면 별도로 기억할 필요도 없고 전화가 걸려올 때 전호번호와 일치하는 이름이 표시되므로 유용하다. 그런데 많은 사람이 이름 대신 친구나 가족의 호칭을 입력하는 경우가 많다. 따라서 찰스 3세(엘리자베스 2세 전 영국 여왕의 아들, 2022년 영국 국왕으로 공식 즉위함-옮긴이)가 본인의 연락처에 어머님의 이름으로 '엘리자베스 2세 여왕 폐하'가 아니라 '어머니'라고 입력해 두는 것이 그리 이상한 상황은 아닐 것이다.

그런데 문제는 찰스 3세가 어머니에게 이메일 메시지를 보내는 경우로써 수신자 이메일 주소에 '어머니'라는 단어가 포함돼 있다는 사실을 알면 매우 당황할 것이다.

이메일 주소에 삽입된 이름은 사용자가 메일을 전달하거나 답장을 보낼 때 포함되기 때문에 메일을 참조받은 버킹엄궁의 모든 관련자가 찰스 3세가 '어머니'에게 보낸 메일을 보는 상황이 생길 수도 있다.

만약 찰스 3세가 이런 실수를 저질렀더라도 이는 연락처 앱에서 긴 전화번호나 이메일 주소 대신 편리한 별칭이나 가명을 사용할 수 있는 '닉네임nickname' 콘셉트를 합법적으로 사용했기 때문에 이해할 수 있는 부분이다. 이 콘셉트는 별칭을 비공개로 유지한다는 측면에서 볼 때 애플의 연락처 앱의 동작은 익숙한 기대치에서 벗어난 것이다.

애플의 입장에서는 애초부터 연락처는 닉네임이 아니라 이름을 포함한 상대방에 대한 모든 정보를 저장할 수 있는 '연락처' 콘셉트였다고 주장할 수 있다. 찰스 3세는 별칭으로도 이름이 포함된 연락처를 조회할 수 있었고 전화 통화를 할 때는 이메일에서와 달리 별칭이 전송되지 않았기 때문에 기능을 오해했을 수도 있다.[108]

이 사례에서 정답이나 오답이 있는 것은 아니다. 중요한 것은 콘셉트에 대한 친숙함과 그에 따른 기대 동작도 디자인에서 진지하게 고려해야 할 중요한 요소라는 점이다.

핵심 정리 및 실천사항

10장의 핵심 내용은 다음과 같다.

- 훌륭한 디자이너는 새로운 콘셉트를 발명하는 방법뿐 아니라 발명하지 않아야 할 때도 알고 있다. 즉, 기존 콘셉트로도 목적을 달성할 수 있다면, 그것을 재사용하는 것이 낫다.

- 콘셉트는 이런 점에서 다른 발명 절차와 유사하다. 새로운 점은 콘셉트는 소프트웨어 디자인에 대한 지식과 경험을 작고 일관성 있게 구조화해 재사용의 기회를 좀 더 세분화할 수 있는 방법을 제공한다는 것이다.

- 디자인을 유용하게 만드는 가장 쉬운 방법은 익숙한 기존 콘셉트로 디자인을 구축하는 것이다. 잘 다듬어지고 잘 숙지된 콘셉트를 사용하면 디자인이 잘못될 가능성이 줄어들고 사용자에게 직관적인 디자인을 만들 수 있다.

다음은 바로 적용해 볼 수 있는 실천사항이다.

- 새로운 콘셉트를 고안하기 전에 기존 콘셉트를 브레인스토밍해 목적에 부합하는 콘셉트가 있는지 확인한다. 전혀 다른 영역에 필요한 콘셉트를 찾아낼 수도 있다.
- 사용자 인터페이스에 매핑할 때 특이한 위젯이 필요하다는 것은 기본 콘셉트가 이상하거나 색다른 것일 수도 있다.
- 기존 콘셉트가 목표에 부분적으로만 부합하는 것 같으면 수정하거나 확장하기보다는 익숙한 다른 콘셉트로 구성해 필요한 기능을 제공할 수 있는지 살펴본다.
- 콘셉트 동작의 동작을 예측할 수 없고 여러 후보 기능들의 차이가 없어 보인다면 콘셉트 디자인에 문제가 있을 가능성이 높다. 좋은 디자인은 필연성이 있어야 한다.

11

콘셉트의 무결성

콘셉트로 구성된 시스템이 실행될 때 각 콘셉트는 독립된 기계처럼 실행돼 언제 액션이 발생할 수 있는지와 그 작업이 콘셉트의 상태에 어떤 영향을 미칠 것인지를 제어한다. 그리고 동기화는 한 콘셉트의 액션을 다른 콘셉트의 특정 액션과 함께 수행하도록 함으로써 액션을 더욱 제한할 수 있다.

한 콘셉트가 다른 콘셉트의 상태를 직접 수정하거나 그 콘셉트의 액션 중 하나의 행동을 변경할 수는 없다. 이것은 콘셉트를 그 자체로 이해할 수 있게 만드는 중요한 속성이다.

하지만 이러한 모듈성modularity은 6장의 동기화 방식을 사용해 콘셉트가 적절히 구성된 경우에만 유지된다. 콘셉트가 구현된 프레임워크가 다른 방식의 인터랙션을 허용하거나 코드에 버그가 있거나 하면 콘셉트가 예상치 못한 방식으로 행동해 사양을 위반할 수도 있다.

디자이너는 특정 앱의 요구사항에 맞춰 콘셉트를 분해하거나 행동을 조정해 다른 콘셉트와 조합할 수 있다. 이러한 변경은 콘셉트의 사양을 유지하면서 새로운 기능을 추가할 수도 있겠지만, 경우에 따라서는 콘셉트의 무결성을 깨뜨릴 수도 있다.

따라서 콘셉트가 다른 콘셉트와 함께 구성될 때 콘셉트의 무결성을 유지하는 것이 중요하다. 11장에서는 무결성 위반의 몇 가지 사례와 그로 인해 발생하는 문제들을 살펴본다.

첫 번째 사례인 '복수심에 불타는 식당 주인'과 같은 무결성 위반은 노골적이라서 일단 발견되면 쉽게 고칠 수 있는 경우다. 그러나 두 번째 사례인 글꼴 형식처럼 미묘하고 여전히 해결되지 않은 지속적인 디자인 문제와 같은 사례도 있다. 세 번째 사례인 구글 드라이브는 미묘하지만 상당한 노력을 기울여야만 수정할 수 있는 사례다.

노골적인 위반: 복수심에 불타는 식당 주인

'예약' 콘셉트와 '리뷰review' 콘셉트가 있는 식당 예약 앱이 있다고 가정해 보자. '예약' 콘셉트에는 테이블 '예약reserve' 액션과 '취소cancel' 액션이 있고 리뷰 콘셉트에는 방문한 식당에 대한 평점 기능이 있다.

두 콘셉트는 각자 정의된 행동과 작동 원리를 가진다. 즉, 예약의 경우, 예약을 하고 예약 시간에 도착하면 식사를 할 수 있다. 리뷰의 경우, 이전에 제출된 사용자의 개별 평점을 집계해 총 평점을 산출한다.

이렇게 콘셉트가 구성된 다음에는 디자이너가 이를 서로 동기화할 수 있다. 예를 들어, 디자이너는 사용자가 식당을 예약하기 전이나 식사를 마치기 전에는 리뷰를 작성할 수 없도록 결정할 수 있다. 이러한 동기화는 특정 행동, 특히 예약하지 않은 식당에 대한 리뷰를 작성하는 행동을 금지하는 식으로 앱의 기능을 제한한다. 이러한 동기화에도 불구하고 앱의 모든 행동은 특정 콘셉트의 관점에서 볼 때 여전히 합리적이다.

그런데 나쁜 평점에 불만을 품은 식당 주인이 악성 사용자를 처벌할 목적으로 예약 앱을 해킹했다고 가정해 보자. 식당 주인은 나쁜 평점을 남긴 사용자도 전처럼 예약을 할 수 있도록 유지하지만, 식당에 도착하면 ('예약 취소' 액션을 하지 않았는데도) 예약 기록이 없어 식사를 할 수 없도록 수정했다.

이 해킹은 합법적 동기화에 해당하지 않는다. 이 해킹은 두 콘셉트를 결합하지만, 예약 콘셉트를 망가뜨린다. 예약 콘셉트의 작동 원리에 따르면, 예약을 하고 취소하지 않으면 식사를 할 수 있어야 한다. 그러나 식당 주인의 해킹으로 인해 원칙이 더 이상 적용되지 않게 됐고 앱도 원래의 예약 콘셉트대로 동작하지 않는다. 이를 '무결성 위반'이라고 한다.

반면, 복수심에 불타는 식당 주인이 앱을 해킹해 고객이 낮은 평점을 매기면 해당 식당의 모든 예약에 대한 '취소' 액션이 실행되도록 수정했다고 가정해 보자. 악성 사용자는 예약을 취소할 의도가 전혀 없었지만, (알림 콘셉트와 동기화된) 취소 알림을 받게 된다.

이런 행동이 비록 속좁고 치사하게 보일 수 있지만, 새로운 동작은 '예약' 콘셉트의 사양 측면에서 완벽하게 합리적이므로 무결성에 위배되지 않는다. 또한 자신의 동의 없이 취소가 이뤄졌다는 사실을 알게 된 사용자는 불쾌할 수 있지만, (누가 예약을 취소할 수 있는지는 사양에 언급이 없기 때문에) 이 동작은 콘셉트에도 부합한다.

글꼴 서식: 오랜 디자인 문제

최초의 워드프로세서의 경우, 텍스트는 볼드체[Bold], 이탤릭체[Italic], 밑줄체[Underline]라는 세 가지의 간단한 속성으로 서식을 지정했다(그림 11.1). 각 속성에는 토글 방식의 액션이 적용돼 일반 텍스트에 '볼드체' 액션을 적용하면 볼드체가 되고 다시 적용하면 일반 텍스트로 돌아갔다. 이 콘셉트는 너무 익숙하고 널리 사용되고 있어 굳이 이름을 붙이기도 어색하지만, 편의상 '서식 토글[format toggle]'이라고 부르자. 이 콘셉트는 오늘날 이메일 클라이언트부터 내장 서식을 제공하는 텍스트 편집기에 이르기까지 수천 개의 앱에서 사용하고 있다.

텍스트 서식을 지정하는 또 다른 중요한 (그리고 초기) 콘셉트는 '서체[typeface]'다. 서체를 적용하는 방법은 좀 더 단순하다. 즉, 표시되는 서체 목록 중 하나를 선택하면 텍스트에 적용된다. 초기에 '서식 토글' 콘셉트는 '서체' 콘셉트에서 제공하는 문자를 변형하는 식으로 구현했다. 문자를 변형할 때는 글자를 기울여서 이탤릭체를 만들

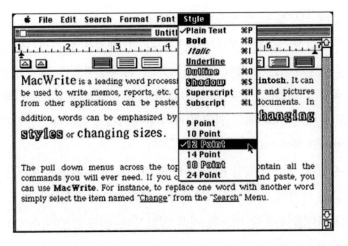

그림 11.1 맥라이트(MacWrite) 초기 버전(1984)의 포맷 토글 콘셉트

고 글자의 굵기(웨이트)를 증가시켜 볼드체를 만드는 식이다.

그러나 실제 조판 폰트^{typography}의 이탤릭체는 단순히 로마자 형태를 기울인 것이 아니라 일반적으로 좀 더 유려하고 필기체의 느낌을 주며 볼드체 역시 단지 두껍기만 한 것이 아니었다. 컴퓨터 조판 기술이 발전하고 포스트스크립트 폰트가 등장하면서 서체의 볼드체와 이탤릭체 버전을 별도의 디자인된 폰트 파일로 제공하고 문자를 변형하는 것은 크기를 조정할 때만 사용하는 것이 일반화됐다. 이때 워드프로세서 개발자들은 영리한 기법을 통해 '서식 토글'과 '서체'라는 두 가지 콘셉트를 모두 유지할 수 있었다. 즉, 텍스트를 이탤릭체로 설정하면 이탤릭체 폰트 파일로 전환되고 볼드체로 설정하면 볼드-이탤릭체 폰트 파일로 전환되며 다시 이탤릭체로 설정하면 볼드체 폰트 파일로 전환되는 식으로 구현했다. 이러한 방식으로 디자인은 두 콘셉트의 무결성을 유지했다.

그런데 전문가용 폰트가 등장하면서 문제가 발생했다. 이제 각 서체의 몇 가지 변형보다 훨씬 더 많은 컬렉션이 제공됐다. 전문가용 폰트에는 이전 폰트에서는 제공하지 않던 세미볼드(로마체와 볼드체 사이) 및 블랙(볼드체보다 무거운)처럼 웨이트가 추가된 폰트와 디스플레이 폰트(매우 큰 크기로 설정된 텍스트용) 또는 캡션 폰트(매우 작은 크기로 설정된 텍스트용)과 같이 다양한 크기에서 사용하기 위한 추가 변형 폰트가 포함됐다.

그림 11.2 텍스트 편집기(TextEdit)의 무결성 위반 예시: 한 번 볼드체를 적용(두 번째 줄)하면 텍스트가 가는체에서 볼드체로 바뀌고 다시 한번 볼드체를 적용(세 번째 줄)하면 텍스트가 가는체가 아닌 일반체로 바뀐다.

이처럼 기능이 강화되고 제한이 없어지면서 '서식 토글'이 더 이상 작동하지 않게 됐다. 그림 11.2는 애플의 텍스트 편집기^{TextEdit}에서 발생하는 현상을 보여 준다. 그림처럼 여섯 가지 변형 폰트를 갖는 헬베티카^{Helvetica}를 선택한다. 그리고 첫째 줄을 가는체^{Light} 변형 폰트로 설정한다. 그런 다음 둘째 줄과 셋째 줄에 텍스트를 복사한다. 둘째 줄에는 '볼드체' 액션을 한 번 적용하고 셋째 줄에는 두 번 적용한다. '서식 토글'이 올바르게 작동하는 경우, '볼드체' 액션을 두 번 적용하면 처음 시작한 위치로 돌아가므로 첫째 줄과 셋째 줄이 동일하게 표시돼야 한다. 그러나 '볼드체' 액션을 한 번 적용하면 헬베티카 가는체에서 헬베티카 볼드체^{Bold}로 유형이 변경되고 다시 적용하면 헬베티카 일반체^{Regular}로 변경된다(즉, 헬베티카 가는체로 돌아가지 않는다).

정리하면, 텍스트 편집기의 '서식 토글' 구현이 사양을 충족하지 못하지만, 이는 코드에 버그가 있기 때문이 아니다. 이는 '서체' 콘셉트의 확장으로 인해 '서식 토글' 콘셉트가 손상된 것으로써 두 콘셉트 간의 상호 작용과 관련된 좀 더 깊은 문제다.

애플은 '페이지^{Pages}'와 같은 프로그램에서 이 문제를 해결하려고 시도했다. 대화 상자는 텍스트 편집기와 똑같아 보이지만, 볼드체 및 기울임체 동작은 다르게 작동한다. 헬베티카 가는체에서 일부 텍스트를 굵게 표시하면 자연스럽게 헬베티카 볼드체로 표시되고 다시 굵게 표시하면('서식 토글' 사양에 따라) 다시 헬베티카 가는체로 표시된다. 그러나 이 동작은 숨겨진 기법을 통해 이뤄지기 때문에 새로운 문제가 발생한다.[111]

이 비판은 사소해 보이지만, 사실 전자출판에서는 심각한 문제다. 그림 11.3은 어

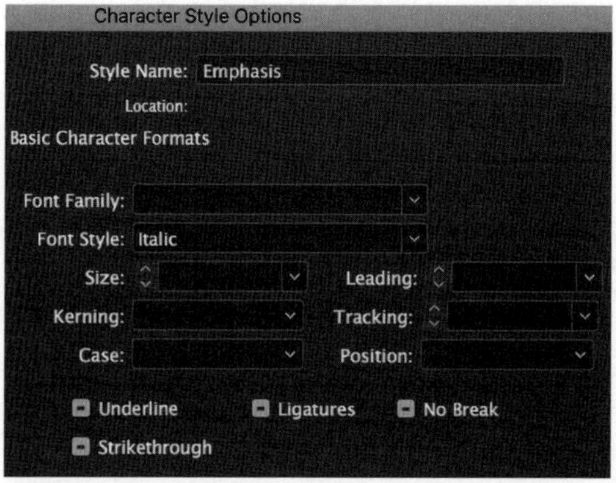

Character Style Options

Style Name: Emphasis
Location:
Basic Character Formats

Font Family:
Font Style: Italic
Size: ‸ Leading: ‸
Kerning: Tracking: ‸
Case: Position:

☐ Underline   ☐ Ligatures   ☐ No Break
☐ Strikethrough

그림 11.3 어도비 인디자인의 문자 스타일 대화 상자: 이탤릭체, 볼드체 등의 스타일을 선택해 형식을 지정하면 부분 스타일의 값이 손상된다.

도비 인디자인의 문자 스타일 대화 상자를 보여 준다. 여기서 나는 텍스트를 강조하는 '강조Emphasis'라는 스타일을 정의했다. 이 스타일을 사용해 강조할 텍스트를 구분(예: 이탤릭체, 굵게 또는 밑줄 등)하길 바랐다. 예제에서는 폰트 스타일로 '이탤릭체'를 선택했다. '폰트 패밀리' 항목은 선택하지 않았는데, 이는 문자 스타일을 다른 서체 패밀리의 텍스트에 적용할 수 있도록 하는 데 필수적이다.

그러나 내 희망과 달리, 실제로는 작동하지 않았다. 인디자인에서는 이탤릭체 설정을 적용하기 위해 서체 패밀리의 이름 중 'Italic(이탤릭체)'라는 문자열을 가진 서체를 선택한다. 따라서 텍스트가 '타임즈 일반체Times Regular'인 경우에는 '타임즈 이탤릭체Times Italic'로 설정된다. 여기까지는 문제가 없다. 그러나 텍스트가 '헬베티카 일반체Helvetica Regular'인 경우에도 '헬베티카 이탤릭체Helvetica Italics'로 설정하려고 시도한다. 그러나 텍스트 편집기 화면(그림 11.2)에서 볼 수 있듯이 앞에서 사용했던 헬베티카 폰트는 이탤릭체를 'Helvetica Oblique'라고 표기한다. 따라서 문자 스타일은 실제로 서체에 독립적이지 않으며 특정 서체의 텍스트에만 성공적으로 적용될 수 있다.

이 문제를 해결하려는 다른 시도도 있었지만, 만족스러운 해결책은 없는 것 같다. '서식 토글' 콘셉트는 보다 정교한 '서체' 콘셉트와 조화를 이룰 수 없다.

구글 드라이브에서 평생의 작업물 잃어버리기

내 아내는 대부분의 업무 문서를 구글 드라이브에 보관한다. 나는 드롭박스에서 발생한 사고(2장)를 접한 이후 아내의 업무 문서를 보호할 방법을 찾아봤다.

구글 드라이브에서는 자체 백업을 제공하지 않기 때문에[112] 자신만의 백업 계획이 필요하다는 것을 알게 됐다. 그래서 다음처럼 확실한 방법을 사용하기로 했다. 즉, 구글 드라이브 앱을 설치하고 모든 클라우드 파일을 로컬 디스크의 폴더에 동기화한 후 해당 폴더를 노트북에서 이미 실행 중인 백업 유틸리티의 선택 항목에 해당 폴더를 추가하는 것이었다. 이렇게 하면 구글 드라이브 파일 중 하나가 수정될 때마다 로컬 파일이 업데이트되고 클라우드에 백업될 것이라고 생각했다.

그런데 이렇게 단순해 보이는 방식이 제대로 작동하지 않는다는 사실에 놀랐다. 그래서 이 문제에 대한 해결책을 온라인에서 검색하던 중 이와 유사하게 백업을 구성했다가 큰 피해를 당한 사람의 슬픈 사례를 알게됐다.

이 얘기는 그림 11.4에 나와 있다. 왼쪽 그림은 최초 상태를 나타낸다. book.gdoc (구글 문서)와 book.pdf(문서의 PDF 내보내기)라는 두 개의 파일이 구글 클라우드에 저장돼 있고 로컬 디스크의 구글 폴더에 동기화돼 있다. 그런 다음 사용자가 로컬 디

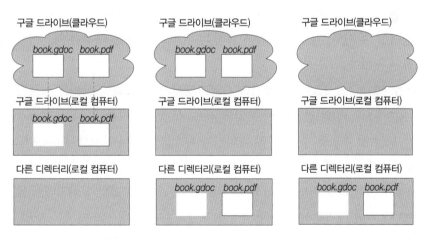

그림 11.4 구글 드라이브의 무결성 위반: '클라우드 앱' 콘셉트가 동기화 콘셉트를 깨뜨린다. 한 사용자가 클라우드에 공간을 확보하기 위해 구글 드라이브에서 파일을 옮겼는데, 옮긴 파일은 더 이상 존재하지 않는 클라우드 파일에 대한 링크인 것으로 밝혀졌다.

스크의 구글 폴더에서 파일을 백업 폴더로 이동하면 가운데에 표시된 상태가 된다. 그런 다음 구글 드라이브 동기화 프로그램이 실행되고 로컬 폴더와 클라우드 폴더의 내용을 동일하게 유지하기 위해 두 파일을 모두 클라우드에서 제거한다.

이제 구글 드라이브에 어떤 일이 발생하더라도 파일은 로컬 디스크에 안전하게 저장돼 있다고 생각할 것이다. 그러나 안타깝게도 그렇지 않았다. 다음은 피해를 당한 사용자의 표현을 일부 인용한 것이다.

> "다음 날 아침 .gdoc 파일을 열려고 하는데 '요청하신 파일이 존재하지 않습니다.'라는 오류 메시지가 나타났다. 가슴이 철렁했다. 어제 작업은 어떻게 된 걸까? 다른 파일을 열어도 그리고 또 다른 파일을 열어도 모두 같은 메시지가 나타났다. 나는 겁이 나기 시작했다."

실제로, 대부분의 파일이 영영 사라져 버렸다.[113] 그는 '부실한 사용자 인터페이스 때문에 구글 문서 도구 파일로 저장한 수년간의 업무와 개인적인 추억의 자료를 잃어버렸다.'라고 썼다. 그러나 사용자 인터페이스보다 심각한 문제는 콘셉트 무결성 위반이었다.

사용자는 '동기화' 동작을 신뢰하고 있었다. 이 콘셉트의 목적은 두 항목 컬렉션 간의 일관성을 유지하는 것이며 작동 원리는 한 컬렉션에 대한 변경사항이 다른 컬렉션에 전파되는 것이다. 동기화는 백업과 달리, 삭제도 전파하므로 항목을 체계적으로 정리할 수 있다. 동기화의 기본 속성은 두 위치에 있는 항목의 사본이 동일해야 한다는 것이다.

안타깝게도, 구글 드라이브 동기화 프로그램이 항상 정확한 사본을 생성하는 것은 아니다. book.pdf와 같은 일반 파일의 경우, 사본을 유지한다. 그러나 book.gdoc와 같은 구글 앱 파일의 경우, 파일 데이터를 디스크에 전혀 복사하지 않는다. 그 대신 클라우드에 파일에 대한 링크만 포함된 파일을 만든다. 그렇기 때문에 로컬 디스크에서 파일을 열려고 하면 더 이상 존재하지 않는 클라우드의 파일에 대한 웹 페이지가 브라우저에 열리면서 오류 메시지가 표시되는 것이다.

'동기화' 콘셉트 외에도 '클라우드 앱cloud app'이라고 부르는 또 다른 콘셉트가 있다. 이 콘셉트는 링크를 통해 클라우드에 있는 문서에 액세스하는 콘셉트를 구현한다.

콘셉트의 측면에서 보면, 이 두 콘셉트를 결합하는 것은 '동기화' 콘셉트의 무결성을 위반하는 것이다.

사실, 콘셉트 디자인의 관점에서 볼 때('서식 토글' 콘셉트와 달리) 이 문제를 해결하는 데 있어 장애물은 없다. 따라서 더 많은 사용자가 구글 앱의 백업 미제공을 걱정하지 않는다는 사실이 놀랍기는 하지만, 구글이 백업 솔루션 구현에 대해 우선순위가 없는 것이라는 의심이 든다.

핵심 정리 및 실천사항

11장의 핵심 내용은 다음과 같다.

- 애플리케이션을 구성하기 위해 콘셉트를 구성할 때 콘셉트의 행동이 조정되도록 동기화할 수 있다(6장의 설명 참조). 이 동기화는 콘셉트의 특정 동작을 제거할 수는 있지만, 콘셉트 사양과 일치하지 않는 새로운 동작을 추가할 수는 없다.
- 애플리케이션의 콘셉트가 잘못 조합되면 특정 콘셉트의 동작 및 구조 측면에서 볼 때 해당 콘셉트의 사양을 위반하는 동작이 발생할 수 있다.
- 이러한 무결성 위반은 콘셉트 동작에 대한 멘탈 모델mental model이 깨지기 때문에 사용자에게 혼란을 준다.

다음은 바로 적용해 볼 수 있는 실천사항이다.

- 콘셉트를 사용해 앱을 디자인할 때 동기화를 정확하게 정의하지 않더라도 최소한 콘셉트 간의 모든 상호 작용을 원칙적으로는 동기화로 볼 수 있다고 스스로 확신하자.
- 앱을 사용하는 데 문제가 있거나 사용성 문제를 분석할 때 한 콘셉트가 예상치 못한 방식으로 작동하는 것을 발견하면 다른 콘셉트의 간섭이 원인일 수 있는지 스스로 물어보자.
- 무결성을 보장하려면 일반적이라고 주장하는 콘셉트가 실제로 그런지 확인한다. 구글 동기화 예제에서 무결성 위반은 서로 다른 유형의 파일을 처리하는 방법이 같지 않다는 점에서 분명하게 드러난다.

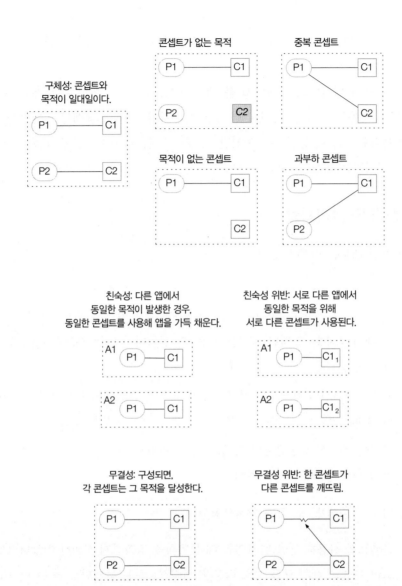

그림 11.5 그림으로 요약한 9장부터 11장까지의 원칙. 목적과 콘셉트 사이의 선은 해당 콘셉트가 목적을 충족함을 나타내고 꺾인선(무결성 위반의 경우)은 다른 콘셉트의 간섭으로 인해 목적을 충족하지 못한 것을 나타내며 콘셉트 사이의 선은 구성, 점선 상자는 애플리케이션을 나타낸다.

기억해야 할 질문

마지막으로 이 책의 핵심 아이디어를 검토하고 다양한 역할의 독자들이 이를 어떻게 적용할 수 있는지 제안하고자 한다. 이 제안은 일련의 질문을 중심으로 구성돼 있다.

전략가, 분석가, 컨설턴트를 대상으로 한 질문

제품과 로드맵에 대한 전략을 수립하는 사람들에게는 콘셉트와 그 가치를 파악하는 것이 가장 중요하며 개별 콘셉트의 디자인 세부사항은 우선순위가 낮다.

핵심 콘셉트는 무엇인가?

구축하려는 시스템, 서비스 또는 애플리케이션 또는 이미 존재하는 애플리케이션에서 핵심 콘셉트가 무엇인지를 스스로 질문해 보자. 콘셉트 목록을 작성하면 기능 조감도, 즉 전략적 결정에 참고할 수 있는 총제적인 시각을 얻을 수 있다. 콘셉트들을 의존성 다이어그램으로 정리해 콘셉트들이 서로 어떻게 연관돼 있는지, 어떤 콘셉트가 핵심인지 확인한다.

콘셉트는 얼마나 오래됐는가?

기존 시스템의 콘셉트를 살펴볼 때 각 콘셉트가 언제 도입됐는지 확인하고 시간이 지남에 따라 변경됐는지 또는 안정적으로 유지됐는지 조사한다. 페이스북의 '포스트'처럼 극적으로 변화한(둘러보기 48 참조) 전체 시스템의 큰 변화를 알리거나 진화하면서 새로운 콘셉트가 된 콘셉트가 있는가? 어떤 콘셉트가 도입됐다가 폐기된 적이 있는가? 어떤 콘셉트가 가장 성공적으로 시간의 시험을 견뎌 냈는가?

가장 가치 있는 콘셉트는 무엇인가?

제품의 성공과 경쟁 우위를 책임지는 킬러 콘셉트(예: 포토샵의 '레이어' 또는 월드 와이드 웹의 '인터넷 주소')가 있는가? 지메일의 '레이블'과 같이 핵심 기능이면서 잘 사용되지 않는 콘셉트가 있는가? 고객에게 최고의 가치를 제공하거나 고급 버전에 제공됨으로써 매출에 핵심적인 역할을 하는가?

문제가 되는 콘셉트가 있는가?

사용자가 자주 고객 지원 요청을 할 수밖에 없을 정도로 혼란스럽거나 복잡해서 결함이나 시스템 중단 빈도가 평균을 넘어서는 콘셉트가 제품에 포함돼 있는가? 이러한 문제를 경쟁사도 겪고 있는가, 아니면 나만의 문제인가?

해당 제품군들이 대표적으로 공유하고 있는 콘셉트는 무엇인가?

여러 제품이 단일 제품군(예: 어도비 크리에이티브 스위트 또는 마이크로소프트 오피스)의 구성품으로 제공되는 경우, 이들 제품 간에 공유되는 주요 콘셉트를 식별할 수 있는가? 이러한 공유 콘셉트는 공통 인프라를 사용해 구현되는가, 아니면 각 제품에서 새로 구현되는가? 공유 콘셉트의 다양한 인스턴스가 서로 일관성이 있는가, 아니면 사소하고 작위적인 구별인가? 사용자가 한 제품에서 다른 제품으로 이동할 때 이러한 차이로 인해 문제가 발생하는가? 이러한 차이로 인해 통합 및 데이터 공유 문제가 발생하는가?

제품군에 속한 구성품들이 현재는 콘셉트를 공유하지 않지만, 여러 제품에 공통으로 나타나는 콘셉트가 통합되면 향후에는 공유할 수 있을 것이다. 이러한 통합이 제품군 전체뿐 아니라 개별 제품에도 이점을 가져다 줄 것인가?

각 콘셉트의 목적은 무엇인가?

인벤토리의 각 콘셉트에 대해 간단하고 설득력 있는 목적을 제시할 수 있는가? 이러한 목적이 제품의 더 큰 목표와 조직의 비전에 기여하는가?

각 콘셉트는 누구를 위한 것인가? 그 목적이 고객의 이익에 부합하는가? 그렇다면 사용자 또는 광고주 중 어떤 고객을 위한 것인가? 조직의 이익에 부합하는 목적이라면 고객에게 불필요한 비용을 부과하는 것은 아닌가? 고객의 이익을 위한 목적이 고객에게 효과적으로 전달되고 있으며 고객의 실제 요구와 일치하는가?

누락된 콘셉트가 있는가?

이메일 클라이언트에서 누락된 '통신원' 콘셉트처럼 누락돼 구현되지 않은 목적을 식별할 수 있는가? 그러한 콘셉트를 식별할 수 있다면 제품에 추가해 경쟁 우위를 확보할 수 있는 기회가 있는가?

경쟁사의 콘셉트는 무엇인가?

같은 분야의 경쟁 제품을 살펴보고 주요 콘셉트를 파악한다. 경쟁사 제품과 다른 점이 있는가? 경쟁사에는 있지만 자사에는 없는 중요한 콘셉트가 있는가? 이러한 콘셉트가 제품에 이점을 제공하는가, 아니면 불필요하게 복잡할 뿐인가? 경쟁사에는 있지만 자사에는 없는 콘셉트가 제품의 미래에 위협이 되는가? 업계 전반에서 통용되는 콘셉트를 채택했는가? 그렇다면 새로운 고객이 자사의 제품을 좀 더 쉽게 사용할 수 있게 해 주는가? 아니면 이러한 콘셉트가 과거 제품의 잘못된 가정에 갇혀 있지는 않은가?

인터랙션 디자이너 및 제품 관리자를 대상으로 한 질문

전략가와 컨설턴트에게 적용되는 대부분의 질문은 인터랙션 디자이너와 제품 관리자에게도 적용되지만, 개별 콘셉트의 디자인과 매핑, 사용성 문제를 콘셉트로 추적하는 데 초점을 맞춘 새로운 질문이 추가됐다.

콘셉트가 사용자에게 일관되게 전달되고 있는가?

제품이 인터페이스와 사용자 설명서나 도움말 페이지, 교육 및 마케팅 자료를 통해 실제 콘셉트 모델과 일치하는 멘탈 모델을 성공적으로 반영하고 있는가? 사용자 인터페이스와 모든 지원 자료에서 제품의 기능이 설명되는 방식을 검토한다면 이 모든 것이 제품 콘셉트에 대한 일관된 이미지를 제시하는가? 콘셉트와 그 목적에 대한 공통 어휘가 있는가?

콘셉트는 어떻게 설명되는가?

제품 및 관련 지원 자료가 콘셉트를 중심으로 체계적으로 구성돼 있는가? 지원 자료에서 각 콘셉트의 목적이 무엇인지 설명하는가? 콘셉트의 용도에 대한 설명 없이 콘셉트의 기능만 자세히 설명하는 함정에 빠지지는 않는가? 설득력 있는 사용 시나리오를 제공하고 각 콘셉트의 디자인이 그 목적을 달성하는 방법을 설득력 있게 보여주는 작동 원리를 강조하고 있는가?

어떤 종류의 사용성 문제가 있는가?

사용자의 피드백과 기술 지원 요청을 검토해 제품의 주요 사용성 문제를 파악할 수 있는가? 그런 다음 각 문제에 대해 어떤 종류의 문제인지 파악해 세 가지 계층의 인터랙션 디자인 중 하나 이상에 할당할 수 있는가?

성공한 콘셉트 또는 실패한 콘셉트는 무엇인가?

디자이너만큼 제품과 그 특성에 대해 깊이 이해하고 있는 사람은 없다. 디자인 측면에서 성공적인 항목, 문제가 있는 항목, 중립적인 항목을 표로 만들어 보자. 표를 작성하고 각 항목을 검토한 후 필요한 디자인 계층을 결정하고 콘셉트로 적당하다고 판명된 모든 항목에 대해서는 콘셉트의 이름을 지정한다.

중복 콘셉트가 있는가?

제품에서 다른 콘셉트와 동일한 용도로 사용되는 중복(예: 지메일의 '카테고리' 콘셉트)을 찾아내고 중복 콘셉트를 제거함으로써 디자인을 단순하고 명확하게 하고 필요한 경우 다른 콘셉트를 확장해 제거된 콘셉트의 기능을 보완할 수 있는가?

과부하 콘셉트가 있는가?

여러 용도로 사용되는 것처럼 보이는(예: 이전 버전의 포토샵에서 제공한 '자르기cropping' 콘셉트, 둘러보기 101 참조)이 있는가? 그렇다면 사용성 문제의 원인일 수 있다. 콘셉트의 다양한 목적이 서로 충돌하는 사례를 찾을 수 있는가? 그게 아니라면, 분명히 구분된 목적들을 포괄하는 일관되고 설득력 있는 목적을 찾아내 콘셉트가 실제로는 과부하가 걸리지 않는다고 설득할 수 있는가?

콘셉트 중 일부를 분할할 수 있는가?

복잡한 콘셉트, 특히 과부하가 걸린 콘셉트를 살펴보고 페이스북의 '좋아요' 콘셉트처럼 좀 더 단순하고 설득력 있는 목적을 가진 여러 콘셉트로 분할할 수 있는지 생각해 보자. 그리고 이렇게 하면 제품에서 콘셉트를 좀 더 광범위하고 균일하게 사용할 수 있을지 고민해 보자. 예를 들어, '알림' 콘셉트를 세분화하면 좀 더 광범위한 이벤트 클래스에 대한 알림을 제공하고 사용자가 어떤 알림을 받을지 제어할 수 있는가?

익숙한 콘셉트가 효과적으로 사용되고 있는가?

제품의 각 콘셉트에 대해 그 자리를 대신할 수 있는 더 친숙한 콘셉트가 있는지 스스로 물어보자. MS 파워포인트의 '섹션' 콘셉트처럼 사용 목적이 기존의 더 친숙한 콘셉트와 유사한 콘셉트가 있는가? 그렇다면 좀 더 친숙한 콘셉트로 대체함으로써 잃게 되는 것이 있는가? 만약 익숙하지 않은 콘셉트를 사용하는 것이 옳다고 판단한다면, 그 콘셉트가 좀 더 친숙한 콘셉트와 어떻게 다른지 사용자가 명확하고 이해하기 쉽게 설명할 수 있는가?

콘셉트는 어떻게 구성되는가?

어떤 콘셉트들이 동기화를 통해 서로 연결돼 있는가? 동기화 다이어그램을 그려서 어떤 작업이 함께 묶여 있는지 보여 줄 수 있는가? 동기화는 어떤 종류(자유, 협업, 시너지)의 구성을 이루는가? 디자인 효과 중 얼마나 많은 부분이 동기화에서 비롯되고 얼마나 많은 부분이 콘셉트 자체에서 비롯되는가?

동기화가 부족하지는 않는가?

콘셉트 간의 동기화를 강화해 일부 작업을 자동으로 수행하는 식으로 사용자의 수작업을 줄일 수 있는 경우가 있는가? 이러한 동기화를 초보자에게는 기본값으로, 전문가에게는 사용자 정의형으로 제공할 수 있는가?

동기화가 과다하지는 않는가?

콘셉트가 너무 긴밀하게 동기화돼 사용자에게 너무 많은 제어권을 빼앗는 경우가 있는가? 콘셉트 간의 직교성이 높아지면(즉, 동기화가 느슨해지면), 콘셉트에 이미 존재하는 기능을 사용할 수 있도록 하는 세부 제어 기능을 사용자에게 제공하는가?

시너지 효과를 활용하고 있는가?

기존 콘셉트 구성이 휴지통/폴더 예시에서처럼 한 콘셉트가 다른 콘셉트의 힘을 증폭시키는 시너지 효과를 창출하고 있는가? 시너지를 낼 수 있는 추가적인 기회를 찾을 수 있는가? 한 콘셉트의 동작을 약간 일반화해 다른 콘셉트의 동작을 일부 포함하되, 그 동작을 좀 더 일관성 있고 광범위하게 제공할 수 있도록 조정할 수 있는가?

콘셉트가 사용자 인터페이스에 효과적으로 매핑돼 있는가?

사용자 인터페이스가 사용자에게 콘셉트를 투명하게 표시하는가, 아니면 복잡한 컨트롤 레이어 아래에 콘셉트가 묻혀 있어 콘셉트를 보기 어렵고 구분하기 어려운가? 사용자가 액션과 그 인수 값을 선택하는 방법을 쉽게 찾을 수 있는가? 각 콘셉트의 상태가 사용자에게 표시되는가? 사용자 인터페이스에서 '개별 콘셉트' 액션뿐 아니라 사용자에게 필요할 수 있는 좀 더 복잡한 액션 시퀀스도 사용할 수 있는가?

콘셉트의 의존성을 분석했는가?

제품의 모든 콘셉트에 대한 의존성 다이어그램을 작성해 보자. 각 콘셉트가 하위 콘셉트에 의존하는 과정은 정당하고 확실한가? 다이어그램이 제품을 단순화하기 위해 고려하지 않았던 하위 집합을 제안하고 있는가?

콘셉트가 일관성 있게 결합돼 있는가?

각 콘셉트는 개별적으로는 타당할 수 있지만, 제품 전체의 다른 콘셉트와 결합하면 일관성이 훼손될 수 있다. 디자인이 각 콘셉트의 무결성integrity을 유지하는가? 아니면 다른 콘셉트의 간섭으로 인해 사용자의 콘셉트에 대한 이해를 수정해야 하는 방식인가?

콘셉트에 대한 자료가 안전하게 문서화돼 있는가?

콘셉트 디자인은 여러 세대의 디자이너에 의해 수많은 수정과 개선이 이뤄지면서 수년에 걸쳐 발전한다. 이러한 지식이 코드에만 기록돼 있다면, 애플 넘버스 앱의 '범위' 콘셉트 사례처럼 새로운 프로그래머가 미묘한 차이를 인식하지 못하고 수년간의 통찰력을 단 몇 초 만에 지워버리는 사고를 초래할 수 있다. 따라서 제품의 각 콘셉트 개발을 추적할 수 있는 디자인 기록을 유지하는 것이 매우 중요하다. 회사에서 디자인한 각 콘셉트에 대한 압축된 자료를 기록한 간략한 콘셉트 카탈로그나 핸드북은 제품 간 공유를 가능하게 하고 신입 디자이너가 빠르게 적응할 수 있도록 도와줄 수 있다.

기술 문서 작성자, 트레이너 및 마케터를 대상으로 한 질문

사용 설명서와 기술 지원 문서처럼 사용자가 참조하는 중요한 자료를 제공하는 담당자들에게는 몇 가지 추가 질문이 적용된다.

지원 자료가 콘셉트 중심으로 구성돼 있는가?

사용 설명서 도움말 기능 및 기술 지원 문서가 핵심 콘셉트를 중심으로 구성돼 있는가? 콘셉트의 동작이 일관된 방식으로 함께 설명돼 있는가?

콘셉트에 대한 명확한 목적을 제시하는가?

콘셉트를 소개할 때 콘셉트의 존재 이유와 용도를 설명하는가? 제시하는 목적이 체계적인 목적 기준(일관성, 필요 중심, 구체적, 평가 가능)을 충족하는가? 오해의 소지가 있는 표현을 사용하지 않는가?

각 콘셉트의 작동 원리를 설명하는가?

콘셉트의 사용 방법을 설명할 때 설득력 있는 작동 원리를 제시하는가, 아니면 작업만 나열하고 전형적인 사용 시나리오가 무엇인지 사용자가 알아서 판단하도록 내버려 두는가?

콘셉트가 합리적인 순서로 설명돼 있는가?

사용 설명서처럼 단계별로 기술하는 자료의 경우, 아직 설명되지 않은 콘셉트에 대해 선행 참조를 하지 않고도 각 콘셉트가 도입되는 지점에서 이해할 수 있도록 의존성 다이어그램과 일치하는 순서로 콘셉트를 제시하는가?

프로그래머와 아키텍트 대상 질문

앞에서 다룬 콘셉트와 목적 그리고 이 둘의 관계에 대한 질문은 이를 구현하는 담당자에게도 해당하는 질문이라는 것을 명심하자. 의존성 다이어그램은 개발 단계를 점진적으로 진행하고 부분 릴리스를 계획하는 데 사용할 수 있다.

최소 실행 가능 제품(MVP)을 구성하는 콘셉트는 무엇인가?

이 질문은 전략가에게도 중요하지만, 구현 담당자에게는 콘셉트 구축에 드는 비용을 좀 더 쉽게 산정할 수 있기 때문에 특히 중요하다.

어떤 콘셉트를 구현하기 어려울까?

어떤 콘셉트가 구현하기 가장 어려운지 파악할 수 있는가? 어떤 콘셉트가 가장 복잡한 상태이거나 구현할 데이터의 양이 많아 성능에 문제가 있는가? 어떤 콘셉트의 작동 원리가 분산 합의 알고리듬이 필요할 수 있는 일관성 문제를 암시하는가? 그렇다면 최종적인 일관성만으로 충분할까?

바퀴를 재발명하는 것은 아닌가?

익숙한 콘셉트를 구현하는 경우, 자신의 조직에서 해당 콘셉트의 구현 사례를 찾을 수 있는가? 또는 이를 통해 지침을 얻고 이미 알려진 문제를 피하는 데 도움이 되는 사례를 찾을 수 있는가?

표준 라이브러리 콘셉트를 적절한 곳에 사용하고 있는가?

표준 라이브러리나 플러그인으로도 충분한데, 디자이너가 비표준 라이브러리나 플러그인을 필요로 하는 콘셉트를 고안한 적이 있는가? 제안된 콘셉트에 충분히 유사한 기존 구현이 있다면 이를 수용하기 위해 디자인을 조정할 가치가 있는가?

일반적인 콘셉트인가?

디자인의 콘셉트가 특정 데이터 유형에 불필요하게 특화돼 있는가? 아니면 일반적으로 표현할 수 있는가? 예를 들어, 디자인에 '댓글' 콘셉트가 포함돼 있는 경우, 댓글의 대상이 모든 항목인가, 아니면 디자인(그리고 구현)에서 대상이 항상 게시물 또는 아티클이라고 가정하고 있는가?

콘셉트를 별도의 모듈로 구현할 수 있는가?

콘셉트가 모듈로 구현되지 않고 서로 얽혀 구현된 경우, 정당한 이유가 있는가? 아니면 언젠가는 갚아야 할 기술 부채를 쌓고 있는 것은 아닌가? 콘셉트를 모듈화하는 데 성공했다면, 콘셉트를 좀 더 쉽게 수정하고 재사용할 수 있도록 제거할 수 있는 코드 의존성이 존재하는가?

콘셉트 간에 복잡한 동기화가 있는가?

제품이 다양한 방식으로 동기화되는 콘셉트에 기반을 두고 있는 경우, 동기화로 인해 코드가 복잡해지지는 않는가? 그렇다면 이벤트 버스 또는 암시적 호출 아키텍처를 사용하거나 콜백 및 의존성 주입을 사용하는 등 더 나은 방법으로 구성할 수 있는가?

일부 콘셉트 액션에 복잡한 조건문이 포함돼 있는가?

일부 콘셉트 액션이 정교한 인수 값 검사를 하거나 복잡한 조건부 제어 흐름을 갖고 있는가? 그렇다면 이는 콘셉트에 문제가 있다는 증상일 수 있다. 그러한 액션이 동일한 콘셉트 내에서 (제시된 인수 값에 따라) 여러 개의 액션을 나타내는 것은 아닌가? 별개의 여러 콘셉트로 분할하면 이러한 동작을 단순화할 수 있는가? 콘셉트 간의 동기화 부족으로 인해 처리할 필요가 없는 일관성 없는 상태가 발생하지는 않는가?

연구자 및 소프트웨어 철학자를 대상으로 한 질문

내가 꾸준히 개선 중인 콘셉트 이론에는 아직 다루지 못하고 있는 중요한 질문들이 많다. 어쩌면 콘셉트 디자인에 대한 보다 완벽한 이론과 방법을 구축하는 데 도움을 줄 수 있는 독자도 있을 것이다. 이를 염두에 두고 작성한 공개 질문은 다음과 같다.

콘셉트 카탈로그는 어떻게 구성해야 할까?

콘셉트 카탈로그 또는 핸드북은 디자이너가 자신의 지식을 체계화해 초보자도 쉽게 전문 지식을 습득할 수 있도록 도와주며 콘셉트의 재사용을 촉진하고 이미 파악된 함정을 피할 수 있도록 안내한다. 이러한 카탈로그는 어떻게 구성해야 할까? 카탈로그는 분야별(예: 소셜 미디어 앱용 카탈로그와 은행용 카탈로그)로 구성돼야 할까, 아니면 여러 분야를 넘나드는 콘셉트를 강조하는 카탈로그가 돼야 할까?

복합적인 콘셉트가 있는가?

콘셉트가 어떻게 함께 구성될 수 있는지 그리고 때때로 과부하가 걸린 콘셉트를 여러 콘셉트로 분해하는 것이 어떻게 해결되는지 설명했다. 하나의 콘셉트가 더 작은 콘셉트로 분해될 때 더 큰 개체는 그 자체로 고유한 목적을 가진 콘셉트로 남아 있는가?

목적에는 여러 종류가 있는가?

앞에서 무엇이 좋은 목적이 되는지에 대한 기준과 목적이 복합적인지 식별하기 위한 일관성 테스트를 제시했다. 그러나 목적이 수행하는 역할과 관련해 몇 가지 중요한 구분을 간과했다. 앞서 설명했듯이 콘셉트의 목적은 디자인에 포함시킬지 여부를 판단하는 동기가 된다. 그러나 이 포함에는 두 가지 다른 의미가 있다. 하나는 콘셉트가 가져다 주는 일반적인 이점과 관련돼 있고 다른 하나는 대신 사용할 수 있는 다른 콘셉트에 대비해 얻게 되는 특별한 이점이다.

예를 들어, '레이블'과 '폴더' 콘셉트는 둘 다 항목을 정리한다는 목적을 충족하며 목적에 따라 둘 중 하나만 포함하도록 유도하지만, 둘 중 '레이블' 콘셉트만 항목을 겹치는 카테고리로 정리한다는 목적을 충족한다. 콘셉트 간의 이러한 세분화된 구분조차 목적에 해당하는지, 아니면 같은 목적을 갖는 콘셉트를 구분하는 특성인지는 명확하지 않다.

일반 콘셉트로 구현할 때는 어떤 문제가 발생하는가?

앞에서 콘셉트를 표현할 때는 되도록 일반적인 형태로 표현해야 한다고 주장해 왔다. 이렇게 하면 디자인의 본질에 집중할 수 있고 보편적이지 않거나 익숙하지 않은 콘셉트로 빠져버릴 수 있는 분야별 복잡함을 제거할 수 있다. 예를 들어, '휴지통' 콘셉트가 '이메일' 콘셉트와 함께 구성되면 휴지통의 '아이템items'이 '메시지message'가 되는 등 일반적인 콘셉트로 동작한다. 분야별(및 목적)을 일반 콘셉트로 추상화할 수 있는 방법이 있는가?

일반 콘셉트를 구현하려면 분야별 콘셉트와 함께 구성해야 한다. 레스토랑 예약 시스템에서 리소스에 대해서만 알고 있는 일반 '예약' 콘셉트는 레스토랑 테이블에 대해서만 알고 있는 '테이블table' 콘셉트로 구성될 수 있다. 정확히 이러한 구조는 구글 맵(지도) 예약 API에 의해 부과되며 레스토랑은 4~6명이 앉을 수 있는 테이블을 세 개의 서로 다른 추상 리소스로 변환해야 한다. 이것이 고유한 구성일까? 그 뒤에 숨어 있는 일반적인 원칙이 있는가?

액션 동기화로 충분할까?

이 책에서 콘셉트의 구성은 전적으로 액션 동기화에 의존한다. 그런데 콘셉트가 상태에서도 동기화되도록 허용해야 할까? 예를 들어, '휴지통'과 '폴더'의 시너지 방식 구성은 휴지통 항목과 휴지통 폴더의 하위 항목인 파일 및 폴더를 연결하는 불변자 invariant로 표현할 수 있다(둘러보기 71 참조).

매핑 원칙을 명확하게 표현할 수 있는가?

매핑을 평가하기 위한 일반적인 원칙이 있는가? 이러한 원칙은 아마도 사용자 인터페이스 디자인의 잘 알려진 원칙에 기반을 두고 있지만, 콘셉트와의 연관성을 보다 직접적으로 다룰 수 있을 것이다. 예를 들어, 상태의 가시성(특히, 숨겨진 모드와 관련한) 연구는 대개 단일 상태 머신이라는 단순한 환경에서 이뤄졌을 것이다. 콘셉트로 구성된 앱에는 어떤 가시성 규칙이 적용될 수 있는가?

콘셉트 디자인에서 사용자 행동을 가정하는 것은 어떤 역할을 하는가?

일부 콘셉트는 사용자가 특정 방식으로 행동할 때만 그 목적을 달성한다. 예를 들어, '비밀번호password' 콘셉트는 사용자가 추측할 수 없는 비밀번호를 선택하고 비밀번호를 기억하며 비밀번호를 공유하지 않는 경우에만 효과적인 인증을 제공할 수 있다.

이러한 가정을 작동 원리의 전제 조건으로 표현할 수 있는가?

콘셉트 구현을 완전히 모듈화할 수 있는가?

콘셉트 디자인은 새로운 프로그래밍 스타일을 제안한다. 나는 (둘러보기 81에서) 전통적인 객체지향 프로그래밍 스타일이 일반적으로 바람직하지 않은 결합을 초래하고 의존성이 확실히 잘못된 방향을 가리키는 구조를 만드는 이유를 설명했다. 콘셉트를 모듈로 직접 구현하면 좀 더 유연하고 분리된 코드베이스를 생성할 수 있다(둘러보기 32 참조). 유연한 동기화 및 구성을 허용하는 모듈화 방식은 어떤 종류인가?

마이크로서비스 아키텍처는 각 마이크로서비스가 단일 콘셉트를 나타내는 콘셉트 구현에 유용한 기반이 될 수 있으므로 '나노 서비스'라고 부를 수도 있다. 나노 서비스는 마이크로서비스와 어떻게 다를까? 한 서비스의 내부가 다른 서비스의 API를 호출하는 일반적인 의존성 없이 앞서 설명한 방식으로 동기화할 수 있는가?

코드에서 콘셉트 디자인 결함을 감지할 수 있는가?

잘못된 콘셉트는 사용자뿐 아니라 프로그래머에게도 혼란을 준다. 애플리케이션에서 콘셉트 디자인 문제를 실험할 때 애플리케이션이 충돌하거나 당면한 디자인 문제와 직접적인 관련이 없는 다른 오류가 나타나는 경우가 종종 있다. 내 경험에 따르면, 콘셉트가 불분명하면 코드에 혼란이 반영돼 결함률이 높아진다. 코드베이스의 파일을 콘셉트에 매핑하면 소스 코드 마이닝이나 정적 분석이 이 연결을 오용할 수 있는가? 디자인 계층에서의 콘셉트 혼동을 코드의 높은 결함률로 예측할 수 있는가? 콘셉트 디자인 결함이 코드에서 더 주의 깊게 검토할 필요가 있는 부분을 암시할 수 있는가?

콘셉트를 내부 API 디자인에 적용할 수 있는가?

정의에 따르면, 콘셉트는 사용자를 대상으로 한다. 그러나 프로그램이 서비스나 API를 내부적으로 사용할 때 발생하는 많은 문제는 사용자가 직면하는 문제와 유사하다. 구현 스택의 한 계층에 있는 프로그램을 콘셉트 디자인의 관점에서 하위 계층에 있는 콘셉트의 '사용자'로 간주할 수 있는가? 그렇다면 콘셉트 디자인 원칙을 코드 디자인에 적용할 수 있는가?

맺음말

이상의 모든 업무 상황 외에도 이 책의 아이디어가 가장 일반적인 시나리오, 즉 이해하기 어려운 애플리케이션이나 기능을 이해하기 위해 고군분투할 때 도움이 되길 바란다. 약간의 콘셉트 분석을 통해 무슨 일이 일어나고 있는지 알 수 있을 것이다. 최소한 독자가 사용하는 기술에 대한 일상적인 논의를 보다 근거 있고 실질적으로 만들고 더 나은 디자인으로 가는 길을 좀 더 명확하게 볼 수 있도록 도와줄 것이다.[114]

감사의 말

몇 년 전 이 책의 초고로 동료 리뷰를 한 적이 있었다. 그는 "적어도 몇 번만 고치면 꽤 괜찮은 책이 될 것"이라고 말했다. 그때 겉으로는 정중하게 미소를 지었지만, 사실 속으로는 한 번 쓴 것만으로도 충분히 힘들었는데 다시 시작하면 죽을 것 같다고 생각했다. 그러나 책에 수정이 필요하다는 그의 생각은 절대적으로 옳았고 결국 나는 책을 세 번이나 다시 쓰게 됐다. 여전히 완벽하지는 않지만, 내 아이디어를 최대한 설명할 수 있는 수준이 됐다고 생각한다. 이제 동료 연구자, 실무자, 관심자 여러분이 대화에 참여할 차례다.

처음 초고를 썼을 때가 2013년이므로 친구와 동료들의 지속적이고 통찰력 있는 비평과 격려가 없었다면 이 책을 오랫동안 작업할 동기를 얻지 못했을 것이다. 이 책의 구조와 강조점에 담긴 많은 아이디어가 바로 이들로부터 나왔다. 나는 책 전체를 처음부터 끝까지, 때로는 두 번 이상 읽은 사람들의 성의와 체력에 놀랐다. 마이클 코블렌츠Michael Coblenz, 지미 코펠Jimmy Koppel, 마이클 샤이너Michael Shiner는 거의 모든 페이지에 대해 풍부한 의견을 줬고 캐서린 진Kathryn Jin, 제프리 리트Geoffrey Litt, 롭 밀러Rob Miller, 아빈드 사티아나라얀Arvind Satyanarayan, 사라 부Sarah Vu, 힐렐 웨인Hillel Wayne, 파멜라 자브Pamela Zave는 훌륭한 해설을 제시했으며 조나단 알드리치Jonathan Aldrich, 톰 볼Tom Ball, 에이미 코Amy Ko, 해럴드 팀블비Harold Thimbleby는 책을 자세히 검토했을 뿐 아니라 그들의 조언에 따라 재구성한 책도 다시 한번 읽어 줬다.

이 책은 일반 독자를 대상으로도 테스트를 거쳤다. 아키바 잭슨Akiva Jackson은 컴퓨터 공학에 대한 정규 교육을 받지 않았다는 사실을 믿기 어려울 정도로 훌륭한 개선 제안을 많이 해 줬고 레베카 잭슨Rebecca Jackson은 내가 작성한 모든 글의 비공식 편집자의 역할을 해 줬고 레이첼 잭슨Rachel Jackson(http://binahdesign.com)은 타이포그래피와 책 디자인에 대한 정교한 안목을 공유해 줬다.

나에게 많은 아이디어를 준 모든 분들께 감사를 표하고 싶고 독자들께서도 여기서 미처 이름을 언급하지는 분들로부터도 많은 영향을 받았다는 사실을 이해해 주시리라 믿는다. 또한 둘러보기에 인용한 많은 동료들 외에도, 특히 콘셉트에 대한 첫 번째 아이디어에 대해 의견을 준 산티아고 페레즈 데 로소Santiago Perez De Rosso, 콘셉트 디자인의 첫 번째 주요 실험인 깃리스 서비스의 개발자와 나와 함께 개발한 콘셉트 동기화에 대한 초기 콘셉트를 구현한 데자뷰 시스템의 개발자에게 감사의 인사를 전하고 싶다.

편집자인 할리 스테빈스Hallie Stebbins는 집필 과정에서 탁월한 지도와 조언을 해 줬고 처음부터 이 책을 지지해 줬다. 꼼꼼하게 교열을 맡아 준 비샴 버와니Bhisham Bherwani와 프로덕션 편집자인 제니 볼코비치Jenny Wolkowicki는 모든 세부사항에 주의를 기울이며 이 책의 완성도를 높여 줬고 자신만의 책 디자인을 고집하는 저자를 상대하는 복잡한 과정을 너그럽게 용인해 줬다. 내 코치인 커스틴 올슨은 나에게 책 프로젝트를 단지 결과물을 제작하는 것이 아니라 점점 더 넓은 범위의 동료 및 친구들과의 확장된 대화와 협업으로 생각하도록 영감을 줬다.

오늘날의 컴퓨터과학 분야에 익숙한 독자라면 충분히 짐작할 수 있듯이 이 책의 기반이 되는 연구는 자금 조달이 쉽지 않았기 때문에 5년 동안 나를 꾸준히 지원해 준 SUTD-MIT 국제 디자인 센터와 센터의 존 브리슨John Brisson, 존 그리피스Jon

Griffith, 크리스 메이지Chris Magee 디렉터에게 특히 감사드린다.

이 책은 나의 특별한 부모님께 헌정하고 싶다. 어머니 주디 잭슨Judy Jackson은 많은 책과 프로젝트 그리고 나의 모든 활동에 대한 지칠 줄 모르는 열정으로 영감을 불어넣어 주셨다. 아버지 마이클 잭슨은 아버지의 아이디어와 나의 아이디어가 어디서부터 시작되는지 구분할 수 없을 정도로 소프트웨어에 대해 많은 것을 가르쳐 주셨고 지금도 여전히 이 분야와 그 역사(그리고 엘리베이터와 동전으로 작동하는 동물원 개찰구 디자인)에 대해 자주 대화를 즐기고 있다.

그리고 마지막으로, 나의 아내이며 가장 큰 후원자인 클라우디아 마르바흐Claudia Marbach의 지혜와 인내심, 격려에 정말 감사하며 이제 곧 오랫동안 약속했던 휴식을 함께 취하고 싶다.

2021년 7월 30일, 다니엘 잭슨

리소스

둘러보기

이 책을 읽는 방법

1. 드 포미앵의 즐거움

드 포미앵의 『French Cooking in Ten Minutes』[126]는 정말 예상치 못한 영감의 원천이다. 점심 시간 1시간 중 30분간 커피를 마시려면, 요리는 최대 10분 안에 끝내야 한다고 주장하는 요리사가 과연 얼마나 있을까? 이 책에는 훌륭한 레시피도 꽤 포함돼 있다. 내가 가장 좋아하는 레시피는 '폴란드 스타일 토마토' 요리인데, 드 포미앵이 폴란드 귀족 출신(1875년 에두아르트 포저스키로 태어남)이라는 것을 고려하면 적절한 선택일 것이다. 버터를 녹이고 잘게 썬 양파와 반으로 자른 방울토마토 두 개를 넣고 센 불에서 5분간 익힌 후 뒤집어 5분 더 익힌 후 사워크림 두 큰술을 넉넉히 숟가락으로 떠 넣고 끓기 시작하면 불을 끈 후 서빙한다.

비록 나는 이 요리에서 양파를 샬롯(양파와 유사한 채소)으로 대체하고 마지막에 갓 분쇄한 육두구를 넣어 만든 파스타 소스로 드 포미앵의 '이탈리안 스타일 누들'을 대신하지만, 이보다 적은 재료로 더 맛있게 요리하는 것은 상상하기 어렵기 때문에 드 포미앵은 정말 마이크로매니악한 취향을 가졌다고 할 수 있다. 그러나 레시피의 조리 시간을 보면 드 포미앵이 결코 허풍쟁이가 아니라는 것을 알 수 있다.

2. 디테일의 중요성

가구 디자이너인 찰스 임스Charles Eames와 레이 임스Ray Eames의 유명한 명언인 '디테일은 디테일이 아니다. 제품은 그들이 만든다'는 그들이 1961년 학생 기숙사를 위해 디자인한 가구 시스템인 임스 컨트랙트 스토리지에 관한 단편 영화 'ECS'의 대본으로 쓴 것이었다. 이같은 제품 철학으로는 애플의 유명한 디자이너 조니 아이브가 맥북 노트북의 모서리 모양을 만드는 동영상에서 '지나치게 강박적이진 않나요?'라는 자조적인 멘트로 끝맺음을 할 때도 발견할 수 있다.

세부사항을 해결하는 것은 보람은 있겠지만 어려운 작업이다. 이에 대해 스티브 잡스는 "뭔가를 정말 잘 디자인하려면 그것을 이해해야 한다. 디자인이 무엇인지 제대로 파악해야 한다. 뭔가를 빠르게 삼키는 것이 아니라 정말 철저하게 이해하고 씹어 먹으려는 열정적인 노력이 필요하다. 대부분의 사람들은 그렇게 할 시간을 갖지 않는다"라고 말했다[150].

1장: 집필 동기

3. 알로이 모델링 언어

알로이Alloy는 소프트웨어 디자인을 위한 언어이자 분석 도구다. 이 언어 자체는 선언형 제약 조건(동작의 생성 단계를 나열하지 않고도, 동작의 효과를 설명하는 것)이 있는 복잡한 데이터 구조와 동작을 모델링하는 데 사용하는 관계 기반의 단순하면서도 강력한 논리를 지원한다. 알로이 분석기는 사용자가 테스트 케이스를 작성할 필요 없이 샘플 시나리오를 생성하고 디자이너의 결과물이 의도한 속성을 충족하는지 여부를 확인할 수 있으며 이 과정은 완전히 자동으로 이뤄진다.

알로이는 Z 사양 언어[136]와 SMV 심볼릭 모델 검사기[23]에서 영감을 받아 개발됐으며 Z의 우아함과 간결함을 SMV의 분석 능력과 결합하는 것이 목표였다.

알로이의 기술적 혁신은 '범위scope'를 유한한 구간으로 제한해 SMV와 같은 자동화를 달성하는 새로운 분석에 있다. 예를 들어, 네트워크 프로토콜을 분석할 때 최대 다섯 개의 노드 및 관련된 모든 구성을 고려할 수 있다. 알로이의 컴파일 결과를 SAT 솔버의 입력으로 사용함으로써 전체 범위, 즉 해당 크기의 모든 시나리오를 처리할 수 있다(네트워크 예제에서는 네트워크 연결 그래프에만 3,200만 개의 케이스가 포함된다). 그렇기 때문에 알로이는 일반적으로 테스트에서 누락된 미묘한 오류를 찾아낼 수 있다.

최신 버전의 알로이[20]는 선형 시간 논리의 연산자를 원활하게 통합하고 무제한 모델 검사도 지원한다.

알로이는 네트워킹, 보안, 전자 상거래 등 다양한 응용 분야에서 사용되며 전 세계의 소프트웨어 및 공식적 방법론 강좌에서 교재로도 활용되고 있다. 알로이는 2006년 저서[66]에 자세히 설명돼 있으며 2019년 잡지 기사와 동영상[67]에 응용 사례와 함께 간략하게 설명돼 있다.

4. 소프트웨어 디자인: 아이디어의 기원

이 책에서 주장하는 소프트웨어 디자인에 대한 개념(다음 페이지에 설명한 프로그래밍, 소프트웨어 엔지니어링 및 사용자 인터페이스에서 일반적으로 사용되는 디자인 개념과는 대조되는)은 오랜 세월 동안 많은 사람에 의해 형성돼 왔다. 그러나 이 개념은 미첼 카포 Mitchell Kapor의 소프트웨어 디자인 선언문에서만큼 더 강력하게 표현된 적은 없었다.

카포의 선언문과 위노그라드의 저서. 로터스Lotus 사의 창립자이자 원조 제품의 디자이너인 카포는 1990년 에스더 다이슨의 PC 포럼에서 처음으로 선언문을 발표하면서 동료 소프트웨어 경영진에게 소프트웨어 개발에서 디자인의 핵심적인 역할을 인식할 것을 촉구했다. 이 선언문은 1991년 1월에 발간된 「닥터돕스」 저널에 실렸고 몇 년 후 테리 위노그라드Terry Winograd가 편집한 중요한 책인 『Bringing Design to Software』(ACM Press, 1996)의 첫 번째 장에 실렸다[149]. 훗날 스탠포드 디스쿨d.school의 설립자 중 한 명이 된 위노그라드는 '소프트웨어 디자인'이라는 용어를 정의하기 위해 전문가 그룹을 소집했다. 결국 그의 책에는 다양한 견해가 반영됐다. 비록 초기 형태이기는 하지만 그러한 학문이 존재한다는 점, 다른 분야의 디자인과 공통된 특징을 갖고 있다는 점, 소프트웨어 엔지니어링 및 사용자 인터페이스 디자인과는 구별된다는 점에 대해서는 모두가 확신했다.

새로운 분야(더 나아가 새로운 직업)에 대한 카포의 비전은 널리 공감을 불러일으켰고 오늘날 소프트웨어를 카포가 말한 의미에서 디자인해야 한다는 생각에 적어도 반대하는 사람은 없다. 다만, 내가 보기에는 아직 이 분야와 직업의 기반이 될 수 있는 지적 토대를 구축하지 못했다. 다른 디자인 분야 및 제품 제작 경험을 통해 많은 것을 배웠고 인간과 컴퓨터의 상호 작용 분야는 번성했다. 그러나 소프트웨어 디자인의 고유한 특성은 아직 명확하게 밝혀지지 않았다.

5. 소프트웨어 디자인이란 무엇인가?

'디자인'이라는 용어는 종종 주어진 제약 내에서 요구사항을 충족하기 위해 인공물을 만드는 모든 활동을 지칭하는 광범위한 의미로 사용된다. 하지만 그런 의미에서 보면 인간의 노력이 들어간 모든 활동이 디자인에 포함되기 때문에 변별력이 없다. 어떤 사람들은 디자인을 제조와 대비시키기도 하지만, 소프트웨어의 경우에는 이를 구분하기가 쉽지 않다.

나의 경우, 주로 사용성을 기준으로 판단되는 인공물의 형상화, 즉 디자인과 예술을 구분하고 인간이 직접 사용하기 위한 것, 즉 엔지니어링과 구분해 '디자인'이라는 단어를 사용하는 것을 선호한다. 카포는 "무엇이 어떤 것을 디자인 문제로 만드는가? 그것은 기술의 세계와 사람 및 인간의 목적이라는 두 가지 세계에 발을 딛고 서서 이 두 가지를 하나로 통합하려고 노력하는 것이다"라고 말했다. 엔지니어링은 비용, 성능, 복원력 등 인간 사용자에게는 큰 관심사이지만 일반적으로 실패할 때를 제외하고는 눈에 보이지 않는 모든 문제에 집중한다[78].

따라서 건물을 디자인하는 건축가는 건물에 거주하는 사람들이 만족할 수 있는 공간과 빛의 경험을 창출하는 것을 목표로 하므로 거주자의 작업 패턴을 잘 알고 있어야 한다. 반면, 구조 엔지니어는 건물이 강풍에 쓰러지지 않도록 하고 시간이 지나도 기둥이 녹슬지 않도록 하는 일을 담당한다. 디자이너의 분석은 인간 사용자의 행동을 완벽하게 예측할 수 없기 때문에 정성적이고 잠정적인 반면, 엔지니어의 분석은 정량적이고 확정적이며 인간 사용자에 대한 가정이 필요한 경우, 일반적으로 단순한 수치 측정(예: 최대 건물 거주자 수 또는 평균 체중)으로 축소할 수 있다.

이와 마찬가지로, 이 책의 주제인 소프트웨어 디자인은 사용자의 요구를 충족하기 위해 소프트웨어의 기능을 형성하고 구조화하는 것이다. 반면, 소프트웨어 엔지니어링은 이러한 기능을 제공하는 코드를 구조화하는 것으로, 본문에서 소프트웨어의 '내부 디자인'이라고 부르는 작업을 포괄한다. 소프트웨어가 얼마나 빨리 실행되는지, 얼마나 잘 확장되는지 등 일부 소프트웨어 엔지니어링 문제는 사용자와 관련이 있지만, 한계에 부딪힐 때를 제외하고는 대부분 눈에 보이지 않는다. 유지보수 적절성과 같은 다른 문제는 개발자와만 관련이 있으며 개발 비용과 새로운 기능의 실현 가능성에 영향을 미치는 범위 내에서만 사용자에게 영향을 미친다.

소프트웨어 디자인과 소프트웨어 엔지니어링의 차이점에 대해 스타 워크스테이션을 구축한 제록스^{Xerox}의 팔로알토 연구소^{PARC} 부서장 데이비드 리들^{David Liddle}은 "소프트웨어 디자인은 소프트웨어에 대한 사용자의 경험을 결정하는 행위다. 내부에서 코드가 작동하는 방식이나 코드의 크기와는 아무런 관련이 없다. 디자이너의 임무는 사용자의 전체 경험을 완전하고 명확하게 지정하는 것이다. 이것이 전체 소프트웨어 산업의 핵심이지만, 대부분의 회사에서 소프트웨어 디자인은 눈에 보이는 기능으로 존재하지 않으며 직업 없이 명예도 없이 은밀하게 이뤄진다"라고 명쾌하게 설명했다[149]. 요즘은 '완전하고', '모호하지 않은' 사양을 덜 강조하지만, 그렇지 않다면 그의 말이 이 책의 슬로건 역할을 할 수도 있다.

리들은 소프트웨어 디자인에 대한 존중의 부족을 지적하면서 카포가 선언문에서 한탄했던 내용을 다시 언급했다[78]. "오늘날 소프트웨어 디자이너는 게릴라같은 존재다. 공식적으로 존재를 인정받지도 역할을 존중받지도 못한다." 카포는 "대부분의 소프트웨어가 단지 엔지니어링된 것일 뿐, 디자인이 전혀 이뤄지지 않았다"라고 주장했다. 그의 해결책은 기술에 대한 탄탄한 기반을 갖추고 있지만, 개발자와는 구별되는 소프트웨어 디자인이라는 전문 분야를 만드는 것이었다. 이들의 업무 영역은 사용자 인터페이스뿐 아니라 제품의 개념 전체에 해당한다.

이 책은 바로 그런 디자이너를 위한 것이다. 카포의 선언이 있은 지 30년이 지났지만 '소프트웨어 디자이너'라는 직함은 여전히 드물다. 비록 프로그램 관리자, 건축가, UX 디자이너, 개발자 등 다른 직함을 가진 사람들에게 밀려나고는 있지만, 이들 디자이너가 수행하는 작업은 점점 더 중요하게 여겨지고 있다.

6. 프로그래밍 지식

소프트웨어 엔지니어링(또는 프로그래밍)에는 소프트웨어 디자인과 달리 잘 정립되고 엄격한 지식이 있다. 우리가 알고 있는 프로그래밍은 1950년대 후반, 최초의 고급 프로그래밍 언어인 '포트란'에서 시작됐다. 불과 수십 년 만에 의존성과 분리, 사양, 인터페이스, 불변성, 추상 유형, 불변성, 대수 데이터 유형, 객체, 서브 유형, 제네릭, 클래스, 고차 함수, 클로저, 반복자, 문법, 구문 분석, 스트림 변환 등 오늘날 프로그래밍에 대한 거의 모든 기본 아이디어가 발명됐다.

이러한 아이디어에는 좋은 프로그래밍 방법에 대한 규정 안내와 좋거나 나쁜 프로그램을 구별하는 기준이 함께 제공된다. 이들 중 특히 세 가지 아이디어가 가장 중요하다.

의존성: 두 모듈 간의 의존성은 첫 번째 모듈이 사양을 충족하기 위해 두 번째 모듈에 의존할 때 발생하며[116], 두 번째 모듈 없이는 첫 번째 모듈을 이해할 수 없거나 새 프로그램에서 사용할 수 없다는 점에서 책임 문제가 발생한다. 따라서 의존성을 제거하는 것은 프로그램 구조화의 주요 목표이며 많은 디자인 패턴의 작성 배경이다[44].

데이터 추상화: 모듈 외부의 코드를 수정하지 않고도 외부 코드가 해당 데이터 유형의 연산 동작에만 의존하도록 보장함으로써 모듈 내에서 데이터 유형의 인스턴스를 표현하는 데이터 구조를 변경할 수 있다면, 모듈 내의 데이터 유형은 표현-독립적이다[102]. 개발자가 이러한 독립성을 확립하려면 해당 유형의 클라이언트가 그 유형의 연산만을 사용하도록 해야 하고 내부 구조에 대한 참조가 외부로 노출되는 '표현 노출'이 발생하지 않도록 해야 한다[31].

불변성: 불변성이란, 특정 시점(예: 특정 함수 호출 전후)에서 관찰할 때 프로그램의 어떤 상태(예를 들어, 트리가 균형을 이루고 있거나 배열의 요소가 순서대로 나타남)를 유지하는 프로그램의 속성을 말한다[40]. (데이터베이스에서는 불변성을 '무결성 제약 조건'이라고

한다) 불변성을 보장하면 개발자는 복잡한 동작을 이해하는 작업을 단순화할 수 있다. 이벤트의 긴 히스토리를 고려할 필요 없이 규정된 각 지점에서 불변성이 유지된다고 가정할 수 있다.

이 풍부한 이론은 개발자가 프로그램에 대해 얘기할 수 있는 표현 언어도 갖고 있다는 것을 의미한다. 잘 훈련된 개발자라면 한 개발자가 다른 개발자에게 "키를 불변으로 만들면 해시 테이블의 대표 불변성을 깨뜨릴 위험이 있기 때문에"라고 말하는 대화를 듣고 그 개발자가 무슨 말을 하는지, 어떤 문제가 있는지 정확히 알 수 있다. 그러나 아직 소프트웨어 디자인을 위한 언어는 없다.

7. 소프트웨어 엔지니어링 연구에서의 디자인

팀 멘지스^{Tim Menzies} 교수와 학생들은 주요 학회 및 저널의 35,000개 이상의 논문으로 구성된 데이터 세트를 사용해 소프트웨어 엔지니어링에서 다양한 주제의 인기도를 분석했다[99]. 연구 첫 해인 1992년에는 디자인이 가장 인기 있는 주제였지만, 마지막 해인 2016년에는 최하위권(컨퍼런스에서는 8위, 학술지 분류에도 나타나지 않음)에 머물렀다. 이 연구는 논문 제목과 초록의 짧은 키워드 목록을 확인하는 단순한 방식으로 논문을 분류했지만, 그 결과는 내가 느낀 변화와 일치한다.

인간과 컴퓨터의 상호 작용 연구에서의 디자인. 디자인은 1984년 애플 매킨토시의 등장과 함께 사용자 중심 디자인이 등장했고 돈 노먼의 『디자인과 인간 심리』(학지사, 2016)[110]의 출판과 함께 1980년대에 HCI 커뮤니티에서 전성기를 맞이했다. 이 책은 표면적으로는 소프트웨어에 관한 것이 아니지만, 사용자 인터페이스 디자인에 큰 영향을 미쳤으며 특히 노먼의 어포던스 및 매핑 개념을 통해 큰 영향을 미쳤다.

스튜어트 카드^{Stuart Card}, 톰 모란^{Tom Moran}, 앨런 뉴웰^{Allen Newell}의 획기적인 저서인 『인간-컴퓨터 상호 작용의 심리학』(Lawrence Erlbaum Associates, 1986)[26]은 특정 매개변수(반응 시간, 기억 용량 등)를 가진 정보 처리자로서의 사용자 모델이 어떻게 인터페이스 디자인의 효율성을 안정적으로 예측하고 개선점을 제시할 수 있는지를 보여 줬다.

1989년 야콥 닐슨^{Jakob Nielsen}은 '디스카운트 유저빌리티'에 관한 논문에 사용자 인터랙션 디자인을 개선하기 위해 강력하면서도 저렴한 사용자 테스트, 프로토타이핑 및 휴리스틱 평가를 조합하는 방법을 제안했다[106]. 1년 후에는 휴리스틱 평가에 관한 롤프 몰리치Rolf Molich[107]의 더 자세한 논문이 발표돼 사용자 인터페이스 디자인의 원칙인 '10가지 사용성 휴리스틱'[108]의 첫 번째 버전이 나왔고 이후 브루스 토냐치니Bruce Tognazzini의 '인터랙션 디자인의 첫 번째 원칙'[143]과 같은 주목할 만한 논문들이 계속 발표됐다.

토머스 그린Tomas Green은 프로그래밍 언어 및 기타 표기법 디자인을 위한 기준 목록을 개발했는데, 그는 이를 '표기법의 인지적 차원'이라고 불렀다[46, 47]. 사실 그의 기준은 모든 종류의 인터페이스에 대한 사용성을 개선하는 데 훨씬 더 일반적으로 적용될 수 있다. 실제로 일관성, 오류 허용, 매핑 및 가시성과 같은 몇 가지 항목은 위에서 언급한 다른 목록에 공통적으로 적용된다. 이러한 원칙은 콘셉트 디자인의 원칙과 함께 시너지 효과를 발휘할 수 있다. 참고로 인지적 차원에 대한 좀 더 자세한 내용은 '둘러보기 19'에서 설명한다.

디자인은 인간과 컴퓨터의 상호 작용 연구에서 여전히 뜨거운 주제이지만, 이를 직접적으로 다루고 구체적인 디자인 지침을 추출할 수 있는 논문을 찾는 것은 어렵다. 민족 지학적 또는 사회학적 문제를 탐구하는 논문이 더 많으며 실질적인 디자인 지식에 기여하지 않는 경우가 많다.

예를 들어, 2020년 대표적인 HCI 컨퍼런스인 CHI의 '디자인 성찰과 방법' 세션에 포함된 논문은 총 748개 논문 중 다섯 개에 불과했으며 그 주제는 다음과 같았다. 철학의 형이상학적 아이디어를 연구하기 위한 디자인의 사용, 디자인의 미래를 상상하기 위한 성찰의 방식, 컴퓨터와 인체의 통합을 위한 의제, 호주 원주민 커뮤니티의 경험을 바탕으로 한 반복적 디자인에 대한 페미니스트/탈식민주의적 분석, 자동화가 글로벌 사우스(제3세계 또는 개발 도상국) 경제에 미치는 영향 등 해당 분야의 전문가들이 관심을 가질 만한 주제이기는 하지만, 대부분의 사람들이 사용하는 소프트웨어를 디자인하는 수많은 사람과 직접적으로 관련 있는 주제는 아니었다.

소프트웨어 디자인 방법에 대한 지침을 얻으려는 학생과 실무자는 교과서나 전문 서적을 참고해야 한다. 나는 특히 해롤드 팀블비Harold Thimbleby의 'Press on'[141]을 추천한다. 이 책은 고전적인 HCI 원칙과 디자인 기록 및 분석을 위한 상태 머신 형식주의를 결합하고 더 넓은 사회적·심리적·윤리적 문제를 다룬다.

8. 검증과 그 문화적 의미에 대해

소프트웨어 연구 초창기에 소프트웨어의 선구자들, 특히 밥 플로이드Bob Floyd, 에드거 다익스트라Edsger Dijkstra, 토니 호어Tony Hoare는 프로그램의 동작을 정확하게 명시할 수 있다는 급진적인 아이디어를 도입했다. 사양specification이 생기자, 허용되는 동작과 허용되지 않는 동작의 차이는 더 이상 주관적이지 않게 됐고 사양과 실제 프로그램 동작이 일치하지 않는 코드 결함인 '버그'가 관심의 초점이 됐다.

다익스트라는 프로그램이 사양을 충족하는지 여부인 '정확성 문제'와 사양이 사용 맥락에서 적절한지 여부인 '쾌적성 문제'를 대조했다[33]. 그는 정확성 문제는 수학적으로 공식화할 수 있으므로 '과학적' 조사에 적합한 주제라고 생각했다. 이와는 대조적으로 쾌적성 문제는 '비과학적'이며 컴퓨터과학자들이 추구하는 것이 의심스럽다고 주장했다.

이러한 구분 방법 및 수학적으로 정확한 사양 개념 덕분에 그간 별로 개선이 없었던 '프로그램 검증'이라는 분야가 시작됐다. 사양은 그 자체로도 매우 유익했지만, 다익스트라가 기대했던 방식은 아니었을 것이다. 아무리 단순한 소프트웨어 시스템이라도 완벽하고 정확한 사양을 작성하는 것은 불가능하거나 적어도 코드 자체를 작성하는 것보다 쉽지 않은 것으로 밝혀졌다. 그 대신 사양은 단일 소프트웨어 시스템 내의 훨씬 작은 컴포넌트에 적용할 때 유용하다는 것을 알게 됐다. 이러한 사양은 버그를 특정 부분에 한정시킴으로써 예기치 않은 동작의 원인이 되는 컴포넌트를 식별할 수 있기 때문에 유용하다.

수년에 걸쳐 정확성 개념과 이를 중심으로 성장한 검증 분야는 컴퓨터과학의 초석이자 가장 자랑스러운 업적이 됐다. 그러나 디자인 관점에서 보면 그 영향은 어떤 면에서는 악영향을 미쳤다. 다익스트라는 '쾌적성 문제'를 분리함으로써 (그리고 그다지 영감이 떠오르지 않는 이름을 붙임으로써) 그 중요성에도 불구하고 이 문제에서 사람의 관심을 멀어지게 했다. 오히려 (사양을 충족하도록 개발하는) '구현 문제'와 대조해 (사양을 만드는 것을) '디자인 문제'라고 하는 것이 더 나은 명칭이었을 것이다.

구현 문제는 더 명확하게 정의할 수 있고 점진적으로 진전시킬 수 있기 때문에 연구자들에게 더 매력적인 목표가 되는 것은 의심할 여지가 없다. 술 취한 사람이 가로 등 밑에서 잃어버린 열쇠를 찾는 이유는 그곳이 가장 밝은 곳이기 때문인 것처럼 소프트웨어 연구자들은 소프트웨어 품질을 해결하는 열쇠가 다른 곳에 있음에도 불구하고 대부분 구현이라는 가로등 밑만을 살펴본다. 구현에 모든 관심을 쏟다 보니 구현자는 수백만 명에 달하지만, 디자이너는 거의 없는 분야가 됐고 가장 중요한 결정(사양이 어떠해야 하는지에 대한)을 비기술자에게 맡기는 경우가 많다. 이를 건축에 비유하면 토목 엔지니어와 관리자만 있고 건축가는 없는 것과 같다[78].

다익스트라에게 버그는 단지 결함일 뿐이었기 때문에 프로그램이 사양을 충족하든 충족하지 못하든 프로그램의 버그 수에 대해 얘기하는 것은 말이 안 된다고 주장했다. 아이러니하게도 정확성에 대한 생각은 그를 버그에 전적으로 집중하게 만들었다. 사양의 디자인이 과학적이지 않은 문제라면 사양 자체는 크게 중요하지 않으며 남은 주요 문제는 어떤 버그가 존재하고 어떻게 제거할 수 있는지가 된다. 이러한 관점은 소프트웨어 엔지니어링 분야의 연구에 널리 퍼져 주요 학회에서는 사양에 대한 논의는 거의 없이 버그를 찾고 수정하는 데 초점을 맞춘 논문이 주를 이루고 있다.

버그를 제거하는 것이 소프트웨어 개선의 핵심은 아니다. 물론 버그로 가득찬 소프트웨어는 나쁘다. 그러나 버그가 없는 것으로 알려진 소프트웨어가 반드시 좋다고 말할 수도 없다. 즉, 여전히 사용할 수 없거나 안전하지 않거나 불안정할 수 있다.

요컨대, 이 책의 주장은 디자인의 기본 구조, 즉 디자인 개념과 서로의 관계가 중요하다는 것이다. 이 구조를 제대로 이해하면 후속 개발이 순조롭게 진행될 가능성이 높다. 잘못하면 아무리 버그를 수정하고 리팩토링(코드의 구조를 재조정하는 것)을 해도 안정적이고 유지 관리가 용이하며 사용 가능한 시스템을 만들 수 없다.

9. 결함 제거 및 소프트웨어 품질

결함을 제거하는 것이 더 좋은 소프트웨어 개발의 핵심이라는 가정은 너무 널리 퍼져 있어서 의문을 제기하는 경우가 거의 없고 아예 명시적으로 언급하지 않는 경우도 많다. 소프트웨어 개발사들은 개발 프로세스나 종종 흔들리는 코드베이스에 큰 혼란을 주지 않으면서 점진적으로 적용할 수 있다는 점에서 '결함 제거'라는 개념을 선호한다. 결함 제거 툴 공급사는 제품 판매에 도움이 되기 때문에 이를 홍보한다. 연구자들은 자신들의 기여도를 측정하기도 쉽고 한편으로는 처음부터 결함을 피하자고 제안하면 이상론자라는 비난을 받을까 봐 이러한 방식에 집중한다.

그러나 결함 제거는 올바른 초점이 아니다. 쉽게 제거할 수 있는 심각한 결함을 외면하는 것은 물론 현명하지 못하다. 그러나 결함은 품질 저하의 원인이 아니라 증상일 뿐이다. 근본 원인을 해결하지 않으면 결함을 아무리 많이 제거해도 남아 있게 된다. 또한 패치는 종종 복잡성을 증가시키기 때문에 결함을 제거하려 할수록 소프트웨어 시스템은 더 취약해지고 예측할 수 없게 될 수 있다.

결함 제거에 대한 비유. 내 가족은 1880년대에 지어진 빅토리아풍 주택에 살고 있다. 그 동안 이 멋진 집에서 가족 모두 잘 지내왔다. 하지만 여느 오래된 집과 마찬가지로 전반적인 수리가 필요했다. 가장 큰 문제는 물이 새지 않도록 하는 것이었다. 처음 집을 구입했을 때는 비가 많이 오면 지하실 벽의 균열 사이로 물이 스며들곤 했다. 그리고 강한 눈보라가 치면 배수구 뒤의 처마 밑에 물이 고여 바닥과 바닥 사이의 공간으로 흘러들어가 결국 천장과 벽을 통해 떨어지곤 했다.

두 경우 모두 직접적인 원인은 분명했고 (비싸지는 않지만) 간단한 해결책이 있었다. 지하실 누수를 해결하려면 벽의 균열을 막고 특수 방수 실란트를 뿌리면 된다. 지하 배수구를 설치해 벽 뒤의 물을 모아 펌핑할 수도 있다. 홈통 문제를 해결하려면 지붕 가장자리의 지붕 널 아래에 고무 얼음 및 물 보호막 층을 설치해 녹은 눈과 얼음으로 인한 유출수가 지붕에서 홈통으로 빠져나가도록 하면 된다.

그러나 수년 동안 이와 같은 방법을 실험하고 온라인에서 조언을 읽고 계약업체와 상담한 끝에 진실을 알게 됐다. 이런 종류의 해결책은 부적절하고 불필요하다는 것이었다. 실제로는 근본적인 문제를 해결하는 것이 아니라 문제를 가릴 뿐인 것이다.

더 나은 전략은 진짜 원인을 파악하고 이를 해결하는 것이었다. 지하실 물 문제를 예로 들어 보자. 물은 외부에서 집 안으로 들어오기 때문에 집 안으로 물이 들어오는 것을 막는 가장 좋은 방법은 애초에 집 밖에서 물이 들어오지 못하도록 하는 것이다. 집과 멀리 떨어진 곳에서 경사면이 생기도록 땅을 조정하고 배수구의 물받이가 기초에서 충분히 멀리 떨어진 곳으로 물을 배출하도록 하면 지하실 벽에 과다한 수압이 발생하지 않는다.

지붕에 쌓인 눈을 처리하는 것은 더 어렵다. 문제는 눈이 많이 내리는 지역에 사는 사람들에게는 익숙한 '아이스 댐'이라는 무서운 현상이다. 지붕이 따뜻하면 눈이 지붕과 만나는 곳에서 녹다가 기온이 떨어지면 다시 어는 얼음층이 형성돼 결국 처마를 덮을 정도로 커진다. 이렇게 얼음층이 배수로를 막은 상태에서 눈이 녹으면 녹은 물이 지붕 아래의 집 안으로 흘러 들어간다. 해결책은 역설적이게도 외부 공기가 따뜻해질 때만 눈이 녹을 수 있도록 지붕을 차갑게 유지하는 것이다. 즉, 지붕 널 아래에 틈새를 만들어 찬 공기가 통과할 수 있도록 지붕을 환기시키거나 (오래된 집이라면) 지붕 안쪽에 단열재를 설치해 집 안의 열을 지붕에서 멀리 떨어뜨린다.

요약하면, 두 가지 문제 모두 지하실 벽의 균열이나 지붕의 작은 구멍과 같이 눈에 보이는 결함으로 인해 발생한 것처럼 보였다. 그러나 이러한 결함은 단지 증상일 뿐, 진짜 원인은 디자인 결함이었다. 집이 잘 디자인됐다면(주변 토지의 상태가 잘 파악되고 지붕의 통풍과 단열이 잘돼 있다면) 물이 들어오지 않았을 것이다. 눈에 보이는 결함을 제거하는 것만으로는 충분하지도, 필요하지도 않다는 것이 밝혀졌다. 물이나 얼음이 충분히 쌓이면 아무리 좋은 지붕이나 지하실 벽도 무너질 수 있으며 디자인이 좋으면 사소한 결함은 검증할 필요도 없다.

10. 소프트웨어 연구의 경험주의

소프트웨어 공학 연구가 광범위하고 심오한 질문에서 좁고 기술적인 질문으로 옮겨간 것은 이 분야를 보다 실증적으로 만들려는 노력에서 비롯된 것이라고 볼 수 있다. 1990년대 중반, 경험주의를 지지하는 사람들은 실험이 더 중심적인 역할을 하는 좀 더 '과학적인' 표준을 채택하면 이 분야가 더 많은 존경을 받고 더 효과적인 발전을 이룰 수 있을 것이라고 주장했다.

하지만 기대했던 혜택은 실현되지 않았다. 경험적 증거를 요구하는 리뷰어들에 대응해야 했던 연구자들은 어려운 질문(특히 공식화가 까다로운 질문)에서 벗어나려고 평가하기 쉬운 간단한 질문으로 눈을 돌렸고 표본 크기가 작은 인위적인 실험을 시도한다거나 때로는 전문적인 개발자를 대상으로 하는 도구를 평가하는 데 학생들을 참여시키기도 했다.

그런데 질 낮은 논문을 걸러 내기 위해 증거의 기준을 높이다 보니 목욕물을 버리다가 아기까지 버린 셈이 됐다. 더 이상 논문의 지적 주장의 영향력과 독창성, 사례가 얼마나 설득력이 있는지 여부를 기준으로 논문을 평가하지 않고 이제 '결과'가 합격 여부를 결정하는 유일한 기준이 됐다. 이 분야에서 가장 영향력 있는 논문(예: 정보 은닉과 의존성에 관한 데이비드 파르나스의 중요한 논문[115, 116])이 오늘날 주류 학회에서 발표되지 못하는 것은 좀 더 수용적인 대회(예: SPLASH의 Onward! 트랙)를 제외하고는 냉정하게 생각하면 당연한 일이다.

인간과 컴퓨터의 상호 작용 분야에서도 이와 유사한 우려가 제기됐다. 사울 그린버그Saul Greenberg와 빌 벅스턴Bill Buxton은 사람들이 평가하기 쉬운 연구 질문을 생성할 뿐 아니라 좋은 결과를 도출하기 위해 체리피킹된 시나리오에 의존하는 경우가 많으며 따라서 어떤 인공물이 모든 맥락이나 중요한 맥락에서 사용 가능한 것이 아니라 특정 맥락에서만 사용 가능하다는 것을 증명한다는 사실을 발견했다[48]. 그에 따라 더 유망하고 혁신적인 아이디어가 덜 주목받게 된다고 주장했다.

로랑 보사빗Laurent Bossavit은 재미있고 흥미로운 저서[13]에서 소프트웨어에 대한 여러 가지 속설(예: 생산성은 개발자마다 10배 차이가 난다거나 애자일 접근 방식 이전에는 엄격하고 유연하지 않은 '폭포수' 방식으로 개발됐다는 등)을 분석해 이러한 속설이 근거가 없다는 것을 보여 줬다. 어떤 사람들에게는 이런 속설이 경험적 데이터에 더 중점을 두는 근거가 됐다. 그러나 보사빗이 지적했듯이 진짜 문제는 그러한 믿음을 뒷받침하기 위해 인용한 원본 논문이 아니라 논문의 내용과 메시지가 점점 더 왜곡되고 잘못 전달되는 '말 전달하기' 게임에 있다. 따라서 원본 논문에 설득력 있는 데이터가 부족한 것이 문제가 아니라 비판적으로 (또는 실제로 전혀) 읽히지 않는다는 것이 문제다.

물론, 모든 경험적 연구가 의심스러운 것은 아니다. 내가 반대하는 것은 다른 형태의 분석보다 경험적 평가를 무비판적으로 선호하는 것(하드 과학에 대한 오해의 소지가 있는 비유에서 비롯됨)과 정량적 평가를 통해 모든 아이디어가 혜택을 받을 수 있다는 가정에 대한 반대다. 적절한 목표를 설정하고 상상력을 발휘해 수행하면 경험적 조사는 당연히 많은 것을 밝혀 내고 가치 있게 만들 수 있다.

예를 들어, 프로그래밍 언어 분야에서는 프로그래밍이라는 행위가 코드를 컴파일러에 전달하는 작업만큼 다른 개발자와의 소통도 중요하다는 인식이 오래전부터 있었다. 그러나 최근에야 연구자들이 프로그래밍 언어가 인간을 위한 도구이며 사용성에 대한 질문이 언어 디자인의 기본이라는 생각을 받아들이기 시작했다[28].

이 새로운 분야를 선도하는 저명한 프로그래밍 언어 연구자인 조나단 알드리치

Jonathan Aldrich는 언어 기능이 사용자에게 미치는 영향을 신중하게 조사함으로써 프로그래밍 언어의 의미론에 대한 기술적 기여와 이론 사이의 균형을 유지해 왔다.

예를 들어, 그의 학생 중 한 명이 주도한 연구에서는 오픈 소스 프로그램 말뭉치를 분석해 연구 언어에서는 널리 사용되지만, 실제로는 거의 배포되지 않는 언어 기능인 '구조적 서브타이핑'의 이점을 실제로 확인했으며[98], 다른 연구에서는 코드에서 객체 프로토콜의 보급률을 조사함으로써 많은 모듈이 객체 프로토콜을 사용해 프로토콜 검사 도구를 향상하고 있다는 사실을 발견했다[9].

11. 콘셉트가 디자인 씽킹을 돕는 법

디자인 씽킹이 대중적으로 활용되면서 사회에서 디자인의 역할이 높아지고 일상적인 인공물의 디자인 품질에 대한 기대치가 높아지는 데 많은 기여를 했다. 또한 많은 사람이 당연하게 여겨지는 가정에 의문을 제기하고 근본적으로 새로운 해결책을 상상하고 필요를 재평가함으로써 삶의 모든 측면에 대해 보다 개방적이고 창의적인 방식으로 생각하도록 영감을 줬다.

디자인 씽킹의 '내용 없는' 특성, 즉 디자인 씽킹이 지지하는 프로세스가 도메인별 디자인 원칙, 언어 또는 전략과 무관하다는 점은 소프트웨어의 맥락에서 디자인 씽킹의 실체를 제공할 수 있는 콘셉트 디자인과 잘 어울린다. 니드 파인딩(필요 발견하기) 단계에서는 콘셉트 목적을 통해 니즈를 구체화하고 구조화할 수 있으며 발산적 아이디어 도출 단계에서는 기존 콘셉을 활용해 보다 야심차면서도 가벼운 탐색을 할 수 있고 수렴 단계에서는 콘셉트가 디자인을 기록하는 언어와 평가 기준을 제공할 수 있다.

가장 중요한 것은 콘셉트를 사용하면 디자인 탐구를 개념별로(또는 초기 개념이 해결하고자 하는 목적별로) 순차적으로 또는 병렬적으로 진행할 수 있다는 점이다. 디자인 씽킹 프로젝트는 너무 큰 범위로 인해 여러 단계에 걸쳐 크고 구조화되지 않아 융합하기 어려운 다양한 디자인 아이디어로 이어질 수 있다. 예를 들어, 의료 정보 시스템의 디자인을 디자인 씽킹 문제로 접근하는 것은 의미가 없다. 개별 콘셉트와 그 목적(예: 상태 진단, 환자 분류, 진료 예약 문제)을 파악하면 디자인 작업에 어느 정도 구조를 부여해 디자인 씽킹을 보다 세분화되고 집중적인 방식으로 적용할 수 있다.

디자인 씽킹에 대한 몇 가지 우려사항. 디자인 씽킹의 매력 중 하나는 접근하기가 쉽다는 점과 조직의 모든 구성원이 디자인 활동에 참여하도록 이끌 수 있다는 점이다. 디자인에 대한 참여를 확대하는 것은 확실히 좋은 아이디어라고 할 수 있는데, 디자이너들은 사용자와 조직 구성원의 참여가 더 나은 디자인으로 이어진다는 사실을 여러 번 확인했다. 패턴 랭귀지로 잘 알려진 크리스토퍼 알렉산더Christopher Alexander는 '패턴은 경험과 디자인 지혜를 구현함으로써 경험이 없는 사람들도 활용할 수 있게 해준다는 점에서 가치가 있다'라고 생각했다. 즉, 축적된 디자인 전문 지식은 평등 구조의 기반이 되는 것이다.

하지만 이러한 열정의 단점은 디자인에 대한 오해를 불러일으킬 수 있다는 것이다. 많은 디자인 씽킹 관련 서적에서 디자인은 완전히 새로운 형태로 무에서 유를 창조하는 쉽고 재미있는 활동이며 특정 디자인 분야에 대한 배경 지식은 불필요할 뿐 아니라 오히려 신선한 사고를 방해할 수 있다는 인상을 준다.

그러나 이는 몇 가지 중요한 측면에서 디자인을 잘못 표현한 것이다. 첫째, 최고의 디자이너는 진공 상태에서 작업하지 않는다. 디자이너들은 기존 디자인에 대한 지식과 경험이 풍부하며 새로운 디자인을 구상할 때 이를 활용한다. 둘째, 대부분의 디자인은 급진적인 새로운 형태가 아니라 기존 형태를 미묘하게 변형한 것으로, 디자인의 천재성은 디자인 전체의 참신함보다는 디테일과 서로 다른 디자인 요소를 조화시키는 방식에 있는 경우가 더 많다. 셋째, 각 디자인 분야는 실제로 고유한 감성이 필요하다. 나타샤 젠Natasha Jen은 '디자인 씽킹은 헛소리다'라는 강연에서 디자인 씽킹과 디자인 비평의 역할에 대한 경시 풍조에 대해 이와 유사한 우려를 제기했다 (3M 사의 포스트잇이 디자인 도구로 보편화된 것에 대해서도 비판했다)[74].

다른 영역에서의 디자인. 다양한 분야에 적용되는 '디자인 사고방식'이 분명히 존재하며 나도 소프트웨어에 관한 책이 아닌 다른 책을 통해 디자인에 대한 이해를 넓혔다. 내가 가장 좋아하는 책으로는 마리오 살바도리Mario Salvadori의 '왜 건물은 무너지는가'[93], 매티스 레비Mattys Levy와 살바도리의 '왜 건물은 일어서는가'[133], 헨리 페트로스키Henry Petroski의 '엔지니어는 인간이다'[121], 찰스 페로Charles Perrow의 '일반적인 사고'[120] 등 실패를 설명하고 진단하는 책들이 있다.

소프트웨어 오류에 관해서도 이런 종류의 책을 쓸 수 있을까 고민했지만, 간단한 이유 때문에 불가능하다는 결론을 내렸다. 이 책들이 매력적인 이유는 완벽해 보였던 계획이 잘못된 가정이나 실행상의 결함으로 인해 크게 실패한 사례를 설득력 있게 다루고 있기 때문이다. 그러나 수백만 명의 개인 기록이 유출된 보안 침해 사고와 같이 소프트웨어에 유사한 규모의 실패가 발생하면 처음부터 합리적인 안전 장치가 없었다는 진단을 내릴 수밖에 없다. 성공에 대한 디자인적 근거가 없다면 실패가 발생하지 않을 것이라고 상상할 이유도 없고 따라서 디자인 스토리를 만들 수도 없다. 기업이 소프트웨어를 더 신중하게 디자인하도록 장려하지 않는 이유에 대한 얘기는 여전히 할 수 있지만, 이는 단지 투자 대비 위험에 관한 얘기가 될 뿐이다.

영감의 원천. 다른 분야에서 디자인에 대한 영감을 얻는 과정에서 나는(마이클 잭슨[72]이 소개한) 마이클 폴라니의 '작동 원리' 개념[125], 남 서의 독립 공리(기계 공학의 공리 디자인 이론[137]에서 유래) 그리고 더 무정형적이지만 그에 못지않게 중요한 디자인의 형태, 맥락, 적합성, 패턴의 역할에 대한 크리스토퍼 알렉산더의 아이디어[3, 4, 5]에서 가장 많은 영향을 받았다.

타이포그래피와 그래픽 디자인에 관한 책은 감탄이 나올 만큼 훌륭한 디자인 아이디어와 디자인 이론을 제공하며 디자인에 대해 글을 쓰는 방법에 대한 모델을 제시하는 원칙, 패턴 및 예시적인 디자인 사례로 가득하다. 타이포그래피에 관한 전통적인 설명은 종종 규범적인 디자인 지침을 제공한다. 예를 들어, 얀 치홀트[Jan Tschichold]의 『책의 형태』[144]는 페이지 레이아웃을 체계적으로 다루고 페이지와 텍스트 블록을 형성할 때 다양한 비율을 사용하는 방법에 대한 조언을 담고 있다. 가장 인상적인 책은 로버트 브링허스트[Robert Bringhurst]의 『타이포그래피 스타일의 요소』[16]로, 이책에 포함된 디자인 조언의 질과 양뿐 아니라 책 자체가 타이포그래피 디자인이 얼마나 성공적인지 보여 주는 아름다운 예시도 제공한다. 이 책의 디자인 아이디어가 소프트웨어로 이어지지 않더라도 디자인 원칙이 좋은 것이라는 인식을 북돋우고 창의성도 증폭시킨다.

소프트웨어 개발은 오랫동안 다른 영역에서 영감을 얻었다. 기존 분야에서 아이디어를 빌려온 사례 중 가장 잘 알려진 것으로는 재사용 가능한 컴포넌트 또는 교체가 가능한 부품에 대한 아이디어로, 1801년 엘리 휘트니[Eli Whitney]가 존 애덤스[John Adams]

대통령에게 사전에 제작된 컴포넌트로 조립한 소총을 시연했던 때까지 거슬러 올라간다. 그러나 이때의 시연은 나중에 가짜로 판명됐다. 휘트니가 부품에 표시를 해 놓았지만, 완전히 호환되지 않는 부품이었기 때문이다. 그럼에도 불구하고 이 사건은 수공예에서 산업 생산으로 넘어가는 기술적 전환점으로 종종 언급된다. 소프트웨어에서의 컴포넌트의 가치는 소프트웨어 엔지니어링 분야가 시작된 1968년 NATO 컨퍼런스[101]에서 더그 맥일로이^{Doug McIlroy}가 처음 언급했으며 콘셉트 자체가 재사용 가능한 컴포넌트이므로 콘셉트 디자인에서도 중요하다.

12. 공식적인 사양과 디자인

1970년대와 1980년대에 연구자들은 수학적 논리를 사용해 소프트웨어 시스템의 동작을 지정하기 위한 수많은 언어를 개발했다. 이러한 언어 중 일부는 소위 '모델 기반' 언어(예: Z [136], VDM [75], B[1]과 같은)로, 동작을 객체, 클래스, 연결된 코드 목록이 아닌 집합과 관계로 구성된 추상 상태에 대한 동작으로 설명함으로써 소프트웨어 구현의 낮은 수준의 세부사항을 추상화했다. OBJ[45] 및 Larch[51]와 같은 소위 '대수적' 언어에서는 한 걸음 더 나아가 관찰자(숨겨진 상태를 보고하는 동작)와 뮤테이터(상태를 변경하는 동작)를 연결하는 공리를 사용해 상태 없이 동작을 설명했다.

대부분의 경우, 이러한 언어들은 소프트웨어 품질이 정확성, 즉 프로그램의 동작이 사양에 부합한다는 확신에서 비롯됐다. 정확한 사양이 없으면 정확성을 효과적으로 추구하기는커녕 판단조차 할 수 없다.

하지만 연구자들이 공식적인 사양을 작성하기 시작하면서 사양을 작성하는 활동 자체가 의도한 동작의 불일치와 혼란을 드러낸다는 사실을 발견했다. 사양을 작성하는 행위는 이미 명확해진 기대치를 기록하는 단순한 문제가 아니라 시스템에 대한 가장 중요한 결정이 내려지는 강력한 디자인 활동이었다. 예를 들어, Z 언어로 작성된 사례 연구 책[55]에서도 이러한 사실을 분명히 알 수 있으며 윈도 매니저의 필수 속성을 디자인하기 위해 Larch를 사용한 아름다운 예제[50]에서도 명시적인 목표로 설명하고 있다. 특히 인간과 컴퓨터의 상호 작용 분야에서 해롤드 팀블비^{Harold Timbleby}는 대수적 속성을 사용자 인터페이스 동작에 적용하는 방법을 보여 주는 초기 저서[139]의 한 장을 통해 형식적 사양의 이점을 탐구했으며 이후 HCI에서 보다 일반적으로 형식적 방법의 역할에 대한 논문 모음을 편집했다[54].

내가 만든 알로이 언어(둘러보기 3 참조)는 처음부터 디자인 탐색을 위한 것이었다. 이 언어를 사용하기 시작하면서 가장 유용한 분석은 예상 속성에 대해 디자인을 테스트하는 어설션^{Asssertion} 체크가 아니라 임의의 시나리오를 생성해 디자이너가 예상치 못한 (그리고 종종 병적인) 경우를 고려하도록 유도하는 시뮬레이션이라는 사실을 발견한 것이다.

13. 단순함과 명확성

(코로나19 팬데믹의 새로운 근무 방식으로 인해 갑자기 확대된) 화상 회의 시장에서 줌이 시장을 석권한 현상을 보면서 테크 칼럼리스트인 쉬라 오비드^{Shira Ovide}는 이 회사의 성공은 소프트웨어가 '그냥 작동하기 때문'이라고 말한다. 쉬라는 '어떤 분야에서 최초 또는 최고가 되는 것이 중요한 것은 아닐 수 있다'라고 설명하면서 오히려 '소홀하게 취급받고 있는 단순함이 바로 성공의 비결'이라고 말한다. 물론, 쉬라도 단순성을 위한 디자인이 결코 쉬운 일이 아니라는 것을 알고 있기 때문에 '단순한 디자인은 성공을 이루는 데 있어 엄청나게 얻기 어려운 티켓'이라고 언급한다[114].

쉬라는 자신도 모르게 가장 유명한 컴퓨터과학자인 토니 호어^{Tony Hoare}와 에드거 다익스트라의 견해를 반영하고 있었는데, 두 사람 모두 단순성을 열렬히 지지했다. 호어가 튜링상 강연[57]에서 한 단순성에 대한 발언은 소프트웨어 엔지니어링 분야에서 가장 잘 알려진 명언이 됐다. 두 사람 모두 프로그래밍 언어 디자인의 지나친 복잡성을 비판했다. 첫 번째는 알골 68^{Algol 68}에 관한 것으로, 더 단순한 언어에 대한 제안이 거부된 것에 대해 다음과 같이 한탄했다. "소프트웨어 디자인을 구성하는 방법에는 두 가지가 있다고 생각합니다. 한 가지 방법은 결함이 없을 정도로 단순하게 만드는 것이고 다른 한 가지 방법은 결함이 없을 정도로 복잡하게 만드는 것입니다."

두 번째는 PL/1에 관한 것으로, 단순성을 달성하는 데 필요한 리소스를 쉽게 구할 수 있을 때(또는 특히 그럴 때)에도 단순성을 달성하기는 어렵다는 점을 지적했다. 즉, "처음에는 기술적으로 불건전한 프로젝트가 무너지길 바랐지만, 곧 이 프로젝트가 성공할 운명이라는 것을 깨달았습니다. 소프트웨어의 거의 모든 것은 충분한 의지만 있다면 구현하고 판매하고 심지어 사용할 수 있습니다. 단순한 과학자가 수

억 달러의 자금에 맞설 수는 없습니다. 그러나 이런 방식으로 구매할 수 없는 한 가지 품질이 있는데, 그것은 바로 신뢰성입니다. 신뢰성의 대가는 극도의 단순성을 추구하는 것입니다. 이는 매우 부유한 사람들이 가장 지불하기 어려운 대가입니다." 라고 말했다.

다익스트라[36]도 다음과 같이 언급했다. "단순화의 기회는 매우 고무적인데 모든 사례에서 단순하고 우아한 시스템은 어느 정도 수용성을 확보하기 위해 디버깅을 거쳐야 하는 복잡한 장치보다 디자인과 실행이 더 쉽고 빠르며 효율적이고 훨씬 더 신뢰할 수 있는 경향이 있기 때문입니다."

호어와 다익스트라는 소프트웨어 디자인보다는 소프트웨어 엔지니어링에 더 관심이 많았기 때문에(다익스트라는 전자의 용어를 혐오해 직접 사용한 적이 없음), 당연히 단순성의 이점을 주로 신뢰성 측면에서 파악했다. 사용자는 개발자에 비해 복잡성을 파악하기 어렵기 때문에 소프트웨어 디자인 영역에서의 이점이 훨씬 크다. 나는 콘셉트를 가진 소프트웨어를 디자인하면 사용자 경험이 향상될 뿐 아니라 디자인의 명확성이 코드의 명확성으로 이어지기 때문에 소프트웨어의 신뢰성도 높아진다고 믿는다.

줌의 경우, 단순성만으로 회사가 성공했다고 할 수는 없다. 비디오의 품질도 스카이프나 구글 행아웃과 같은 경쟁사에 대한 부분적으로 우위에 있었다. 그리고 나중에 살펴보겠지만, 줌 앱은 몇 가지 콘셉트 디자인 문제를 안고 있다.

14. 콘셉트 모델의 기원

스튜어트 카드와 톰 모란은 그들의 역사적인 논문[25]에서 제록스 PARC에서의 수년 동안의 작업을 요약한다. 이 논문의 대부분은 그들의 선구적인 인지 모델('인간 정보 프로세서')과 사용자 인터페이스의 주로 물리적 측면을 디자인하는 데 적용한 것에 대해 설명하지만, 그들은 또한 멘탈 모델의 역할에 대해 논의하고 멘탈 모델은 우연이 아니라 적절한 콘셉트 모델을 발명함으로써 디자이너가 명시적으로 구성해야 한다는 견해를 지지한다. 그들의 말을 인용하면 다음과 같다. "사용자가 시스템을 사용할 때 멘탈 모델을 구축함으로써 시스템의 동작을 이해하려고 시도한다는 것은 분명합니다. 간단한 모델이 명시적 또는 암묵적으로 제공되지 않으면 사용자는 시스템 작동 방식에 대한 자신만의 방식을 채택합니다. 사용자가 시스템을 이해하려면 사용자가 쉽게 학습할 수 있는 명시적인 콘셉트 모델로 시스템을 디자인해야 합니다. 디자이너가 사용자가 학습하도록 의도한 모델이기 때문에 우리는 이를 의도된 사용자 모델이라고 부릅니다."

돈 노먼은 2002년에 출간된『디자인과 인간 심리』[110]의 서문을 통해 이 책에서 가장 중요한 디자인 원칙을 나열한다. 첫 번째는 콘셉트 모델로, 그는 온도 조절기의 예를 들어, 올바른 모델이 없는 사용자가 더 빨리 따뜻해지길 바라는 헛된 희망으로 온도를 더 높게 설정하는 방법을 설명한다(노먼이 제시한 상위 네 가지 원칙의 나머지 원칙은 사용자에게 피드백 제공, 오류 방지를 위한 제약 조건 부과, 신호 어포던스다). 하지만 노먼에게 콘셉트 모델 원칙은 주로 커뮤니케이션에 관한 것으로, 기기의 외관이 그 콘셉트 모델을 전달해야 한다는 것이다(이에 대한 자세한 내용은 둘러보기 54의 '노먼의 냉장고에 대한 논의' 참조). 나는 카드와 모란의 견해에 더 가깝다. 콘셉트 모델을 형성하는 것 자체가 일차적인 디자인 과제이며 이를 전달하는 문제(또는 나의 용어로는 콘셉트를 구체적인 사용자 인터페이스에 매핑하는 문제)는 부차적이라는 것이다.

API의 콘셉트 모델. 사용자가 소프트웨어를 작동하기 위해 건전한 콘셉트 모델이 필요한 것처럼 개발자도 API(애플리케이션 프로그래밍 인터페이스)를 통해 다른 개발자의 코드를 통합하기 위해 콘셉트 모델이 필요하다. 개발자의 API 문서 이해도에 대한 한 연구[81]에 따르면, API의 개념을 기본적으로 이해하지 못하는 개발자는 검색 쿼리를 작성하거나 찾은 콘텐츠의 관련성을 평가할 때조차 어려움을 겪어 API를 효과적으로 사용하는 것이 거의 불가능한 것으로 나타났다.

프레드 브룩스와 콘셉트 무결성. 1975년 프레드 브룩스Fred Brooks는 IBM에서 OS/360 프로젝트를 관리한 경험을 바탕으로『맨먼스 미신』[17]을 저술했다. 이 책은 고전이 됐으며 프로젝트 관리 분야에 큰 영향을 미쳤다. 이 책의 핵심 아이디어 중 하나는 '콘셉트 무결성'이었는데, 브룩스는 이를 '시스템 디자인에서 가장 중요한 고려사항'이라고 주장했다. 그는 1995년 기념판의 서문에서 초판에서 표명했던 견해를 되돌아보면서 특히 데이비드 파르나스David Parnas의 정보 은닉에 대한 반대를 철회했다. 하지만 그의 의견에는 변함이 없었다. '저는 그 어느 때보다 확신이 있습니다. 콘셉

트 무결성은 제품 품질의 핵심입니다.'

브룩스는 영향력 있는 논문 「No Silver Bullet(은탄환은 없다)」[18]에서 유사한 견해를 밝혔다. 이 논문에서 그는 소프트웨어 개발의 어려움을 본질('소프트웨어의 본질에 내재된 어려움')과 우연('오늘날 소프트웨어 생산에 수반되지만 내재돼 있지 않은 어려움')으로 나누고 소프트웨어의 근간이 되는 콘셉트에서 본질을 찾았다. '소프트웨어 개체의 본질은 데이터 세트, 데이터 항목 간의 관계, 알고리듬 및 함수 호출과 같은 상호 연동되는 콘셉트의 구조입니다. 이러한 콘셉트 구성은 다양한 표현에서도 동일하다는 점에서 본질은 추상적입니다.' 또한 그는 콘셉트 구조를 개발하는 것이 더 큰 과제라고 주장했다. '소프트웨어를 구축하는 데 있어 어려운 부분은 이 콘셉트 구조의 사양, 디자인 및 테스트일 뿐, 이를 표현하고 그 표현의 충실도를 테스트하는 수고가 아니라고 생각합니다.'

브룩스에게 콘셉트 무결성은 전체 시스템의 디자인이 한 마음에서 비롯돼야 한다는 것을 의미한다. 이러한 관점에 따라 브룩스는 최근 저서인 『디자인의 디자인』[19]에서 '스타일'을 반복되는 여러 가지 미시적 결정의 집합으로 정의하며 각 결정이 발생할 때마다 동일한 방식으로 이뤄져야 한다고 말한다. 이와 대조적으로 브룩스가 컴퓨터 아키텍처에 대해 공동 집필한 책[12]에서는 콘셉트 무결성의 개념을 직교성, 적절성, 일반성이라는 세 가지 필수 속성으로 구성된 것으로 간략하게 정의하고 있다. 브룩스 자신은 이러한 아이디어를 더 발전시키지 않은 것으로 보이지만, 나를 포함한 많은 사람에게 영감을 줬다.

콘셉트 모델링 분야. 사실 컴퓨터과학에는 '콘셉트 모델링'이라는 하위 분야가 있지만, 이 분야는 다른 종류의 콘셉트 모델에 중점을 둔다. 여기서 모델은 실제 세계의 엔티티와 관계를 수집하며 '콘셉트'라는 용어는 컴퓨터 내부의 표현과 외부 현실을 구분하기 위해 사용된다. 이러한 종류의 콘셉트 모델은 전통적인 AI 추론(예: 로봇 플래너)에 사용되거나 실제 세계에 대한 데이터를 유지하는 애플리케이션(예: 급여 시스템 등 대부분의 정보 시스템)에서 데이터베이스를 정의하는 데 사용된다. 최근에는 인터넷에서 지식의 구조를 수집하는 데 초점을 맞추고 있다.

콘셉트 모델링의 핵심은 설명 활동이다. 이 분야의 리더 중 한 명인 존 밀로풀로스John Mylopoulos는 다음과 같이 설명한다. "콘셉트 모델링은 이해와 소통을 목적으로 우리 주변의 물리적, 사회적 세계의 일부 측면을 공식적으로 설명하는 활동입니다"[105]. 이와는 대조적으로 이 책은 디자인과 발명에 관한 책으로서 설명이 중요하지만, 그 자체가 목적은 아니다.

따라서 콘셉트 모델 자체는 일반적으로 문제 도메인의 기본 요소와 그 관계를 표현하는 데이터 모델('시맨틱 온톨로지'라고도 함)이다. 데이터베이스 개발에서 이러한 데이터 모델은 문제 도메인뿐 아니라 데이터베이스에서 표현되는 방식(예: 테이블 모음)을 지정하는 데이터베이스 스키마와 대조된다. 콘셉트 모델링에 가장 많이 사용되는 데이터 모델은 엔티티 관계(ER) 모델이다. ER 모델 자체는 1976년 피터 첸^{Peter Chen}이 데이터베이스 디자인의 디딤돌로 개발했으며[27], 큰 영향을 미쳤다. 다른 모델(예: 시맨틱 데이터 모델[52])은 더 풍부한 기능을 제공했지만, 한 엔티티가 다른 엔티티의 하위 집합이라는 것을 지정하는 대표적인 기능 외에는 거의 채택되지 않았다. 이 기능이 추가된 이 모델은 '확장된 엔티티 관계 모델'로 알려져 있으며 통합 모델링 언어에서 사용되는 표기법의 기초가 된다.

더욱 놀라운 것은, 이 분야에서는 콘셉트가 정확히 무엇인지에 대한 합의에 도달하지 못한 것 같고 수식어 형태로만 사용되는 것 같다는 점이다. 최근 논문[117]은 이를 다소 단호하게 표현한다. '콘셉트 모델링 커뮤니티는 모델이 무엇을 모델링하는지에 대한 명확하고 일반적인 합의가 없을 뿐 아니라 사용 가능한 옵션과 그 함의가 무엇인지에 대한 명확한 그림도 갖고 있지 않다. 한 가지 일반적인 주장은 모델이 콘셉트를 대표하지만, 콘셉트가 무엇인지에 대한 명확한 표현이 없다는 것이다.'

아마도 대부분의 연구자들은 콘셉트 모델에서의 엔티티를 '콘셉트'로 구성하는 것이라고 여길 것이다. 이렇게 하면 콘셉트를 격자(본질적으로 하나의 개념이 둘 이상의 부모를 가질 수 있는 분류법)로 구성하는 형식적 콘셉트 분석에서의 콘셉트와 일치하게 된다. 이 관점에서 콘셉트 모델의 연관성은 콘셉트 간의 관계를 표현한다.

그러나 콘셉트와 관계의 구분은 지속 가능하지 않으며 모델이 어떻게 구성되는지에 따라 달라진다. 예를 들어, 레스토랑 예약 시스템의 콘셉트 모델에는 '예약'이라는 엔티티가 예약 중인 테이블 및 예약하는 고객과 같은 다른 엔티티와 연관돼 있을 수 있다. 반면, 예약은 고객과 테이블 간의 연결로 변환될 수도 있습니다. 예약을 엔티티로 처리하는 것을 선호하는 이유 중 하나는 예약 날짜와 같은 속성을 추가할 수 있기 때문이다. 그러나 일부 모델링 언어(원래 ER 모델 포함)에서는 연결에도 속성을 가질 수 있도록 허용하므로 이를 고려할 필요가 없다. 어느 쪽이든, 엔티티와 관계를 구분하는 콘셉트 정의가 흔들리고 있는 것은 분명해 보인다.

이 접근 방식(데이터 모델의 요소를 콘셉트로 식별하는 방식)의 더 큰 문제는 콘셉트를 확장하지 않으면 모델에 구조가 부족하다는 것이다. 콘셉트 모델의 모든 엔티티 또는 관계가 콘셉트라면 예약의 시작 시간과 종료 시간도 콘셉트일 것이다. 콘셉트 모델에서 실질적인 콘셉트를 찾으려면 모델을 여러 개로 나누고 여러 개체와 관계를 함께 그룹화해야 한다. 예약을 지원하는 모든 요소가 예약 콘셉트의 일부가 되고 자체적으로 로컬라이즈된 데이터 모델을 갖는 것이 내가 생각하는 콘셉트다.

파울러의 분석 패턴. 내 콘셉트는 재사용 가능한 작은 콘셉트 모델인 마틴 파울러^{Martin} ^{Fowler}의 '분석 패턴'[42]에 더 가깝고 그 영향을 받기도 했다. 중요한 차이점은 콘셉트는 주로 행동이며 그 구조는 행동을 생성하기 위해(실행 중인 콘셉트의 상태에서) 기억해야 할 것을 식별해 행동을 지원한다는 것이다. 파울러는 코드를 향해 이동하고 클래스와 관련된 메서드를 보여 줌으로써 동작을 가져온다. 앞으로 살펴보겠지만, 이는 필수는 아니므로 동작 구현과 무관한 방식으로 지정할 수 있다.

도메인, 데이터 모델 및 도메인 중심 디자인. 이와 관련된 아이디어로 문제 도메인의 모델을 소프트웨어 시스템 개발의 기초로 사용하는 '도메인 모델링'이 있다. 문제 도메인의 명시적 모델링에 의존한 소프트웨어 개발에 대한 초기 접근 방식은 마이클 잭슨^{Michael Jackson}의 'JSD'이다[68]. JSD에서 문제 도메인의 각 엔티티는 엔티티의 수명에서 가능한 이벤트 시퀀스를 캡처하는 문맥 없는 문법으로 모델링된다. 시스템 기능은 모델 측면에서 정의되며 구현은 모델과 시스템 기능을 체계적으로 변환해 얻는다.

객체지향 접근 방식은 또한 문제 도메인의 모델링을 사용했지만, 객체는 구현에 사용할 만한 유용한 모델링 재료로 삼기에는 너무 오염된 것으로 판명됐다. 객체 모델링 기법[131]은 객체 기반 구현을 보다 충실한 모델링으로 정사각형화하는 유용한 방법을 발견했는데, 엔티티 관계 도메인 모델을 먼저 구성한 다음(JSD와 유사한 정신으로) 객체 구조로 변환하는 방식이다.

에릭 에반스의 인기 도서인 『도메인 주도 설계』(위키북스, 2011)[38]는 실무자들에게 도메인 모델을 소개함으로써 기존 아이디어에 새로운 생명을 불어넣었다. 이 책은 도메인 모델링 외에도 '엔티티' 객체와 '가치' 객체의 구분[96], 하위 계층이 상위 계층에 언어를 제공하는 계층형 아키텍처[32], 팀에서 공통 용어 사용의 중요성[151] 등 중요하지만 소홀히 여겨졌던 다른 아이디어도 새롭게 조명했다. 이 책에서 도메인 모델링에 대한 전통적인 접근 방식을 확장한 핵심적인 항목 한 가지는 조직의 여러 기능 영역과 부분에 대해 서로 다른(심지어 호환되지 않는) 도메인 모델이 필요할 수 있다는 경계 컨텍스트bounded context에 대한 아이디어다. 콘셉트 디자인은 여기서 한 걸음 더 나아가 각 콘셉트가 데이터 모델에서 관련 부분을 차지하도록 한다.

마이클 잭슨의 문제 프레임[70]에서도 이와 유사하게 문제 도메인을 여러 하위 도메인으로 분해해 구축 중인 시스템 내의 현상과 시스템이 상호 작용하는 도메인의 현상 간의 관계를 포착하는 원형 패턴으로 요구사항을 구조화한다. 잭슨은 가장 최근의 연구[71]에서 시스템을 '삼중항triplets'의 집합으로 설명한다. 각 삼중항은 기계(컴퓨터에서 실행되는 프로그램), 기계가 상호 작용하는 관리되는 세계의 일부 그리고 상호 작용의 결과로 발생하는 행동으로 구성된다. 잭슨의 접근 방식은 각 기계가 다른 종류의 행동에 대해 세계의 다른 측면이 관련될 수 있고 다른 근사치가 허용될 수 있다는 점을 인식함으로써 관리되는 세계의 다른 모델로 작업할 수 있다는 점에서 의미가 있다. 잭슨의 기계는 콘셉트보다는 덜 세분화돼 있지만, 콘셉트와 마찬가지로 자체 데이터 모델과 역학을 갖고 있다.

다른 연구자들은 요구사항의 기초로 도메인 모델링을 탐구했다. 특히 디네스 뵤르너Dines Bjørner는 도메인 모델링을 '도메인 엔지니어링'이라고 부를 정도로 도메인 모델링을 강조했다[10].

컴퓨터 시스템 디자인의 콘셉트. 주로 인프라 컴포넌트(네트워크, 파일 시스템 등)의 디자인에 중점을 두는 '시스템'으로 알려진 컴퓨터과학 분야는 다양한 디자인을 체계화하는 것보다 획기적인 아이디어에 더 중점을 두는 사례를 중시하는 경향이 있다. 그러나 주목할 만한 예외 사례 중에는 나의 콘셉트와 어느 정도 유사한 디자인 주제를 식별하는 제리 살처와 프란스 카쇼크[132]의 교재와 복잡한 컴포넌트(예: 분산 메모리)의 동작이 어떻게 정밀한 (그리고 종종 놀랍도록 약한) 사양으로 특징 지어질 수 있는지 보여 주는 버틀러 램슨^{Butler Lampson}[86]의 시스템 디자인에 관한 강의 노트다.

2장: 콘셉트의 발견

15. 유닉스에서 기원한 드롭박스 폴더 콘셉트

드롭박스는 폴더를 '디렉터리'라고 부르는 유닉스 운영 체제에서 '폴더' 콘셉트를 도입했다. 이 디자인에는 여러 가지 명쾌한 측면이 있다. 특히 파일과 디렉터리의 이름은 메타데이터가 아니라 단순히 디렉터리 항목에 포함되기 때문에 이 정보를 유지하기 위해 파일 시스템에 추가적인 구조가 필요하지 않으며 디렉터리는 특별한 해석이 있긴 하지만, 파일과 마찬가지로 데이터 블록으로 표현할 수 있다는 점이다.

파일이나 디렉터리에 두 개 이상의 상위 폴더를 허용하는 기능(공유를 표현하는 데 필수적이며 유닉스에서 채택한 드롭박스의 기능)은 강력하지만, 단일 사용자 유닉스 환경에서도 몇 가지 복잡한 문제가 발생할 수 있다. 파일을 삭제하면 단순히 파일이 사라지는 것이 아니라 디렉터리 항목이 삭제되며 파일이 다른 디렉터리를 통해 계속 연결돼 있을 수 있다. 따라서 저장 공간을 확보하려면 접근이 불가능한 파일을 식별하기 위해 일종의 가비지 컬렉션이 필요하다.

부모가 여러 개일 수 있다는 것은 사용자 관점에서 보면 적어도 세 번은 놀랄 만한 동작을 만난다는 것이다. 첫째, 폴더가 단순히 이름 지정 링크가 아닌 다른 파일과 폴더를 '포함'할 것으로 생각하는 초보 유닉스 사용자는 디렉터리의 크기, 즉 디스크 공간을 얼마나 차지하는지 알려 주는 디렉터리 목록 명령의 옵션을 찾으려는 의미 없는 노력을 한다. 그러나 이러한 옵션이 없는 것은 당연한 일이다(한 파일에 두 개의 상위 폴더가 있을 수 있으므로 파일의 공간 사용량을 어떻게 할당해야 하는지 명확하지 않기 때문이다). 그 대신 다른 명령('디스크 사용량'의 경우, du라고 함)을 사용해야 하는데, 이 명령은 전통적인 유닉스 스타일로 측정 단위를 지정하지 않고도 접근 가능한 모든 디렉터리의 크기 보고서를 생성한다. 그러나 당연하게도 이렇게 사용할 수 없는 소프트웨어를 이해해 줄 사람은 컴퓨터 전문가밖에 없을 것이기 때문에 애플이 매킨토시에 유닉스 파일 시스템을 채택했을 때는 이 모든 것을 숨기고 파인더^{Finder}에서 예

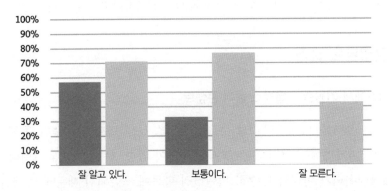

그림 E.1 MIT 컴퓨터공학과 학부생들을 대상으로 드롭박스에 대한 이해도를 테스트한 설문조사 결과. 막대는 두 가지 질문에 대한 정답 비율을 나타낸다.

상대로 폴더 크기를 표시한다.

둘째, 놀라운 사실은 해결하기 어렵고 심각한 문제가 될 수 있는 것으로써 파일 이름 변경이 디렉터리에서 파일을 삭제한 후 새 이름으로 다시 추가하는 것과 구별되지 않는다는 것이다. 따라서 여러 컴퓨터에서 파일을 동기화하기 위해 유닉스를 기반으로 구축된 도구는 파일 이름이 변경돼도 동일한 파일인지, 동일한 내용을 가진 새 파일인지 구분할 수 없다. 따라서 파일 변경 내역을 안정적으로 추적하는 것이 불가능하다. 새 파일과 이전 파일의 내용이 동일한데 이름이 다른 경우, 파일 이름만 바뀐 것일까? 아니면 이전 파일을 삭제하고 동일한 내용의 새 파일을 만든 것일까? 예를 들어, 깃Git 버전 관리 시스템은 파일이 큰 경우, 동일한 내용의 새 파일을 만들 가능성이 적다는 이유로 파일 이름이 변경된 것으로 추측한다. 드롭박스는 깃과 달리, 사용자가 파일 이름을 변경하는 동작을 볼 수 있고 파일 시스템이 유닉스 기반이더라도 유닉스가 아닌 자체적인 방식으로 파일 이름 변경을 해석할 수 있기 때문에 이런 문제가 발생하지 않는다.

셋째, 놀라운 점은 파일을 읽거나 쓸 수 있는 권한이 없는 사람도 파일을 이동하고 이름을 변경할 수 있다는 것인데, 이러한 작업은 파일 자체가 아니라 파일이 포함된 디렉터리에 적용되기 때문이다.

이러한 폴더 콘셉트는 아마도 컴퓨터과학에서 가장 오래된 개념일 것이다. 사실이 콘셉트는 1960년대 후반, 현재 내가 근무하고 있는 MIT 연구실의 전신인 '멀틱스 Multics'라는 운영 체제의 일부로 발명됐다. 한 디렉터리가 다른 디렉터리를 참조할 수 있는 두 가지 방법이 있었던 멀틱스에는 부모를 둘 이상 가질 수 있는 유연성이 부분적으로만 존재했다. 주요 참조는 '브랜치'라고 불렸으며 항상 트리를 형성했다. 다른 참조는 '링크'라고 불리며 제약이 없었다. 유닉스에서는 두 가지 경우 모두 링크('하드 링크'라고 올바르게 부름)를 사용해 이러한 구분을 없애고 두 개 이상의 디렉터리에서 파일(또는 디렉터리)에 액세스할 수 있는 경우 상황이 완전히 대칭이 되도록 했다.

16. 드롭박스 사용자에 대한 실증적 연구

이러한 콘셉트 때문에 혼란을 겪는 것은 기술에 익숙하지 않은 사람들만이 아니다. 켈리 장Kelly Zhang은 MIT의 컴퓨터 공학 학부생 50여 명을 대상으로 설문조사를 실시해 먼저 드롭박스에 대한 이해도를 평가한 후 두 가지 경우에 폴더를 삭제했을 때 어떤 영향을 미칠지 예측하도록 했다. 결과는 그림 E.1에 나와 있다. 최상위 공유 폴더(예: Bella Party)를 삭제할 경우의 영향은 드롭박스에 대해 '잘 알고 있다'라고 답한 응답자 중 60% 미만, '보통이다'라고 답한 응답자 중 40% 미만이고 '잘 모른다'라고 답한 응답자 중에는 아무도 이해하지 못했다. 공유 폴더에 포함된 폴더(예: Bella Plan)를 삭제할 경우의 효과는 '잘 알고 있다'라는 응답자의 약 70%, '보통이다'라는 응답자의 거의 80%, '잘 모른다'라는 응답자의 40%만이 정확하게 예측했다. 요컨대, MIT 컴퓨터 공학 학부생에게 드롭박스의 제어권을 위임하면 동전 던지기로 무엇을 할 것인지 결정하는 것보다 나쁜 결과를 얻을 수 있다는 뜻이다.

17. 드롭박스의 완화 조치

드롭박스는(브라우저를 통해 클라우드 파일을 직접 삭제하는 대신) 데스크톱에서 복제된 사본을 제거하는 식으로 파일을 삭제할 때도 그림 E.2처럼 브라우저 경고(그림 2.3)와 유사한 경고가 표시된다. 그러나 이 경고는 파일이나 폴더가 삭제되기 전이 아니라 삭제된 후에 표시되므로 눈치채기가 어렵다.

드롭박스의 디자인에는 4장에서 설명한 '휴지통' 콘셉트의 변형이 포함돼 있어 삭제된 파일과 폴더는 실제로 특별한 임시 위치로 이동되며 30일이 지나야 검색할 수

그림 E.2 공유 폴더가 삭제된 후 드롭박스 앱에 표시되는 경고 메시지

있고 그 이후에는 영구적으로 사라진다.

18. 드롭박스에 소송을 제기해야 할까?

이 장에서 드롭박스의 디자인에 대해 다소 비판적으로 분석한 내용을 보면, 내가 드롭박스를 상대로 집단 소송을 제기해야 하는 건 아닌지 의문을 갖는 분도 있을 것이다. 그러나 전혀 그렇지 않다. 애플 매킨토시가 등장했을 때 한 평론가는 이 제품이 비판을 받을 만큼 좋은 최초의 사용자 인터페이스 디자인이었다고 언급했다. 이전에는 대부분의 컴퓨터 시스템의 사용자 인터페이스가 너무 일관성이 없고 자의적이어서 일관된 비평이 불가능했기 때문이다. 이 책에서는 독자들에게 친숙하고 소프트웨어 디자인의 최악이 아닌 최고를 대표하기 때문에 선도적인 회사에서 만든 제품에서 사례를 선택했다. 잘 알려지지 않은 회사의 일관성 없는 디자인에 대해 비판하기는 쉽다. 그러나 주요 제품에 집중함으로써 거의 무한대의 리소스를 보유하고 가장 재능 있는 디자이너와 엔지니어를 고용할 수 있는 회사에서도 콘셉트 디자인이 가치가 있다는 것을 설득하고 싶었다. 콘셉트 디자인이 최고 회사의 제품에서도 심각한 결함을 발견할 수 있다면, 리소스가 부족하고 규모가 작은 기업이라면 얼마나 더 유용할 것인지는 상상에 맡긴다.

19. 소프트웨어의 UX 디자인 계층

1970년대 후반, 제임스 폴리James Foley와 안드리스 반 담Andries van Dam은 어휘, 구문, 의미, 콘셉트의 네 가지 계층을 구별했다[41]. 이러한 계층은 구현의 구조를 반영했으며 실제로 처음 세 가지 계층은 이전 10년 동안 등장한 고전적인 컴파일러 구조와 정확히 일치한다. 이와는 대조적으로, 내가 정의한 계층은 디자인 문제를 반영한다. 예를 들어, 빨간색 버튼은 어휘 계층에서 볼 수 있지만, 나의 분석에서는 물리 계층(색맹 사용자가 명확하게 볼 수 있는가?)과 언어 계층(빨간색이 멈춤의 의미인가?) 모두에서 디자인적 질문을 불러일으킬 수 있다. 버튼의 동작은 의미 계층에 배치하되, 내 계획에서 버튼의 위치는 버튼을 누르는 것이 개념적으로 중요한지(예: 운영자가 게시물을 거부하는 경우) 또는 그렇지 않은지(예: 느린 쿼리를 중단하는 경우)에 따라 달라질 수 있다. 용어는 유사하지만 콘셉트 계층은 나와 다르다. 그들의 콘셉트는 사용자의 멘탈 모델과 관련이 있고 행동의 세부적인 부분보다는 목표에 초점을 맞추는 반면, 나의 콘셉트는 사용자와 디자이너의 공유된 이해를 구성하는 본질적인 행동을 구체화한다.

톰 모란$^{Tom Moran}$은 나와 훨씬 더 유사하지만, 폴리^{Foley}와 반 담의 방식과 마찬가지로 구현 구조에 더 많은 영향을 받는 3-계층(레벨) 체계를 제안했다[103]. 가장 아래에는 디바이스와 사용자 인터페이스 레이아웃을 처리하는 물리 컴포넌트, 중간에는 키 프레스$^{key press}$같은 상호 작용과 명령 언어의 구문을 포함하는 커뮤니케이션 컴포넌트, 가장 위에는 태스크와 그 의미를 포함하는 콘셉트 컴포넌트를 배치했다. 모란에게 물리적인 것은 컴퓨터에 따라 다르지만, 내 방식에서는 인간 사용자의 인식에 따라 달라진다. 빨간색 버튼처럼 물리적 측면과 언어적 측면이 모두 있는 디자인은 웹 페이지에서 텍스트에 밑줄을 긋거나 파란색으로 표시해 링크를 알리는 방식을 떠올리면 이해가기 쉽다. 반면, 모란의 콘셉트 계층은 폴리나 반담과 달리 나와 유사하다. 그는 이를 두 가지 하위 계층, 즉 사용자가 수행하려는 태스크의 관점에서 사용자의 목표를 표현하는 태스크 계층과 관련 작업을 가진 엔티티의 모음으로 구성된 의미 계층으로 나눈다. 따라서 이 책의 혁신은 콘셉트 계층을 파악하는 것이 아니라 이를 구체화하는 데 있다. 앞으로 살펴보겠지만, 엔티티와 연산을 넘어 콘셉트 계층에서 유용한 구조를 찾을 수 있다.

빌 벅스턴$^{Bill Buxton}$도 폴리와 반 담을 비판하며 모란의 계층을 지지했다[24]. 벅스턴은 기본적인 인간 상호 작용에 해당하는 디자인의 측면을 의미하는 '실용성'을 보다 명시적으로 고려해야 한다고 주장했다. 예를 들어, 멘탈 청킹$^{mental chunking}$을 수행하는 사용자의 능력이 명령 문법이 얼마나 복잡한지 결정할 수 있다고 언급했다. 모란과 폴리/반 담의 체계에서 구문은 중간 계층을 차지한다. 나의 체계에서는 벅스턴의 견해에 따라 이 특정 질문은 지각과 관련된 융합과 마찬가지로 언어적 특성보다는 사용자의 인지적 특성에 더 속하기 때문에 물리 계층에 배치했다.

UX 계층 무시. 일부 저자는 시스템 인터페이스에 대한 사용자의 경험을 하나의 통합된 개체로 간주하고 계층을 구분하지 않는다. 예를 들어, 토머스 그린은 '표기법의 인지적 관점'[46]에 관한 첫 번째 논문에서 '시스템 = 표기법 + 환경'이라는 슬로건을 제시해 표기법의 기본 의미와 표기법이 내장된 도구가 분리될 수 없다는 것을 정확하게 제시한다.

디자이너가 보다 정교한 도구 지원(예: 숨겨진 의존성을 표시하는 함수)을 통해 표기법의 결함을 적절히 완화할 수 있다면 이러한 관찰은 유용할 것이다. 그러나 이는 이책의 기본 전제, 즉 계층을 분리하면 디자인의 명확성과 효율성이 높아진다는 것과 콘셉트 계층의 심각한 결함은 언어적·물리적 임시방편으로 해결할 수 없다는 전제에 반하는 것이다. 표기법을 디자인하려면 최소한 의미론, 추상적 구문, 구체적 구문을 구분해야 하는 데 (놀랍게도) 그린은 그렇게 하지 않는다.

사용성에서 의미 찾기. 내가 제시한 3-계층 분류에서 구문보다 의미를 강조하려는 경향을 알아챘다면 제대로 판단한 것이다. 내 동료 중 한 명은 "우리가 종사하는 분야에서는 어느 한쪽을 선호하는 경향이 있다"라고 하면서 "컴퓨터과학에서 '의미론적'이라는 용어는 일반적으로 '더 나은'이라는 의미일 뿐이다"라고 언급했다. 이 언급이 정확하다고 할 수는 없지만, 나는 물리적 및 언어적 디자인, 특히 유형, 색상, 레이아웃 및 언어의 미묘한 선택이 사용자의 정서적 경험에 영향을 미칠 수 있는 방식이 매우 중요하다는 것을 확실히 인식하고 있다. 그러나 이 책은 대체로 사용성에서 의미를 찾으려는 시도의 일환이라는 것을 이해할 필요가 있다.

20. 모니터 세상이라는 디스토피아

데이비드 로즈[130]는 우리가 물리적 물체와 상호 작용하는 모든 것이 유리판과 빛나는 픽셀을 통해 이뤄지는 모니터 세상, 즉 '암울한 디스토피아'라고 설명한다. 브렛 빅터도 인간의 손을 입력에 사용하지만 가리키고 밀기만 허용하는 기기의 한계에 대해 비판했다[146].

물리 체계에 대한 우려는 모니터 세상에서도 적용될 수 있지만, 물리적 상호 작용이 풍부해지면 더욱 흥미로워진다. 휴대폰과 컴퓨터가 (주로 애플 덕분에) 우리를 로즈가 말한 디스토피아로 끝없이 이끌고 있는 것처럼 보이지만, 다른 디자인 분야에서는 보편적인 인터페이스에 대한 저항이 커지고 있는 것 같다. 사용자들은 메뉴와 클릭에 지쳐 있으며 보다 촉각적인 경험을 선호한다. 일부 카메라 제조업체(특히 후지필름과 라이카)는 디지털 카메라에 화면을 보지 않고도 조정할 수 있는 충분한 노브와 다이얼을 갖춘 고전적인 기계식 디자인을 유지해 왔다. 많은 사진가는 이 기계식 디자인을 정교한 기능을 갖춘 다른 카메라보다 더 선호한다.

21. 핏츠의 법칙과 '물리적' 능력에 대한 고려

사용자의 신체적 능력에 기반을 둔 UX 디자인 원칙의 또 다른 예로는 포인팅 디바이스를 목표물까지 이동하는 데 걸리는 시간을 예측하는 '핏츠의 법칙'을 들 수 있다. 간단히 설명하면, 타깃이 작으면 사용자가 속도를 늦추고 정확한 위치를 찾기 위해 앞뒤로 움직여야 하기 때문에 시간은 타깃의 너비에 반비례해 달라진다.

핏츠의 법칙의 고전적인 적용은 맥 OS의 메뉴 디자인이 윈도우의 메뉴 디자인보다 우수하다는 것을 보여 준다. 맥 OS 디자인에서 바탕화면의 상단의 메뉴 항목은 사실상 무한대의 너비로 표시되며 마우스를 바탕화면 경계를 넘어 이동하려고 할 때 마우스가 멈춘다. 따라서 메뉴를 여는 것이 윈도우보다 더 빠르고 쉽다.

물리 계층의 디자인은 가장 넓은 의미에서 사용자의 '물리적' 능력을 고려한 것으로, 사용자의 메모리 용량과 같은 인지적 측면도 포함된다. 사용자 인터페이스 디자인의 물리 계층에 대한 고전적인 연구는 『인간-컴퓨터 상호 작용의 심리학』[26]으로, 반응 시간, 기억 용량 등에 대한 매개 변수와 함께 정보 처리자로서의 인간 사용자에 대한 명시적 모델을 기반으로 인터페이스 디자인 이론을 제시한다. 이 책은 실제로 이 모델에서 핏츠의 법칙을 도출했다.

22. 언어적 오역의 위험

그림 2.5에서 언어 계층을 나타내기 위해 사용한 아이콘은 운전자에게 전방 도로 공사를 경고하는 영국 교통 표지판으로, '우산을 펼치기가 어려운 남자'라는 애칭으로

불리는데, 언어 계층에서 해석이 잘못될 수 있다는 위험성을 보여 준다.

23. 중복 기능, 기능 과다 및 검색 가능성

사용자에게 필수적인 기능을 제공하지 않은 앱은 없다. 이런 일이 발생하면 사용자가 불만을 제기하거나 아예 다른 앱을 선택해 버리기 때문에 개발자는 사용자의 필요에 대응할 수밖에 없다. 오히려 더 큰 문제는 너무 많은 기능 또는 너무 복잡한 기능을 제공하는 것이다. 애자일 프로그래밍의 원칙은 '가장 단순한 동작 버전'을 빌드하는 것이다. 또한 '굳이 필요하지 않을 것'(약칭 YAGNI) 같은 복잡한 기능은 재고하는 원칙도 있다. 이러한 원칙들은 가장 그럴 듯하고 필수적으로 보이는 기능이 사실 많은 노력을 소비하고 결국에는 전혀 사용되지 않는 경우가 많다는 소프트웨어 개발 팀의 쓸쓸한 경험이 반영돼 있다. 반면, 매우 성공한 일부 앱의 경우 기능이 과다해서 앱의 20% 정도만이 필수 기능이라는 주장은 사실 20%가 사용자마다 다를 수 있다는 점을 인식하지 못한 것이다.

YAGNI의 반대 측면은 특정 목적을 달성하기 위해서는 사람들이 요구하는 복잡성이 필요할 수 있다는 점을 인식하는 것이다. 따라서 로그인 기능을 개발하면서 비밀 번호 찾기 기능을 없애거나 결제 과정에서 장바구니 내 항목의 개수를 변경할 수 없도록 하거나 복잡한 설정을 저장하고 불러오는 프리셋 기능을 제공하지 않는 전문가용 앱을 디자인해서는 안 된다.

사용자에게 필요한 것이 무엇인지 알 수 있는 유일한 방법은 경험을 통해서다. 콘셉트는 다양한 맥락에서 다양한 애플리케이션을 통해 축적된 경험을 디자인에 구현한다는 측면에서 도움이 된다. 따라서 인증 메커니즘을 디자인할 때는 기존 콘셉트 중에서 선택해야 하며 자신만의 콘셉트를 적용하고 싶은 유혹에 빠지지 말아야 한다. 이렇게 하면 지나치게 복잡하거나 부적절한 기능으로 어느 한쪽으로 치우치지 않고 심각한 보안 취약성을 초래하지 않을 것이다.

발견 가능성은 현실에서 겪는 문제다. 내가 가장 좋아하는 콘셉트의 사례는 발견하는 데 몇 년이나 걸렸는데, 슬라이드의 개체를 트리로 표시하고 교차 선택이 가능해, 레이어와 그룹에 의한 제약 없이 서식이나 애니메이션 등을 임의로 변경할 수 있는 애플 키노트의 개체 목록 보기object list view(2017년 3월 키노트 7.1에 도입)가 바로 그것이다. 파워포인트에는 '선택 창selection pane'이라는 이와 유사한 콘셉트가 있는데, 이 기능은 2007 버전에 먼저 도입됐지만, (2013년 블로그 게시물에 대한 혹평에서 알 수 있듯이) 수년 동안 많은 사용자의 눈에 띄지 않았다.

일부 기능이 눈에 띄지 않는 가장 흔한 이유는 키보드나 메뉴 명령으로 이동할 수 없기 때문일 것이다. 메뉴 방식은 구식일 뿐 아니라 시각적 혼란을 주기도 하지만, 적어도 어떤 기능을 사용할 수 있는지를 쉽게 찾을 수 있는 장점을 제공한다. 인터페이스가 점점 더 시각적으로 바뀌고 텍스트가 줄어들면서 탐색하기가 더 어려워졌다. 예를 들어, 애플의 미리 보기(pdf 보기 및 편집 앱) 사용자 중에서 한 창에서 다른 창으로 섬네일을 드래그해 PDF 문서를 병합할 수 있다는 사실이나 선택한 파일 아이콘을 슬라이드 탐색기 창으로 드래그해 사진 세트로 애플 키노트 프레젠테이션을 만들 수 있다는 사실을 아는 사용자가 몇 명이나 될지 궁금하다.

24. 다양한 수준의 정교함을 갖춘 콘셉트 모델

때로는 같은 앱이나 시스템이라도 정교함의 수준이 각기 다를 수 있다. 잘 디자인된 앱의 경우, 콘셉트는 의도한 목적을 지원하는 데 필요한 만큼만 복잡하며 사용자가 콘셉트를 이해하지 못하면 앱을 효과적으로 사용할 수 없기 때문에 이런 일은 생각보다 자주 발생하지 않는다. 사용자가 익숙하지 않은 행동이 콘셉트에 포함될 수 있지만, 사용에 불편을 끼치는 경우는 거의 없으며 즉석에서 학습할 수 있는 경우가 많다.

이러한 다양한 수준의 콘셉트 이해도가 드러나는 경우는 사용자의 활동이 새로운 영역으로 확장되거나 실패할 때다. 예를 들어, 웹을 검색하는 사람은 'amazon.com'이 아마존이 소유한 서버 컴퓨터의 이름이며 브라우저 상단의 주소 입력창에 이 이름을 입력한 후 나타나는 페이지를 사용하면 브라우저가 이 서버 컴퓨터에 연결해 쿼리를 보내고 응답을 받는다고 상상한다. 지나치게 단순하게 표현됐지만, 이런 관점은 대부분의 경우 브라우저를 효과적으로 사용하기에 충분하며 '웹 서비스web service' 콘셉트로 공식화할 수 있다. 특히 이런 관점으로 사용자는 브라우저에 입력된 데이터에 액세스할 수 있는 사용자가 누구인지 파악할 수 있다.

반면, 여러 회사가 소유한 서버를 구분하는 모델조차 없는 사용자는 어떤 사이트에서는 개인 데이터를 입력하는 것이 다른 사이트보다 더 안전한 이유를 이해할 수 없으며 콘셉트 모델이 잘못된 것일 수도 있다. 인터넷 사용자 모델에 대한 설문조사에서 한 사용자는 데이터가 어디로 이동하는지에 대한 질문에 다음과 같이 응답했다: "어디든 간다고 생각합니다. 정보는 지구의 어디든 갈 수 있고 모든 사람이 접근할 수 있다고 생각합니다."[77]

좀 더 상위의 콘셉트 모델은 인터넷 서버에는 고유한 이름이 아예 없고 요청을 보낼 때 사용하는 이름은 도메인 네임 서버DNS를 통해 이름을 IP 주소로 변환하는 과정을 거친다는 사실을 인식한다. 도메인 네임 콘셉트는 새로운 도메인 네임을 사용하는 경우, DNS 레코드가 네트워크 전체로 전파되는 데 시간이 걸리기 때문에 해당 도메인 네임을 즉시 사용할 수 없는 이유를 설명하는 데 필요하다. 웹 서비스에 대한 상위 콘셉트의 관점에서는 서버 간의 로드 밸런싱으로 인해 한 사용자의 업데이트가 두 번째 사용자가 나중에 수락된 업데이트를 제출한 후에도 다른 사용자에게 표시되지 않을 수 있다는 점을 인식할 수 있다. 이를 이해하려면 '최종 일관성eventual consistency' 콘셉트를 통합한 '웹 서비스' 콘셉트가 필요하다.

웹 브라우징의 보안 속성을 이해하는 것은 매우 다양한 컴포넌트와 시스템이 관련돼 있고 그 기능도 매우 복잡하기 때문에 어렵다. 이와는 대조적으로 애플리케이션 디자이너는 사용자에게 복잡한 구성을 보여 주는 대신, 간결한 구성을 제시하는 식으로 전체를 이해시키도록 노력한다.

25. 학습 가능성의 한계

디자이너는 좋은 콘셉트를 디자인할 뿐 아니라 이 콘셉트를 사용자 인터페이스에 충실하고 설득력 있게 표현하는 매핑 작업을 통해 사용자가 최대한 콘셉트와 일치하는 멘탈 모델을 만들 수 있도록 할 책임이 있다.

이것은 당연히 쉽지 않은 일이다. 일부 콘셉트는 본질적으로 복잡하기도 하고 일부 사용자는 간단한 콘셉트조차 유추할 수 없는 경우도 있다. 에이미 코가 지적했듯이 사용자 인터페이스 디자인에서 '학습 가능성'이라는 표준 목표는 신중하게 접근해야 한다[82]. 모든 콘셉트를 사용자 인터페이스를 통해 '학습'할 수 있는 것은 아니며 대부분의 사용자는 실험을 통해 학습하기보다는 친구나 동료가 서로에게 앱을 시연하고 설명하는 사회적 참여 과정을 통해 학습한다. 또한 대부분의 콘셉트는 새로운 것이 아니라 이전 앱에서 사용자에게 익숙한 것이므로 콘셉트를 하나의 앱이 전적으로 가르칠 수는 없다.

물론 전문가를 위해 디자인된 앱에는 약간의 복잡성을 감수하고서라도 강력한 기능을 얻을 수 있는 콘셉트가 포함될 수 있으며 이러한 경우는 예외적으로 사용자가 콘셉트에 대한 별도의 교육을 받을 것으로 기대할 수 있다. 예를 들어, 어도비 포토샵의 채널, 레이어 및 마스크 콘셉트는 초보자에게는 매우 복잡하고 혼란스러울 수 있지만, 한 번에 하나씩 체계적으로 학습하는 방식을 통해 숙달할 수 있다. 시행착오를 겪으며 배우거나 온라인의 짧은 동영상 튜토리얼을 끝없이 시청하는 것은 가장 인기 있는 접근 방식이지만, 그다지 효과적이지 않다.

3장: 콘셉트가 도움을 주는 방법

26. 단락의 힘

워드Word의 '단락' 콘셉트의 확장된 사례로, 장chapter의 서식을 생각해 보자. 워드에서는 별도의 장 개념 대신, '스타일' 콘셉트를 사용해 단락 스타일(예: 장 제목)을 정의할 수 있으며 '서식' 콘셉트와 함께 사용하면 장을 여는 각 단락을 적절하게 큰 글꼴로 설정하고 이전에 서식 속성 페이지 나누기를 지정해 새 장이 항상 새 페이지에서 시작되도록 할 수 있다.

워드에는 실제로 '섹션' 콘셉트도 있지만, 이는 개념과는 다르며 섹션은 장의 하위 개념(워드에는 존재하지 않는 개념)이 아니라 동일한 서식을 가진 연속된 페이지 시퀀스를 나타낸다.

27. '휴지통' 콘셉트에 대한 오해

「슬레이트Slate」에 실린 휴지통에 관한 기사를 보면, 휴지통이 '사용자가 파일을 영구적으로 삭제할 수 있는 방법이 필요하다는 것을 깨닫고' 발명된 기능이라고 설명한다. 그러나 실제로 영구 삭제는 어렵지 않은 기능이며, 파일을 복구하는 방법을 디자인하는 것이 어려웠다(카라 지아이모, 왜 애플 사용자만 파일을 휴지통에 버릴 수 있는가, 슬레이트, 2016년 4월 19일, https://slate.com/human-interest/2016/04/the-history-of-the-apple-trash-icon-in-graphic-design-and-lawsuits.html)!

28. 애플의 노래 콘셉트

월터 아이작슨Walter Isaacson은 잡스 전기[59]에서 소니는 애플과 달리, 소비자 가전 분야의 선두주자일 뿐 아니라 자체 음악 사업부를 보유하고 있었음에도 불구하고 이러한 역량을 소비자에게 직접 판매할 수 있는 '노래song' 콘셉트로 통합할 기회를 놓쳤다고 지적했다. 애플이 혁신을 일으키기 전에는 노래를 재생할 수는 있지만 구매할 수 없었기 때문에 앨범 전체를 구입해야 했다. 2001년 아이팟이 처음 출시됐을 때 아이팟의 세련된 외관이 주목을 받았지만, 아이팟의 성공은 한 시간 안에 모든 음악을 업로드할 수 있도록 하는 파이어와이어FireWire 연결과 이를 저장할 수 있는 마이크로 디스크와 같은 콘셉트 덕분이다.

29. 상용 고객 우대 프로그램(마일리지) 콘셉트

'상용 고객 우대 프로그램' 콘셉트는 항공사가 고객이 가능한 마일리지를 사용할 수 없도록 고안한 다양한 전술로 가득찬 '다크 콘셉트dark concept'(사용자 인터페이스 디자인에서의 다크 패턴을 본땀)라고도 할 수 있다. 예를 들어, 많은 항공사는 마일이 소멸되도록 하면서도 이메일 업데이트 등에서 마일 만료일을 제외하는 등 고객에게 만료일을 숨기기 위해 많은 노력을 기울이고 특정 항공편의 마일리지 가능 좌석을 극소수로 제한해 마일 사용을 어렵게 만들고 마일을 저렴한 잡지 구독권으로 교환하도록 고객을 유혹하고 복잡한 공식을 도입해 할인된 좌석과 항공사 제휴사를 통해 판매되는 좌석은 더 적은 '마일'을 얻도록 한다. 브리티시 에어는 겉으로 보이는 요금은 싸게하되, 다른 항공사보다 훨씬 더 많은 부분을 할증료와 세금에 할당하는 식으로 마일리지의 가치를 낮추는 교묘한 수법을 사용하기도 했다. 이 수법에 대한 집단 소송(2018년 뉴욕 연방법원)에서 2,700만 달러의 현금 합의가 이뤄지기도 했다.

30. 지메일 레이블은 비용 효율적인가?

지메일의 수석 디자이너 중 한 명이 보고한 연구에 따르면, 지메일 사용자 중 29%는 레이블을 전혀 만들지 않았다고 한다[91]. 이것이 문제가 되는 것은 아니며 이는 지메일의 검색 기능이 워낙 훌륭해서 수동으로 정리할 필요가 없기 때문일 수도 있다. 그리고 지메일을 사용하는 고객 10명 중 3명 정도에게는 레이블을 삭제하는 것이 문제가 되기도 한다. 그러나 레이블 콘셉트를 포함시키는 것이 구글에 이득이 되는 것인지, 다른 콘셉트가 비용 측면에서 더 효율적일지는 의문이다.

31. 관심사 분리

이 용어는 1974년 컴퓨터과학자 에드거 다익스트라가 동료에게 보낸 편지[34]에서 인용한 것으로, 관심사 분리는 '자신의 일관성을 위해 주제의 한 측면을 분리해 깊이 연구하고 항상 한 측면에만 몰두하는 있다는 사실을 인식하는 것'이라고 설명한다.

다익스트라는 관심사 분리는 '완벽하게 가능하지는 않더라도, 내가 아는 한 생각을 효과적으로 정리할 수 있는 유일한 기법'이라고 설명한다. 관심사 분리는 가장 중요한 전략일 뿐 아니라 가장 과소평가된 전략이기도 하다. 별것 아닌 것 같지만, 효과적인 문제 해결의 핵심이며 강력한 혁신의 밑거름이 될 수 있다.

관심사 분리를 재귀 알고리듬의 구조화에서 비롯된 훨씬 덜 강력한 기술인 '분할 및 정복divide and conquer'과 혼동해서는 안 된다. 분할 및 정복을 적용할 때는 문제를 두 개 이상의 부분으로 나눈 후 이를 다시 결합해 전체 문제를 해결한다. 분할 및 정복은 알고리듬 외에도 다양한 용도로 사용된다. 이 전략은 문제를 깔끔하게 여러 부분으로 나눌 수 있고 각 부분의 해법을 쉽게 재구성할 수 있다고 가정하지만, 대부분의 문제 해결 상황에서 이 두 가지는 모두 잘못된 전제일 때가 많다.

이와 관련된 전략으로는 하향식 디자인이 있는데, 이는 문제를 일반적으로 처리 단계를 나타내는 하위 문제로 나누는 것이다. 프로그래밍 초창기에는 입력을 읽고 연산을 수행한 후 출력을 생성하는 방식으로 처리를 세분화하는 구조화 스타일이었다. 이러한 구조는 일반적으로(입력과 출력이 잘 정의된 단계에서 발생하는 경우가 드물기 때문에) 유연성이 떨어지고(코드를 읽는 사람과 작성하는 사람의 공통 가정이 코드에 반영되지 않기 때문에) 유지 관리가 어렵다. 반면, 관심사 분리는 입력과 출력을 그 자체로 관심의 대상으로 인식해 계산과 독립적으로 처리한다.

마이클 잭슨Michael Jackson은 사양을 점점 더 작은 부분으로 분해해 결국 직접 구현할 수 있을 만큼 작은 부분이 될 때까지 소프트웨어 시스템을 구축하는 하향식 개발은 개발자가 분해 대상에 대한 이해도가 가장 낮을 때 초기 (그리고 가장 결과적인) 분해가 이뤄지기 때문에 일반적으로 실패한다고 지적했다[68].

32. 콘셉트 구현 재사용

오늘날의 라이브러리와 프레임워크는 전체 콘셉트를 재사용하기에는 적절치 않은 세부 단위로 구성돼 있지만, 개발자가 프론트엔드 및 백엔드 구성 요소를 모두 사용해 콘셉트를 전체적으로 통합하고 당면한 문제에 맞게 유연하게 구성할 수 있는 새로운 콘셉트 기반 프레임워크를 개발하려는 노력이 진행 중이다.

데자뷰Deja vu는 산티아고 페레즈 데 로소Santiago Perez De Rosso[119]가 구축한 콘셉트 재사용 플랫폼이다. 콘셉트는 GUI와 백엔드 서비스를 모두 포함하는 풀 스택이며 변형된 HTML로 구성되므로 최소한의 프로그래밍만 필요하다. 최종적으로 사용하는 개발자는 기존 콘셉트를 함께 고정하기만 하면 된다(6장에서 설명하는 액션 동기화 사용). 반면, 기존 프레임워크는 너무 작거나(예: GUI 라이브러리의 날짜 선택기) 너무 크고 유연하지 않은 (예: 드루팔과 같은 콘텐츠 관리 시스템의 평가 또는 댓글 플러그인) 구성 요소를 제공하는 경향이 있다.

33. 애플의 미흡한 동기화 콘셉트

일부 비판적인 사용자들은 애플이 사용자가 더 많은 저장 용량을 갖춘 새 모델로 휴대폰을 업그레이드하도록 유도하고자 일부 파일만 동기화하는 기능을 고의로 누락했다고 주장할 수 있다. 또는 애플의 디자인 담당자가 단순성을 유지하려고 일부러 선택적 동기화 기능을 배제했을 수도 있다. 그러나 이런 경우라면 기능을 전면적으로 지원하지 않고 제한된 형태로 제공할 수도 있었을 것이다. 예를 들어, 최근 사진만 휴대폰에 보관하고 오래된 사진은 클라우드 스토리지에 남겨 두고 삭제하는 모드를 제공할 수도 있었다.

애플의 아이튠즈^{iTunes}에서도 이와 유사한 동기화 문제가 발생했다. 원래 아이튠즈는 노트북이나 데스크톱 컴퓨터에서 아이팟 음악 플레이어로 음악을 전송하는 것이 목적이었던 애플리케이션이었다. 아이튠즈 개발자는 컴퓨터를 파일의 마스터 사본 소유자로 간주했기 때문에 동기화는 한 가지 방법으로 디자인됐다. 컴퓨터에 나타나는 새로운 파일(아이튠즈 음악 스토어를 통해 구입하거나 컴팩트 디스크에서 추출한 파일)은 아이팟으로 전송된다. 그러나 아이팟에만 나타나는 파일은 컴퓨터로 전송되지 않으며 실제로는 삭제된다.

당시에는 아이팟 가격이 컴퓨터 가격의 10분의 1도 되지 않았고 아이튠즈를 통하지 않고는 파일을 얻을 수 있는 방법이 없었기 때문에 이 방법이 합리적일 수 있었다. 그러나 아이튠즈의 마지막 해인 2019년에는 가장 비싼 아이폰의 저장 용량과 가격이 애플의 가장 저렴한 노트북과 유사해졌고 물론 다른 방법으로도 파일을 얻을 수 있게 됐다.

여기서 혼란스러운 것은 아이폰 카메라로 찍은 사진은 컴퓨터로 다시 전송됐다는 사실이다. 그러나 음악 파일은 여전히 휴대폰이 아닌 컴퓨터의 소유로 간주됐다. 이러한 디자인의 가장 심각한 결과는 컴퓨터가 손상되거나 분실돼 새 컴퓨터를 구입한 경우, 이전 아이폰과 동기화하면 아이튠즈가 모든 음악 파일을 새 컴퓨터로 전송할 수 있을 것이라고 생각한다는 것이다. 그러나 실제로 동기화를 시도하면 새로운 컴퓨터와의 일관성을 유지하기 위해 휴대폰의 모든 파일이 삭제될 것이라는 경고가 표시된다.

34. 2단계 인증 공격

앞서 언급한 '2단계 인증'에 대한 공격에는 두 가지가 있다. 링크드인의 사례는 소셜 엔지니어링 공격(부주의한 사용자를 스푸핑 서버로 보내는 공격)과 고전적인 '중간자' 공격의 조합이다. 이 공격은 1995년 FBI에 체포돼 5년 동안 수감된 후 성공한 컨설턴트가 된 유명한 해커인 케빈 미트닉^{Kevin Mitnick}이 2018년에 설명한 바 있다.

35. 중요 시스템: 안전과 보안

우리 사회는 가장 중요한 기능을 위해 소프트웨어에 점점 더 의존하고 있다. 과거에는 '중요 시스템'이 특수한 일부 시장만을 차지했지만, 이제는 거의 모든 소프트웨어가 중요해졌다. 소프트웨어로 동작하지 않는 산업은 거의 없으며 산업 간의 결합은 한 번의 장애가 엄청난 영향을 미칠 수 있다는 것을 의미한다.

안전과 보안은 전통적으로 소프트웨어 개발에서 서로 다른 종류의 시스템에 적용되는 별개의 관심사였다. 안전이 중요한 시스템은 의료 기기, 화학 공장, 전력망 등 사람의 생명에 위험을 초래할 수 있는 시스템이었다. 보안이 중요한 시스템은 손상이나 유출로 인한 데이터 손실이 주요 위험이며 이에 따른 재정적 손실이 주요 관심사였다.

이러한 구분은 물리적 장치를 제어하는 시스템(따라서 안전 위험이 있는 시스템)과 데이터를 관리하는 시스템(따라서 보안 위험이 있는 시스템)으로 깔끔하게 나눌 수 있다는 잘못된 전제에 기반한 것이라 늘 불안정했다. 2005년에 두 명의 마취과 의사는 대형 3차 진료 병원의 약국 데이터베이스에 장애가 발생해 간호사가 수천 명의 환자에게 약을 제공하지 못한 사건을 설명했다[29]. 당시 간호사들은 인쇄된 전표로부터 약국의 기록을 힘들게 재구성할 수 있었기 때문에 재앙을 피할 수 있었다. 그리고 이것은 병원에 대한 랜섬웨어 공격이 시작되기 훨씬 전의 일이다.

이제 디바이스의 보안 위험에 대한 관심이 높아지고 있다. 선도적인 보안 연구자인 케빈 푸Kevin Fu는 의료 분야의 보안에 초점을 맞춘 센터를 설립하고 의회에서 증언했으며 심박 조율기 및 제세동기와 같은 이식형 장치를 포함한 의료 기기의 보안 위험에 관한 많은 논문을 썼다.

36. 의료 기기의 디자인 결함

미국에서 예방 가능한 의료 사고로 인한 사망자 수는 연간 50만 명에 달하며 이는 암이나 심장 질환으로 인한 사망자 수와 유사한 수준이다. 해롤드 팀블비의 새 책 [142]에서는 의료 기기 디자인을 개선하면 이러한 사망 중 상당수를 피할 수 있다고 주장한다.

이 책은 물리 계층, 언어 계층, 콘셉트 계층 등 모든 계층에서 심각한 결함이 있는 사용자 인터페이스의 충격적인 사례로 가득차 있으며 더 나은 규제, 더 나은 엔지니어 교육, 우리가 이미 알고 있는 디자인 원칙의 일관된 적용에 대한 설득력 있는 사례를 제시한다.

콘셉트는 모범 사례를 구현하고 성문화함으로써 의료 기기 디자인을 개선하는 데 중요한 역할을 할 수 있다. 많은 사고가 단지 몇 가지 영역과 관련이 있으며 '복용량', '처방prescription' 및 '부작용adverse interaction'과 같은 콘셉트에 대한 공유 핸드북을 작성하면 기기 제조업체 간에 일관된 표준을 쉽게 달성할 수 있을 것으로 본다.

37. 디자인 비평의 근거를 마련하기 위한 디자인 원칙

사용자 인터페이스 디자인의 원칙은 주로 물리 계층 및 언어 계층을 다룬다. 앞서 (둘러보기 7에서) 이러한 원칙의 발전 과정을 조사했다. 돈 노먼의 『일상적인 것의 디자인』[110]에 등장하는 원칙 외에도 벤 슈나이더만Ben Shneiderman의 『인터페이스 디자인의 여덟 가지 황금률』[134](1985년 작성), 야콥 닐슨의 『사용자 인터페이스 디자인을 위한 10가지 사용성 휴리스틱』[108](1994), 브루스 토냐치니Bruce Tognazzini의 『상호작용 디자인의 첫 번째 원칙』[143](2014) 등이 명시적인 원칙 목록에 포함돼 있다. 이러한 컬렉션은 상당 부분 겹치지만, 가장 일반적인 주제는 일관성, 검색 가능성, 가시성, 사용자 제어(특히 오류 실행 취소)에 대한 필요성이다.

다음은 몇 가지 사용자 인터페이스 디자인 원칙과 그 적용에 대한 예시이다. 돈 노먼의 '어포던스affordances' 개념은 물리적 컨트롤(또는 화면 위젯)이 사용자에게 제공하는 기능(또는 '어포던스')과 그에 따라 사용자가 수행할 수 있는 적절한 동작을 노먼이 '기표signifier'라고 부르는 단어(소쉬르의 기호학 이론에서 따온 단어)로 사용자에게 알리는 방식을 말한다. 예를 들어, 문 손잡이는 당길 것인지 밀 것인지 명확히 알 수 있도록 모양을 만들 수 있고 '사용자 인터페이스' 버튼은 클릭할 것인지 말 것인지 사용자에게 전달할 수 있다.

시각적 구성의 '게슈탈트 원칙Gestalt Principles'에 따르면, 모양과 색상이 유사하고 서로 가깝게 배치된 항목은 유사한 기능을 제공하는 것으로 여겨진다. 그리고 피츠의 법칙(둘러보기 21과 그림 2.6에서 언급)에 따르면, 포인팅 디바이스를 타깃으로 이동하는 데 걸리는 시간은 타깃까지의 거리에 비례하고 그 크기에 반비례한다고 한다.

이러한 원칙은 비평의 언어를 제공할 뿐 아니라 특정 솔루션을 향해 나아갈 수 있도록 도와준다. 예를 들어, '비상 정지' 버튼은 커야 하고 시각적으로 뚜렷해야 하며 다른 버튼과 가까우면서도 명확하게 구분돼야 한다는 것을 알려 줄 수 있다.

'비평'을 사용하는 다른 분야에서도 이와 유사한 원칙이 일반적이다. 예를 들어, 타이포그래피 디자이너는 문자 그대로의 색이 아니라 리듬, 질감, 톤 측면에서 글꼴 블록의 시각적 인상을 언급하면서 글꼴의 '색상'에 대해 얘기한다. 사진가들은 이미지의 '균형'(정의하기 어렵고 달성하기는 더 어렵지만 쉽게 알아볼 수 있는 품질)에 대해 얘기한다. 그리고 개발자는 버그를 방지하고 재사용 및 유지 보수성을 위해 많은 영향을 미치는 '결합 최소화' 원칙을 광범위하게 사용한다(둘러보기 6 참조).

38. 디자인 비평과 사용자 테스트

디자인 비평은 소프트웨어 디자인이나 더 일반적으로 디자인 씽킹에서 인기가 없다. 디자인 씽킹 관련 서적과 기사에는 브레인스토밍에 대한 찬사가 매우 많은 반면, 분석이나 리뷰에 대한 언급은 거의 없는데, 이는 모든 전통적인 디자인 분야에서 '비판'이 중요하다는 점을 고려할 때 이상하게 느껴진다.

HCI 분야에서는 사용자 테스트만이 디자인을 평가하는 유일하고 적절한 방법이라는 것이 거의 정설로 고착화된 것 같다. 디자인에 대해 너무 많은 시간을 들여 생각하기보다는 (그리고 편견과 선입견에 휘둘리기보다는) 디자인을 직접 사용해 보는 것이 좋다. 프로토타입을 만들거나, 정식 제품을 만들거나, 제품의 변형을 실험해 보는 것(웹 애플리케이션의 일반적인 전략)을 통해 이를 수행할 수 있다.

이러한 종류의 평가는 확실히 가치가 있다. 행동 경제학은 인간의 행동이 우리가 상상했던 것보다 이성의 지배를 덜 받는다는 것을 알려 줬고 우리가 만든 디자인이 어떻게 받아들여질지 예측할 수 있다는 확신이 부족하다는 것을 알려 줬다. 소프트웨어 개발자는 종종 사용자 테스트를 너무 늦게 끝내거나 배포까지 기다렸다가 디자인을 크게 수정해야 하는 치명적인 결함을 발견하기도 한다. 또한 종이 프로토타입이나 간단한 와이어프레임, 디자이너가 사용자의 행동에 대한 반응을 시뮬레이션하는 '오즈의 마법사' 설정과 같은 가장 저렴한 테스트 방법이 가장 비용 효율적인 경우가 많다. 에이미 코[83]의 탁월한 온라인 자료는 디자인 방법 전반과 평가 기법에 대한 유익한 정보를 제공한다.

또한 다양의 데이터를 처리하는 소프트웨어와 데이터에서 인사이트를 추출하는 머신 러닝 기술의 등장으로 대규모의 경험적 평가Empirical evaluation를 저렴하게, 효과적으로 수행할 수 있게 됐다.

또한 경험적 평가는 의사결정자들의 근거 없는 의견에 의해 디자인 결정이 좌지우지될 위험이 있을 때 유용한 대응책이 될 수 있는데, 이를 'HPPO(가장 높은 급여를 받는 사람의 의견) 효과'라고도 한다.

사용자 테스트의 가치는 2020년 팬데믹 기간에 학생들과 함께 만든 작은 앱에서 분명하게 드러났다. 이 앱은 미리 정한 그룹의 사람들에게 짝을 정해 주고 서로 문자 메시지로 연락하도록 유도함으로써 격리 기간 동안 고립감을 줄이는 것을 목표로 했다. 초기에는 일부 고령 사용자를 대상으로 앱을 테스트했다. 앱에서 보낸 문자 메시지는 송신자가 명확히 표시되지 않을 수도 있기 때문에 첫 번째 메시지를 보낼 때 송신자가 누구인지에 대한 명확한 설명('귀하가 가입한 핸드투홀드 서비스입니다')을 포함하도록 했다. 그러나 이러한 고령 사용자들은 예상과 달리 모든 문자 메시지를 읽자마자 삭제하기 때문에 이후 메시지가 도착해도 이 첫 번째 메시지와 연결하지 않고 스팸으로 간주하는 것을 발견했다. 이를 해결하는 방법은 모든 문자 메시지에 식별 문자열을 포함시키는 것이었다.

그럼에도 불구하고 경험적 평가가 과대평가됐다는 생각을 지울 수 없었다. 배포된 디자인에 대한 피드백을 얻기 위한 수단으로서는 분명히 필요하다. 하지만 디자인을 만들고 다듬는 수단으로서는 너무 조잡하고 비용이 많이 드는 도구일 수 있다. 다양한 옵션을 인식하고 각 옵션을 경험적으로 테스트해 디자인을 찾는 것은 불가능하다. 한두 가지 이상의 옵션을 구현하는 데는 비용이 너무 많이 든다. 기껏해야 일부 기능을 몇 가지 간단한 값 범위에서 변경할 수 있는 매개 변수화된 디자인을 만들 수 있을 뿐이다. 메시지의 텍스트 콘텐츠, 페이지의 위젯 레이아웃, 일부 요소의 색상 등 실제로는 중요할 수 있지만 근본적인 요소는 아닌 디자인의 모든 측면이 이러한 매개 변수일 수 있다.

오랫동안 확립된 디자인 평가 방식에는 전문가의 비평이 포함된다. 디자이너는 물론 디자인 팀의 일원이거나 외부 평가자인 다른 사람들도 사전 경험과 도메인에 대한 깊은 지식을 바탕으로 제안된 디자인을 평가한다. 과거에 유사한 디자인에 대해 유사한 사용자가 어떻게 반응했는지에 대한 축적된 증거를 바탕으로 사용자의 반응을 예측한다. 또한 디자인을 머릿속으로 시뮬레이션하고 다양한 시나리오에서의 사용을 상상하고 알려진 코너 케이스에 디자인을 적용해 잠재적인 문제를 예측한다. 그리고 가장 중요한 것은 디자이너가 의식하든 의식하지 않든 커뮤니티의 경험을 구현하는 원칙을 적용한다는 점이다.

경험적 평가를 선호하는 최근 추세는 디자이너의 효과적인 수행 능력에 대한 자신감의 상실을 반영하는 것 같다. 구글에 최초로 입사했던 시각 디자이너인 더글러스 보우면Douglas Bowman은 데이터 기반 디자인에 대한 접근 방식에 실망하며 2009년에 회사를 떠났다. 그는 블로그 게시물에서 구글의 접근 방식을 이렇게 설명했다: '모든 주관적 판단을 배제하고 데이터만 봅시다. 데이터가 좋다면, 실행합니다. 이와 반대로, 데이터가 부정적이라면, 원점에서 다시 시작합니다. 그리고 그 데이터는 결국 모든 의사 결정의 근거가 돼 회사를 마비시키고 대담한 디자인을 하지 못하게 합니다.' [14]

디자인 비평은 디자인 과정에서 작업을 평가할 수 있는 가장 좋은 방법이기 때문에 필수불가결하다. 숙련된 디자이너는 떠오른 아이디어를 비평하는 과정을 통해 막연한 직관에서 구체적인 디자인 제안으로 나아가는 길을 탐색하고 나쁜 아이디어는 거부하고 좋은 아이디어는 다듬을 수 있다. 이런 종류의 작업은 힘들고 까다로우며 상당한 교육과 경험이 필요하다. 그렇기 때문에 펜타그램 디자이너 나타샤 젠[74]은 디자인의 민주화를 확대하는 데 좀 더 열심인 일부 디자인 씽킹 집단들이 디자인의 어려움을 인식하기보다는 오히려 경시하고 있다고 언급했다.

요약하면, 디자인에 대한 건설적인 접근 방식에는 비평과 테스트가 모두 필요하지만, 원칙적인 비평이 디자인 활동의 중심을 이루도록 균형을 맞춰야 한다. 디자이너는 작업의 흐름에 디자인 원칙을 적용할 수 있으며 디자인이 이러한 원칙을 충족할 때만 사용자 테스트에 노출하는 것이 합리적이다. 이 제안된 순서는 전체가 아니라 개별 단계에 적용하는 것이 적당하다. 즉, 모든 디자인 개선이 모든 사용자 테스트에 선행돼야 한다는 의미는 아니며 디자인이 한 번에 하나의 콘셉트처럼 작은 단위로 진행될 수 있으며 각 단계가 진행될 때마다 사용자 테스트를 수행할 수 있다는 의미다.

39. 돈 노먼의 책에 이스터 에그가 있다고?

몇 년 전, 내 동생 팀 잭슨은 돈 노먼의 책[110]을 신나게 읽은 후 책 디자인 자체의 결함을 지적한 적이 있다. 그 내용이 너무 어이 없어서 디자이너가 의도적으로 '이스터 에그'로 심어 놓은 것은 아닌지 의심이 들 정도였다.

노먼의 매핑 개념을 설명하는 바로 그 섹션에는 가스레인지의 손잡이 위치에 매핑 개념을 적용하는 방법을 보여 주는 그림이 두 페이지에 걸쳐 펼쳐져 있다. 예를 들어, 사각형의 네 모서리를 차지하는 네 개의 버너 앞에 일직선으로 손잡이가 배열된 잘못된 디자인에서는 레이블이 없으면 어떤 손잡이가 어떤 버너를 제어하는지 불분명하다.

책을 펼치면 이 네 개의 버너와 크게 다르지 않게 배치된 네 개의 그림이 있다. 그런데도 그림의 캡션은 위에서 아래로 순차적으로 배치돼 있고 더 심각한 것은 네 개의 그림에 세 개의 캡션이 있다는 것이다.

4장: 콘셉트의 구조

40. 목적은 목표가 아니다

왜 '삭제'가 '휴지통' 콘셉트에 완벽하게 적합한 '목적'이 아닌지 의문을 가질 수 있다. 결국, 사람들이 대부분 그런 목적으로 휴지통 기능을 사용하는 것이 아닌가?(둘러보기 27 참조)

그러나 이를 인정한다면 디자인 개념으로서의 목적의 힘은 약화될 것이다. 그 대신 나는 다음과 같이 구분하는 것을 선호한다. 목표goal는 사용자가 언젠가 달성하길 원하고 콘셉트의 도움으로 달성할 수 있는 뭔가이며 목적은 디자이너가 특정 콘셉트를 포함하도록 동기를 부여하는 필요성이다. 따라서 '휴지통' 콘셉트의 목표에는 파일 삭제, 이전에 삭제한 파일의 정보 추적, 휴지통 비우기를 할 때마다 마음을 진정시키는 ASMR(기분이 좋아지는 편안한 소음) 사운드를 제공하는 것 등이 포함될 수 있다. 삭제 취소도 목표가 될 수 있지만, 다른 목표를 제공하는 더 간단하고 효과적인 방법이 있기 때문에 이 모든 것 중에서 유일한 목적이 될 수 있다.

다른 방식으로 접근해서 만약 '휴지통' 콘셉트가 없다면 어떤 기회를 놓치게 될까? 파일을 삭제할 수 있는 방법이 있을 것이라는 합리적인 가정하에(파일을 만들 수 있는 모든 이전 운영 체제에는 파일을 쉽게 삭제할 수 있는 방법이 있었기 때문에) 휴지통의 목적은 삭제 취소에 있으며 이것이 휴지통이 제공하는 주요 이점이기 때문이다.

디자인에 콘셉트를 추가하면 소프트웨어를 만드는 디자이너와 개발자 그리고 사용법을 배워야 하는 고객 모두에게 비용이 증가하는 것이 일반적이다. 콘셉트의 목적은 이 콘셉트가 가져다 주는 정확한 이점과 콘셉트를 포함해야 하는 동기를 명확히 함으로써 비용이 그 이점에 비해 합리적인지를 결정하는 데 도움이 된다.

이 장의 다른 두 가지 사례에도 목적과 목표를 동일하게 구분해 적용할 수 있다. '스타일' 콘셉트의 목적은 문서의 일관된 서식 지정, 특히 단일 스타일의 형식을 수정하고 해당 스타일의 모든 요소를 함께 업데이트할 수 있도록 하는 것이다. 워드 Word와 같은 프로그램의 일반적인 사용자들은 스타일이 서식을 적용하기 위한 것이라고 생각하는 경우가 많다. 즉, 미리 정의된 서식 속성 모음을 요소에 빠르게 적용하는 방법(예: 섹션 헤더를 굵고 크게 만들기)을 제공한다는 것이다. 그러나 휴지통 콘셉트의 삭제 목표와 마찬가지로 '스타일' 콘셉트 없이도 이 목표를 달성하는 훨씬 더 간단한 방법이 있다.

예약 콘셉트도 마찬가지로, 사용자의 목표가 단순히 레스토랑에서의 식사를 예약하는 것일 수 있다. 그러나 레스토랑이 단순 예약 기능만 제공할 뿐이고 일단 고객이 도착한 후 테이블 지정을 기다리는 것이 낫다면, 테이블을 즉석에서 배정하는 좀 더 간단한 콘셉트를 사용할 수 있다.

'휴지통' 콘셉트는 메타포(은유)가 아니다. 휴지통에 대한 일반적인 오해 중 하나는 '휴지통' 콘셉트가 실생활의 물리적 휴지통에 대한 '은유'이기 때문에 사용자들에게 매력적이고 직관적이라는 것이다. 은유는 많은 사용자 인터페이스에서 중요한 역할을 한다. 예를 들어, 폴더와 파일은 실제 폴더와 그 안에 들어 있는 종이 파일에 비유함으로써 분명 이점을 얻을 수 있다.

하지만 '휴지통' 콘셉트를 이해하는 데 있어 물리적 휴지통은 오해의 소지가 있는 비유다. 물리적 휴지통의 목적은 쓰레기 처리를 단계적으로 만드는 것이다. 주방의 작은 쓰레기통을 활용하면 일주일에 한 번 수거하는 대형 쓰레기통으로 쓰레기를 일일이 가져갈 필요가 없다. 그러나 애플의 '휴지통' 콘셉트의 목적은 대신 휴지통에서 항목을 '복원restoration'할 수 있도록 하는 것인데, 이 기능은 주방 휴지통에서는 일반적으로 잘 사용하지 않는 기능이다.

41. 디자인에서 이름의 중요성

이름을 붙이면 부연 설명없이도 잘 알려진 패턴을 언급할 수 있기 때문에 디자인에서 필수적인 요소다. 건축가가 '사람들이 걸어서 나갈 수 있고 지지대가 보이지 않는 작은 플랫폼을 건물 측면에 추가하자'라고 말하는 대신 '캔틸레버 발코니를 만들자'라고 말하는 것처럼 소프트웨어 디자이너는 '삭제한 파일을 복원할 수 있는 휴지통 아이콘을 사용해 맥과 데스크톱에서와 같은 방식으로 메시지 삭제를 처리하자'라고 말하는 대신, "메시지 삭제 처리를 위해 '휴지통' 콘셉트를 사용하자"라고 말할 수 있다.

42. 상태는 메모리다

콘셉트의 상태를 설명하는 또 다른 방법은 콘셉트가 실행 중에 '기억'해야 하는 내용을 저장하는 것이다. 예를 들어, 휴지통에 있는 항목을 삭제 시간별로 정렬해 표시하려면 각 항목이 언제 삭제됐는지를 기억해야 하고 항목과 시간 간의 연관성을 콘셉트의 상태에 포함시켜야 한다.

데이터 모델을 구축하는 초보자에게는 이런 간단한 아이디어조차 명확하지 않은 경우가 많다. 초보자들은 데이터 모델을 마치 세상에 대한 진실을 묘사한다고 생각한다. 이런 관점에서 관계를 묘사할 때는 '가진다(has)'라고 표현('사용자는 이름을 가진다')하는데, 이는 온톨로지(예: 화합물을 묘사하는 데이터 모델)만을 디자인한다고 하면 불가능한 것도 아니다.

그러나 이것은 데이터 모델이 오로지 액션만을 지원하는 소프트웨어 디자인에서는 유용한 관점이 아니므로 액션에 특정 정보가 필요하지 않은 경우, 데이터 모델에서 해당 정보를 생략할 수 있고 이와 반대로 액션에 특정 정보가 필요한 경우, 해당 정보를 포함해야 한다.

각 콘셉트는 단일 콘셉트의 상태로 정의되고 그 콘셉트의 액션으로 구현되는 미니어처 데이터 모델 집합로 전역 데이터 모델을 대신하기 때문에 데이터 모델링을 훨씬 더 간단하게 만든다.

43. 작동 원리

작동 원리는 콘셉트의 동작에 대한 '정리theorem'이라고 할 수 있으며 콘셉트가 어떤 핵심 속성을 확실히 갖고 있거나 일반화된 테스트 사례로 자리 잡은 것이다. 그러나 정리와 테스트 케이스는 프로그램이나 사양의 일관성을 확인하는 데 사용되는 부차적인 역할을 하는 반면, 작동 원리는 콘셉트의 디자인에서 가장 중요한 역할을 하며 콘셉트의 본질이자 종종 콘셉트를 설명하는 가장 설득력 있는 방법이기도 하다.

만유인력을 발견한 아이작 뉴턴Isaac Newton이 현대의 토스터기를 살펴보고 그 기능과 용도를 궁금해 한다고 상상해 보자. 뉴턴은 빵 굽기 조절 노브와 누를 수 있는 레버, '취소'라고 표시된 버튼을 살펴본다. 여러분은 이 토스터기를 뉴턴에게 어떻게 설명하겠는가? 아마 처음부터 상태(조리 시간을 결정하는 다이얼 설정, 열선의 켜짐/꺼짐 상태, 타이머의 상태, 배출까지 남은 시간 등)를 설명하는 것으로 시작하지는 않을 것이다. 예를 들어, 다이얼을 돌리면 조리 시간을 설정할 수 있다는 식의 동작부터 설명할 필요도 없다.

단순히 토스터기의 용도, 즉 '빵을 굽는다'라는 용도를 설명하기만 하면 된다. 그런 다음 식빵 두 조각을 투입구에 넣고 레버를 아래로 누르는 식의 사용 방법, 즉 작동 원리를 보여 준다. 조절 노브를 가장 높게 설정한 후 식빵이 타기 시작하면 '취소' 버튼을 눌러 빵을 꺼내는 두 번째 시나리오로 작동 원리를 확장해 설명할 수도 있다.

따라서 상태와 동작은 행동을 완전하게 정의하지만, 디자이너와 사용자 모두에게 필요한 중요한 부분인 콘셉트의 필요성(목적이 제공함)과 그 필요성이 어떻게 충족되는지(작동 원리가 제공함)를 시연하지는 못한다.

내가 작동 원리를 접하게 된 계기는 철학자 마이클 폴라니Michael Polanyi[125]의 연구에서 마이클 잭슨[72]이 기계의 작동 원리는 '기계의 특징적인 부분, 즉 기관이 기계의 목적을 달성하는 전체 작동에 결합해 특수한 기능을 수행하는 방법'을 명시한다는 설명을 통해서였다.

토스터기의 예제는 물리학 법칙으로는 기계를 설명할 수 없다는 폴라니의 관찰, 즉 물리학과 공학은 별도의 '통합 논리'를 필요로 할 만큼 근본적으로 다르다는 점에 근거한 것이다. 폴라니의 말을 빌리면, '공학과 물리학은 서로 완전히 다른 분야다. 공학에는 기계의 작동 원리와 이러한 원리와 관련된 물리학 지식이 포함된다. 반면, 물리학과 화학에는 기계의 작동 원리에 대한 지식이 포함돼 있지 않다. 따라서 물체의 물리적·화학적 정보만으로는 그것이 기계인지, 기계라면 어떻게 작동하는지, 어떤 용도로 사용되는지 알 수 없다. 기계에 대한 수행한 물리적·화학적 조사는 이전에 확립된 기계의 작동 원리와 관련해 수행한 것이 아니라면 의미가 없다.'[124, p. 39]

팀블비의 부분 정리. 해롤드 팀블비는 사용자가 시스템과의 상호 작용을 관찰함으로써 행동 '정리'를 추론하고 이에 의존하게 된다는 점에 주목했다[140]. 정리가 참이거나(이 경우 종종 도움이 될 수 있음), 명백히 거짓인 경우(이 경우, 사용자는 그 무효성을 금방 알아차릴 수 있음)는 문제가 없다.

문제는 거의 항상 참인 정리, 즉 팀블비가 '부분 정리'라고 부르는 정리에 있다. 부분 정리는 대부분의 경우에 성립하기 때문에 사용자는 이 정리가 보편적으로 성립한다고 믿게 되지만, 언젠가는 잘못된 판단을 하고 깜짝 놀랄 수 있다. 예를 들어, 폴더 기능이 있는 이메일 프로그램에서 '보낸 편지함' 폴더에는 (1) 모든 보낸 이메일이 들어 있고 (2) 보낸 이메일만 들어 있다고 가정하는 것은 당연하지만, 실제로는 그렇지 않다. 전자의 경우에는 정리를 목적으로 이메일을 다른 폴더로 이동시킬 수 있기 때문이고 후자의 경우에는(어떤 이유에서든) 보내지 않은 이메일을 '보낸 편지함'으로 폴더를 옮길 수 있기 때문이다.

다음은 이 장의 세 가지 콘셉트 예제에 대한 부분 정리의 몇 가지 사례다. 여기서 다루는 각 정리는 콘셉트 자체에 대해서는 참이지만, 실제 구현에서는 부분적으로만 참이다. '휴지통' 콘셉트의 경우, 앞서 설명한 작동 원리는 실제로 애플 매킨토시 구현의 부분 정리다. 나중에 설명하겠지만, 휴지통을 비운다고 해서 휴지통에 있는 모든 파일이 항상 영구적으로 제거되는 것은 아니다(물론, 대부분의 사용자는 이런 경우를 알아채지 못할 것이다).

'스타일' 콘셉트의 경우, 스타일을 계층 구조로 배열할 수 있는 일반적인 확장 기능이 있는데, 그것은 바로 '스타일은 부모의 서식 속성을 상속받을 수 있다'라는 것이다. 소프트웨어 모델의 자동 분석에 관한 첫 번째 논문[62]에서 나는 '스타일' 콘셉트를 실행 예제로 사용해 다소 평범한 정리가 어떻게 부분적으로 문제가 되는지 보여 줬다. 예를 들어, 스타일의 부모를 변경한 후 곧바로 다시 원래의 부모로 원상복구하면, 마치 실행 취소를 하듯이 원래의 스타일이 유지될 것이라고 생각할 수 있다. 그러나 놀랍게도 일반적인 구현에서는 그렇지 않은 것으로 밝혀졌다. 여기서 그 이유를 자세히 설명하지는 않겠지만, 스타일과 그 부모가 주어진 서식 프로퍼티에 대해 동일한 값을 설정할 때 이런 문제가 발생한다는 것만 언급하고 넘어가자.

'예약' 콘셉트의 경우, 부분적으로 문제가 되는 것은 작동 원리 그 자체이며 대부분의 레스토랑 고객들은 그 상황을 이해할 것이다. 예약을 하고 레스토랑에 방문했을 때 실제로 자리가 없을 가능성은 거의 없다. 그 이유는 레스토랑에서 예약을 받을 때 손님들이 한 테이블에 머무를 수 있는 최대 시간을 기준으로 좌석을 확보하기 때문이다. 때때로 손님들이 예정된 시간을 초과해 머무르는 경우가 있는데, 이러면 레스토랑은 다른 예약 손님을 받을 빈 테이블이 부족할 수 있다.

작동 원리 대 유스케이스와 사용자 스토리. 시나리오는 소프트웨어 개발에서 널리 사용되는 실천법 중 하나다. 이바르 야콥슨Ivar Jacobson[73]은 '유스케이스'를 지정해 요구하는 실천법을 개발했는데, 이 시나리오에서 사용자는 시스템과 상호 작용해서 정해진 목표를 달성한다. '사용자 스토리'는 이와 유사하지만, 일반적으로 이보다 덜 구조화된 방식으로 표현된다.

이 두 가지는 모두 작동 원리와는 차이가 있으며 서로 다른 역할을 한다. 즉, 이들은 디자인의 본질을 설명하기보다는 기능 전체를 설명하기 위한 것이다. 또한 유스케이스와 사용자 스토리는 개별 콘셉트의 세부적인 수준이 아니라 시스템 수준에서 적용된다.

따라서 전체 요구사항 설명에는 정상적인 유스케이스뿐 아니라 비정상적인 사례도 처리하는 수십 또는 수백 개의 유스케이스가 포함될 수 있다. 콘셉트 디자인에서는 콘셉트가 목적을 달성하는 방법을 보여 주는 데 필요한 몇 가지 시나리오만 제공하고 비정상적인 경우를 포함한 세부사항은 액션 사양에서 처리한다. 예를 들어,

'스타일' 콘셉트에서는 스타일이 삭제될 때 어떤 일이 발생하는지 설명하는 시나리오를 작동 원리에 포함할 필요가 없다. 이는 판단하기 까다로운 경우일 수도 있지만, 디자인의 본질은 아니다.

일반 시나리오와 구별되는 작동 원리의 본질적인 특성은 콘셉트 디자인 전체에 동기를 부여하는 방식이다. 만약 나에게 스타일이 어떻게 동작하는지 물어봤다고 가정해 보자. 그러면 나는 본문, 인용문, 제목과 같은 몇 가지 스타일을 정의한 다음, 관련 스타일을 선택하고 적용해 단락의 서식을 쉽게 지정할 수 있다는 것을 보여 줄 것이다.

이런 설명 방식은 합리적인 시나리오이며 다른 사람들도 그렇게 설명할 것이다. 그러나 '스타일' 콘셉트에 대한 동기를 부여하는 시나리오는 아니다. 이 간단한 시나리오를 지원하기 위해 앱은 어떤 스타일이 어떤 단락과 연관돼 있는지 기억할 필요가 없다. 덜 강력한 콘셉트로도 충분하기 때문이다.

유스케이스와 사용자 스토리는 일반적으로 애자일 개발에서 점진적인 프로그래밍 작업을 위해 사용된다. 이들 아이디어는 사용자에게 명확한 가치를 지닌 기능을 점진적으로 제공한다는 애자일 목표와도 일치한다. 하지만 한 개 또는 소수의 유스케이스에만 집중하면 너무 불완전한 그림을 그릴 수 있으며 다음 유스케이스로 쉽게 확장할 수 없는 구현을 할 수도 있다.

예를 들어, '스타일' 콘셉트를 구현할 때 스타일을 정의한 후 일부 단락에 적용하는 유스케이스부터 시작한다고 가정해 보자. 이 유스케이스에서 기존 스타일을 수정하지 않는다면 단락에서 스타일로의 매핑은 구현할 필요가 없다. 따라서 스타일을 단락에 적용할 때는 그냥 스타일에 정의된 형식 설정을 가져와서 단락에 바로 적용할 수 있을 것이다. 이는 좀 다르기는 하지만, 타당한 콘셉트다. 이 방식이 애플의 텍스트 편집기 앱에서는 '스타일'이라는 이름으로 사용된다. 그러나 스타일과 단락의 중요한 연결이 생략돼 있어 그다지 유용하지는 않다. 나중에 스타일을 수정하는 유스케이스를 구현할 때에야 코드를 쉽게 확장할 수 없다는 것을 알게 될 것이다. 실제로는 유스케이스에 스타일을 수정하는 것만으로는 충분하지 않으며 이미 단락에 적용된 후에도 수정할 수 있는 스타일이어야 한다.

물론 이것은 사소한 예시이며 이 경우 코드 재작업이 그리 어렵지 않을 수도 있다. 하지만 대규모 시스템에서라면 이러한 종류의 문제는 심각한 문제가 될 수 있으며 애자일 접근 방식을 따르는 팀이 종종 스스로를 궁지에 몰아넣고 새롭게 작업(리팩토링)을 해야 하는 이유 중 하나다.

콘셉트는 독립적이고 상호 의존성이 거의 없기 때문에 점진적 개발에 더 나은 업무 단위를 제공한다. 콘셉트가 있는 워드프로세서를 구현하는 경우, 단락 콘셉트로 시작해 텍스트를 편집하고 단락으로 나누는 기본 코드를 구축한 후 예를 들어 텍스트의 크기와 서체를 변경할 수 있는 '서식' 콘셉트를 구현하고 스타일을 통해 단락에 형식을 체계적으로 적용할 수 있는 '스타일' 콘셉트를 구현할 수 있다.

44. 콘셉트 형식주의

이 책의 콘셉트 설명은 코드나 논리에 익숙하지 않은 독자가 불편함을 겪지 않도록 하기 위해 평이하고 일상적인 용어를 사용한다. 그러나 실제로는 정확하고 모호함이 없는 공식적인 표기법을 사용해서 추후에는 자동 분석기를 거쳐 코드로 컴파일될 수 있도록 하는 것이 좋다. 콘셉트를 지정하는 데 적합한 많은 표기법이 존재하며 여기에는 알로이[66], Z[136], VDM[75] 및 B[1] 등이 있다. 알로이는 상태 컴포넌트 선언의 콘셉트 설명과 다른 컴포넌트의 형식format을 정의하는 제약 조건(그림 4.4)에도 등장한다.

콘셉트 의미론. 콘셉트 정의가 정확히 무엇을 정의하는지에 대한 보다 엄격한 설명을 원하는 컴퓨터과학자 및 기타 독자를 위해 콘셉트 의미론에 대한 몇 가지 참고사항을 설명한다. 콘셉트의 목적은 쉽게 공식화할 수 없는 것 같아서 콘셉트의 동작에 초점을 맞출 것이다.

콘셉트의 동작은 가장 간단한 용어로 표현하면, '상태 머신state machine'이라고 할 수 있다. 그림 E.3은 '휴지통' 콘셉트에 대한 상태 머신을 일부분 보여 준다(그림 4.2). 초기 상태에서는 어떤 항목도 액세스하거나 삭제할 수 없으며 가능한 유일한 액션은 항목을 생성하는 것이다. $create(i0)$ 액션을 실행하면 새로운 상태로 이동해 이제 항목 $i0$에 액세스할 수 있고 $create(i0)$를 실행하면 항목이 휴지통에 버려지는 세 번째 상태로 이동하며 이제 두 가지 옵션, 즉 삭제를 취소하는 $restore(i0)$와 초기 상태로 돌아가는 $empty()$를 사용할 수 있다.

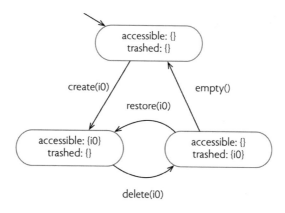

그림 E.3 '휴지통' 콘셉트에 대한 상태 머신의 일부

이 그림에서 표시되는 일부 상태 머신에는 단일 항목인 $i0$에 대한 액션만 포함된다. 이 콘셉트 자체는 가능한 항목의 집합인 '아이템' 콘셉트를 무제한으로 허용하므로 실제 머신은 무한하다. 따라서 그림으로 나타낼 수는 없더라도 정의할 수는 있으며 초기 상태부터 시작해서 각 액션을 차례대로 고려하면 된다. 해당 상태에서 허용되는 액션이 있으면, 여기서 규정하는 상태로 전환을 추가하고 가능한 액션에 대해 이 과정을 반복한다. 그렇게 생성된 새로운 상태에 대한 발신 동작을 찾고 이 방식으로 계속 진행해 상태 머신을 영원히 확장한다(완성된 콘셉트 정의 언어에는 초기 상태를 정의하기 위한 몇 가지 구문이 포함된다. 상태는 항상 비어 있는 '집합'과 '관계'로 구성됐기 때문에 예제에서는 이러한 구문이 필요하지 않다).

전환 관계, 전제 조건 및 교착 상태. 수학적으로, 액션은 관계를 뜻한다. 상태 집합 S가 있는 콘셉트가 주어졌을 때 집합 X에서 인자를 가져온 액션 A는 다음과 같은 연관 관계를 가진다.

$$trans(A) \subseteq S \times X \times S$$

이 수식은 액션의 모든 전이 (s, x, s')를 포함하며 여기서 s는 이전 상태, x는 인자, s'는 이후 상태다. 인수가 한 개 이상인 경우에는 X를 튜플 집합으로 하면 된다.

전이 관계는 전체일 필요는 없다. 이후 상태 s'가 존재하는 이전 상태와 인수의 쌍 s, x의 집합을 '액션의 전제 조건'이라고 한다. 전제 조건이 충족되지 않으면 액션이 활성화되지 않고 발생하지 않을 수 있다(이것은 프로그래밍에서 함수의 전제 조건이라는 개념과는 미묘하게 다르다. 전제 조건은 함수가 호출되는 것을 막는 것이 아니라 의무를 나타내는 것일 뿐이다. 전제 조건이 유지되지 않을 때 함수를 호출하면, 예측할 수 없는 일이 발생한다고 가정하는 것이 일반적이다).

주어진 상태에서는 여러 가지 동작이 활성화될 수 있다. 어떤 액션도 활성화되지 않은 상태가 되는 콘셉트를 디자인할 수도 있다. 이를 '교착 상태'라고 하며 이는 콘셉트가 다시는 다른 작업을 수행할 수 없다는 것을 의미하므로 바람직하지 않다.

일반적으로 콘셉트는 각각 고유한 수명을 가진 객체 모음을 구현한다. 개별 개체의 수명은 끝날 수 있지만, 컬렉션 자체에는 한계가 없기 때문에 콘셉트 전체의 동작은 계속된다. 예를 들어, '예약' 콘셉트는 개별 리소스(예: 레스토랑의 저녁 식사 시간 슬롯)의 수명을 처리하며 리소스가 사용되면 수명이 종료된다. 그러나 언제든지 새로운 리소스를 추가할 수 있으므로 전체 콘셉트는 계속 실행되며 교착 상태가 발생하지 않는다.

액션 공식화. 상태와 액션은 위에서 언급한 모든 언어로 쉽게 공식화할 수 있다. 예를 들어, 그림 4.7에서 비공식적으로 정의된 '예약' 액션은 다음과 같다.

```
reserve(u: User, r: Resource)
    when r in available
    associate u with r in reservations and remove r from available
```

이 액션은 알로이 언어로, 다음과 같이 공식적으로 작성할 수 있다.

```
pred reserve(u: User, r: Resource) {
    r in available
    reservations' = reservations + u - > r
    available' = available r
    }
```

(in이 이미 알로이의 키워드이기 때문에) 전제 조건은 동일하지만, (전제 조건은 알로이에 암시돼 있기 때문에) 키워드가 필요하지 않다. 마지막 두 줄은 두 상태 컴포넌트의 새 값(이름에 프라임을 붙여 표시)을 이전 값의 관점에서 정의한다(참고로 프라임 표기는 Electrum[20] 확장에 의해 알로이에 도입된 축약어다).

만약 내가 콘셉트용으로 새로운 언어를 디자인한다면, 특정 도메인 요소에서 관계를 업데이트할 수 있는 좀 더 조작하기 쉬운 구문을 도입해 다음과 같이 작성할 것이다.

```
reserve(u: User, r: Resource)
  when r in available
  u.reservations += r
  available -= r
```

이 수식은 프로그래밍 언어 CLU에 따라, 일반화된 방식으로 C 스타일 축약어를 사용하며 *e1 op = e2* 형식의 문장은 *e1' = e1 op e2*를 의미한다. 따라서 위의 두 번째 줄은 다음과 같은 암시적인 조건을 갖는 표현을 축약한 것이다.

```
u.reservations' = u.reservations + r
all p: User | p != u implies p.reservations' = p.reservations
```

트레이스와 상태 관찰. 상태 머신 공식은 단순하고 기계적인 특성을 갖고 있지만, 실제로는 좀 더 추상적으로 보는 것이 도움이 된다. 콘셉트의 트레이스를 가능한 모든 유한한 작업 인스턴스 히스토리의 집합으로 정의할 수 있다. 따라서 '휴지통' 콘셉트의 경우, 다음과 같은 것들이 포함된다.

```
<>
<create(i0)>
<create(i0), delete(i0)>
<create(i0), delete(i0), empty()>
<create(i0), delete(i0), restore(i0)>
...
```

이러한 추적을 관찰하는 것 외에도 콘셉트의 사용자는 언제든지 상태를 관찰할 수 있다. 즉, 몇 가지 함수가 있다.

```
state: Trace → State
```

이 함수는 각 트레이스가 생성하는 상태에 매핑된다. 빈 트레이스가 생성하는 상태인 state(<>)는 물론 초기 상태일 뿐이다. 좀 더 긴 트레이스 작업 이후의 상태는 액션 정의에 주어진 규칙에 따라 각 액션을 차례대로 적용해 계산할 수 있다. 따라서 항목을 삭제한 후 휴지통에서 해당 항목을 찾는다.

```
state(<create(i0), delete(i0)>) = {accessible: {}, trashed: {i0}}
```

그리고 휴지통을 비운 후에는 항목이 영구적으로 제거된다(공교롭게도 초기 상태로 돌아간다).

```
state(<create(i0), delete(i0), empty()>) = {accessible: {}, trashed: {}}
```

'시스템' 액션과 결정론. 콘셉트는 결정론적이라고 가정한다. 즉, 각 액션과 관련된 전이 관계는 함수적이라는 의미로, 특정 상태와 액션이 활성화된 인수 값 집합이 주어지면 해당 액션을 실행할 때 최대 하나의 상태만 발생할 수 있다.

이것이 트레이스는 항상 정확히 하나의 상태로 이어진다는 상태 함수의 정의가 합당한 이유다. 결정론의 또 다른 결과는 동작을 임의로 거부할 수 없으며 동작이 발생할 수 있는지 여부는 동작이 호출되는 상태에 따라(전제 조건에 따라) 정의되므로 특정 시점까지 발생한 추적을 알고 있으면 특정 동작이 발생할 수 있는지 여부를 예측할 수 있다는 것이다.

모든 액션을 사용자가 수행해야 하는 것은 아니다. 일반적으로 사용자의 범주에 따라 서로 다른 하위 집합의 작업을 수행한다. 사용자의 참여 없이 자발적으로 수행되는 시스템 작업도 가능하며 전체 콘셉트 표기법에서는 특수 키워드로 표시할 수 있다. 예를 들어, 항공편 예약 시스템에서 '좌석 배정seat allocation' 콘셉트에는 다음과 같은 액션이 있을 수 있다.

```
system assign-seat(c: Customer, s: Seat, f: Flight)
```

여기서는 고객 c에게 f 항공편의 좌석 s를 배정한다. 사용자가 아닌 시스템이 좌석을 선택하므로 항공권을 구매한 사용자가 임의로 좌석을 배정받는 시나리오를 설명할 수 있다. 어떤 의미에서 이것은 사용자 요청에 따라 결과가 달라지므로 비결정적이지만, 좌석 선택은 시스템이 취하는 액션의 인수로 여겨지므로 콘셉트는 결정론적으로 유지된다. 이는 실제로 많은 항공사가 선택하는 콘셉트 디자인은 아니겠지만, 적어도 좋은 디자인이라면 이러한 액션과 알림 기능을 동기화해서 사용자에게 어떤 좌석이 배정됐는지 알려 줄 것이다.

작동 원리의 논리. 작동 원리는 쉽게 공식화할 수도 있다. 다양한 종류의 시간 논리가 사용될 수 있지만, 여기서는 **동적 논리[53]**로 어떻게 표현될 수 있는지 설명한다. 동적 논리가 앞서 설명한 비공식적 정의의 스타일과 가장 가깝기 때문이다.

동적 논리의 기본 형태는 $[a]p$로, $[a]$ 액션을 수행한 후 술어 p가 항상 유지된다는 것을 말하고 $<>p$는 $[a]$ 액션을 수행한 후 술어 p가 유지될 수 있다는 것을 말한다. 앞으로 작성할 작동 원리에서는 첫 번째 형식만 필요하며 모달 연산자를 삭제하고 $[a]p$ 대신 $a\{p\}$로 표기한다.

액션은 순차 구성을 사용해 복합 액션으로 결합할 수 있는데, 순차 구성(a;b는 a 뒤에 b가 오는 것을 의미), 반복(a*은 0번 이상 발생하는 것을 의미), 선택(a or b는 a나 b 중 하나가 발생하는 것을 의미), 부정(not a는 액션 a가 아닌 액션을 의미)을 나타낸다. 또한 동작의 전제 조건을 추출하는 특수 연산자 can을 도입함으로써 can a는 액션 a가 발생할 수 있는 상태를 유지하는 것으로 정의한다.

이러한 연산자를 통해 이 장의 작동 원리를 공식화할 수 있다. '휴지통' 콘셉트의 경우, 다음과 같은 비공식적 원리는

```
after delete(x), can restore(x) and then x in accessible
```

다음과 같이 공식적으로 표기한다.

```
delete(x) {can restore(x)}
delete(x); restore(x) {x in accessible}
```

'스타일' 콘셉트의 경우, 다음과 같은 비공식적 원리는

```
after define(s, f), assign(e1, s), assign(e2, s) and define(s, f'),
e1 and e2 have format f'
```

다음과 같이 표기할 수 있다.

```
define(s, f); assign(e1, s); assign(e2, s); define(s, f') {e1.format =
e2.format = f'}
```

그리고 예약 콘셉트의 경우, 다음과 같은 비공식적 원리는

```
after reserve(u, r) and not cancel(u,r), can use(u, r)
```

다음과 같이 표기할 수 있다.

```
reserve(u, r);(not cancel(u, r))* {can use(u, r)}
```

작동 원리를 정확히 표현하는 방법에는 약간의 자유도가 있으며 이를 공식화하려면
다양한 옵션이 필요하다. 예를 들어, 예약에 필요한 원리가 리소스의 예약과 사용
사이의 동작을 허용하면서(취소가 발생하지 않도록 규정하면서), 왜 '휴지통' 콘셉트의 원
리에는 동일한 유연성을 표현하지 않았는지 궁금할 수 있다. 후자의 경우 대신 다음
과 같이 작성할 수 있다.

```
delete(x);(not(restore(x) or empty()))* {can restore(x)}
```

즉, 항목을 삭제한 후 복원하기 전에 복원(두 번 복원할 수 없으므로)과 휴지통 비우기를
제외한 다른 모든 작업을 수행할 수 있다는 것을 알릴 수 있다.

　내가 이런 식으로 표현하지 않은 이유는 작동 원리에서 표현한 휴지통 시나리오
는 실수로 항목을 삭제했다가 즉시 복원하는 경우가 적지 않기 때문이다. 그러나
'예약' 콘셉트의 경우, 예약이 발생하면 다른 예약이 발생하지 않고 바로 사용으로 이
어지는 시나리오는 비현실적이므로 좋은 예가 될 수 없다.

선형 시간 논리 버전. 작동 원리는 선형 시간 논리[LTL]로도 표현할 수 있다[123]. LTL과
동적 논리는 표현 방식이 동일하지 않지만, 둘 다 작동 원리의 일반적인 형태, 즉
몇 가지 가능한 동작 시퀀스 이후에는 어떤 조건이 유지된다는 것을 표현할 수 있
다. LTL 연산자를 포함하는 최신 버전의 알로이[20]에서 다음과 같은 예약 콘셉트
의 작동 원리는

```
after reserve(u, r) and not cancel(u,r), can use(u, r)
```

다음과 같이 표기할 수 있다.

```
all u : User, r : Resource |
  always reserve[u, r).then [can_use[u, r).while [not cancel[u, r]]]
  }
```

여기서 then과 while 연산자는 다음과 같이 매크로로 정의한다.

```
let then [a,b] {a implies after b}
let while [a,b] {not b releases a}
```

이 공식은 동적 논리의 공식보다 직관적이지 않은 것 같지만, 알로이에서 바로 사용할 수 있고 자동으로 실행 및 확인할 수 있다는 큰 장점이 있다(이 예제를 제공한 알치노 쿤하에게 감사드린다).

시간 논리의 실제 액션. 사실 동적 논리나 선형 시간 논리 모두 동작의 발생을 상태 전환과 동일하게 취급하기 때문에 내가 의도한 작동 원리의 의미를 정확히 포착하지는 못한다.

예를 들어, 예약 콘셉트의 작동 원리(그림 4.7)에서 cancel(u,r) 표현식은 두 논리 모두에서 인자 u와 r을 가진 cancel 액션의 실행으로 인한 any 전환과 일치한다. 만약 리소스가 예약돼 있어도 철회할 수 있도록 retract 액션이 (다르게) 정의된다면, reserve(u,r) 액션 이후 retract(r) 및 cancel(u,r) 액션은 정확히 동일한 효과(즉, 사용자 u가 리소스 r의 예약을 취소하는 것)를 갖게 된다. 그러나 작동 원리에서 cancel(u,r)은 사용자 u가 리소스 r에 대한 예약을 철회가 아니라 취소로 인한 경우에만 적용되길 원할 수 있다. 이러한 구분을 위해서는 액션의 '이름'이 중요한 의미를 갖는 좀 더 풍부한 의미론이 필요하다.

추가로, 강력한 모델 검사기를 지원하는 레슬리 램포트의 '시간 논리' 액션[85]에서 역시 액션을 명시적으로 표현하지 않으며 알로이의 시간 논리처럼 '상태 전환 논리'라고 표현하는 것이 더 정확할 수 있다.

객체의 분류. 지금까지 create(i0)와 같은 액션 인스턴스가 발생하는 것에 대해 얘기했지만, 객체 i0이 어떤 종류의 객체인지에 대해서는 설명하지 않았다. 객체를 식별하고 구성하는 것은 디자인 프로세스에서 매우 중요한 부분이기 때문에 객체를 여러 종류로 분류하는 것이 유용하다. 객체를 분류할 수 있는 세 가지 차원, 즉 객체 역할, 객체 가변성, 해석된 유형과 해석되지 않은 유형에 대해 알아보자.

객체 역할. 객체는 소프트웨어 시스템에서 세 가지 역할을 수행한다. 첫째, 객체는 자산[asset]의 역할을 할 수 있다. 자산에는 고유한 가치가 있지만, 그 가치는 사용자나 시간, 목적에 따라 달라질 수 있다. 사진, 오디오 트랙, 블로그 게시물, 댓글 등 일부 자산은 물리적 세계에서 친숙한 객체에 해당하지만, 인증서 권한, 기능, 비밀번호 등 보안과 관련된 자산은 좀 더 추상적이다.

둘째, 객체가 이름의 역할을 할 수 있다. 이름은 다른 개체를 찾거나 식별하는 데 사용된다. 주민등록번호는 사람을 식별하고, 시리얼 넘버는 기기를 식별하고, 우편번호는 건물을 식별하는 것처럼 이름이 붙은 객체가 실제로 존재하는 물리적 실체일 수 있다. 반면, 날짜는 과거 또는 미래의 하루, 제품 코드는 제품 카테고리(예를 들어, 사과나 바나나 등)를 지정하는 등 세상에 존재하지만 물리적이지 않은 경우도 있다. 이메일 주소는 이메일 계정의 이름, 도메인 이름은 서버의 이름, 파일 시스템 경로는 파일이나 폴더의 이름을 지정하는 등 가상의 이름으로 컴퓨터 내부에만 존재하는 경우도 있다.

이름은 일반적으로 정확히 하나의 개체를 가리키는 모호하지 않은 속성이지만, 그 해석은 상황에 따라 달라질 수 있다. 예를 들어, 소규모 회사에서는 이름과 성을 조합해 직원의 이름을 지정할 수 있다(동명이인이 등장할 때까지). 한 개체의 이름은 다른 개체의 이름이 대리할 수도 있는데, 예를 들어 거의 모든 사람이 고유한 휴대폰 번호를 갖고 있기 때문에 일반적으로 전화번호를 사람의 이름으로 대신 사용할 수도 있다.

객체의 세 번째 역할은 단순한 값[value]이다. 값은 자산이나 이름과 달리, 그 자체로 의미가 없으며 다른 객체와의 관계에서 의미를 가진다. 예를 들어, 80이라는 숫자는 사람의 나이, 호수의 수온, 지난 한 시간 동안의 웹 사이트 조회 수 등이 될 수 있다.

개체가 어떤 역할을 하는지 파악하는 것은 디자인의 필수적인 부분으로써 다음처

276

럼 몇 가지 디자인 관련 질문을 할 필요가 있다.

- 자산에 대해: 누가 소유하고 있는가? 개인정보 보호가 우려되는가? 어떻게 검색할 것인가?

- 이름에 대해: 어떤 맥락에서 해석되는가? 정말 고유한 이름인가? 얼마나 오랫동안 유효한가?

- 값에 대해: 무엇을 설명하는가? 단위가 있는가? 서로 다른 두 값을 유용하게 비교할 수 있는가?

동일한 객체가 다른 콘셉트에서는 다른 역할을 할 수 있다. 해커 뉴스 웹 사이트에서 사용자는 웹 페이지에 대한 링크만 포함된 게시물에 '좋아요'를 누르고 댓글을 달 수 있다. 게시물 콘셉트 자체(및 사이트의 다른 대부분의 콘셉트)에서 게시물은 '자산'이지만, 링크를 연결하는 기능을 제공하는 URL 콘셉트에서 게시물은 '이름'이다.

객체 가변성. 가변 객체는 시간이 지남에 따라 변경되는 객체다. 이러한 개념을 이해하려면 객체의 정체성과 객체의 값을 구분해야 한다(여기서의 설명하는 값은 프로그래밍에서 일반적으로 사용되는 '값'을 의미한다). '변경'이란, 한 시점의 특정 ID와 연관된 값이 다른 시점의 동일한 ID와 연관된 값과 달라지는 것을 의미한다.

정체성이 정확히 어디에 위치하며 어떤 값이 대체되는지는 일반적으로 미묘한 문제로써 객관적인 현실보다는 설명의 선택에 따라 결정된다. 예를 들어, 2차원 픽셀 배열로 구성된 포토샵의 이미지를 떠올려 보자. 여기서 이미지가 더 어둡게 보이도록 이미지에 조정을 적용했다고 가정한다. 이미지 자체의 값을 변경해 이제 이미지에 다른 픽셀 배열이 포함되도록 했을까? 배열은 그대로 유지하되 어떤 픽셀이 포함되는지 변경했을까? 아니면, 배열과 픽셀을 모두 유지하고 픽셀 자체의 값만 변경했을까? 코드를 직접 들여다보면 개발자의 관점에서 어떤 것이 올바른지 알 수 있다. 그러나 사용자의 입장에서는 어느 쪽이 다른 쪽보다 더 매력적이라고 주장하기는 어렵다.

그런데 정체성은 이름과 동일하지 않다. 객체의 정체성과 값 사이의 관계는 상자와 내용물 사이의 관계에 더 가깝다. 이름을 사용하면 개체를 지칭할 수 있고 종종 개체를 찾을 수도 있다. 이와 대조적으로 정체성은 단지 한 개체를 다른 개체와 구별할 수 있게 해 준다.

콘셉트는 액션의 동기화를 통해서만 통신하기 때문에(6장에서 설명), 액션의 인수로 전달되는 객체는 불변이어야 한다. 그렇지 않으면 한 콘셉트의 액션이 다른 콘셉트가 공유하는 객체를 변경해 숨겨진 통신을 할 수 있다. 이는 프로그래밍 언어를 괴롭히는 복잡한 문제(예: 앨리어싱)를 야기할 수 있기 때문에 언어 디자이너는 가급적 가변성을 제거하지는 않더라도 제어하려고 노력해 왔다.

콘셉트 내에서 사용자는 가변 객체의 관점에서 콘셉트 상태를 자유롭게 해석할 수 있다. 그러나 이러한 해석은 모든 객체가 불변이고 변경은 객체 간의 관계만 포함한다는 해석보다 더 유효한 것은 아니다. 예를 들어, 예약 콘셉트 대한 설명(그림 4.7)에서 명시적인 '예약' 객체는 없으며 그 대신 사용자와 리소스 간의 예약 관계는 튜플로 표현된다.

해석된 유형과 해석되지 않은 유형. 객체를 분류할 수 있는 세 번째이자 마지막 차원은 객체가 해석됐는지의 여부다. 콘셉트와 관련된 대부분의 객체는 블랙박스처럼 취급된다. 콘셉트 동작은 동등성, 즉 한 변수 또는 상태 컴포넌트에 있는 객체가 다른 변수 또는 상태 컴포넌트에 있는 객체와 동일한 객체인지의 여부만 인식한다.

예를 들어, 사용자 u가 예약한 리소스 r을 취소하는 예약 콘셉트의 cancel(u,r) 액션(그림 4.7)은 예약 관계에 저장된 객체와 u 및 r이라는 객체를 비교한다. 액션의 관점에서 볼 때 사용자와 리소스는 한 사용자나 리소스를 다른 사용자와 구별할 수 있는 한 무엇이든 될 수 있다.

이와 반대로, 사용자가 숫자 n(예를 들어, 0에서 5 사이)으로 아이템 i를 평가하는 액션 rate(i,n)을 갖는 '평가rating' 콘셉트를 생각해 보자. 이 경우, 아이템은 해석되지 않지만, 숫자 n은 정수로 해석돼 아이템의 평균 평점을 계산하는 데 사용된다.

이 구분이 중요한 이유는 무엇일까? 6장에서 설명한 것처럼 동기화를 통해 동일한 유형이 한 콘셉트에서 다른 콘셉트로 이동하는 경우, 두 콘셉트는 해당 유형의 객체를 일관된 방식으로 처리해야 한다. 해석되지 않은 유형의 경우, 어떤 객체에 대한 참조가 동일한 객체를 나타내는지 여부만 판단하므로 비교적 사소한 문제다. 그러나 해석된 유형의 경우에는 두 콘셉트가 각 객체에 대해 동일한 해석을 제공해야 하기 때문에 좀 더 까다롭다. 예를 들어, 공유 객체가 050721 형식의 날짜라면, 이것이 5월 7일을 나타내는지(일반적인 미국식 순서인 mm/dd를 따르는지), 7월 5일을 나타내는지(영국식 순서인 dd/mm을 따르는지)에 대해 두 콘셉트가 일치해야 한다.

해석된 유형과 해석되지 않은 유형의 구분은 순열 불변의 관점에서 공식화할 수 있다. 콘셉트 설명에 나타나는 각 유형 T에는 해당 유형의 변수가 보유할 수 있는 객체로 구성된 객체 집합 $Objs(T)$가 연관돼 있다. T의 순열은 모두 $Objs(T)$ 집합에서 자신에 대한 모든 일대일 함수다.

인자 x^0이 유형 T^0을 x^1이 유형 T^1을 갖는 액션 인스턴스 $a(x^0, x^1, \ldots)$에 순열 p를 적용하면, $T^i = T$이면 y^i가 $p(x^i)$, 그렇지 않으면 x^i가 되는 인스턴스 $a(y^0, y^1, \ldots)$가 된다. 순열은 트레이스와 상태에 대해 명확하게 해제된다.

이제 불변성을 표현할 수 있다. T의 모든 순열 p와 C의 모든 트레이스 t에 대해 순열된 히스토리 $p(t)$도 C의 트레이스이고 $state(p(t)) = p(state(t))$라면 유형 T는 콘셉트 C에서 해석되지 않을 것이다.

예를 들어, 예약 콘셉트와 관련 최종 상태에 대한 다음과 같은 추적이 주어진다.

```
<provide(r0), reserve(u0, r0), cancel(u0, r0)>
available: {r0}, reservations: {}
```

리소스 r0과 r1을 교환하는 순열을 적용하면 다음과 같으며 이 문장 역시 유효한 추적과 종료 상태라고 할 수 있다.

```
<provide(r1), reserve(u0, r1), cancel(u0, r1)>
available: {r1}, reservations: {}
```

이 불변성 조건은 사용자 또는 리소스의 모든 순열과 모든 추적에 대해 유지되므로 두 유형 모두 해석되지 않는다.

이러한 유형은 일반 유형 변수이므로 정의에 따라 콘셉트에서 해당 객체에 대해 아무것도 가정할 수 없다는 점에서 그리 놀랄 일도 아니다. 그러나 일반적이지 않은 정규 유형도 해석되지 않을 수 있다. 예를 들어, '할 일todo'(그림 6.2)의 작업Task 유형은 해석되지 않는데, 그 이유는 이 콘셉트에 주어진 콘텐츠가 있는 작업을 검색

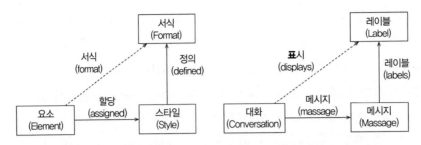

그림 E.4 '스타일' 콘셉트에 대한 데이터 모델(왼쪽)과 지메일의 레이블(오른쪽).

하거나 맞춤법을 검사하는 등 작업 '내부'를 살펴봐야 하는 기능이 포함돼 있지 않기 때문이다.

유형이 해석됐는지 확인하려면 작업의 상태 업데이트에서 해당 객체에 대해 수행된 연산만 살펴보면 된다. 집합과 관계 및 동일성 비교의 '논리' 연산만 포함된 경우 해당 유형은 해석되지 않은 것이다(알로이의 기초가 되는 관계 미적분을 발명한 알프레드 타르스키는 '논리 개념'을 우주의 순열에 대해 의미가 불변하는 개념이라고 정의했다[138]).

45. 데이터 모델링에서 관계의 힘

'스타일' 콘셉트에서 파생된 상태 컴포넌트를 정의할 때(그림 4.4)는 다음과 같이 작성했다.

```
format = assigned.defined
```

이 문장은 서식은 할당^{assigned}과 정의^{defined} 관계의 '결합' 또는 관계형 구성이라는 것을 의미한다. 이러한 제약 조건은(그림 E.4의 왼쪽처럼) 다이어그램을 이용하면 해석하기 쉽다. 서식으로 표시된 화살표의 구성 경로는 할당으로 표시된 화살표와 정의로 표시된 화살표로 구성된 경로와 동일하다.

좀 더 수고스럽지만 말로 표현하면, 요소와 관련된 서식을 얻으려면, 한 단계로 서식 관계를 따라가거나 먼저 할당 관계(해당 요소에 할당된 스타일 얻기)를 따라간 후 정의 관계(해당 스타일에 정의된 형식 가져오기)를 따라가면 관련된 스타일을 얻을 수 있다는 뜻이다. 다이어그램은 또한 디자인이 어떻게 방향성을 활용하는지도 명확하게 보여 준다(둘러보기 48의 '콘셉트에는 상태가 많다' 참조).

관계를 그래프의 화살표와 경로로 생각하면 직관적으로 이해할 수 있을 뿐 아니라 데이터 모델을 관계로 설명하고 다이어그램으로 그릴 때 도움이 된다. 데이터 모델 다이어그램을 보고 경로가 어떻게 연관될 수 있는지 고려하는 것만으로도 가능한 제약 조건을 쉽게 발견할 수 있다. 그림 E.4(오른쪽)는 동일한 형태의 제약 조건이 적용되는 (그리고 8장에서 설명한 대로 몇 가지 심각한 문제의 원인으로 밝혀진) 지메일의 레이블과 유사한 상황을 보여 준다.

이러한 모델링 스타일은 알로이[66]의 핵심이며 이를 개척한 Z[136]에서 영감을 받았다. 대부분의 다른 표기법은 이런 종류의 탐색적 사고를 지원하지 않는다. 일차 논리에서는 정량자quantifier가 필요하다.

```
∀ e: Element, f: Format |(format(e, f) ⇔ ∃ s: Style | style(e, s) ∧
defined(s, f))
```

이를 객체지향 스타일로 하면 다음과 같이 작성할 수 있을 것이다.

```
∀ e: Element | e.format = e.assigned.defined
```

그러나 여기에는 e.assigned가 정의되지 않았기 때문에 이는 잘못된 형식이다. 이 문제를 해결하려면 이러한 표현식을 값 집합(요소가 매핑되지 않은 경우, 비어 있음)을 나타내는 것으로 취급하고 집합에 대한 탐색을 해제하는 것이다. 매핑을 관계로, 점을 관계 조인으로 처리하는 것이 바로 알로이가 하는 일이다.

46. 목표에 못 미친것이 반드시 나쁜 것은 아니다

어떤 콘셉트가 목표에 조금 못 미친 디자인을 가진다고 해서 반드시 나쁜 디자인이라는 의미는 아니다. '스타일' 콘셉트는 반드시 유지해야 하는 구조에 약간의 복잡성을 더한다. 애플의 컬러 피커는 시스템 전체에 팔레트를 제공하므로 특정 애플리케이션에는 이 외부 팔레트의 이름을 어떻게든 지정해야 한다. 따라서 애플리케이션이 자체적으로 책임을 질 수밖에 없는 의존성을 갖게 된다.

47. 잘못된 충돌 감지: 항공권 예약의 사례

예약 콘셉트의 변형에서 흔히 볼 수 있는 기능은 충돌 감지 기능으로써 사용자가 여러 건의 예약을 미리 잡아 뒀다가, 나중에 필요한 것만 남기고 취소하는 식으로 예약을 하지 못하도록 충돌이 예상되는 예약은 처음부터 잡을 수 없도록 방지하는 것이다.

그러나 때로는 충돌 규칙이 합리적인 사용을 방해하는 경우가 있다. 예를 들어, 내 아내가 일요일 오전에 보스턴에서 신시내티로 비행기를 타고 이동한 후 그 날 오후에 결혼식에 참석하고 그날 밤에 바로 집으로 돌아오고 싶었던 적이 있다. 아쉽게도 왕복 항공권은 구할 수 없었지만, 양방향으로 빈 항공편이 있었다. 그래서 아내는 출발 항공편과 복귀 항공편을 각각 하나씩 예약하려고 했다. 그러자 항공사 시스템에서 두 항공편을 한 번에 예약할 수 없다는 메시지가 표시됐는데 그 내용은 같은 날에 서로 다른 두 도시에서 출발하는 항공편을 예약할 수는 없다는 것이었다.

48. 콘셉트 특성

본문에서는 콘셉트의 본질적인 특성과 특성 중 일부만 암시하고 있기 때문에 더 자세한 내용을 원하는 독자를 위해 이를 자세히 설명하는 것이 도움이 될 것이다.

콘셉트는 창의적이다. 철학자들은 주로 세상에 이미 존재하는 사물을 분류하는 방식에 대해 언급할 때 콘셉트를 사용한다. 예를 들어, '개'와 '고양이'와 같은 콘셉트를 사용해 동물을 분류한다. 18세기 초, 칼 린네Carl Linnaeus는 특징에 따라 콘셉트를 정의함으로써 오늘날까지 생물학적 유기체를 분류하는 데 사용되는 분류법을 개발했다. 예를 들어, '새는 알을 낳고 깃털이 있으며 따뜻하면서 검은 피를 갖고 있고 공중을 날아다니며 노래한다.'라고 정의했다(린네의 공헌은 분류 자체보다는 분류라는 아이디어에 더 가깝다. 1831년에 출간된 『조류학 사전』 또는 『영국 조류의 알파벳순 시놉시스』는 '알려진 조류 종의 3분의 2 이상이 노래를 부르지 않으며 새매, 타조, 펭귄 등 많은 새가 충분한 날개가 없어 날지 못한다'라고 지적하며 그의 분류가 완전히 정확하지 않다고 불평한다).

이와는 대조적으로, 소프트웨어 앱이나 서비스에서의 콘셉트는 그 자체로 발명된 것을 말한다. 앱 디자이너가 발명하지는 않았을지라도 언젠가 누군가에 의해 발명된 것이다. 세금 납부 앱이 '사회보장번호'라는 콘셉트를 처음 만든 것은 아니다. 하지만 이 콘셉트는 개와 고양이와 함께 세상에 '존재'했던 것이 아니다. 미국의 사회보장번호는 1936년 새로운 사회보장 프로그램에 따라 미국 근로자의 수당을 관리하고 소득을 추적하기 위해 발명됐다.

'휴지통' 콘셉트는 애플이 발명했으며 마이크로소프트 및 휴렛팩커드와의 법적 투쟁의 대상이 되기도 했다. 결국, 애플은 이 콘셉트에 대한 소유권을 잃었지만, 이름에 대한 권리는 유지했다(이 때문에 윈도우에서는 '재활용 용기recycle bin'이라고 불렀다).

'스타일' 콘셉트는 1970년대 초 제록스 파크Xerox PARC의 래리 테슬러Larry Tesler와 팀 모트Tim Mott가 발명했다. 스타일은 버틀러 램슨Butler Lampson과 찰스 시모니Charles Simonyi가 이끄는 팀이 1970년대 초에 제록스 파크에서 개발한 최초의 위지윅WYSIWYG 문서 준비 시스템인 브라보Bravo에 도입됐다. 제록스 파크의 래리 테슬러와 팀 모트는 보스턴의 전통적인 인쇄소인 진Ginn을 방문해 활자가 어떻게 조판되는지 배우고 스타일에 대한 아이디어를 구상했으며 이후 시모니는 이 아이디어를 브라보에 포함시킨 이후, 이직한 마이크로소프트에서 워드Word 개발을 주도했다.

'예약' 콘셉트는 적어도 레스토랑의 경우에는 19세기에 대도시 레스토랑에서 테이블과 단체룸 등에 대한 사전 예약을 제공하기 시작하면서 발명된 것으로 보인다. 이러한 과정은 사회의 필수 요소로서의 콘셉트를 식별하고 그 기원을 밝혀 내는 재미있는 게임이다. 더 아틀랜틱의 작가 알렉시스 마드리갈은 역사학자 레베카 스팡Rebecca Spang의 도움을 받아 레스토랑 예약에 대해 조사했다. 20세기에 들어서야 예약이 시작된 이유는 명확하지 않지만, 아마도 전화의 등장보다는 레스토랑 외식이 널리 보급된 사회적 변화와 더 관련이 있는 것으로 보인다(참조, 알렉시스 마드리갈, '레스토랑 예약의 기원: 미리 정해진 테이블의 신비한 기원에 대한 여행'. 더 애틀랜틱, 2014년 7월 23일).

콘셉트는 진화한다. 시간이 지남에 따라 콘셉트의 장점과 한계가 명확해지면서 콘셉트의 디자인도 진화한다. 몇 년 또는 수십 년에 걸쳐 작은 개선이 이뤄질 수도 있다. '스타일' 콘셉트가 제록스 파크의 브라보 텍스트 편집기에 처음 등장했을 때는 매우 원시적이었다. 내장된 스타일 컬렉션이 고정돼 있었고 사용자가 스타일의 서식 속성을 조정할 수는 있었지만, 새로운 스타일을 만들 수는 없었다(실제로 현재의 구글 문서 도구 앱과 유사하다) 이러한 제한은 마이크로소프트 워드의 첫 번째 버전에도 동일하게 적용됐지만, 결국 사용자 정의 스타일과 스타일 컬렉션을 패키징하는 스타일 시트까지 포함하도록 개념이 확장됐다.

수년에 걸친 디자인 개선의 좋은 예는 '그룹' 콘셉트에서 찾을 수 있다. 모든 드로잉 및 레이아웃 프로그램에서 사용되는 이 콘셉트는 사용자가 여러 개체를 함께 바인딩해 나중에 단일 개체로 취급할 수 있도록 한다. 그러나 수년 동안 이 디자인에는 성가신 결함이 있었다. 몇 개의 개체를 함께 그룹화했다가 나중에 구성 개체 중 하나를 약간 조정하려면 개체의 그룹을 해제하고 해당 개체를 선택해 수정한 다음 다시 그룹화할 수밖에 없었다. 그룹에 개체가 많거나 그룹 개체 자체에 애니메이션 순서와 같은 고유한 속성이 할당돼 있는 경우, 그룹을 해제하면서 이러한 정보들이 손실돼 특히 불편했다.

그룹 콘셉트가 도입된 지 십 수년 후에 애플은 이후 보편화된 영리한 솔루션을 디자인했다. 한 번 클릭하면 개체가 선택되고 해당 개체가 그룹에 속한 경우 그룹 전체가 하나의 개체로 선택된다. 두 번 클릭하면 그룹 내의 개체를 선택해 개별적으로 편집할 수 있으며 이는 기본적으로 그룹을 '여는' 것이다. 그룹 내의 다른 개체를 클릭하면 해당 개체가 선택되고 그룹 외부 또는 배경에 있는 개체를 클릭하면 그룹화된 개체의 선택이 해제되고 그룹이 '닫히며' 구성 개체에 대한 수정사항을 제외하고는 이전 상태로 유지된다.

일부 콘셉트는 변화하는 목적에 따라 동작의 반응이 다른 방식으로 진화한다. 예를 들어, 페이스북의 게시물 콘셉트를 살펴보자. 처음에 게시물은 160자로 제한됐다. 2008년 3월에는 420자로, 2011년 9월에는 5,000자로 그리고 불과 두 달 뒤인 2011년 11월에는 60,000자 이상으로 제한이 점차 확대됐다. 이에 따라, 게시물의 콘셉트가 짧은 메시지 전달에서 긴 글의 게시를 지원하는 것으로 바뀌었고 그 목적도 달라졌다. 실제로 페이스북은 최신의 글자 한도를 언급하면서 50만 자 분량의 일반적인 소설을 9개의 게시물로 공유할 수 있다고 언급했다.

이러한 게시물 콘셉트의 진화는 페이스북의 프로필 콘셉트에 미묘하지만 중요한 변화를 가져왔다. 페이스북이 처음 배포됐을 때 의도는 사용자가 서로의 프로필 페이지를 방문해 프로필에 게시된 정보와 사진을 보는 것이었다. 사용자들은 상태 업데이트를 통해 서로의 프로필 변경사항을 알렸다. 이러한 상태 업데이트는 나중에 게시물로 이름이 바뀌었고 그 규모와 중요성이 커지면서 그 자체로 콘텐츠가 됐다. 이제 페이스북 사용자의 프로필을 방문하면 더 이상 프로필이 아니라 사용자의 게시물을 시간순으로 보여 주는 타임라인이 주요 관심사가 됐다.

콘셉트는 목적이 있다. 콘셉트에는 목적이 있으며 이것이 바로 콘셉트가 발명된 이유다. '휴지통' 콘셉트의 목적은 삭제를 취소할 수 있도록 하는 것이고 '스타일' 콘셉트의 목적은 일관된 서식을 유지하는 것이며 예약 콘셉트의 목적은 리소스를 효율적으로 사용하기 위한 것이다.

설득력 있는 목적을 파악할 수 없다면 콘셉트가 없는 것이다. 이는 소프트웨어 디자인에서 겉으로 보기에 핵심적인 콘셉트지만, 실제로는 콘셉트가 아닌 것으로 판명되는 경우도 있다는 것을 의미한다. 시스템의 사용자는 콘셉트가 아니다. 왜냐하면, 사용자와 관련된 데이터가 있다면 인증(리소스의 사용자 식별) 및 계정(단일 사용자의 트랜잭션 집계)과 같이 쉽게 식별할 수 있는 목적을 가진 콘셉트를 위해 존재할 가능성이 높기 때문이다.

초보자가 디자인할 때 실생활에서 중요한 엔티티는 반드시 콘셉트라고 가정하는 경우가 종종 있다. 은행을 위한 소프트웨어 시스템을 디자인하는 경우, 은행 자체가 콘셉트여야 한다고 생각할 수 있다. 그러나 이는 대부분 틀린 생각이다. 데이터 모델(및 시스템 코드)에는 은행 개체가 있을 수 있다. 그러나 이러한 객체와 관련된 구조는 다른 콘셉트에 대한 것일 가능성이 높다. 대부분의 은행에는 FDIC(연방예금보험공사) 인증서 번호가 있으며 이는 '보험fdic insurance' 콘셉트의 핵심 식별자다. 이와 마찬가지로, 은행의 ABA 번호는 동물의 다리 수나 와인의 빈티지처럼 은행의 고유한 속성이 아니라 특정 역할, 즉 '은행 간 이체interbank transfer'라는 콘셉트를 지원하기 위해 할당된 식별자다.

물론 은행은 어떤 목적을 위해 발명됐지만, 이러한 목적이 은행이라는 콘셉트를 시스템에 포함시킨 이유는 아니다. 이것이 다소 애매한 부분이라고 할 수 있다. 즉, 세상에 어떤 것이 목적이 있다고 해서 그것을 지칭하는 소프트웨어 시스템의 콘셉트가 되는 것은 아니다. 목적은 소프트웨어 디자인 자체에서도 목적이 될 때만 관련성이 있다. 따라서 레스토랑 예약 시스템에서 예약이 콘셉트가 되는 것은 그 콘셉트가 외부 세계에서 목적이 있기 때문이 아니라 시스템 내부에서도 동일한 목적을 갖고 있기 때문이다.

이 차이를 더 명확하게 이해하려면 은행에서 대출 관리를 위해 사용하는 시스템을 상상해 보자. 분명히 그러한 시스템에는 '대출loan' 및 '담보collateral'와 같은 콘셉트가 있을 것이다. 그러나 은행이 어떤 사람의 신용도를 판단하기 위해 그 사람이 보유한 부동산, 은행 계좌, 주식에 대한 정보를 수집한다고 가정해 보자. 이런 것들이 콘셉트일까? 확실히 그렇지는 않을 것이다. 주식 거래 시스템에서 '주식stock'은 거의 확실하게 콘셉트가 될 것이다. 그러나 대출 관리 시스템에서는 주식 콘셉트의 목적이 중요하지 않으며 대출자의 주식이나 기타 보유 재산은 단지 재산을 평가하는 데 사용되는 자산일 뿐이다. 이 시스템에서는 주식의 목적에 따른 주식의 움직임은 중요하지 않으며 중요한 것은 차입자가 시간에 따라 가치가 변동하는 자산을 보유하고 있다는 사실뿐이다. 따라서 주식은 관련 콘셉트가 아닐 수 있지만, 자산은 대출 위험을 평가하는 데 목적이 있으며 담보 역할을 할 수도 있다.

따라서 동일한 물건이나 물건의 집합도 상황에 따라 다른 콘셉트에 속하는 것으로 볼 수 있다. 주식 보유는 거래 시스템에서는 주식이고 대출 시스템에서는 '자산asset'일 수 있으며 책은 데스크톱 출판 시스템에서는 출판물이고 도서관 시스템에서는 보유물일 수 있다.

이것은 새로운 아이디어가 아니다. 1970년대에 튜링상 수상자인 찰스 바흐만 Charles Bachman은 '역할 세그먼트'로 엔티티를 보강하는 네트워크 데이터베이스 모델의 확장으로써 역할 모델을 개발했다. 바흐만에 따르면 역할은 '서로 다른 종류의 엔티티라고 가정할 수 있는 행동 패턴'이다[7]. 행동에 따라 사물을 분류하는 것도 콘셉트의 본질이다. 역할이라는 콘셉트는 그 이후 프로그래밍과 소프트웨어 개발에서 반복적으로 등장했다. 이는 동작에 의해 정의되는 교차 유형(예: 자바의 인터페이스)의 콘셉트에 동기를 부여하며 객체지향 역할 분석 및 모델링(OOram)으로 알려진 전체 개발 방법의 중심이다[128].

콘셉트는 행동적이다. 지금까지 살펴본 콘셉트는 정적 구조(상태)와 동적 행동(액션)을 모두 갖고 있지만, 실제로 콘셉트를 정의하는 것은 행동이다. '휴지통' 콘셉트의 사용자에게 휴지통에 아이템이 포함돼 있다는 사실은 해당 아이템을 복원하거나 영구적으로 제거할 수 있다는 더 중요한 사실에 비하면 부차적인 것이다. '스타일' 콘셉트의 사용자에게 중요한 것은 스타일을 변경하면 해당 스타일이 적용된 모든 단락이 함께 업데이트된다는 점이며 워드프로세서가 각 단락의 스타일을 기억해야 한다는 것은 이 중요한 행동의 전제 조건일 뿐이다. 마지막으로, 레스토랑 고객은 테이블을 예약한 후 레스토랑에 도착해서 테이블을 이용할 수 있길 원한다. 레스토랑이 예약 장부를 사용하는지 여부는 고객의 관심사가 아니다.

이러한 콘셉트의 품질은 '행동이 없으면 콘셉트도 없다'라는 간단한 경험 법칙으로 이어진다. 사진 편집 앱을 디자인하는 경우, '픽셀pixel'을 콘셉트로 파악하고 싶을 수 있다. 비공식적인 의미로 보면, 픽셀은 확실히 콘셉트다. 하지만 픽셀과 관련된 행동은 무엇일까? 이 질문을 던지면 실제 디자인 콘셉트로 나아갈 수 있다. 픽셀 배열로 구성된 사진을 찍고 모든 픽셀을 더 어둡게 또는 더 밝게 만들어 편집할 수 있다면, 콘셉트는 '보정adjustment'일 수 있다. 또는 픽셀을 빨강, 파랑 및 녹색 구성 요소로 분할하고 이미지의 모든 픽셀에 대해 해당 구성 요소 중 하나만 편집할 수 있는 행동일 수도 있는데, 이 경우 콘셉트는 '채널channel'이 된다. 또는 겹치는 여러 픽셀 배열의 픽셀을 결합해 이미지를 구축하는 행동은 '레이어'라고 할 수 있다.

행동을 먼저 파악하는 것은 디자인 관점에서 유용하다. 행동이 없으면 디자인할 것이 없기 때문이다. 소프트웨어 앱의 모든 복잡성은 행동에서 비롯된다.

각 사진에 카메라 설정, 캡처 시간, 위치 등이 포함된 메타데이터 필드 모음이 있는 사진 라이브러리를 디자인한다고 가정해 보자. 이 메타데이터를 저장하고 검색하는 것은 분명히 중요하겠지만, 가장 먼저 질문해야 할 것은 어떤 메타데이터 필드가 있고 그 구조가 무엇인지가 아니다. 그보다는 '사람들이 메타데이터로 무엇을 하는가?'라는 질문을 던져야 한다. 사진의 메타데이터를 변경할 수 있는가? 사진의 캡처 시간을 변경할 수 있는가? 사용자별 필드로 메타데이터를 보강할 수 있는가? 어떤 종류의 정렬 및 검색을 할 수 있는가? 사진을 공유할 때 개인정보 보호를 위해 메타데이터를 지울 수 있는가? 이러한 질문은 사진 라이브러리 디자인에 영향을 미치는 필수적인 질문이며 사진의 메타데이터를 가끔 업데이트할 수 있는 정적 구조라고 가정했을 때보다 더 풍부한 '메타데이터metadata' 콘셉트로 이어질 가능성이 높다.

콘셉트는 다양한 상태가 있다. 콘셉트의 상태 구조는 동적 행동에 비해 부차적이지만,

그럼에도 불구하고 중요한 역할을 한다. 빈약한 상태 구조는 콘셉트가 퇴화돼 실제로는 콘셉트가 아니라는 증거일 수 있다.

행동과 마찬가지로 상태 구조를 찾으면 종종 실제 콘셉트를 찾아낼 수 있다. 만약 '비밀번호password' 콘셉트가 비밀번호 자체와 쉽게 추측할 수 없는 몇 가지 기준만으로 구성된다면, 콘셉트에 대해 얻을 것이 많지 않다. 그러나 계정과 그 계정의 비밀번호 및 사용자 이름 간의 연관성을 포함하면 유용한 '인증' 콘셉트로 나아갈 수는 있다.

때때로, 콘셉트의 상태 구조가 본질적인 것을 드러내는 경우가 있다. 스타일(그림 4.4 및 둘러보기 45 참조)에서 요소와 해당 스타일 간의 연관성을 유지하는 것은 스타일 변경 내역을 요소로 다시 전달하는 데 있어 핵심이다. 이 기능이 없으면 각 요소에 스타일을 다시 적용하지 않고는 서식을 지정한 후에 요소를 변경할 수 없는 텍스트에디트의 사례처럼 '유사 스타일'이 생긴다.

이는 캠브리지 대학의 컴퓨터과학 선구자로, 최초의 EDSAC 컴퓨터에서 일했으며 컴퓨터의 작업 메모리에 저장되는 최초의 컴퓨터 프로그램을 작성했던 데이비드 휠러David Wheeler가 남긴 격언을 잘 응용한 사례다. 휠러는 "컴퓨터과학에서 다른 수준의 방향성을 도입해 해결할 수 없는 문제는 없다"라고 말했다. '스타일' 콘셉트는 형식을 요소와 직접 연결하지 않고 스타일을 통해 간접적으로 연결함으로써 여러 요소의 형식을 한 번에 업데이트할 수 있는 효과를 얻을 수 있다. 2001년에 휠러와 주고받은 이메일에서 그는 자신이 이 말을 했다는 사실을 확인하면서도 보통 자신은 이 말 뒤에 '그리고 이것은 보통 새로운 문제를 드러낸다'는 말을 덧붙인다고 했다(그의 또 다른 격언에는 '호환성이란, 다른 사람의 실수를 고의적으로 반복하는 것을 의미한다'라는 말도 있다)

앞서 필수적인 디자인 문제를 드러내는 상태 구조의 또 다른 예를 들었는데, 대부분의 순진한 사용자들은 '업보트' 콘셉트를 단순히 개수, 즉 투표 수를 각 항목과 연관시키는 것처럼 보인다. 그러나 사용자가 포럼에서 동일한 댓글에 여러 번 찬성표를 누르는 이중 투표를 방지하려면 투표 수뿐 아니라 각 항목에 투표한 사람까지 추적해야 한다. '누가'를 표현하는 것은 흥미롭지만, 어려운 디자인 문제가 된다. 사용자 이름으로 사용자를 추적하려면 사용자가 투표하기 전에 인증을 받아야 하고,

IP 주소로 추적하면 이 문제를 해결할 수 있지만 사용자가 다른 네트워크로 전화하는 식으로 두 번 투표할 수 있으며, 브라우저 식별자를 사용하면 이 문제를 해결할 수 있지만 사용자가 다른 브라우저를 사용하는 경우 두 번 투표할 수 있는 등의 문제가 있다.

콘셉트는 데이터 모델을 지역화한다. 데이터베이스 초창기부터 소프트웨어 개발에서 가장 중요한 아이디어는 구축 중인 시스템의 주제를 반영하는 데이터 모델 또는 도메인 모델에서 시작하는 것이다. 예를 들어, 도서관용 소프트웨어를 구축하는 경우 독서 카드, 서가 배치, 대출자 등을 모델링할 수 있다.

도메인 모델의 첫 번째 이점은 모든 개발자가 공유할 수 있는 단일 구조와 어휘를 제공하므로 두 명의 개발자가 동일한 것에 대해 서로 다른 상충되는 모델을 개발하는 상황을 피할 수 있다는 것이다. 두 번째 이점은 도메인 모델이 문제의 본질적이고 변하지 않는 측면을 반영함으로써 기능이 추가되더라도 기본 도메인은 변하지 않는 안정적인 진화 기반을 제공한다는 점이다. 예를 들어, 길 찾기 앱을 도로와 교차로의 도메인 모델에 기반을 두면 도로의 레이아웃 패턴이 수십 년 동안 고정돼 있고(적어도 미국에서는 1950년대 이후), 가끔씩 조금씩만 변경되기 때문에(예: 1980년대와 1990년대에 다인승 차로가 등장) 모델을 자주 변경하지 않고도 앱을 발전시킬 수 있다.

반면, 도메인 모델은 너무 많은 데이터를 포함하게 되는 경향이 있다. 도서관 모델에 각 책이 인쇄된 종이의 종류를 포함해야 할까? 표지의 색상은? 물론 지원하려는 기능에 따라 달라질 수 있다. 도서 수집가를 위한 도서관이라면 종이의 종류가 중요할 것이다. 대부분의 독자는 표지의 색상으로 책을 기억하는데 기존 도서관 카탈로그에는 이러한 정보가 없기 때문에 일부 사서들은 (색상별로 이미지를 검색할 수 있는) 구글 검색을 사용해 책을 찾는다.

콘셉트에 기반을 둔 디자인을 사용하면 적절한 양의 도메인 모델링을 수행할 수 있다. 각 콘셉트는 해당 콘셉트의 행동에 필요한 도메인 모델 구조를 상태 정의에 포함한다. 구조가 행동에 필요한 것보다 세부사항이 더 많거나 적은지 항상 명확하게 알 수 있다. 도메인 모델 전체는 모든 콘셉트의 상태 구조의 구성에 불과하다. 모델을 더 작고 명확한 동기가 부여된 구조로 분리하면 각 구조가 수행하는 역할이 분명해지며 필요한 콘셉트에 따라 데이터 모델을 확장하거나 축소할 수 있다.

6장에서 좀 더 자세히 살펴보겠지만, 콘셉트를 사용하면 복잡한 행동의 다양한 측면을 고려할 수도 있다. 예를 들어, 도움말 게시판의 기존 데이터 모델에서는 게시물을 콘텐츠와 해당 콘텐츠에 '좋아요'를 누른 사용자 모두와 연결할 수 있다. 콘텐츠 연결은 게시물 콘셉트 자체에 속하지만, 사용자 연결은 알림 콘셉트의 일부라는 점에서 이 두 가지 연결은 서로 다른 콘셉트에 속한다.

콘셉트는 일반적이다. 4장의 세 가지 콘셉트를 설명할 때 콘셉트를 도입하고 동기를 부여하는 방식과 그림에서 콘셉트를 정의하는 방식 사이에 차이가 있다는 것을 눈치 챘을 것이다. '휴지통' 콘셉트는 파일을 관리하는 방법으로, '스타일' 콘셉트는 서식을 단락과 연결하는 방법으로, 예약 콘셉트는 레스토랑의 테이블이나 도서관의 책을 예약하는 방법으로 설명했다. 그러나 그림에서 휴지통은 '아이템'을 삭제하고 복원하는 것이고 스타일은 '형식'을 '요소'와 연결하는 것이며 예약은 '리소스'를 예약하는 것으로 설명했다. 콘셉트 이름 뒤에 나열된 이러한 유형은 실제 유형이 아니라 실제 사용 환경에서 실제 유형을 대체하는 플레이스홀더(또는 컴퓨터과학자들이 '유형 변수'라고 부르는 것)이다.

우리가 어떤 콘셉트를 처음 접하는 것은 항상 특정 상황에서 발생하므로 스타일과 같은 일부 콘셉트는 구체적인 용어로 이해하는 것이 더 쉽다(구체적인 것부터 시작해 추상적인 것으로 넘어가는 것은 '구체성 감소'라고 알려진 표준 교수법이다[21]).

그러나 거의 모든 콘셉트는 일반적이며 상황에 따라 다양한 유형의 객체에 적용될 수 있다. '휴지통' 콘셉트는 매킨토시 파인더에서는 파일을 삭제하지만, 지메일에서는 메시지를 삭제한다. '스타일' 콘셉트는 형식과 요소 유형 모두에서 일반적이므로 인디자인^{InDesign} 프로그램의 그래픽 개체에 색상을 적용하거나 워드 프로그램의 단락에 텍스트 형식을 적용하는 데 사용할 수 있다. 유형 매개 변수에서 알 수 있듯이 예약 콘셉트는 리소스뿐 아니라 사용자에게도 일반적이다. 철도망을 운영할 때 열차가 동시에 같은 선로 구간에 들어서는 것을 방지하기 위해 '예약' 콘셉트를 적용할 수 있는데, 이 경우 리소스는 '구간', 사용자는 열차에 해당한다(매킨토시 휴지통의 디자인에서 폴더 구조는 실제로 중요한 역할을 한다. 그러나 이 구조는 콘셉트의 본질적인 동작에 영향을 미치지 않으며 폴더를 삭제할 수 있다는 사실보다 중요한 것은 휴지통 자체가 폴더로 표현된다는 것이다. 따라서 나는 이것을 '휴지통' 콘셉트의 일반적인 특성을 위반하는 것이 아니라 휴지통과 폴더라는 두 가지 다른 콘셉트의 매우 교묘한 시너지 효과라고 본다. 6장 참조).

모든 콘셉트가 일반적일 수는 없다. '스타일' 콘셉트는 요소와 그 형식을 특정한 속성이 없는 것으로 취급하는 일반적인 개념이지만, 요소와 형식 자체는 특정 앱에서 매우 구체적이므로 보다 구체적인 개념으로 제공될 수 있다. 따라서 워드프로세서에서 단락과 서식은 워드 프로세싱에 매우 구체적이다. 일반 콘셉트와 일반적이지 않은 콘셉트를 분리하면 코드를 더 깔끔하고 유연하게 만드는 데도 도움이 된다.

콘셉트를 일반적인 형태로 보면 우연히 발생한 사항을 제거하고 본질을 더 명확하게 파악할 수 있다. 이런 사례는 쉽게 발견할 수 있다. 소셜 미디어 앱에서 콘텐츠에 업보트를 누르는 데 익숙한 사용자는 다른 곳(예: 신문 댓글)에서 유사한 기능을 접했을 때 즉시 그 사용법을 파악할 수 있다. 이런 기능을 일반화하기는 어렵지만, 그에 따른 보상은 더 크다. 예를 들어, 애플 키노트가 단락뿐 아니라 도형에도 스타일을 제공한다는 사실을 알게 되면 시간을 절약하고 프레젠테이션의 일관성을 높일 수 있는 새로운 기능을 쉽게 발견할 수 있는 것이다.

이제 디자인 연습을 해 보자. 어떤 콘셉트 작업을 할 때 그 콘셉트가 일반적이지 않을 수 있는 부분을 찾아보고 디자인을 조정해서 완전히 일반적으로 만들 수 있는지를 스스로에게 물어 보자. 예를 들어, 워드프로세서의 맥락에서 스타일 콘셉트를 살펴본다고 가정해 보자. 아마도 스타일 정의 대화 상자에 너무 많은 글꼴 설정 기능이 포함돼 있기 때문에 이 콘셉트는 전혀 일반적인 것이 아니라고 생각할 수 있다. 그러나 이러한 세부사항은 모두 다른 콘셉트, 즉 포맷에 속하며 스타일 대화 상자는 포맷 기능에 의해 지배된다는 것을 곧 알게 된다. 이런 깨달음의 과정을 통해 스타일과 서식이 사용자 인터페이스가 겹치더라도 개념적으로 명확하게 구분돼 있는지 확인해야겠다는 동기가 생긴다. 즉, 스타일 대화 상자에서 사용할 수 있는 모든 서식 설정을 별도로 직접 서식으로 설정할 수 있는지와 그 반대의 경우도 가능한지? 그리고 포맷을 잘라 내 붙여넣을 수 있는 경우에도 동일한 포맷 설정을 모두 사용할 수 있는지? 등에 대해 궁금함을 갖게 될 것이다.

예를 들어, 어도비 인디자인에서 단락에 직접 적용할 수 있는 서식 설정은 단락 스타일에 사용할 수 있는 것과 동일한 설정이지만, 당황스럽게도 두 가지 사용자 인터페이스 대화 상자는 매우 다르다(또한 메뉴를 공유하는 경우에도 메뉴 항목이 다른 순서로 표시된다). 나는 인디자인의 '단락 스타일' 콘셉트에서 일반적이지 않은 한 가지 측면을 발견했는데, 그것은 바로 다음 단락의 스타일에 대한 기본값을 설정할 수 있는 '다음 스타일next style' 기능이다. 이는 단락이 순서대로 표시된다는 사실에 의존하며 콘셉트 간에 까다로운 결합이 필요하다. 단락의 스타일을 찾으려면 '스타일' 콘셉트만으로는 충분하지 않으며 단락에 지정된 스타일이 없는 경우, 이전 단락에 지정된 스타일이 있는지 확인해야 한다.

이런 방식이 꼭 나쁜 것만은 아니다. '다음 스타일' 기능은 확실히 유용하다. 그러나 콘셉트는 가능하면 일반적이어야 한다는 원칙에 따르면, 이러한 이점을 얻기 위해 지불해야 하는 대가(코드가 좀 더 복잡해질 수밖에 없다는 점)가 있다는 것을 알 수 있다.

콘셉트는 독립적이다. 콘셉트의 가장 중요한 특성이자 소프트웨어 디자인의 좋은 기반이 되는 것은 아마도 콘셉트의 상호 독립성일 것이다. 각 콘셉트는 독립적이며 다른 콘셉트에 대한 참조 없이 그 자체로 정의된다.

따라서 '스타일' 콘셉트는 요소와 그 형식을 언급하면서도 그 속성에 어떤 식으로든 의존하지 않는다. '휴지통' 콘셉트는 삭제되는 항목의 속성에 의존하지 않고 '예약' 콘셉트는 예약되는 리소스에 의존하지 않는다.

참고로, 프로그램을 작성할 때의 핵심 원칙은 코드 모듈을 가능한 한 서로 독립적으로 만드는 것인데, 코드에서 이렇게 하는 모든 이유가 콘셉트에도 동일하게 적용된다. 콘셉트가 독립적이면, 개별적으로 작업할 수 있다. 즉, 한 콘셉트를 작업하는 디자이너가 다른 콘셉트를 작업하는 디자이너의 실수나 가정으로 인해 작업을 취소하는 일이 없다. 작업 중인 콘셉트만 생각하면 되고 다른 콘셉트와 어떻게 상호 작용할 것인지는 생각하지 않아도 되므로 디자인 작업 자체가 더 쉬워진다. 또한 콘셉트가 독립적이면 콘셉트를 추가하거나 제거하고 콘셉트의 하위 집합을 포함하는 디자인의 변형을 유연하게 만들 수 있다.

콘셉트 독립성은 점진적인 디자인 방식에 필수사항이다. 전체 앱을 디자인하는 과제를 만났을 때 디자인 문제를 여러 조각으로 나눌 수 있는 방법이 필요하다. 디자인을 엉뚱한 조각으로 나누면 두더지 잡기 게임처럼 한 가지를 해결하면 다른 조각에서 문제가 발생하기 때문에 한 번에 하나씩 작업할 수 없다. 콘셉트를 파악하면 전체 콘셉트를 수정해야 하는 상황이 (불가피하게) 발생하더라도, 개별적으로 분리해서 디자인에 접근할 수 있다.

때로는 콘셉트를 디자인하는 과정에서 복잡한 미로에 빠져드는 경우가 있다. 예를 들어, 레스토랑 예약 콘셉트를 디자인할 때 예약이 수락된 후 고객에게 알림이 전송된다고 가정해 보자. 이때 고객에게 알림을 보내는 방법, 알림이 실패하면 어떻게 되는지 등의 문제에 빠져들 위험이 있다. 훨씬 더 나은 접근 방식은 알림을 고유한 콘셉트로 취급하고 알림과 예약 콘셉트를 서로 완전히 독립적으로 디자인하는 것이다. 그런 다음 두 가지 콘셉트를 염두에 두고 예약의 어떤 액션에서 알림을 생성하는 식으로 접근하는 것이다. 이렇게 하면 우려사항을 깔끔하게 분리할 수 있을 뿐 아니라 보다 유연하게 구현할 수 있다(이러한 방식으로 콘셉트를 결합하는 방법은 6장에서 설명한다).

애플리케이션에서 콘셉트를 구성할 때는 의존성이 발생하는데, 이는 한 콘셉트를 디자인에 포함하면 다른 콘셉트도 포함돼야 의미가 있을 수 있다는 의미에서의 의존성이다. 예를 들어, 소셜 미디어 앱에서 댓글 콘셉트는 게시물 콘셉트에 의존할 수 있는데, 댓글은 답변을 달 게시물이 있을 때만 의미가 있기 때문이다. 그러나 7장에서 설명하는 이러한 형태의 의존성은 개념 자체가 아니라 앱과 같은 사용 컨텍스트에 속하기 때문에 콘셉트의 근본적인 독립성과 독립성을 훼손하지는 않는다.

콘셉트는 추상 유형 및 객체와 어떻게 다른가? 추상 유형(또는 추상 데이터 유형, ADT)은 관련 함수와 함께 객체 모음을 제공하는 소프트웨어 모듈이다. 서로 연관돼 있지만 별개인 다음 두 가지 관심사를 다루고자 만들어진 개념이다. 첫째, 프로그래밍 언어에는 정수나 문자열과 같은 데이터 유형이 기본으로 제공되지만, 새로운 데이터 유형을 추가할 방법이 없다는 사실이다. 예를 들어, 벡터를 조작하는 프로그램에서 벡터를 더하고 빼는 것이 정수를 더하고 빼는 것과 크게 다르지 않다는 것은 불합리하다는 것이다. 둘째, 복잡한 데이터 구조가 종종 변경에 장애물이 된다는 것이다. 프로그램의 많은 부분이 데이터 구조의 정확한 형태에 의존하기 때문에 데이터 구조를 조정하면 프로그램 전체에 파급 효과가 발생한다는 것이었다. 두 경우의 해결책은 모두 추상 유형이라는 아이디어를 도입하는 것이다. 추상 유형은 값의 컬렉션과 해당 값에 대해 수행할 수 있는 연산을 제공하지만, 값이 표현되는 방식을 숨기는 모듈이었다.

추상 유형은 두 가지 주요 측면에서 콘셉트와 다르다. 첫째, 추상 유형은 사진 편집 앱의 픽셀이나 이메일 프로그램의 이메일 주소와 같이 불변하는 값의 모음을 구현할 때 가장 강력하다. 이들은 일반적으로 콘셉트라고 할 수 없는데, 픽셀은 이미지 편집에 적합하지만 픽셀화된 이미지나 채널이 필요하고 이메일 주소는 메시지가 필요한 커뮤니케이션에 적합한 것처럼 이들이 지원하는 행동은 더 큰 구조와 연관돼 있기 때문이다.

둘째, 객체지향 프로그래밍의 객체와 같은 추상 유형은 코드 수준일 뿐 디자인 수준의 콘셉트가 아니다. 예를 들어, 댓글 콘셉트를 생각해 보자. 이 콘셉트는 댓글을 작성, 편집, 삭제하는 동작을 캡슐화하며 그 상태는 댓글을 대상(소셜 미디어 게시물 또는 신문 기사 등)과 연결한다. 추상 유형으로 작성된 코드에서는 댓글을 작성하고 편집하는 연산이 있는 댓글 유형을 도입할 수 있지만, 댓글을 대상에 연결하는 것은 어려울 수 있다. 댓글 값 자체가 대상을 가리킬 수는 있지만, 이렇게 하면 대상이 주어진 관련 댓글을 찾을 수 없다. 대상 유형 자체(예: 게시물)에 댓글 데이터 유형에 대한 참조가 포함될 수 있지만, 이는 게시물과 댓글의 의존성을 초래해 둘러보기 81에서 설명한 파르나스 기준(즉, 게시물이 댓글에 의존하는 경우, 댓글이 아닌 게시물만 포함하는 유용한 하위 집합이 없어야 한다는 기준)에 위배되므로 바람직하지 않다.

이 딜레마에 대한 기존의 해결책은 대상에서 댓글로 매핑하는 것이다. 콘셉트 디자인의 관점에서 볼 때 이 매핑은 '댓글' 콘셉트에 속한다. 추상 유형으로 구조화된 프로그램에서는 아마도 자체 유형으로 구현될 것이다. 일부 개발자는 이러한 매핑을 둘러보기 유형 안에 배치할 수 있겠지만, 그 결과, 모듈은 더 이상 추상 유형이 아닐 것이다. 또한 객체라고 하더라도 객체에 정적 구성 요소를 가져서는 안 된다는 객체지향 프로그래밍의 원칙에도 위배된다.

콘셉트는 피처와 어떻게 다른가? '피처feature'는 '증강된 기능'을 뜻한다. 제품군은 '제공 가능한 피처의 집합'이라고 정의할 수 있으며 각 제품은 해당 피처로 구성된다. 이 용어는 (어도비 라이트룸의 '사진 카탈로그 피처'처럼) 대규모 기능 집합에 사용되기도 하지만, 마이크로소프트 워드의 '자동 페이지 번호 매기기 피처'에서와 같이 더 작은 기능을 나타낼 수도 있다.

피처를 사용하는 소프트웨어 개발 프레임워크 중 가장 잘 알려진 것 중 하나는 돈 바토리^{Don Batory}의 GenVoca[8]이다. 각 기능은 새로운 요소를 추가해 프로그램을 보강하는 프로그램의 변형으로 볼 수 있으며 시스템의 구성은 비어 있는 프로그램(가장 기본적인 기능)에서 시작해 최종 버전의 프로그램으로 끝나는 일련의 변형으로 이해할 수 있다. 제품군은 피처의 집합으로 볼 수 있으며 여기에서 얻을 수 있는 모든 가능한 프로그램을 포함할 수 있다. 이 프레임워크를 사용하면 이러한 제품군을 쉽게 관리할 수 있으며 다양한 피처 조합을 위한 코드를 자동으로 생성할 수도 있다.

콘셉트는 앱의 기능을 증강시킨다는 의미에서 일종의 피처라고 볼 수 있다. 하지만 그 반대의 경우, 모든 피처가 콘셉트인 것은 아니다. 피처는 독립적인 경우가 거의 없으며 콘셉트와 달리, 다른 제품군 및 도메인에서 사용하도록 디자인되지 않는다. 오히려 한 제품군의 피처는 해당 제품군을 위해 명시적으로 디자인된 도메인별 언어에 더 가깝다. 따라서 피처는 일반적으로 고유한 목적이 있는 것이 아니라 다른 피처의 기능을 확장하는 방식으로 다른 피처 위에 겹겹이 쌓여 있는 것이 특징이다.

바토리가 말하는 피처는 콘셉트와 달리, 주로 사용자를 대상으로 하지 않으므로 사용자가 피처의 경계를 인식할 필요가 없다. 예를 들어, 어떤 기능이 한 개 또는 두 개의 피처에 추가됐는지 여부는 구축할 수 있는 프로그램의 범위 내에만 영향을 미치지만, 콘셉트의 경우 이와는 대조적으로 사용자의 머릿속에 있는 단일 콘셉트의 정체성이 필수적이다. 또한 하나의 피처는 다른 피처의 동작을 대체하거나 수정할 수 있는 반면, 콘셉트는 구성될 때 항상 그 동작을 유지한다(11장).

'피처'라는 용어는 통신 분야에서는 자동 콜백, 착신 전환, 통화 대기 등 시스템에서 고객에게 별개의 상품으로 판매하고 개별적으로 구성할 수 있는 다양한 서비스를 지칭하는 것으로, 앞에서와는 다소 다르게 사용된다. 이러한 기능은 바토리의 피처와 달리, 매우 사용자 중심적이며 코드 변환이 아닌 별도의 모듈로 구현된다.

이러한 피처의 주요 우려사항은 피처가 결합될 때 예기치 않게 작동할 수 있다는 문제를 뜻하는 '피처 상호 작용'이다. 이 문제를 해결하는 방법은 일반적으로 특정 조합을 허용하지 않거나 행동 수정(예: 한 피처를 다른 피처보다 중시하는 우선순위 규칙)을 도입하는 것이다. 글렌 브런스는 주요 구분을 명확히 하기 위해 간단한 형식을 사용해 피처 상호 작용을 분류하는 방법을 제시한다[22]. 콘셉트에 대한 아날로그 개념인 무결성을 살펴보면서 다시 피처 상호 작용으로 돌아가 보자(둘러보기 110 참조, 이 둘러보기를 준비하는 데 도움을 준 돈 바토리님께 감사 드린다).

콘셉트는 멘탈 콘셉트와 어떻게 다를까? 멘탈 콘셉트는 마음속에만 존재한다. 사용자 인터페이스 디자이너가 사용자의 멘탈 모델에 대해 얘기할 때 문제를 제기하는 이유는 바로 이러한 멘탈 모델이 디자이너의 의도와 다른 경우가 많기 때문이다. 예를 들어, 온도 조절기 사용자 중에는 온도 조절기를 더 높이거나 낮추면 난방이나 냉방이 더 빨라진다고 생각하는 멘탈 모델을 갖고 있을 수 있다. 그리고 '엘리베이터' 버튼을 여러 번 누르면 엘리베이터가 더 빨리 온다고 생각하는 사람들도 많다. 사람들은 이러한 모델을 구성하는 정신적 이미지를 현실과 구별되는 것으로 설명하기 위해 '콘셉트'라는 용어를 사용한다. 그러나 이 책에서 사용하는 콘셉트는 매우 현실적이며 잘 디자인되면 현실과 정확히 일치하는 정신적 이미지를 생성한다.

콘셉트와 콘셉트 모델링 분야의 관계에 대해서는 둘러보기 14에서 자세히 설명한다.

5장: 콘셉트의 목적

49. 디자인 씽킹의 목적: 니즈 파인딩

소프트웨어 디자인에서는 콘셉트를 고려하기에 앞서 전체 시스템이나 앱이 무엇을 위한 것인지 그 목적에 대한 거시적인 질문을 먼저 다룬다. 이 질문은 여러 분야의 연구자들이 다양한 이름으로 광범위하게 탐구해 왔다.

디자인 분야에서는 '니즈 파인딩needfinding'이라는 용어를 사용하며 일반적으로 인터뷰, 관찰, 민족 지학적 연구 등 잠재적 사용자에 대한 경험적 조사를 포함한다. 이 용어는 1960년대에 로버트 맥킴Robert McKim이 만든 것으로, 그는 디자이너가 더 큰 영향력을 가지려면 프로세스 초기에 참여해야 한다고 주장했다(맥킴은 디자인 회사인 아이디오와 스탠퍼드 대학교의 디스쿨의 설립자이자, 디자인 씽킹을 선도한 데이비드 켈리의 멘토다).

1984년, 롤프 파스트Rolf Faste는 스탠퍼드대학 기계공학부에 합류해 맥킴의 뒤를 이어 디자인 프로그램 디렉터로 일하며 니즈 발굴에 대한 연구를 계속했다. 재미있고 통찰력 있는 논문[39]에서 그는 프로그램에서 학생들에게 가르친 니즈파이딩 및 기법들이 창의적인 행위임에도 불구하고 일반적으로 저평가된다는 인식을 포함하는 '니즈 인식의 장애물'들을 나열했다. 파스트는 철학적 관찰을 통해 다음과 같이 지적했다. "니즈 자체는 뭔가 사라진, 부족에 대한 인식이다. 따라서 니즈 파인딩은 역설적인 활동으로, 뭔가 결여된 상황에서 찾는 것이다. 니즈를 찾고 표현하려면 누군가는 이 결여된 것을 찾고 인식해야 한다."

소프트웨어 엔지니어링의 목적: 요구사항. 소프트웨어 개발 분야에서 사용되는 용어로는 '요구사항 엔지니어링'을 들 수 있다. 이는 매년 개최되는 컨퍼런스의 행사명이기도 하다. 요구사항 엔지니어링에서는 개별 사용자에 대한 중요성을 덜 강조하는데, 그 이유는 많은 시스템의 핵심 요구사항이 사용자뿐 아니라 '이해 관계자'와 연관되는 경우가 많다는 점을 인식하기 때문이다. 실제로 이러한 많은 시스템에서 사용자와 운영자를 요구사항을 충족하는 디자인 시스템의 구성 요소로 취급하는 것이 좋다. 예를 들어, 신호등 시스템의 요구사항은 안전하고 효율적인 교통 흐름을 달성하는 것이며 개별 운전자는 요구사항을 충족하기 위해 디자인이 운전자의 행동을 고려해야 하는 범위 내에서만 관련된다고 할 수 있다.

소프트웨어 요구사항에 대한 일관된 이론은 1990년대에 마이클 잭슨과 파멜라 자브[Pamela Zave]가 공동으로 개발한 것으로, 처음에는 전화 스위치(특히 5ESS)에 초점을 맞췄지만, 곧 소프트웨어 시스템 전반으로 확장됐다[155]. 이들의 아이디어는 잭슨의 저서인 소프트웨어 요구사항 및 사양[69]에서 확장됐고 칼 건터[Carl Gunter]와 엘사 건터[Elsa Gunter][49]와 함께 개발한 참조 모델에서 구체화됐다. 이 작업의 핵심은 요구사항이 단순히 '높은 수준의 사양'이 아니며 구축 중인 시스템의 입력과 출력으로 표현할 수 없는 경우가 많다는 것이다. 연구자 그룹(특히 요구사항 엔지니어링 분야)에서는 이러한 아이디어가 널리 공유됐지만, 업계에서는 여전히 요구사항에 대한 원시적인 관점을 갖고 있을 수 있다. '수천 개의 요구사항'이 있는 시스템에서 요구사항이 전혀 아닌 인터페이스의 일부 동작으로 판명되는 경우가 드물지 않다. 따라서 '비상 정지 버튼을 누르면 시스템이 즉시 종료돼야 한다'라는 문장을 '요구사항'이라고 주장할 수 있겠지만, 실제로는 시스템 기능의 부분적인 사양에 지나지 않는다. 따라서 이러한 방식을 공식화해 버리면 '정지' 버튼을 누르는 것이 운영 중인 물리적 주변 장치에 어떤 영향을 미칠 수 있는지와 같은 실제 요구사항 문제를 해결하지 못한다.

요구사항 엔지니어링의 또 다른 주요 이론가인 악셀 판 람스위어드^{Axel van Lamsweerde}[89]는 시간적 논리 속성으로 공식화할 수 있고 에이전트(시스템 구성 요소, 사용자, 운영자 등)의 행동에 대해 체계적으로 확인할 수 있으며 소프트웨어를 합성하는 데도 사용할 수 있는 목표[87]를 기반으로 하는 접근 방식을 개발했다. 목표 중심 접근 방식의 흥미로운 측면은 목표 달성을 방해하는 예상치 못한 행동인 '장애물'[127, 88]을 식별하는 것이다(일반적으로는 에이전트를 변경하거나 목표를 좁혀서 해결).

콘셉트 디자인은 두 가지 관점의 전환을 통해 요구사항과 니즈 파인딩을 중심으로 개발된 거의 모든 아이디어의 이점을 활용할 수 있다. 첫째, 요구사항은 모놀리식으로 공식화되지 않고 개별 콘셉트의 목적으로 세분화된다(람스위어드의 접근 방식에서 에이전트에게 목표가 할당되는 것과 마찬가지로). 둘째, 콘셉트 디자이너는 목적을 탐색하기 전에 그 목적에 부합하는 콘셉트가 이미 존재하는지 살펴보고 기존 콘셉트가 디자인뿐 아니라 요구사항에 대한 축적된 지식을 구현할 수 있는지를 기대할 수 있다.

50. 유익한 난이도

마이클 잭슨은 일을 너무 쉽게 만드는 디자인 방법은 오히려 의심스럽다는 자신의 아이디어를 확인하기 위해 유익한 난이도^{beneficent difficulty}라는 용어를 만들었다[69]. 어려움을 만나는 것은 문제에 진정으로 몰입하고 진전을 이루고 있다는 긍정적인 신호일 수 있다.

51. 콘셉트 메타포는 도움이 되지 않는다

콘셉트를 설명하는 일반적인 방법 중 하나는 메타포를 활용하는 것이다. 하지만, 이것은 오해를 불러 일으키는 경우가 많다. 예를 들어, 어도비 포토샵에서 레이어 콘셉트를 설명할 때 사람들은 레이어를 과거 그래픽 디자이너가 이미지를 층층이 쌓아 올리는 데 사용했던 아세테이트 시트(투명 필름)에 비유하는 경우가 많다. 하지만 이 메타포는 핵심을 놓치고 있다. 아세테이트 시트는 색상 분리(포토샵에서는 레이어가 아닌 채널로 수행됨)와 애니메이션에 사용됐다. 그러나 포토샵 레이어 콘셉트의 목적은 비파괴 편집을 허용하는 것으로, 투명 시트와는 완전히 다르다. 예를 들어, 이미지를 어둡게 하는 레이어를 만든 후 나중에 수정해 효과를 높이거나 낮출 수 있으며 이미지 자체의 픽셀을 수정하지 않고도(실수를 하더라도 이전 버전으로 돌아가거나 실행 취소할 필요가 없다), 레이어를 버릴 수 있다. 이 점을 이해하기 전까지는 레이어를 이해하거나 효과적으로 사용할 수 없다(애플 휴지통이 부엌 휴지통과 다른 이유에 대해서는 둘러보기 40 참조).

소프트웨어 콘셉트를 현실 세계의 콘셉트로 설명하면 안 된다는 것이 아니다. 왜냐하면 대개는 같은 콘셉트일 때가 많기 때문이다. 즉, 레스토랑 예약 앱인 오픈테이블의 예약 콘셉트는 식당에 전화를 걸면 직원이 예약 장부에 이름을 기록하는 방식과는 다르겠지만, 콘셉트는 같다고 할 수 있다. 유일한 차이점은 그 콘셉트가 실행되는 하드웨어(하나는 컴퓨터에 기록, 다른 하나는 노트에 기록)뿐이다.

52. 착신 전환의 비밀

착신 전환 문제의 분석은 통신 시스템 디자인에 대한 많은 근본적인 질문을 명확히 하는 데 도움이 됐다. 특히 콘셉트 문제에 대한 깊은 관심과 공식적인 기법을 제대로 결합해 활용한 파멜라 자브Pamela Zave[154]의 작업 덕분이다.

53. 이해하기 힘든 페이스북의 포크 기능

'포크' 콘셉트에 대한 설득력 있는 목적이 없다는 점도 포크의 매력 중 하나였다. 「슬레이트Slate」[148]에 실린 기사에 따르면, 페이스북 도움말 페이지에는 다음과 같이 적혀 있었다: '우리가 포크를 만들었을 때 특별한 목적이 없는 기능이 있으면 멋질 것이라고 생각했다.'

어번 딕셔너리Urban Dictionary에 따르면, 포크는 "사용자가 일관된 문장을 작성하는 지루한 과정을 거치지 않고도 친구에게 인사하거나 관심을 표시할 수 있게 해 준다"라고 말한다.

같은 「슬레이트」 기사에서는 사용자들을 인터뷰해 포크의 목적을 조사하고 포크로 무엇을 했는지 알아봤다. 저자는 확신하지 못한 듯이 다음과 같은 결론을 내렸다: "이제 포크의 시대는 우리 뒤로 지나간 것이 분명해졌다." 페이스북은 자신감을 잃은 듯이 '포크' 버튼을 메뉴 깊숙이 묻어버렸다.

그러나 놀랍게도 몇 년 후(2017년), '포크' 버튼은 눈에 잘 띄는 위치에 당당히 복귀했다. 지금(2021년)은 다시 포크 기능이 사라졌고 내가 알기로는 어떤 메뉴에서도 '포크' 버튼에 접근할 수 없다. 하지만 감사하게도 '포크 제안'을 보여 주고 포크할 친구를 검색할 수 있는 자체 페이지를 가진 특수 URL이 다시 부활했다.

54. 노먼의 냉장고

목적이 없는 콘셉트에 대한 복잡하면서도 설득력이 있는 사례를 돈 노먼[110]이 제시했다. 냉장고를 보면 '신선 식품'과 '냉동실'이라고 표시된 두 개의 분리된 조절판이 있는 경우가 많다. 이렇게 표시된 레이블은 이들 조절판이 두 구획의 온도를 독립적으로 설정하거나 조정할 수 있다는 인상을 준다. 그러나 하나는 컴프레서를 제어하고 다른 하나는 칸 사이의 냉기 비율을 조정하는 것이다.

기존 방식의 수전 사례와 마찬가지로, 이는 사용자의 목적과 제공되는 콘셉트가 일치하지 않는 것이다. 신선 식품 칸을 더 차갑게 만들고 싶다면 해당 설정을 낮출 수 있지만, 냉동실의 온도에도 영향을 미친다. 그리고 기존 수전 사례처럼 원하는 상태로 통합하려면 두 조절판에서 일련의 조정을 해야 하지만, 온도가 천천히 변하고 며칠에 걸쳐 조정해야 하기 때문에 더 어렵다.

어려운 부분은 어디일까? 냉장고의 디자인 문제에 대한 노먼의 진단은 나와는 약간 다르다. 그의 주요 관심사는 냉장고가 콘셉트 모델을 효과적으로 전달하지 못해 사용자의 멘탈 모델과 실제 모델이 일치하지 않는다는 것이다. 이에 반해 나는 조절판에 정확한 레이블이 붙어 있더라도 디자인은 여전히 나쁘다는 콘셉트 모델 자체에 초점을 맞추고 있다.

노먼에게 냉장고 작동은 '의외로 많은 수의 일상적인 작업'에서 '정신적 의도와 해석, 신체적 행동과 상태 사이의 관계를 도출하는 데 어려움이 있는' 사례 중 하나다. 실제로, 노먼 저서[110]의 원래 제목은 『일상적인 것의 심리학』이었고 나중에 『일상적인 것의 디자인』으로 이름이 바뀌었다. 그가 보는 비호환성은 물리적 세계(그가 설명하는 방식으로는 불변하는 것처럼 보이는)와 사용자 인터페이스에 의해 형성될 수 있는 '정신적 의도와 해석'이라는 보다 가변적인 세계 사이에 존재한다.

나의 분석으로는 사용자가 겪는 어려움은 멘탈 모델과 물리적 메커니즘 사이의 심리적 격차에 있을 수 있지만, 그 해결 방법은 다른 곳, 즉 목적에 맞지 않는 냉장고의 콘셉트 디자인에 있다. 사용자의 목적(신선 식품과 냉동실의 온도 조절)은 정신적 의도와는 별개로 존재하며 목적과 콘셉트의 근본적인 불일치가 디자인을 나쁘게 만드는 것이다. 물론 노먼이 냉장고 디자인 자체의 문제점을 인식하지 못하고 더 나은 콘셉트의 디자인을 선호하지 않는다는 말은 아니지만, 그의 작업은 사용성에 대한 심리적 장벽을 파악하는 데 더 중점을 뒀다.

실행과 평가의 격차. 에드윈 허친스, 제임스 홀란, 도널드 노먼의 영향력 있는 논문[60]에서는 사용자의 멘탈 모델과 실제 콘셉트 모델 사이의 거리를 두 가지 '격차'로 설명했다. 실행의 격차는 사용자의 의도와 시스템의 제공된 동작을 분리하고 평가의 격차는 사용자가 시스템의 상태를 해석하고 의도가 얼마나 잘 충족됐는지를 판단하기 위해 기울여야 하는 노력을 반영한다.

냉장고의 예에서 두 격차가 모두 분명하게 드러나는데, 냉동실이 아닌 신선 식품 칸의 온도를 낮추려는 의도는 직접적으로 대응하는 동작이 없으며 조정의 효과는 온도가 안정되는 몇 시간 후까지 관찰할 수도 없다.

격차는 사용자가 직면하는 일반적인 어려움을 식별하는 데 도움이 되며 때로는 즉각적인 해결책을 제시하기도 한다. 예를 들어, 사용자의 의도와 정확히 일치하는 직관적인 동작을 제공하면 실행의 격차가 사라질 수 있다. 그래픽 운영 체제 이전에는 디렉터리 간에 파일을 이동하려면 이동 명령의 구문을 미리 알아야 하고 절대 경로와 상대 경로도 다뤄야 했고 WIMP(윈도우 아이콘 메뉴 포인터) 인터페이스에서는 폴더 간에 파일을 이동하려면 사용자가 파일 아이콘을 한 윈도우에서 다른 윈도우로 끌어다 놓는 이동이 필요했다.

그러나 효과적인 디자인을 위해서는 처음에는 직관적이지 않을 수 있는 동작을 수행하도록 사용자를 교육해야 하는 경우도 있다. 초기의 일부 차량용 라디오에서는 '프리셋' 버튼에 라디오 방송국을 할당하려면 일련의 단계를 따라야 했다. 좀 더 잘 디자인된 라디오에서는 LCD 디스플레이에 설정 방법을 표시함으로써 실행과 평가의 격차 줄어든 것처럼 보였다. 그러나 프리셋을 수정하는 것이 너무 불편한데다, 더 나쁜 것은 보통 운전 중에 수정해야 했기 때문에 실제로는 전혀 현실적이지 않은 디자인이었다. 그 이후에 훨씬 더 나은 해결책이 나왔다. 즉, 현재 재생 중인 방송국을 프리셋에 지정하려면 신호음이 울릴 때까지 해당 '프리셋' 버튼을 길게 누르기만 하면 되는 것이다.

또 다른 사례로 더 나은 디자인으로 예상되는 동작 집합을 변경할 수도 있다. 문서에 있는 많은 단락의 서식을 업데이트하고 싶다고 가정해 보자. 즉, 모든 섹션 헤더를 굵게 변경한다고 가정해 보자. 각 단락을 차례대로 선택하고 새 서식을 적용할 수 있다. 이 작업이 얼마나 번거로운지 알면서 원하는 모든 단락을 먼저 선택한 다음 서식을 함께 적용할 수 있는 쉬운 방법이 없다고 불평할 수도 있다. 다시 말해, 마음 속의 의도(임의의 단락 모음 선택)와 애플리케이션이 제공하는 기능(한 번에 하나씩만 선택할 수 있는 기능) 사이에 실행의 격차를 경험하게 되는 것이다.

4장에서 살펴본 바와 같이 이 문제에 대한 좋은 해결책은 이러한 특정 의도에 대한 격차를 메우는 것이 아니라 비록 새로운 행동과 정신적 의도가 필요하지만 사용자의 목적을 충족하는 스타일을 도입(스타일 정의와 적용 기능도 포함)하는 것이다.

요약하면, 격차 개념은 사용성의 문제를 드러내는 데 매우 유용하지만, 사용자 의도와 시스템 동작 사이의 격차를 발견할 때는 의도나 액션 중 어느 하나만 주어진 것으로 간주해서는 안 되며 최상의 디자인 솔루션은 둘 다 변경하는 것이 될 수도 있다는 것이다.

55. 깃의 목적 없는 콘셉트

에디터 버퍼 예시는 (개발자에게는 근거가 있더라도) 설득력 있는 목적이 없는 콘셉트를 보여 주는 알맞은 사례다. 하지만 목적이 없는 대가로 지불한 것은 불필요하게 복잡해진 절차와 버퍼가 파일에 저장되기 전에 데이터가 손실될 위험이 있다는 것뿐이다.

강력한 성능과 디자인의 복잡성으로 좀 더 설득력 있는 사례는 널리 사용되는 버전 관리 시스템인 깃이 있다. 깃의 기본 개념 중 상당수는 설득력 있는 목적이 없는 것처럼 보인다. 예를 들어, '브랜치branch' 콘셉트의 문제를 보완하는 스태시stash처럼 디자인 결함을 해결하는 목적으로만 존재하는 콘셉트도 있다.

기본 동작과 관련된 다른 콘셉트 중에는 다양한 방식으로 사용할 수 있지만, 중요한 목적을 달성하지 못하는 경우도 있다. 특히 (스테이징 영역이라고 불리는) 인덱스는 작업 영역과 리포지토리 사이에 위치해 파일 추적, 선택적 커밋, 이전 파일 상태로의 되돌리기 등의 기능을 제공한다. 그러나 이 중 어느 것도 완전하거나 일관되게 수행되지 않으며 이 콘셉트가 무엇인지 설명하는 입문 자료가 없기 때문에 초보자에게는 걸림돌이 될 수 있다.

사실 나는 깃을 공부하면서 콘셉트를 이해하고 디자인하는 데는 목적이 중요하다는 사실을 깨닫게 됐다. 내 학생 산티아고 페레즈 데 로소는 내가 새로 개발한 콘셉트 이론을 사용해 깃의 디자인을 분석하고 콘셉트를 사용자 목적에 더 가깝게 재구성해 깃의 많은 사용성 문제를 제거한 깃리스Gitless를 개발했다[118]. 인덱스 콘셉트를 이해하려고 할 때 많은 온라인 설명서를 읽었지만, 인덱스의 용도를 정확히 아는 사람이 아무도 없다는 사실에 충격을 받았다. 그리고 설령 알고 있다고 해도 각 설명은 서로 다른 목적을 제시하고 있었으며 종종 서로 양립할 수 없는 경우가 많았다. 이는 (9장에서 설명한대로) 목적이 중요하다는 생각뿐 아니라 하나의 콘셉트에 대해 여러 가지 목적을 주장하는 것도 문제가 있다는 생각으로 이어졌다.

프로그래밍 언어의 목적 없는 콘셉트. 해결 방법으로 도입된 목적 없는 콘셉트의 예는 프로그래밍 언어에서도 찾아볼 수 있다. 예를 들어, 자바 프로그래밍 언어의 '박싱boxing' 콘셉트는 원시 값과 (1977년 CLU 디자인에서 제거된) 객체 사이의 잘못된 구분을 보완하기 위해 도입됐다.

이와 마찬가지로 자바스크립트에서 다른 식별자들의 렉시컬 스코프와 상이한 이상한 형태의 동적 스코프를 도입하는 this 객체의 콘셉트는 객체지향 프로그래밍과 아무런 관련이 없는데에도 객체지향 스타일을 지원하려는 욕구에서 비롯됐다.

56. 애플 파일 메뉴에서 기존의 '다른 이름으로 저장' 명령을 찾는 방법

많은 사용자가 이 변경에 대해 불만인 것은 버퍼를 원했기 때문이 아니라 복제 및 이름 변경을 할 수 있는 '다른 이름으로 저장' 기능을 선호했기 때문이다. 이러한 불만에 대응하기 위해 애플은 메뉴를 여는 동안 옵션 키를 누르고 있으면 선택적으로 사용할 수 있는 '다른 이름으로 저장'을 보여 주는 방식(OS X 마운틴 라이언의 경우)을 제공했다.

57. 별, 하트 및 트위터 게임

트위터는 2015년에 온라인 공지를 통해 다음과 같이 설명했다. "즐겨찾기의 별 아이콘을 하트로 변경하고 이를 '좋아요'라고 부를 예정입니다. 트위터는 트위터를 더 쉽고 의미 있게 사용하길 원하며 특히 트위터를 처음 사용하는 사람들에게 별이 혼란스러울 수 있다는 것을 잘 알고 있습니다. 많은 것을 좋아할 수도 있고 모든 것이 마음에 들지 않을 수도 있습니다."

이 변화는 '좋아요'의 콘셉트가 실제로 무엇을 위한 것인지에 대한 답변을 하는 데 완전히 실패했다. 트위터는 언어 수준에서 디자인을 조정했지만(2장), 문제는 콘셉트 수준에서 발생했다.

실제로 일부 트위터 전문 사용자들은 이미 '좋아요' 콘셉트의 불명확한 목적을 지적하고 자신만의 목적을 찾아냈다. 매튜 잉그램Matthew Ingram은 이렇게 설명한다: "트위터의 문제는 '좋아요' 기능이 시간이 지남에 따라 다양한 용도로 발전해 왔으며 그중 상당수는 트위터를 주로 사용하는 언론인과 소셜 미디어 전문가에게만 알려져 있다는 점입니다." 잉그램은 이어서 멜라니아 트럼프Melania Trump가 의도한 대로 정확하게 이 콘셉트를 사용했으며 그 결과가 공개적으로 표시되는 것에 대해서는 전혀 신경 쓰지 않은 것 같다고 말했다: "저를 포함한 일부 사람들에게 별 아이콘을 클릭하는 것은 나중에 트윗을 저장하거나 인스타페이퍼 또는 포켓과 같은 서비스로 공유하고 싶은 링크를 전송하는 방법이었다."

또 다른 블로거인 케이시 뉴턴Casey Newton은 별 아이콘의 공공성을 악용하는 완전히 다른 목적에 대해 글을 썼다. "지난 몇 년 동안 6만 개 이상의 트윗에 '좋아요' 표시를 했는데 그동안 이 작은 버튼이 얼마나 다양한 용도로 활용되는지 알게 됐습니다. 답글을 확인하는 일종의 읽음 표시로 사용하기도 하고 트윗이 저를 크게 웃게 만들 때마다 사용하기도 하고 누군가 제 이름을 거론하며 저를 비판할 때 제가 '좋아요' 한 트윗이라는 사실이 상대방을 혼란스럽게 하고 화나게 하길 바라며 사용하기도 합니다."라고 말한다.

트위터 이사회 멤버인 크리스 사카Chris Saca가 별에서 하트로 변경된 이유를 설명한 댓글이 가장 인상적이었다: "트위터가 각 트윗에 간단한 하트 제스처를 통합한다면 전체 서비스에서 참여도가 폭발적으로 증가할 것입니다. 더 많은 사람이 게시물에 대한 애정 어린 피드백을 받게 될 것이고 이는 곧 더 많은 포스팅과 더 자주 트위터를 방문하도록 유도할 것입니다."

58. 이미지 크기 조정에 대한 새로운 콘셉트

내가 목적에 대한 아이디어를 이미지 크기 및 사진 관련 콘셉트를 재디자인할 때 적용하는 방법은 다음과 같다. 먼저 가장 시급한 목적, 즉 화질과 공간 제약에 맞게 사진 크기를 줄이는 것부터 시작한다.

그런 다음 작동 원리에 대한 구상을 시작한다. 사용자에게 이미지를 표시할 실제 크기(휴대폰의 경우 가로 3인치, 갤러리 벽면의 경우 가로 3피트)를 물어보고 해당 크기의 이미지 샘플을 보여 주면서 이 크기에 품질이 충분한지, 부족한지, 과도한지를 표시할 수도 있다. 또한 파일 크기에 덧붙여 다양한 용도(이메일 전송, 웹 페이지에 표시 등)에 대한 적합성을 표시한다. 용도를 선택하거나 특정 목표 파일 크기를 메가바이트 단위로 선택할 수 있으며 선택 결과에 따라 출력 내용을 업데이트하고 새로운 품질이 적용된 이미지를 표시한다. 품질과 파일 크기의 균형이 만족스러우면 이미지를 파일로 내보내도록 한다.

이 탐색 방법은 한 가지 목적에 초점을 맞추고 있다. 이미지 업샘플링(더 큰 크기로 인쇄할 수 있도록 새롭게 픽셀을 보간하는 작업), 기본 인쇄 또는 디스플레이 크기 설정과 같은 다른 목적도 일부 사용자에게는 유용할 수 있다. 나는 이러한 목적을 모두 도입하면 포토샵의 디자인이 복잡해지므로 디자인 탐색을 한 가지 기본 목적(다운사이징)으로 제한하고 다른 목적은 전문가 모드나 전용 콘셉트를 제공하는 식으로 해결하는 것이 보다 견고하고 유용한 콘셉트를 만드는 방법이라고 주장한다.

CSS에서의 크기: 복잡한 얘기. '이미지 크기' 콘셉트가 모호해 보일 수 있지만, 그 목적(실제 인쇄 및 레이아웃을 위한 기본 크기 설정)을 이해하면 어느 정도 수긍이 된다. 작동 원리는 단순하다. 즉, 사진의 이미지 크기를 4×6인치로 설정한 후 크기를 조정하거나 크기를 변경하지 않고 인쇄하면 사진의 실제 크기도 4×6인치가 되는 것이다. 이 것은 목적보다 작동 원리를 더 쉽게 파악할 수 있는 좋은 사례다.

웹 페이지의 레이아웃 언어인 CSS^{Cascading Style Sheets}의 크기 콘셉트는 이와 비교하면 당황스럽다. 다음은 익명의 블로그에서 발췌한 설명이다[113].

이 콘셉트의 복잡성은 두 가지 실제 문제에서 비롯된다. 첫 번째는 슬라이드 프레젠테이션에서 '18포인트보다 작지 않은' 글꼴을 사용하라는 요청을 받았을 때이다. 도대체 이것이 무슨 뜻일까? 인쇄된 페이지에서 18포인트가 의미하는 바는 명확하며, 약 1/4 인치를 뜻한다. 이는 아마도 화면에서 의도한 크기가 아닐 수 있으며 슬라이드 자체에는 물리적인 크기가 없다. 물론 실제로는 '슬라이드 프레젠테이션 앱에서 18포인트의 글꼴 크기를 선택하세요'라는 의미지만, 이는(다른 앱을 사용하는) 다른 사람에게는 문제가 될 수 있다. 따라서 '18포인트'의 의미가 디스플레이에 따라 달라져야 하며 더 큰 디스플레이에서는 더 큰 크기에 해당해야 한다는 것을 시사한다.

두 번째 문제는 픽셀 측정에서 발생한다. 화면 해상도가 두 배인 새 휴대폰을 구입하면 브라우저의 텍스트 크기가 절반으로 줄어들기 때문에 '18픽셀'은 문자 그대로 디스플레이의 물리적 픽셀 18개를 커버하는 거리를 의미할 수 없다. 반면, 픽셀은 인치로 변환할 수 없는데, 이는 테두리 너비가 정수가 아닌 값으로 설정되면 선이 흐릿해지기 때문이다.

CSS 표준은 이러한 문제를 다음과 같이 해결한다. 이 표준은 사용자의 팔을 뻗은 거리에 놓인 1인치당 96도트 모니터(1990년대의 일반적인 설정)의 픽셀을 '기준 픽셀'로 정의한다. '유저 에이전트'(측정 값을 실제 디스플레이에 대한 명령으로 변환하는 브라우저와 같은 앱)의 디자이너는 예상 시청 거리에서 기준 픽셀과 동일한 겉보기 크기를 생성하는 장치 픽셀의 정수 수에 해당하는 1픽셀 측정 크기를 선택할 것을 권장한다.

유저 에이전트에서 설정된 이 1픽셀 측정값을 '앵커 단위'라고 하는데, 다른 모든 측정 단위가 이 단위에서 정의되기 때문이다. 활자 측정에 익숙하다면 1피카는 12포인트이며 인치에는 6피카 또는 72포인트가 있다는 것을 알고 있을 것이다. 다만 CSS에 지정된 앵커링이 1픽셀을 0.75포인트와 동일하게 설정한다는 사실은 모를 수도 있다.

이 복잡한 얘기의 결론은 CSS의 수치가 합리적으로 잘 작동한다는 것이다. 하지만 (방금 비공식적으로 설명한) 작동 원리는 매우 까다롭고 몇 가지 놀라운 숨은 뜻을 갖고 있다. 특히 화면의 12포인트 텍스트는 책의 12포인트 텍스트와 크기가 같지 않으며(화면의 1인치는 자의 1인치와 일치하지 않는다), 휴대폰과 모니터의 12포인트 텍스트는 물리적 크기가 다르며 1픽셀 테두리는 여러 디바이스 픽셀에 걸쳐 있을 수 있다.

따라서 테두리를 픽셀 단위로 지정하고 글꼴 크기를 선택할 때 디스플레이 크기를 무시하고 글꼴 크기를 포인트 단위로 지정하든, 픽셀 단위로 지정하든 (고정 비율로 지정되므로) 걱정할 필요가 없다는 것이 이 모든 것에서 얻을 수 있는 실용적인 조언이다.

실무에서 더 중요한 문제는 상대적 크기(em 및 rem 단위로 측정)를 언제 사용해야 하는지를 아는 것이지만, 이는 나중에 살펴볼 것이다.

59. 칩 앤 핀 방식

칩 앤 핀Chip and PIN 방식의 약점은 [104]의 보고서를 참고하기 바란다.

60. 형태의 합성에 대한 노트

이 섹션의 부적합에 대한 아이디어는 주로 크리스토퍼 알렉산더의 작업에서 가져온 것이다. 그의 '디자인 패턴' 아이디어 덕분에 그는 '개발자가 가장 좋아하는 건축가'가 됐다(둘러보기 104 참고).

그는 자신의 저서인 『형태의 합성에 대한 노트』[3]에서 '완전한' 요구사항이라는 것이 왜 무의미한지 그리고 부적합이 어떻게 도움이 될 수 있는지 설명한다. 즉, "이러한 요구사항 목록은 잠재적으로 끝이 없습니다. …(중략)… 그러나 부정적인 관점에서 요구사항을 잠재적 부적합으로 생각하면 유한 집합을 선택하는 간단한 방법이 있습니다. 문제가 원래 우리의 관심을 끄는 것은 부적합을 통해서이기 때문입니다. 우리는 형식과 맥락 사이에서 가장 강하게 드러나고 가장 분명하게 주의를 요하며 잘못될 가능성이 가장 높아 보이는 관계만 취합니다. 이보다 더 좋은 방법은 없습니다."라고 말한다.

나는 연구를 통해 알렉산더의 '적합성'(및 부적합성)에 대한 아이디어가 매우 설득력 있고 유용하다는 것을 알게 됐다. 그 아이디어는 특히 보안 문제를 해결하거나 안전에 중요한 시스템을 디자인할 때 디자인을 어렵게 만드는 핵심적인 측면을 명확하게 보여 준다. 두 가지 경우 모두에서 모호하고 드물게 발생하는 부적합이 중심이 된다. 즉, 보안 측면에서는 공격자가 이를 찾아 희귀성을 피할 수 없게 하고 안전 측면에서는 희귀성이 치명적일 경우, 이를 무시할 수 없기 때문이다.

알렉산더의 구조 발견법. 알렉산더의 책 대부분은 요구사항으로부터 구조를 발견하는 체계적인 방법에 관한 것이다. 먼저, 파악한 모든 잠재적 부적합을 나열하고 이를 긍정적인 요구사항으로 표현한다. 두 가지 부적합이 상호 작용하는 경우(즉, 하나를 완화하면 다른 하나를 완화하는 데 긍정적 또는 부정적 영향을 미치는 경우) 연결되는 그래프를 구성한다. 그런 다음 모든 부적합이 한 그룹에서만 상호 작용하도록 분류해 그룹 간 상호 작용이 없도록(또는 매우 적도록) 만든다. 추가로, 이런 그룹을 좀 더 광범위하게 분류하고 계층화해 배열할 수도 있다. 이러한 구조를 갖추면 디자이너는 각 그룹에 대한 디자인 결정을 독립적으로 고려할 수 있으며 특정 결정과 관련된 모든 요인이 고려됐다는 확신을 가질 수 있다.

이 아이디어는 허브 사이먼Herb Simon의 '거의 분해 가능한 시스템'[135]과 관련이 있다. 알렉산더는 이 아이디어를 더 이상 추구하지 않았지만, 다른 사람들, 특히 구조적 디자인(1975)에서 결합을 핵심 지표로 삼은 래리 콘스탄틴Larry Constantine과 디자인 구조 매트릭스(1981)를 발명한 돈 스튜어드Don Steward에게 영향을 미쳤다. 한참 지난 후에 요구사항 간의 결합을 식별하는 아이디어는 에릭 유Eric Yu의 i* 프레임워크[152]의 핵심 요소로, 요구사항 간의 링크를 플러스 또는 마이너스로 표시함으로써 한 요구사항을 충족하면 다른 요구사항을 충족하기가 더 쉬워지는지 또는 더 어려워지는지를 보여 줬다.

알렉산더의 분해 방법을 콘셉트 디자인에 적용해 나타나는 요구사항 클러스터가 콘셉과 일치하는지(또는 요구사항 간에 필요한 동기화를 반영하는지) 확인하는 것은 흥미로울 것이다.

61. 검증에서 부적합을 막지 못하는 이유

코드가 사양의 요구를 충족한다는 것을 검증하기 위해 수학적 증명을 구성하는 방식은 테스팅 방식보다 부적합을 제거하는 데 더 효과적이지 않으며 부적합은 사양 자체의 결함에 해당하기 때문에 오히려 더 나쁠 수도 있다.

확인해야 할 속성이 사양(즉, 세계와의 인터페이스에서 시스템의 동작)이 아니라 환경에서의 원하는 결과가 되도록 검증의 범위를 넓히면 적어도 환경을 충분히 고려하지 않아서 발생하는 부적합(도널드 럼스펠드가 '모른다고 알려진 문제들'이라고 분류한 것)을 감지할 수 있게 된다. 결과는 환경에 대한 가정에 의존하므로 가정을 명확하게 표현하는 것만으로도 부적합을 발견할 수 있다.

예를 들어, 교차로에 신호등을 설치했을 때 원하는 결과는 차들이 서로 충돌하지 않는 것이겠지만, 여기에는 운전자가 신호를 준수하고 차량이 특정 최소 속도로 교차로를 건넌다는 가정이 포함된 것일 수 있다. 만약 현대 문명을 거부하며 여전히 마차를 이용하는 아미쉬 마을을 위해 신호등을 디자인하는 경우, 최소 속도 가정을 고려하면 마차에 비해 신호등이 너무 빨리 바뀌는 부적합성을 발견할 수 있다.

이러한 논증의 구조는 마이클 잭슨의 연구[69, 49, 71]의 중심 주제였으며 의존성(또는 보증) 사례의 핵심이다[65, 64].

62. 사고 발생에 대한 사용자 비난

아프가니스탄 플러거(PLGR) 사고에 대한 자세한 얘기는 그 당시 「워싱턴 포스트」[97]의 기사에 잘 설명돼 있다. 당시 이 사고는 전쟁 중 가장 치명적인 '아군 사격' 사고였다.

부실한 디자인이 치명적인 사고의 진짜 원인일 때 늘 발생하듯이 이 경우에도 조사관들은 다른 곳에서 원인을 찾았다. 이 기사를 위해 인터뷰한 한 공군 관계자는 징계가 내려질지 확신할 수 없으며 이 사건을 '작전 스트레스로 인한 이해할 수 있는 실수'라고 생각한다고 말하며, 이 사건은 훈련 문제 때문이라고 밝혔다.

단기적으로는 교육 과정을 개선하는 것이 올바른 해결 방법이었을 것이다. 그러나 운영자에게 책임을 전가하고 디자이너와 제조업체에 면죄부를 주는 관행은 진정한 발전을 가로막는다. 이 문제는 특히 잘못된 디자인으로 인한 과다 복용 문제나 기타 예방 가능한 오류로 인해 일상적으로 많은 수의 환자가 사망하는 의료 기기에서 더욱 심각하다[142].

63. 치명적인 콘셉트 상호 작용

플러거(PLGR)의 사례는 단일 콘셉트가 아닌 콘셉트 간의 상호 작용에서 발생하는 디자인 결함을 보여 준다. 6장에서는 콘셉트가 어떻게 구성되는지 설명하고 발생할 수 있는 문제에 대한 많은 예를 제시할 것이다.

특히, 배터리 콘셉트의 경우 다른 콘셉트와의 상호 작용이 잠재적 오류와 연결돼 있기 때문에 흥미롭다. 전원이 끊어져도 상태에 의존하는 콘셉트가 중단되지 않도록 영구 저장소를 사용하는 등 상호 작용을 최소화하는 것이 이상적이다. 적어도 매우 중요한 디바이스의 경우, 모든 콘셉트에 대해 배터리 교체 상황이 발생할 때 해당 동작이 어떤 영향을 받는지 고려하는 것이 현명할 것이다.

콘셉트 구성은 쌍으로 구성된 컬렉션에도 분석을 적용할 수 있기 때문에 배터리와 같이(필수적이지만) 문제 가능성이 있을 때 견고성을 보장하는 훌륭한 프레임워크를 제공한다.

6장: 콘셉트의 구성

64. 구성의 의미론

콘셉트 자체에 대한 의미를 소개한 둘러보기 44의 철학에 따라 6장에서 설명하는 컴포지션 메커니즘을 정확하게 만드는 방법에 대해 몇 가지 자료를 소개한다.

컴포지션의 콘셉트는 병렬로 실행되므로 콘셉트의 트레이스는 개별 콘셉트 트레이스의 가능한 모든 '인터리빙'이라고 할 수 있다. 컴포지션의 트레이스 이후의 상태는 각 개별 콘셉트 상태의 산물일 뿐이다. 동기화의 효과는 가능한 트레이스를 더욱 제한하는 것이다. 다음과 같은 형식의 동기화가 있다고 가정해 보자.

```
sync action1(x)
  action2(e)
```

이 문장은 컴포지션의 모든 트레이스에 대해 트리거 액션 1이 발생할 때마다 바로 뒤에 응답으로 액션 2가 발생한다는 제약 조건을 추가한다. 이 제약 조건의 효과는 규칙을 따르지 않는 인터리빙을 배제하는 것이다(전문가를 위해 부연하면, 이 구성 규칙은 규정에 따라 트레이스 집합이 더 이상 프리픽스-클로즈가 아닌 상태로 설정한다).

'트리거' 액션의 인자 x는 정량 변수(또는 함수 인자)와 같다. 즉, 액션 인스턴스의 실제 인자가 무엇이든 바인딩한 후 '응답' 액션이 표현식 e에 의해 주어진 인자를 갖도록 제한한다. 내가 설명한 대부분의 동기화에서 e는 x와 같으므로 동기화는 액션이 동일한 인자를 갖도록 제한한다.

좀 더 일반적으로 말하면, 동기화는 '트리거' 액션에 대한 인수의 조건(그리고 선택적으로 하나 이상의 개념 상태에 대한 조건)으로 기술할 수 있다. 따라서 다음과 같은 동기화는

```
sync label.detach(t, 'pending')
  todo.complete(t)
```

분리되는 레이블의 값이 'pending(보류 중)'일 때만 트리거된다. '응답' 액션의 인수는 '트리거' 액션의 인자뿐 아니라 상태로도 정의할 수 있다. 예를 들어, 다음의 경우는

```
sync email.receive(todo-user, m)
  todo.add(m.content)
```

'응답' 액션의 인수를 '이메일' 콘셉트의 content 관계에서 m을 조회해 얻은 이메일 메시지 m의 콘텐츠로 설정한다(메시지 m이 'content'라는 필드가 있는 복합 객체라고 예상했을 수도 있지만, 모든 상태와 구조는 관련 콘셉트 내에서 지역화된다. 이에 대해서는 둘러보기 44의 '객체 가변성'을 참조하자).

동기화의 의미는 '단일 응답' 액션을 넘어 여러 동작의 시퀀스로 쉽게 확장할 수 있다.

컴포지션은 콘셉트 행동을 보존한다. 특정 콘셉트의 액션만 살펴보는 콘셉트의 구성인 앱을 관찰한다고 가정해 보자. 구성의 모든 트레이스는 정의상 개별 콘셉트의 트레이스들이 섞여 있기 때문에 우리가 관찰하는 트레이스는 원래 콘셉트의 트레이스

중 하나여야 한다. 즉, 콘셉트를 구성한다고 해서 구성 콘셉트의 동작이 바뀌는 것은 아니다.

이것이 콘셉트 구성의 본질적인 속성이다. 콘셉트가 맥락에 관계없이 동일한 방식으로 작동한다는 사실이 바로 콘셉트를 이해할 수 있도록 하는 이유다. 콘셉트가 제대로 구성되지 않거나 개별 사양을 훼손하는 방식으로 함께 작동하도록 조정되면 11장에서 설명하는 콘셉트 무결성 위반이 발생한다.

합법적인 구성이 콘셉트의 행동을 변경하는 것처럼 보일 수 있는 한 가지 측면이 있다. 콘셉트 사양을 특정 트레이스가 불가능하다고 해석할 수 있을 뿐 아니라 오히려 특정 트레이스가 가능하다고 해석할 수도 있다. 이를 컴퓨터과학 용어로 표현하면, 콘셉트 명세는 안전성^{safety}뿐 아니라 생명력^{liveness}도 주장하는 것이다. 그러나 동기화에서 실행 가능성을 제한할 수 있는 것이 중요하기 때문에 그렇게 해석되지 않도록 노력했다. 예를 들어, 실행 권한이 없는 경우에는 다른 콘셉트의 액션을 억제하는 것이 목적인 '접근 제어' 콘셉트를 생각해 보자.

작동 원리에서 어떤 액션이 발생할 수 있다고 주장하는 것이 구성이 사양을 보존한다는 보장을 무효화하는지 궁금할 수 있다. 예를 들어, 휴지통(그림 4.2)에서 원리는 다음과 같다.

```
after delete(x), can restore(x)
```

이 문장을 보면 항목을 삭제한 후에도 항상 복원할 수 있다고 주장하는 것처럼 보인다. 그러나 앞에서 설명한 것처럼(둘러보기 44의 '작동 원리의 논리' 참조), 이 주장은 휴지통 콘셉트의 상태 측면에서 복원^{restore} 작업의 전제 조건이 유지될 것을 요구할 뿐이다. 즉, 작동 원리는 '휴지통' 콘셉트가 해당 작업을 가능하게 하지만, 이를 억제하는 다른 콘셉트와 일치한다고 주장한다(그럼에도 불구하고 이런 일이 발생하면 분석 도구는 이러한 경우에 대해 디자이너에게 경고할 수 있다)

생성된 입력. 프로그래밍 언어에 익숙한 독자는 '할 일' 콘셉트의 add 액션(그림 6.2)의 작업 인수가 액션의 출력으로 처리될 것으로 예상했을 것이다. 할 일 목록에 작업을 추가하는 것은 새로운 작업을 생성하는 것이므로 입력으로 제공되는 것은 잘못된 것처럼 보일 것이다.

가장 일반적인 형태의 '콘셉트' 액션은 몇 가지 입력과 콘셉트의 현재 상태를 취해 새로운 상태와 출력(또는 여러 개의 출력)을 생성한다. 이후의 출력과 상태는 이전의 입력과 상태에 의해 결정된다. 일부 입력은 다른 콘셉트에서 가져올 수 있다. 예를 들어, label.affix(i, l) 액션이 발생하면 아이템 i는 이전에 다른 콘셉트에 의해 생성된 것으로 간주된다. 그러나 다른 입력은 콘셉트 자체에 의해 생성될 수도 있다. label.affix(i, l) 액션에서 레이블 l은(아이템 i와 달리) 이전에 반드시 존재한 것이 아니다. 레이블은 사용자의 지시에 따라 '레이블' 콘셉트에 의해 선택되거나 형성되는 것으로 생각할 수 있다.

이에 대해서는 기계적으로 생각하는 것이 유용하다. 구현에서 콘셉트에는 사용자 인터페이스 위젯과 각 입력을 지정하는 코드가 포함된다. 이러한 입력은 간단한 체크 박스로 정의되는 부울 값, 텍스트 필드에 입력하는 짧은 문자열(예: 레이블 입력), 텍스트 편집 플러그인으로 생성하는 긴 문자열, 캘린더 위젯으로 선택한 날짜 등이 될 수 있다. 이러한 각 입력은 복잡성에 관계없이 콘셉트의 도움을 받아 생성된다.

따라서 '할 일' 콘셉트의 add(t) 액션에서 작업 인수 t는 이러한 입력이다. 간략하게 추상적으로 설명할 때는 작업이 실제로 어떤지를 명시하지 않았다. 가장 간단한 사례에서는 이는 단지 문자열일 뿐이다. 어느 경우이든 자산[asset]의 역할을 한다(둘러보기 44의 '객체 역할' 참조). 다른 할 일 콘셉트에서는 작업의 이름(예: t1)과 콘텐츠('file taxes')를 구분할 수도 있다. 이 경우, add 액션에 노출되는 작업은 자산이 아니라 이름이 되지만, 여전히 콘셉트로 생성된 입력이 된다.

요약하면, 콘셉트에는 두 가지 종류의 입력이 있다. 일부는 콘셉트 자체의 도움으로 생성되고 다른 일부는 다른 컴포지션에 의해 제공된다. 이를 구분하기 위해 생성된 입력을 특수 키워드로 표시할 수 있다. 따라서 add 액션(그림 6.2)은 다음과 같이 더 완벽하게 선언될 수 있다.

```
add(gen t: Task)
```

그리고 이와 유사하게 '레이블' 콘셉트의 affix 액션(그림 6.3)은 다음과 같이 표현된다.

```
affix(i: Item, gen l: Label)
```

이메일(그림 6.5)에서 메시지와 그 내용은 메시지를 보내는 액션에 의해 생성된다.

```
send(by, for: User, gen m: Message, gen c: Content)
```

마지막으로, 4장의 예제에서는 '스타일' 콘셉트에서 스타일을 정의하는 액션의 스타일 인수를 표시한다(그림 4.4).

```
define(gen s: Style, f: Format)
```

그리고 예약 콘셉트에 새 리소스를 등록하는 액션의 리소스 인자를 표시한다(그림 4.7):

```
provide(gen r: Resource)
```

입력에 대한 제약 조건 트레이스. 앞에서 컴포지션을 정의할 때 컴포지션의 트레이스는 '동기화에 의해 부과된 제약 조건을 만족하는 한 개별 콘셉트의 트레이스의 모든 인터리빙'이라고 말했다.

영리한 독자라면 작업이 생성되기 전에 레이블을 작업 t에 붙는 label.affix(t, l) 뒤에 todo.add(t)로 시작하는 트레이스를 금지하는 것에 대해 궁금해할 것이다.

이 딜레마에 대한 해결책은 앞에서 설명한 생성된 입력의 콘셉트에 의해 제공된다. 즉, 모든 트레이스에 액션에 대한 모든 입력은 해당 액션에 의해 생성되거나 트레이스의 이전 액션에 의해 생성 또는 출력돼야 한다는 제약 조건을 추가한다. 이 경우, label.affix(t, l)에서 t가 생성되지 않았고 이를 생성할 이전 액션이 없으므로 여기서 사용할 수 없다. 액션이 반대인 경우, t는 이전에 todo.add(t)에서 생성됐기 때문에 트레이스가 허용된다.

CSP에서 컴포지션 의미론의 기원. 개별 컴포넌트의 동작을 보존하는 컴포지션의 개념은 토니 호어Tony Hoare의 CSPCommunicating Sequential Processes[58]에서 가져온 것이다. 여기에 설명된 콘셉트 이론은 몇 가지 측면에서 CSP와 다르다. 첫째, 콘셉트는 결정론적이기 때문에 CSP의 '거부refusals'(프로세스가 이벤트 참여를 임의로 거부할 수 있다는 아이디어를 모델링하는 것)가 필요하지 않다. 둘째, 상태는 콘셉트에서 관찰할 수 있으며 동기화를 제한하는데 사용할 수 있지만, CSP에서는 아무런 역할을 하지 않는다. 셋째, 콘셉트 컴포지션은 인터리빙으로 정의되며 동기화는 트리거/응답 쌍으로 인터리빙을 제한하고 CSP에서는 프로세스가 '공유' 액션에 대해 동기화된다.

콘셉트 컴포지션은 동기화를 그 자체로 하나의 프로세스로 표현한 다음 콘셉트를 적절하게 표현하는 프로세스와 결합해 CSP 용어로 캐스팅할 수 있다. 예를 들어, 액션 a1이 리액션 a2를 트리거하는 동기화는 다음과 같은 프로세스로 표현할 수 있다.

```
SYNC = a1 → a2 → SYNC | a2 → SYNC
```

이 프로세스는 반복적으로 a1에 이어 a2가 발생하거나 a2가 단독으로 발생할 수 있다.

65. 브루노 라투르의 비문 이론

철학자이자 사회학자인 브루노 라투르^{Bruno Latour}는 이전에 수동으로 수행되던 작업을 기계가 수행하는 방식에 대해 '치환'('번역' 및 '이동'과 함께)이라는 용어를 사용했다. 그러나 이를 기계 디자인의 한 측면으로 보는 것이 아니라 기계의 사용자와 제작자를 기계의 메커니즘에 '새겨져' 있는 기계의 본질로 간주한다[90].

라투르의 기술에 대한 이해는 레스토랑 예약 콘셉트처럼 인간의 프로토콜과 정책의 세계에서 시작돼 나중에야 소프트웨어에 내장되는 콘셉트에 적합하다. 소프트웨어로 구현되는 인간의 콘셉트는 메타포가 아니라 말 그대로 코드에 담긴 사회적 프로토콜의 '비문^{inscriptions}'이다. 매킨토시의 '휴지통' 콘셉트가 메타포라는 오해의 소지가 있는 주장은 역설적이게도 가상과 실재를 너무 멀리 연관 짓는 데서 비롯된 것이 아니라 충분히 멀리 가지 않고 동일한 콘셉트라는 것을 인식하지 못하는 데서 비롯된 것이다(둘러보기 40 참조).

다익스트라와 의인화. 다익스트라 앞에서 컴퓨터를 마치 인간 배우인 것처럼 말하는 것은 아주 큰 실례였다[35]. 그가 이를 반대한 것은 자신이 선호하는(동작이 아닌 불변성을 특징으로 갖는) 소프트웨어 대한 추상적, 공리적인 관점을 훼손하는 것 같았기 때문이다. 다익스트라의 입장에서 말하자면, 그의 주장은 불변성 기반 추론은 프로그래밍 이론의 위대한 발전 중 하나로써 개발자에게 전체 물리에서의 궤도 개념과 같은 강력한 추상화를 제공했기 때문이다. 그러나 연산적 사고에 대한 그의 거부는 아기를 목욕물과 함께 내던진 것과 같아서 소프트웨어에 대해 생각할 수 있는 강력한 도구를 부정했을 뿐 아니라 소프트웨어가 무엇인지에 대한 핵심을 놓친 것이기도 하다. 콘셉트 용어에서는 콘셉트의 상태와 불변성이 중요하지만, 작동 원리가 본질에 더 가깝다.

66. 이전 액션에 기반을 둔 권한

동기화의 또 다른 일반적인 용도는 다른 콘셉트의 일부 액션이 수행될 때까지 한 콘셉트의 특정 액션을 억제하는 것이다. 오픈테이블 레스토랑 예약 시스템에서는 예약한 테이블을 이용하기 전('예약 콘셉트' 액션)까지는 리뷰('리뷰 콘셉트' 액션)를 작성할 수 없다.

이러한 동기화는 종종 다른 콘셉트와의 조정을 허용하기 위해 콘셉트에 액션을 추가하는 것을 제안한다. 예를 들어, 예약 콘셉트에는 실제로 사용된 예약에 해당하는 액션이 없을 수 있다(레스토랑의 입장에서는 예약한 사람이 테이블에 앉는 것). 예약 콘셉트 자체의 목적을 달성하는 데 꼭 필요한 액션이 아니더라도 함께 구성될 가능성이 있는 다른 콘셉트에는 도움이 될 수 있으므로 포함할 가치가 있다(그림 4.7). 4장에서 언급했듯이 예약 시스템에서 일상적으로 예약을 하고도 나타나지 않는 사용자에게 불이익을 줄 수 있는 '노쇼no-show' 액션을 포함시키는 데도 이와 동일한 근거가 적용된다.

67. 분리된 관심사 연결하기: 페이지와 단락

다음은 서로 다른 콘셉트로 분리된 관심사 사이를 연결하는 데 사용되는 협력 컴포지션의 더 풍부하고 흥미로우며 위험한 사례다.

어도비 인디자인에서는 페이지 서식과 단락 서식을 깔끔하게 구분할 수 있다. 마스터 페이지를 사용하면 텍스트 영역의 크기를 설정하고 실행 헤더 및 페이지 번호와 같은 공통 요소를 포함할 수 있다. 마스터 페이지를 여러 개 생성하면 각 페이지의 레이아웃을 사용자 지정할 수 있다. 예를 들어, 이 책에는 자체 실행 헤더가 있는 각 장에 대한 마스터가 있고 헤더나 페이지 번호가 없는 장의 시작 부분에 대한 마스터가 있다. 이와 동시에 단락 스타일을 사용하면 일반적인 타이포그래피 형식을 정의하고 일관되게 적용할 수 있다.

마스터 페이지와 스타일(4장에서 자세히 설명)이라는 두 가지 콘셉트는 대부분 독립적이며 이는 디자인에 명확성과 단순성을 부여한다. 그러나 두 콘셉트가 독립적이기 때문에 사용자가 수작업을 추가로 수행해야 하는 불편함이 있다. 이 책의 한 장에 텍스트를 추가할 때마다 해당 장이 새 페이지로 넘어갈 위험이 있다. 그렇게 되면 이제 챕터의 마지막 페이지에는 챕터 열기 마스터가 배치되고 다음 챕터의 첫 페이지에는 챕터 중간 마스터가 배치된다.

이 문제는 어렵지 않게 해결할 수 있다. 챕터 중간에 새 페이지를 추가하거나 페이지에 마스터를 재할당하면 된다. 그러나 이 두 가지 모두 수동 개입이 필요하다. 내가 선호하는 방식은 (많은 인디자인 유저가 사용하는 방식인) 외부에서 문서의 텍스트를 편집하는 것이다. 인디자인은 이러한 목적으로 마이크로소프트 워드와 타사 편집 도구와의 연동을 지원한다(나는 문서 에디터에서 텍스트를 준비할 수 있는 전처리기를 직접 만들어 사용한다).

즉, 외부에서 텍스트를 편집할 수 있으며 인디자인은 연결된 텍스트가 변경된 것을 감지해 다시 가져온다. 이런 상황에서 페이지를 수동으로 조정해야 하는 것은 매우 번거롭다.

마스터매틱Mastermatic은 바로 이런 문제를 해결하는 인디자인 애드온이다. 어떤 단락 스타일에 어떤 마스터를 사용해야 하는지를 지정할 수 있다. 예를 들어, 페이지에 챕터 제목 스타일로 지정된 단락이 포함돼 있을 때 챕터 열기 마스터를 적용해야 한다고 말할 수 있다.

이 기능은 자동화를 할 수 있는데다 비용도 들지 않는다. 마스터와 스타일 콘셉트 간의 결합은 이제 다소 복잡해졌다. 페이지에 서로 다른 마스터 페이지에 할당된 두 가지 스타일의 단락이 포함돼 있으면 어떻게 될까? 이 경우, 마스터매틱은 스타일/마스터 바인딩을 암시적 우선순위에 따라 단일 목록에 지정하도록 요구해 충돌을 해결한다. 그런데 텍스트 상자가 더 작은 마스터로 전환해, 해당 마스터를 사용하도록 지정된 스타일의 단락이 페이지 밖으로 유출되면 어떻게 될지도 궁금하다. 어도비에서 이러한 동기화 기능을 인디자인 자체에 포함시키지 않은 것은 이런 이유 때문이라고 생각한다.

68. 지메일의 휴지통과 레이블의 시너지 구성의 미묘함

지메일 디자이너는 당연히 삭제된 메시지가 표시되지 않도록 하고 싶었기 때문에 레이블 쿼리에 대한 응답으로 표시되는 메시지에 영향을 미치는 몇 가지 임시 규칙을 도입했다. 쿼리에 'deleted'라는 레이블을 명시적으로 언급하지 않으면 삭제된 메시지가 결과에서 제외되는 것처럼 보이지만, 해당 레이블을 지정하면 삭제된 메시지가 제외되지 않는다.

이는 무결성 원칙(11장)을 위반하는 것이기는 하지만, 엄밀히 말하면 레이블 콘셉트가 더 이상 사양을 따르지 않기 때문에 이치에 맞는다. 지메일은 '휴지통 또는 스팸에 있는 일부 메시지가 검색어와 일치합니다'라는 경고와 함께 해당 메시지를 표시하는 링크를 표시해 이 문제를 해결하지만, 안타깝게도 메시지가 제외된 경우에는 이 경고가 일관되게 표시되지 않는데, 이는 아마도 '트레패닝trepanning'의 예일 수도 있다(둘러보기 89 참조).

69. MIT 모이라 앱의 시너지 절충안

모이라Moira에서 관리 그룹을 마치 메일링 리스트처럼 표현하는 것은 현명한 디자인 방식이지만, 완벽한 것은 아니다. 메일링 리스트에는 두 가지 유형의 사용자를 추가할 수 있다. MIT 계정이 있고(따라서 모이라 앱 자체에 액세스할 수 있음) 사용자 이름으로 지정되는 MIT 사용자와 MIT 계정이 없고 전체 이메일 주소로 식별되는 외부 사용자다. 외부 사용자도 관리 그룹에 포함할 수 있지만, 외부 사용자는 시스템에 로그인할 수 없기 때문에 아무런 효과가 없다. 이는 시너지 효과를 위해 어떤 절충안이 필요한지를 잘 보여 준다.

70. 티박스, 시너지 효과와 재미있는 부적합

티박스Teabox는 해외 고객에게 인도 차를 직접 판매하는 멋진 회사다. 이 회사의 웹 앱은 내가 설명한 시너지 구성을 채택했는데, 무료 샘플을 장바구니에 추가하면 가격이 0인 아이템이 추가되는 방식이다.

그런데 이로 인해 재미있는 이상 현상이 발생했다. 한 번은 내가 좋아하는 차 몇 가지를 구매하면서 이전에 티박스에서 보내 준 쿠폰 코드를 입력한 적이 있다. 그런데 예상한 할인이 적용되지 않았다. 결국 무슨 일인지 알아냈다. 이 쿠폰은 단순히 백분율 할인을 적용하는 것이 아니라 장바구니에 있는 품목 중 최대 세 개까지, 그것도 가장 가격이 낮은 세 개까지만 할인을 적용하는 회사에 유리한 규칙을 사용했다. 이 중 두 개는 무료 샘플이었다. 해결 방법은 무료 샘플을 카트에서 삭제하는 것이었는데 결과적으로 훨씬 더 비싼 두 가지 품목이 추가로 할인됐기 때문에 카드 전체의 결제 금액이 확 낮아졌다.

이 사례는 콘셉트 자체(이 경우 쿠폰 콘셉트)는 완벽하게 그럴 듯하지만, 예상치 못한 맥락에 배치되면 바람직하지 않은 동작이 발생하는 부적합(5장)의 좋은 사례다.

71. 포토샵의 놀라운 시너지 효과

포토샵은 콘셉트 디자인을 할 때 시너지 효과를 낼 수 있는 흥미로운 사례를 제공한다. 다음에서 설명하는 작업 방식은 꽤 복잡하지만, 디자인의 관점에서 보면 매우 유익하고 포토샵을 더 효과적으로 사용하는 방법을 이해하고자 하는 사람들에게도 도움이 될 것이다.

어도비 포토샵의 핵심 콘셉트인 '픽셀 배열'은 일련의 픽셀의 배열을 조정해 편집하는 기능을 제공한다. 이미지는 컬러 픽셀의 2차원 배열뿐 아니라 각 기본 색상(예: 빨강, 녹색, 파랑)에 대해 하나씩 채널이라고 부르는 세 개의 개별 배열로도 볼 수 있다.

채널 콘셉트를 사용하면 이러한 각 색상으로 이미지를 개별적으로 편집할 수 있다. 예를 들어, 파란색 채널을 사용해 하늘에 해당하는 픽셀을 선택하거나 빨간색 채널의 어두운 픽셀을 증가시켜 그림자가 너무 차가워지지 않도록 할 수 있다. 또 다른 일반적인 용도는 이미지를 밝기(L), 빨강-녹색(a), 파랑-노랑(b)의 Lab 색상 공간의 채널로 분할하고 밝기 채널에만 선명도를 적용하는 것이다(많은 사람이 원본 색상 이미지에 선명도를 적용하는 것보다 더 우수한 결과를 얻을 수 있다고 생각한다). 채널을 편집할 때는 전체 채널이 단일 색상에만 해당하므로 이미지가 색상 없이 나타난다. 간단히 말하면, 채널은 그레이 스케일 이미지다.

포토샵의 또 다른 콘셉트는 '선택selection'으로, 픽셀 모음을 선택한 후 해당 픽셀에만 조정 기능을 적용할 수 있다. 이 콘셉트의 특이한 점이자 선택 콘셉트의 다른 변형(예: 이후 이동 또는 삭제를 위해 파일 또는 이메일 메시지의 하위 집합을 선택하는 데 사용됨)과 구별되는 점은 픽셀을 부분적으로 선택할 수 있다는 것이다. 조정이 적용되면 완전히 선택된 픽셀에는 전체가 적용되고 선택되지 않은 픽셀에는 전혀 적용되지 않으며 그 사이의 픽셀에는 부분적으로 적용되는 등 선택에 비례해 감쇄된다. 부분 선택을 하려면 사용자가 브러시를 적용해 브러시를 쓸 때마다 선택 정도를 높일 수 있는데('플로flow'라는 기능), 이는 사용자가 경계를 그려 선택 영역을 정의할 때 자연스럽게 발생하며 '페더링' 옵션과 함께 부드러운 가장자리를 생성해 후속 조정이 혼합되도록 할 수도 있다. 선택은 각 픽셀에 0%에서 100% 사이의 값을 할당하며 이를 밝기 값으로 취급할 수 있다는 점이 핵심이다. 즉, 선택 영역은 그레이 스케일 이미지다.

3장에서 이 제품의 성공을 이끈 콘셉트로 강조했던 포토샵의 레이어 콘셉트는 이미지에 비파괴적인 방식으로 조정을 적용할 수 있게 해 준다. 일련의 조정 내역을 여러 개의 레이어로 구축할 수 있으며 각 레이어를 켜거나 끄면서 보정을 활성화 및 비활성화할 수 있다. 각 레이어에 조정을 적용할 기본 이미지의 픽셀을 결정하는 마스크를 연결할 수 있다(그림 E.5). 선택 영역은 부분적일 수 있고 마스크는 그 자체로 그레이 스케일 이미지일 수 있다.

채널, 마스크, 선택 항목이 모두 그레이 스케일 이미지라는 사실, 즉 이러한 콘셉트의 시너지 효과는 포토샵 사용자에게 엄청난 기능을 가져다 준다. 예를 들어, 눈, 머리카락, 입술 등과 같은 세부 영역에는 영향을 미치지 않고 인물 사진의 피부를 밝게 하고 싶다고 가정해 보자. 채널을 열고 '가장자리 찾기Find edges' 필터를 적용하면 디테일 픽셀이 어두운 그레이 스케일 이미지가 만들어진다. 이제 이 이미지를 복사 버퍼에 저장하고 밝기 조정 레이어의 마스크에 붙여넣을 수 있다. 이 과정은 매우 복잡해 보이겠지만, 포토샵 전문가가 되려면 이해해야 하는 부분이다.

그림 E.5 포토샵의 레이어와 마스크 콘셉트. 이미지에서 사과를 하얗게 하기 위해 레이어를 만들었고 관련 마스크를 사용하면 조정 결과가 사과에만 적용되고 주변에는 적용되지 않는다(마스크에서 사과에 해당하는 흰색 점을 볼 수 있다).

시너지 효과 컴포지션, 동기화된 상태 및 보기. 내가 설명한 모든 컴포지션은 액션 동기화 측면에서 이해할 수 있다. 예를 들어, 포토샵에서 채널과 픽셀 배열의 컴포지션은 채널의 각 편집을 관련 픽셀 배열의 해당 편집과 동기화하며 그 반대의 경우도 마찬가지다.

그러나 이러한 예시 중 일부에서는 동기화의 순효과를 상태의 동기화로 더 쉽게 이해할 수 있다. 따라서 포토샵에는 각 컬러 픽셀을 채널의 해당 그레이 스케일 픽셀과 연결하는 불변수가 있다. 즉, RGB의 경우 빨간색 채널에 있는 픽셀의 밝기 값은 컬러 이미지에 있는 픽셀의 빨간색 값과 정확히 일치한다.

이는 콘셉트가 액션이 아니라 상태에 대한 제약 조건에 의해 결합되는 또 다른 형태의 동기화 또는 추가적인 동기화를 보여 준다. 이 접근 방식에서는 앱의 전체 상태를 구성 요소로 파악하고 이와 관련된 불변성을 분석해 콘셉트를 식별할 수 있다. 예를 들어, 워드프로세서에서 문서의 상태는 문자로만 구성된 텍스트 컴포넌트와 각 문자에 독립적으로 형식을 할당하는 서식 컴포넌트로 나눌 수 있다. 더 흥미로운 점은 문서를 단락의 시퀀스로 보는 뷰와 문자의 시퀀스로 보는 뷰가 분리될 수 있다는 것이다. 단락 나누기를 삽입하면 전자의 경우 새 단락이 추가되지만, 후자의 경우 문자가 추가될 뿐이므로 액션 동기화 관점에서 보면 한쪽에서는 단락 추가 액션이 다른 쪽에서는 '문자 삽입' 액션이 함께 고정되는 것이다.

이러한 종류의 동기화는 뷰 구조화와 관련이 있으며 과거에는 사양[2, 153] 및 구현[109]에서 단일 상태의 중첩된 뷰로 시스템을 모듈화하는 더 나은 방법을 찾기 위해 활발히 연구된 분야다. 콘셉트 컴포지션에 대한 이러한 아이디어를 예시한 초기 논문에서 나는 텍스트 편집을 예로 들어, 사양을 불변수로 연결된 두 개의 뷰로 나누면 하나의 표준 뷰로는 쉽게 설명할 수 없는 문자 삽입 및 커서 위/아래 이동과 같은 동작에 대한 간단한 사양을 작성할 수 있다는 것을 보여 줬다[61].

72. 윈도우의 휴지통 초기 디자인

마이크로소프트 사는 윈도우 95에 '휴지통'을 도입했지만, 애플의 휴지통과 달리 전체 폴더를 저장할 수 없었고 폴더를 삭제하면 개별 파일로 분리됐다. 그러나 사용자가 폴더에 속해 있던 파일 일괄 복원을 선택하면 해당 폴더의 내용도 함께 복원됐다(https://en.wikipedia.org/wiki/Trash_(computing)를 참조).

73. 더 많은 컴포지션 결함: 휴지통 비우기에도 삭제 아이템이 제거되지 않는 사례

다음은 맥 OS에서 휴지통/폴더 시너지 효과와 관련된 문제의 또 다른 사례다. 유닉스 폴더 콘셉트에 대한 논의(둘러보기 15 참조)에서 한 항목에 부모 폴더가 두 개 이상 있을 수 있다는 점을 언급했다. 이것은 매킨토시에서 사용되는 폴더 콘셉트이므로 휴지통에 버려진 파일이 다른 폴더에 남아 있을 수 있다. 휴지통을 비우면 휴지통 폴더 자체에서 파일이 제거되지만, 파일이 영구적으로 삭제된 것은 아니므로 해당 공간을 다시 확보할 수 없다.

이는 무결성 위반의 예(11장)이지만, (맥 OS에서는) 그래픽 사용자 인터페이스를 통해 파일을 두 개의 폴더에 넣을 수 없기 때문에 큰 문제가 되지 않는다. 그러나 일부 설치된 소프트웨어의 경우, 파일이 두 곳에 링크돼 있을 수 있으며 이를 제거하려면 두 곳에서 모두 파일을 추적해야 한다.

아웃룩에서의 미숙한 시너지 효과. 시너지 효과를 얻으려는 시도도 실패할 수 있다. MS 아웃룩에서는 이메일 클라이언트와 메시지 서버 간의 동기화가 실패하면 오류 메시지가 로그에 기록된다. 이 로그와 해당 메시지를 저장하기 위해 아웃룩 디자이너는 기존 이메일 폴더 및 메시지 구조를 사용하기로 결정했다.

이는 이메일 메시지에 사용할 수 있는 기존 도구를 사용해 로그를 조작할 수 있기 때문에 '로그log'와 '폴더folder' 콘셉트 간의 시너지 효과가 기대되는 것처럼 보였을 수 있다. 그러나 이 결정은 새로운 문제를 일으켰다. 사용자들은 새로운 메일 폴더가 저절로 생성되는 것을 보고 놀랐고 이렇게 생성된 수많은 메시지에 혼란스러워했으며 메시지를 삭제할 수 없다는 사실에도 좌절감을 느꼈다. 일부 사용자는 이메일 클라이언트가 이러한 오류 로그 폴더를 서버와 동기화하려고 시도하지만, 동기화가 제대로 작동하지 않아 폴더가 생성돼 실패하는 상황이 발생한다고 불평하기도 했다. 또한 시스템 관리자의 입장에서는 오류 로그가 클라이언트에만 보관됨으로써 클라이언트와 서버 간의 문제를 진단하는 데 로그를 사용할 수 없는 문제를 겪었다(https://thoughtsofanidlemind.com/2012/08/29/outlook-sync-issue 참조).

시너지 효과가 떨어지는 것은 종종 한 콘셉트가 여러 용도로 과부하되는 구체성 원칙(9장)을 위반하는 사례다. 아웃룩 예제에서는 메시지 폴더에 메시지 분류와는 별개의 새로운 목적(동기화 로그 저장)이 부여돼 있으며 이는 메시지 분류와는 호환되지 않는다.

74. 과도한 동기화로 인한 구글 미스터리

나 역시 이 이상한 동기화 결함의 불운한 피해자였다. 이 책을 작성하는 동안 몇 가지 디자인 문제를 탐구하기 위해 지메일을 실험해 보고 싶었다. 그래서 앨리스, 밥, 캐롤이라는 가상의 인물을 위한 지메일 계정을 두 개 만들었다. 얼마 후 모든 구글 앱(구글 드라이브, 구글 그룹 등)에서 나의 표시 이름이 '대니얼'에서 '앨리스'로 바뀐 것을 발견했다.

이에 대한 원인을 결국 찾아냈는데, 그 이유는 나의 기본 구글 계정에서 실수로 가상의 지메일 계정 중 하나를 만들었기 때문이다. 이로 인해 사용자 이름이 '앨리스 아발론'으로 재설정됐는데 처음에는 재미있다고 생각했지만, 구글 계정을 사용하는 나의 모든 업무 관련 앱에서 이렇게 이름이 바뀌어 버리다 보니 전혀 즐거울 수 없는 상황이 됐다.

그런데 놀랍게도 이 변경은 복원할 수 없었다. 결국, 새 구글 계정을 만들고 모든 멤버십을 이 계정으로 전환해야만 했다. 이 문제는 2018년에 발생했는데, 지금은 수정됐으면 한다.

75. 어도비가 업데이트를 되돌리다

이번 설명에서는 어도비 라이트룸 팀이 직면한 몇 가지 어려운 디자인상의 트레이드오프에 대해 다룰 것이다. 전문 사용자들은 일부 동기화 기능이 없어져서 화가 났지만, 개발자들은 동기화를 제어하는 환경 설정을 간결하게 변경함으로써 초·중급 사용자들의 걱정을 합리적으로 낮출 수 있었다.

라이트룸 개발 팀의 책임자 인 톰 호가티Tom Hogarty는 라이트룸의 블로그 게시물에 다소 겸손한 어조로 다음과 같이 썼다. '다음 업데이트에서 이전 임포트 환경을 복원할 계획입니다. 월요일에 출시한 라이트룸 6.2 릴리스의 품질에 대해 개인적으로 사과드리고 싶습니다. 임포트 환경의 간소화도 제대로 처리되지 않았습니다. 고객, 교육자 및 연구팀은 이 주제에 대해 명확하게 밝혔듯이 라이트룸의 임포트 환경은 어렵습니다. 모든 고객이 제품을 사용하기 위해서는 반드시 거쳐야 하는 단계이며 단일 화면에서 모든 옵션으로 고객을 압도하는 것은 지속 가능한 방법이 아니었습니다. 그래서 합리적인 기본값을 결정하고 많은 컨트롤을 설정 패널 뒤에 배치했습니다. 동시에 사용 빈도가 매우 낮은 일부 기능을 제거해 복잡성을 더욱 줄이고 품질을 개선했습니다.'

놀랍게도, 가장 빈번하게 제기된 불만 중 하나는 임포트가 완료되면 원본 이미지가 저장된 플래시 카드 또는 외장 드라이브가 자동으로 꺼지도록 하는 동기화 기능을 어도비가 제거했다는 것이었다.

이 문제는 디자인 측면에서 큰 문제가 아니라고 생각했을 수도 있다. 사용자가 몇 번의 클릭만으로 언제든지 수동으로 카드를 꺼낼 수 있었기 때문이다. 하지만 많은 전문 사용자들은 이 추가 단계로 인해 많은 수의 카드에서 사진을 업로드하는 작업이 더 부담스럽게 느껴진다는 사실을 알게 됐다. 또한 카드를 자동으로 꺼내는 기능이 실수로 카드를 삭제하는 것을 방지해 준다는 불만도 있었다. 이러한 사례가 흥미로운 것은 회사가 변경사항을 되돌릴 수 있는 매우 드문 사례이자 사용자가 사소해 보이는 디자인 결정에 얼마나 민감할 수 있는지를 보여 주는 흥미로운 예시였기 때문이다. 내 생각에 라이트룸은 역대 최고의 앱 중 하나다.

이번 업데이트에는 출시 전에 해결되지 않은 버그가 포함돼 있었으며 이 버그의 존재도 변경사항을 되돌리게 된 이유 중 하나였다(https://blogs.adobe.com/lightroomjournal/2015/10/lightroom-6-2-release-update-and-apology.html 참조).

76. 구글 폼의 동기화 부족

구글 폼Forms과 연결된 스프레드시트와 시각화 간의 동기화 부족으로 인해 몇 번 당황한 적이 있다. 나는 종종 익명 설문조사를 만들고 마지막에 응답자가 답장을 원할 경우, 댓글과 이메일 주소를 추가할 수 있는 기회를 포함시켰다. 그러면 제출된 이메일 주소가 요약 비주얼리제이션에 표시돼 익명성이 손상되는데, 이를 스프레드시트에서 수동으로 제거해도 아무런 효과가 없다. 그러다 보니 익명으로 데이터를 제출한 커뮤니티와 요약을 다른 곳에 공유할 수 없는 문제가 발생한다.

77. 줌의 또 다른 동기화 문제

'줌 세션zoom session' 콘셉트는 서로 다른 시간에 발생하는 여러 대화에 단일 식별자를 사용할 수 있도록 한다. 줌 웹 포털은 이 개념을 기존 캘린더 이벤트와 동기화하므로 세션을 만들 때 해당 세션의 날짜와 시간 또는 반복되는 일련의 날짜와 시간을 지정하라는 메시지가 표시된다. 그러나 이 동기화는 생각보다 복잡하다. 줌 세션은 반복 횟수에 제한이 있을 수 있으며 반복 간격이 일정 시간을 초과하면 세션이 만료된다. 혼란스럽게도 단일 이벤트로 예약된 세션은 만료 기간이 더 짧지만(365일이 아닌 30일) 반복 이벤트로 예약된 세션과 똑같이 반복될 수 있다. 일회성 또는 반복 이벤트로 예약된 세션은 '정해진 시간이 없는 반복 이벤트'로 예약되지 않는 한, 최대 50회까지 반복할 수 있으며 이 경우 횟수에는 제한이 없다. 이 동기화는 세션 식별자를 저장하는 데 드는 리소스 비용과 사용자에게 유연성을 제공하려는 욕구의 균형을 맞추기 위해 고안된 것으로 생각되지만, 더 간단한 방법(예: 사용자가 소유한 만료되지 않은 모든 세션을 프로필에 나열하고 다시 사용할 의도가 없는 세션을 삭제하도록 유도하는 방법)으로도 동기화를 수행할 수 있지 않을까 싶다.

78. 테락-25에서 얻은 교훈

낸시 레브슨Nancy Leveson과 클락 터너Clark Turner는 테락-25 사고에 대한 철저한 설명과 분석을 제공했다[92]. 놀랍게도 내가 설명한 동기화 결함(논문에서 더 자세히 설명)은 첫 번째 사고 이후 발견되지 않았고 하드웨어 결함 때문에 사고를 제대로 조사하지 않아 최종적으로 제대로 진단되기까지 여러 번의 추가 사고가 발생했다.

레브슨과 터너는 "이와 같은 사고는 복잡한 실수로 인해 발생하며 소프트웨어에 버그가 없을 것이라고 상상하는 것은 순진한 생각"이라고 지적한다. 그럼에도 불구하고 동기화 결함은 실제로 사고의 직접적인 원인이었다. 소프트웨어 집약적 시스템의 안전(또는 보안)을 위한 유일한 길은 디자인의 단순화, 즉 부적합성이 잘 이해된 견고한 콘셉트를 사용하는 것이다(3장의 '안전과 보안을 보장하는 개념'에서 '부적합성'과 5장의 '부적합: 목적이 충족되지 않을 때'에서 '목적이 충족되지 않을 때'를 참조. 또한 주 60 및 61을 참조).

7장: 콘셉트의 의존성

79. 새로운 콘셉트는 실제 문제를 해결해야 한다

불필요한 콘셉트로 디자인을 복잡하게 만드는 경향에 대응하기 위해 새로운 콘셉트를 추가하고 싶을 때마다 '이 새로운 콘셉트가 기존 디자인의 어떤 문제를 해결할 수 있는가?'라는 질문을 던지는 것이 좋다.

다음의 두 가지 사례를 살펴보자. 넷플릭스는 온라인 스트리밍을 시작한 지 6년 만인 2013년에 영화 감상 앱에 '프로필profile' 콘셉트를 추가했다. 문제는 간단했다. 가족 구성원들이 같은 계정으로 각자 다른 영화를 시청하다 보니 추천(내가 추천한 영화는 이전에 선택한 영화를 기반으로 했기 때문에)과 시청 위치 표시(내가 영화를 시청하면 다른 가족 구성원이 절반만 시청했다는 정보가 사라졌기 때문에)가 모두 엉망이 됐다. 프로필 콘셉트는 청구 목적으로 사용되는 하나의 주 계정에 포함된 각 가족 구성원에게 각자의 계정을 제공함으로써 이러한 모든 문제를 훌륭하게 해결한다.

넷플릭스의 프로필 콘셉트는 동일한 앱에서 '사용자' 콘셉트를 추가로 인스턴스화한 것으로, 시너지 효과의 한 예라고 할 수 있다. 프로필에는 기초적인 형태의 인증도 포함돼 있다. 계정 소유자는 PIN을 추가해 프로필에 대한 액세스를 제어할 수 있다. 이를 통해 프로필에 특정 영화 등급을 지정해 자녀의 영화 시청을 부모가 제어하는 데도 사용할 수 있다. 또한 고객들은 프로필을 역할role로 사용하기도 하는데, 예를 들어 '다큐멘터리' 프로필과 '데이트용' 프로필을 정의하는 식으로 영화 목록과 추천을 별도로 관리할 수 있다.

애플의 슬라이드 프레젠테이션 앱인 키노트는 첫 출시 후 약 10년 후에 스타일 콘셉트를 추가했다. 키노트에는 슬라이드의 제목, 텍스트 레벨 등의 스타일을 정의해 마스터 슬라이드를 만들 수 있는 마스터 콘셉트가 이미 있었기 때문에 스타일 콘셉트가 불필요해 보였을 수도 있다. 아마도 이것이 마이크로소프트 파워포인트에는 여전히 '스타일' 콘셉트가 없는 이유일 것이다. 그러나 사실 마스터 콘셉트는 불충분하다. 마스터 슬라이드에서 고정된 레벨을 차지하지 않는 인용문이나 마스터 슬라이드의 텍스트 본문 외부에 표시되는 텍스트에 대한 스타일을 정의할 수 없으며 마스터 간에 일관성을 유지할 수 없다(예: 단일 제목 스타일 사용).

80. 차별자로서의 콘셉트의 사례

'식별' 콘셉트는 3장에서 '차별자differenciator라고 불렸던 것으로, 디자이너가 제품의 핵심이 될 뿐 아니라 경쟁사와 차별화되길 바라는 참신한 콘셉트를 말한다. 앞서 언급했듯이 차별자는 기술적인 것일 수도 있다. 예를 들어, 이미지를 비파괴적으로 편집할 수 있는 어도비 포토샵의 레이어 콘셉트, 놀랍도록 정확한 캡션을 즉석에서 생성하는 구글 슬라이드의 '자동 캡션auto caption', 셀룰러 네트워크에서 실행할 수 있을 만큼 대역폭을 적게 차지하면서도 무료 통화를 제공하는 왓츠앱의 '통화call' 기능을 들 수 있다. 그러나 차별자는 식별 콘셉트처럼 특별히 미묘하거나 기술적으로 복잡하지 않을 수도 있다. 예를 들어, 다른 사용자의 동영상 사운드트랙을 기반으로 동영상을 만들 수 있는 간단한 음악 공유shared song 콘셉트가 매우 성공적인 차별자로서의 역할을 하는 '틱톡앱'이 있다.

81. 파르나스의 의존성 다이어그램

나의 의존성 다이어그램은 데이비드 파르나스$^{David Parnas}$의 연구에서 영감을 얻었지만, 몇 가지 주요 측면에서 파르나스와 다르다. 의존성에 대한 원래 아이디어는 파르나스가 「확장 및 축소가 용이한 소프트웨어 디자인」[116]라는 논문에서 소개한 것으로, 그는 이를 '사용 관계$^{uses relation}$'라고 부른다.

의존성은 코드 자체에 의해 정의되므로 A가 B에 의존하는지 여부는 A가 어떻게 작성됐는지(예를 들어, B에 대한 호출이 포함돼 있는지 여부)에 따라 결정된다. 대략적으로 A의 올바른 실행이 B의 올바른 실행에 의존하는 경우, A는 B에 의존한다. 제품 라인을 정의하는 일관된 하위 집합은 이 정의에 따르는데, A가 B에 의존하는 경우 A를 포함하지만 B를 포함하지 않는 하위 집합은 제대로 실행되지 않을 것이기 때문이다.

파르나스가 제안한 전략은 제품 라인에서 원하는 영향을 미치도록 코드를 디자인하는 것이다. 그의 방법론적 원칙은 다음과 같다. A는 포함하지만 B는 포함하지 않는 하위 집합을 상상할 수 없는 경우에만 B를 사용하도록 A를 디자인해야 하며 더 나아가서 B를 사용하면 A를 더 쉽게 구축할 수 있다.

파르나스의 의존성 개선. 나는 초기 논문에서 의존성에 대한 기존의 개념이 충분하지 않고 심지어 의미가 없을 수도 있는 이유를 설명했다[63]. 파르나스는 이러한 문제 중 많은 부분을 예견하고 있었으며, 예를 들어 A가 B를 호출하는 것은 B에 의존하는 A에게 필요하지도, 충분하지도 않다고 그의 초기 논문에서 언급했다. 그러나 콘셉트 의존성이 널리 사용됐는데도 이러한 문제는 완전히 해결된 적이 없었다. 최근에 지미 코펠과 나는 사실과 다른 인과관계에 대한 의존성 개념을 기반으로 내가 제기한 몇 가지 문제를 극복하는 새로운 의존성 모델[84]을 제안했다.

콘셉트 의존성과 코드 의존성 비교. 콘셉트 의존성은 가능한 하위 집합을 정의한다는 점에서 파르나스 의존성과 유사하므로 콘셉트 의존성 다이어그램(파르나스의 사용 관계처럼)은 하나의 애플리케이션이 아니라 전체 제품군을 특성화한다.

그러나 콘셉트 의존성은 한 가지 점에서 다르다. 콘셉트는 항상 독립적이며 올바른 동작을 위해 다른 콘셉트에 의존하지 않는다. 코드 모듈의 의존성은 모듈 내부의 코드와 다른 모듈에 대한 호출 등 모듈의 고유한 특성에 의해 유도되는 반면, 콘셉트의 의존성은 사용 컨텍스트에 따른 결과일 뿐이다.

따라서 콘셉트 의존성은 보다 주관적이며 일관된 앱을 만드는 요소에 대한 디자이너의 가정을 구현한다. 버드송 앱의 경우, 사용자 인증도 없이 '질의응답' 콘셉트를 갖는 앱을 고려하는 것조차 터무니없다고 생각했을 수 있다. 이 경우, 의존성 다이어그램에는 쿼리 응답에 대한 사용자의 의존성뿐 아니라 사용자에 대한 쿼리 응답의 의존성도 포함되므로 일관성이 있다고 간주되는 앱은 두 콘셉트를 모두 포함하게 된다.

의존성을 디자인 옵션을 표현하는 방법으로 자유롭게 사용할 수 있는 것은 콘셉트 간의 연결이 콘셉트 자체가 아니라 콘셉트가 구성될 때의 동기화로 표현된다는 사실에서 비롯된다. 또한 일관성을 위해 필요하지 않은 콘셉트를 제거하려면 동기화를 조정해야 할 수도 있지만, 이와 반대로 파르나스에서는 하위 집합이 의존하지 않는 모듈을 (이론적으로) 간단히 삭제하고 해당 모듈 없이 하위 집합을 다시 컴파일할 수 있다는 의미이기도 하다.

요약하면, 파르나스의 경우 하위 집합은 의존성이라는 보다 기본적인 콘셉트에서 비롯되며 콘셉트의 경우 하위 집합이 의존성을 정의한다.

객체지향은 의존성 원칙에 위배될까? 파르나스의 방법론적 원칙은 종종 위반이 발생한다. 더 나쁜 것은 이러한 위반이 우리가 프로그래밍하는 방식, 특히 객체지향 코드에 내재돼 있을 수 있다는 것이다. 우리에게 가장 일반적이고 친숙한 관용구가 심지어 파르나스의 원칙에 위배되는 것처럼 보일 수도 있다.

게시물 콘셉트와 댓글 콘셉트를 포함하는 게시판을 자바와 같은 언어로 구현한다고 가정해 보자. 이러한 콘셉트를 구현하는 표준 객체지향 방식은 무엇일까? Post와 Comment 클래스가 있고 게시글 클래스에는 addComment 및 getComments 등의 메서드가 있을 것이다. 이렇게 하면 (파르나스의 용어로) Post가 Comment에 의존하게 된다.

이제 코드에서 지원하고자 하는 하위 집합을 생각해 보자. 댓글이 없는 게시물은 가능하지만, 게시물이 없는 댓글은 말이 안 된다. 따라서 콘셉트 의존성 다이어그램에서 댓글 콘셉트와 게시물 콘셉트의 의존성을 표시하는 것처럼 의존성 다이어그램에서는 Post에 대한 Comment의 의존성을 표시해야 한다. 따라서 의존성은 잘못된 방향이며 객체지향 프로그래밍은 거꾸로 된 구조를 갖는 듯하다.

어떻게 이런 일이 발생했을까? 이 문제의 근원은 객체지향 프로그램이 보통 제어 흐름을 중심으로 구조화돼 있기 때문이다. 사용자 인터페이스는 게시물이 표시될 때 게시물과 관련된 댓글을 찾고 댓글을 추가할 수 있는 버튼을 게시물 옆에 제공해야 하므로 Post 클래스 내에 댓글 기능을 포함시키고자 하는 것은 당연한 일이다.

사실 객체지향 프로그래밍의 원칙상 다른 작업을 수행하기는 어렵다. Comment 클래스에 게시글을 댓글에 매핑하는 내부 테이블을 제공해 getComments와 같은 메서드를 지원할 수 있지만, 이번에는 Post가 아닌 Comment 내부에 있으므로 게시글을 인수로 받아야 한다. 이러한 테이블은 정적 상태는 객체지향과 상반되며 클래스에 정적 구성 요소를 포함해서는 안 된다는 자주 인용되는 규칙을 위반하게 된다. 또 다른 옵션은 별도의 클래스(예: Forum)를 만들어 게시글을 댓글에 매핑하거나 그 반대로 매핑하는 테이블을 포함하는 것이다. 그러나 이러한 클래스를 사용하면 다른 객체지향 원칙에 위배될 수 있다. 예를 들어, 게시물에 대한 댓글 목록을 가져오기 위해 Forum의 메서드를 호출한 후 그 메서드를 호출해 표시해야 한다는 사실은 '데메테르의 법칙'[94]을 위반하게 된다.

이는 코드에서 보다 직접적이고 모듈적인 방식으로 콘셉트를 지원하는 새로운 프로그래밍 관용구가 필요하다는 것을 시사한다. 의존성뿐 아니라 코드가 어떻게 구성되는지에 대해서도 마찬가지다. 내가 제안한 첫 번째 객체지향 관용구(모든 초보자가 사용할 수 있는 단순 관용구)에서 Post에 addComment 메서드가 있는 경우, 안타깝게도 Post 클래스는 게시물과 댓글 간의 매핑을 포함하며 게시물 콘셉트가 아닌 댓글 콘셉트에 속하는 구조이므로 댓글 콘셉트의 구현이 여러 클래스로 나뉘어 있다. 콘셉트 디자인에 더 충실한 코드 구조는 각 콘셉트를 자체 모듈 내에 격리하는 것이다.

82. 의존성은 세부 디자인에서 발생한다

의존성은 디자인에 대한 세부 지식을 가진 경우에 발생한다. 버드송 0.1에서는 개별 식별 태그에 개별적으로 업보팅할 수 있다. '저건 #아메리칸-골드핀치 또는 #그리스어-골드핀치입니다'라는 답변이 있다면 사용자는 두 식별 태그를 따로 업보팅할 수 있다. 또는 사용자가 녹음이 마음에 든다고 말하기 위해 녹음을 업보팅할 수도 있다. 이 경우, 녹화 및 식별 태그에 대한 업보팅이 추가로 발생한다.

83. 기본 의존성과 보조 의존성에 대한 참고사항

보조 의존성(점선)이 하위 집합을 가리키거나 기본 의존성(실선)이 가리키지만, 보조 의존성이 포함된 경우에도 하위 집합은 여전히 일관된 앱을 구성할 수 있다.

이는 다음과 같은 해석을 반영한 의존성에 기반을 둔 것이다. 즉, 각 콘셉트는 모든 기본 의존성 또는 보조 의존성 중 하나에 의존한다. 더 풍부한 표기법을 사용하면 완전히 일반적인 의존성을 표현할 수 있다. 즉, 콘셉트가 콘셉트 집합 C_i의 집합 C에 의존하며 콘셉트가 포함될 때마다 적어도 C_i 중 하나를 포함하는 콘셉트 집합이 있는 경우, 의존성이 충족된다(이는 논리합 표준형에 해당하며 의존성의 모든 논리적 조합을 표현할 수 있다).

피처 다이어그램. 피처 다이어그램[76]은 일반적으로 제품군의 특징과 합법적인 조합을 보여 주는 트리다. 조합을 지정하는 측면에서는 이보다 더 풍부한 표기법(따라서 기본 다이어그램보다 표현력이 뛰어남)과 유사하다. 하지만 의존성을 직접적으로 표현하지 않기 때문에 디자인 관점에서는 덜 유용하다.

84. 페이스북의 콘셉트

의존성 다이어그램은 페이스북의 콘셉트와 그 관계를 단순화해 보여 준다. '친구 friend' 콘셉트는 사용자가 볼 수 있는 게시물을 필터링하는 두 번째 목적을 갖고 있으며 이는 기술적으로는 (9장에서 설명한듯이) 과부하에 해당한다.

페이스북에서는 사진에 태그를 추가해 사진에 누가 있는지 표시할 수 있으며(2005년 12월에 도입된 기능), 게시물이나 댓글에 태그를 지정할 수도 있다(2009년 9월). 간단하게 설명하기 위해 '사진photo' 콘셉트는 다이어그램에서 제외했다.

페이스북은 2013년 3월에 '답글' 콘셉트를 도입했다. 이전에는 사용자가 댓글 목록 끝에 다른 댓글을 추가하지 않으면 댓글에 답글을 달 수 없었기 때문에 원래 댓글을 추적하기 힘들었다. 추가된 답글은 스레딩을 도입해 사용자가 댓글에 직접 답글을 달 수 있도록 했다. 답글은 댓글과 별개의 콘셉트라기보다는 댓글의 콘셉트를 확장해 게시물뿐 아니라 댓글에도 댓글을 달 수 있도록 한 것이다. 이를 다이어그램에 표현하기 위해 답글에 '스레드 댓글thread comment'이라는 새로운 이름을 부여하고 댓글에 대한 의존성을 제거해 하위 집합이 일반 댓글 또는 스레드 댓글 중 하나를 선택할 수 있다는 것을 명확히 할 수 있다.

'좋아요' 콘셉트는 페이스북이 처음 등장한 지 5년 후인 2009년 2월에 도입됐다. 이러한 콘셉트는 플랫폼의 두 가지 영리한 측면, 즉 사용자에게 중독적인 영향을 미치는 작은 보상의 심리적 자극과 플랫폼 소유자가 사용자 선호도에서 개인 정보를 추출해 얻는 가치의 핵심이기 때문에 이제 '업보트'나 '좋아요', '리액션' 콘셉트가 없는 소셜 미디어 앱을 상상하기는 어렵다.

85. 사파리 콘셉트의 역설

'개인정보 보호 브라우징private browsing' 콘셉트는 언뜻 보기에는 약간 역설적이지만, 콘셉트의 의존성을 이해하면 당황할 이유가 없다. 이 기능은 쿠키에 의존하기 때문에 쿠키가 없다면 '개인정보 보호 브라우징'이라는 개념이 필요 없기 때문이다. 여기서 핵심은 개인정보 보호 브라우징이 활성화되면(사파리 브라우저에서 개인정보 보호 창을 열면) 쿠키가 더 이상 사용되지 않는다는 것이다.

사파리에 더 많은 시너지가 필요한 이유. 내가 제안한 시너지 효과는 즐겨찾기, 자주 방문한 사이트 및 읽기 목록이 모두 북마크에 의존하고 독립적인 변형이 아닌 기능의 확장으로 간주되는 구조를 만들 것이다. 즐겨찾기는 북마크 컬렉션 내에 미리 정의된 폴더에 불과하기 때문에 이미 시너지 효과가 상당하다. 그러나 다른 폴더들은 대체로 분리돼 있다. 예를 들어, 독서 목록을 폴더로 정리할 수 없고(이는 독서 목록 기능이 아니라 북마크 기능이다), 오프라인에서 읽을 수 있도록 일반 북마크를 저장할 수도 없다. 서로 연관돼 있지만 비교할 수 없는 이 모든 콘셉트가 만들어 내는 혼란의 증거로는, 온라인에는 이들 간의 미묘한 차이점을 설명하는 많은 기사들이 있다는 것이다.

86. 키노트의 콘셉트

키노트는 실제로 '문자 스타일character style' 콘셉트와 '단락 스타일paragraph style' 콘셉트를 제공한다. 도형의 '도형 스타일shape style'은 첫 번째 단락의 단락 스타일도 저장한다.

어떤 의존성이 기본인지를 선택하는 것은 약간 임의적인 경우가 많다. 예를 들어, 애니메이션은 '특수 블록'에서 글머리 기호를 재생하는 데 가장 자주 사용되므로 애니메이션이 특수 블록에 대한 기본 의존성으로 지정된다. 우선순위 없이 여러 의존성 집합을 허용하는 더 풍부한 다이어그램 표기법을 쉽게 고안할 수 있지만, 너무 복잡해 보인다(둘러보기 83 참조).

키노트 디자인에서 두 가지 측면은 해결되지 않은 디자인 과제를 나타내는 것 같다. 하나는 슬라이드 간 전환을 관리하는 '전환transition' 콘셉트가 '애니메이션animation' 콘셉트와 구분돼 있어, 특히 '매직 무브' 전환에서처럼 개체에 애니메이션을 적용하거나 프레젠테이션이 자동으로 재생될 때 약간의 혼란을 초래한다는 점이다. 또 다른 골치 아픈 측면은 특수 블록 콘셉트와 관련된 것으로, 단락을 계층 구조로 구성할 수 있지만 슬라이드에 특수 'body' 블록은 하나만 있을 수 있고(일반 텍스트 블록은 계층을 가질 수 없음) 특수 블록을 그룹화할 수 없는 등 다양한 방식으로 제한이 있다. 이러한 제약 조건의 근거는 특수 블록의 텍스트를 개요 모드로 입력할 수 있도록 하기 위한 것이라고 생각한다. 즉, 특수 블록 콘셉트는 '개요outline' 콘셉트 때문에 의미가 있으며 따라서 개요 콘셉트에 의존한다.

8장: 콘셉트의 매핑

87. 다크 패턴

영국의 사용자 경험 디자이너인 해리 브리널Harry Brignull은 2010년에 웹 사이트가 사용자를 속이기 위해 반복적으로 사용하는 시도를 가리켜 '다크 패턴'이라는 용어를 만들었다[15]. 대부분의 다크 패턴은 콘셉트를 사용자 인터페이스에 매핑하는 것과 관련이 있다. 예를 들어, '로치 모텔Roach Motel' 패턴은 가입은 쉽지만 취소는 어려운 경우(예: 무료 사용 기간을 제공하는 구독 모델)를 말할 때 사용한다.

일반적으로 기본 콘셉트 자체가 원인이 되는 것은 아니다. 하지만 나 역시 콘셉트 자체가 나쁜 의도로 디자인된 사례가 있는지가 궁금하다. 합법적인 회사에서 사용하는 '다크 콘셉트'의 설득력 있는 사례를 아직 찾지 못했기 때문이다. 하지만 보안 영역에서는 피싱, 크로스 사이트 요청 위조, 인젝션 및 크로스 사이트 스크립팅과 같은 많은 공격이 다크 콘셉트로 간주될 수 있다.

88. 지메일의 레이블 매핑

지메일의 레이블 매핑 문제에 대한 한 가지 해결 방법은 환경 설정에서 토글을 통해 대화conversation 형식으로 보기 옵션을 끄는 것이다. 그러나 이 경우 대화 형식으로 보기 기능이 제공하는 이점을 잃게 되므로 그다지 만족스러운 해법은 아니다.

현재 디자인에서 지메일은 일부 메시지를 축소된 상태로 표시하고 일부 메시지를 확장된 상태로 표시한다. 처음에는 이것이 쿼리한 레이블이 있는 메시지와 일치하길 바랐다. 그러나 이 기능은 가장 최근 메시지를 표시하거나 최근에 수정된 메시지(예: 별표 표시)를 표시하거나 보낸 메시지 필터의 경우, 특정 레이블이 있는 메시지를 표시하는 등 여러 가지 일관되지 않은 방식으로 사용된다.

애플 메일도 '대화' 콘셉트와 폴더 콘셉트 간의 상호 작용에서 이와 유사한 문제가 있다. 그러나 대화 설정은 폴더 단위로 켜거나 끌 수 있다. 기본적으로 대화는 받은 편지함에 대해 켜져 있고 보낸 메시지 폴더에 대해서는 꺼져 있으므로 보낸 메시지를 보도록 요청하면 해당 폴더만 표시된다. 이 솔루션은 레이블 조합에 대한 필터링으로는 일반화할 수 없기 때문에 지메일에서는 사용할 수 없다(지메일 디자이너는 레이블 동작을 사용해 폴더 동작을 에뮬레이트함으로써 레이블과 폴더의 장점을 결합하려고 시도했지만[129], 이 사례는 이러한 접근 방식의 한계를 보여 준다).

89. 사소한 디자인 결함이 더 큰 고통으로 느껴진다

독자 중에는 이 책에서 설명하는 많은 디자인 결함이 비교적 사소한 것이라고 비판하는 분도 있을 것이다. 이에 대해 반론하면, 해당 사례를 유명 기업의 주요 제품

그림 E.6 트레패닝: 작은 디자인 결함에 대한 메타포일까? (출처: 히에로니무스 보쉬, 광기의 돌 적출).

으로 제한하면 선택 편향이 발생하고 개발 초기의 제품이나 역량이 떨어지는 기업의 제품을 포함하는 더 큰 표본을 사용하면 더 큰 문제가 드러나기 때문이라고 말하고 싶다.

또한 내가 논의한 많은 디자인 결함 중 상당수는 일반인에게는 사소해 보이지만, 코드에서 발생하는 복잡성을 처리해야 하는 개발자에게는 상당한 고민거리였을 것이다. 따라서 이러한 결함 중 일부는 비유하면 의학적 목적으로 두개골에 구멍을 뚫는 처치를 하는 동안 환자는 엄청난 고통을 겪었겠지만, 사후 발굴된 두개골에서는 단지 작은 결함처럼 나타나는 트레패닝 구멍과 같은 것이라고 할 수 있다(그림 E.6).

90. 더 나은 백블레이즈 전략

오래된 파일을 검색하는 더 효율적인 방법이 있다. 한 번에 하루씩 검색하는 대신, 이진 검색을 사용하는 것이다. 예를 들어, 파일이 손상되기 전의 최신 버전을 찾고 싶은데 1월 1일에서 3월 1일 사이에 손상이 발생했다는 것을 알고 있다고 가정해 보자. 먼저 2월 1일을 선택하고 해당 버전이 손상된 경우 1월 15일을 시도하고 해당 버전이 손상되지 않은 경우에는 이후 버전을 찾기 위해 2월 15일을 시도하는 식이다.

이렇게 이진 검색을 활용하면 검색 단계를 60단계에서 6단계로 줄일 수 있다. 파일 수정 날짜를 응용할 수도 있다. 예를 들어, 2월 1일의 백업에 수정 날짜가 1월 5일로 표시돼 있다면, 1월 15일 버전은 확인할 필요가 없으므로 다음에는 1월 5일을 확인하면 된다.

91. 플래그와 레이블 비교

플래그와 레이블의 콘셉트는 유사하다. 플래그는 일반적으로 미리 정의돼 있으며 상호 배타적이다(항목당 최대 하나의 플래그만 사용 가능). 플래그에 대해 설명과 동일한 기준이 레이블에도 적용되며 실제로 변경 가능한 속성을 기준으로 항목을 필터링하는 모든 콘셉트에 적용된다.

92. 라이트룸의 라이브 필터링 문제

필터를 만족하는 항목이 정확히 표시되는 매핑 기능은 어도비 라이트룸 클래식에서 사용된다. 다음에 설명하는 사용성 문제는 매핑 디자인의 과제에 대한 유용한 사례 연구라고 할 수 있다.

라이트룸에서는 매우 강력한 필터링 막대를 사용해 다양한 방식으로 레이블이 지정되거나, 플래그가 지정된 사진 또는 메타데이터에 특정 키워드가 포함되거나, 흑백으로 변환된 것과 같은 특정 속성이 있는 사진을 선택할 수 있다. 이러한 속성 중 일부는 고정돼 있지만(예: 카메라를 식별하는 메타데이터 속성이나 조리개 및 셔터 속도와 같은 촬영 매개 변수), 대부분의 속성은 사용자가 수정할 수 있다. 그러나 아이템이 수정돼도 필터 결과가 항상 필터 설정과 일치하도록 유지하는 단순한 형태의 매핑을 채택하면 잘못된 결과를 초래할 수 있다.

다음은 이에 대한 두 가지 사례다. 우선, 흑백으로 변환된 사진만 표시하도록 사진 세트를 필터링한다고 가정해 보자. 섬네일 그리드 중 하나를 선택하고 이미지의 다른 렌더링을 탐색하기 위해 '현상 모드develop mode'에서 연다. 현상 모드를 종료하면 사진이 계속 선택된 상태로 섬네일 보기로 돌아간다. 따라서 편집 중인 사진은 항상 컬렉션에서 현재 선택된 이미지다.

이제 사진을 현상 모드에서 열면 색조를 조정하고 이미지를 자르는 등의 작업을 할 수 있다. 그런데 이미지를 흑백이 아닌 컬러로 전환하는 옵션을 선택한다고 가정해 보자. 라이트룸에서는 이 조정을 할 수 있지만, 이제 사진이 더 이상 컬렉션의 필터링 조건을 충족하지 않는다. 따라서 사진이 컬렉션에서 즉시 제거되며(아직 현상 모드에 있기 때문에 보이지는 않음), 편집 중인 사진이 항상 컬렉션에서 선택한 사진이라는 불변성을 유지하기 위해 현상 모드 창이 갑자기 비워지고 '선택한 사진이 없습니다.'라는 메시지가 표시된다. 또한 더 이상 이미지를 편집하고 있지 않다 보니 다시 흑백으로 복원할 수도 없어 당황스럽고 매우 불편하다. 라이트룸의 멋진 실행 취소 기능을 사용하면 이 상태에서 벗어날 수 있을 것이라 생각하겠지만, 그 결과는 섬네일 모드로 돌아가는 것뿐이다.

　　이 사례는 사용자가 실수했을 때 문제가 되는 결과를 보여 준다. 두 번째 예는 내가 자주 수행하는 작업 환경에서 발생하며 이 디자인으로 인해 해결 방법을 고안해야 했던 사례다. 라이트룸에서는 이미지에 키워드를 첨부할 수 있다. 나는 사진 속 인물을 식별하기 위해 이 기능을 사용하는데 내가 수행하는 작업은 보통 특정 키워드를 확인하거나 다른 키워드로 대체하는 것이다. 예를 들어, 딸의 이미지에 '레베카'라는 키워드를 붙였는데, 이를 '베카'라는 키워드로 바꾸고 싶다고 가정해 보자. 그래서 첫 번째(이전) 키워드가 포함된 이미지를 필터링하고 여기에 두 번째(새) 키워드를 일괄적으로 추가한다. 여기까지는 문제가 없다. 그런 다음 이전 키워드를 제거하면 더 이상 필터의 키워드를 포함하지 않기 때문에 모든 이미지가 사라진다. 내 의도는 이들 사진에서 편집한 키워드를 파일로 저장하려는 것이므로 이런 결과는 심각한 문제다. 다시 사진을 선택하지 않으면 저장 명령을 실행할 수 없게 된다(이에 대한 해결 방법은 먼저 필요한 키워드로 사진을 필터링한 후 필터링된 사진을 모두 선택하고 그 다음에 필터를 끄면 관련 사진이 여전히 선택돼 있는 더 큰 컬렉션이 표시된다. 그러면, 키워드가 변경돼도 사라지지 않고 일괄적으로 편집할 수 있다).

　　(여러 속성을 결합하는 등의) 필터링이 더 정교해지다 보니 원래 필터링의 항목에 속성을 표시하는 애플의 디자인을 따르는 방식은 여기서는 작동하지 않는다. 한 가지 해결책은 편집 후 더 이상 필터와 일치하지 않는 사진을 회색으로 표시하는 것이다.

그러면 사용자는 필터에 맞는 사진을 쉽게 확인할 수 있지만, 필터에 맞지 않는 사진은 계속 선택할 수 있다.

93. 선택 콘셉트와 싱글톤 작업

사용자가 다중 항목을 선택하고 이들 항목에 대해 집합적으로 작업을 적용할 수 있는 선택selection 콘셉트에서도 이와 유사한 문제가 발생한다. 예를 들어, 여러 파일을 선택한 후 한 번의 클릭으로 모두 삭제할 수 있는 맥 OS 파인더Finder와 같은 데스크톱 파일 관리자에서 이 콘셉트를 사용한다. 단일 항목에만 적용할 수 있는 액션이 있는 경우, 두 개 이상의 항목이 선택됐을 때 해당 액션을 호출하는 것은 문제가 될 수 있다.

한 가지 해결책은 단순히 이러한 작업을 차단해 버리는 것이다. 즉, 두 개의 파일을 선택한 후 '이름 변경rename' 액션을 적용하면 파인더에서는 이를 차단해 버린다. 또 다른 해결책은 선택된 항목 세트에 추가해 해당 작업의 대상이 될 단일 항목(선택된 세트 내)을 표시하는 것이다. 예를 들어, 라이트룸에서는 여러 개의 섬네일을 선택하면 그중 하나가 약간 더 밝은 프레임으로 강조 표시되고 선택 항목을 순환해 이 역할을 하는 섬네일을 변경하는 사용자 인터페이스 작업이 있다. 이 접근 방식은 여러 컬렉션을 선택하면 그중 하나가 구분되는 라이트룸의 컬렉션-삭제 모호성 문제를 해결하는 데 사용할 수 있다. 그러나 이 솔루션은 지나치게 과한 것으로 보이며 사용자에게 혼란을 줄 가능성이 높다.

9장: 콘셉트의 구체성

94. 구글의 의도치 않은 유머

지메일에서 레이블과 카테고리의 차이점을 이해하고자 구글 도움말 문서에서 '레이블'을 찾아보았다. '레이블은 메시지를 카테고리로 정리하는 데 도움이 되고…'라고 시작되는 문서였다(그림 E.7).

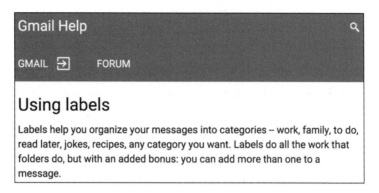

그림 E.7 레이블과 카테고리의 차이점은 무엇일까? 지메일의 도움말은 그다지 도움이 되지 않는다.

95. 줌에 중복 콘셉트가 있는 이유

줌의 개발자가 기존 채팅 콘셉트를 확장하지 않고 브로드캐스트 콘셉트를 추가로 개발하는 수고를 한 이유는 무엇일까? 나의 가설은 개발자가 소회의실breakout 콘셉트를 앱에 완전히 통합하려고 시도하는 대신, 각 소회의실을 별도의 줌 통화로 취급하는 빠르고 간편한 솔루션을 선택했다는 것이다. 이로써 소규모 회의실 채팅에서 '모든 사람'이 해당 회의실의 참가자만을 지칭하는 이유와 소규모 회의실이 닫히면 소규모 회의실의 채팅 메시지가 손실되는 이유를 설명할 수 있다.

96. 뚜렷한 목적으로 인한 명백한 중복성

두 콘셉트가 명백하게 중복이라고 판단했지만, 자세히 살펴보면 실제로는 목적의 차이점이 반영된 것으로 판명되는 경우도 있다. 어도비 라이트룸 클래식에서 플래그flag와 별star 콘셉트는 처음에는 같은 용도로 보이는데, 그 이유는 두 콘셉트 모두 사진에 일정한 승인 기준을 지정한 후 그에 따라 필터링할 수 있도록 해 주기 때문이다.

그러나 실제로 두 콘셉트는 서로 다른 용도로 사용된다. '선택'과 '거부됨'이라는 두 가지 플래그 유형과 거부된 사진을 모두 삭제하는 전용 액션이 있다. 플래그는 사진 파일 자체의 메타데이터에 저장되지 않으므로 일시적인 용도로만 사용된다. 반면, 별은 0에서 5까지의 범위로, 증가 및 감소할 수 있는 액션을 제공하며 파일에 저장할 수 있다.

이러한 차이는 두 콘셉트의 목적이 다르기 때문이다. 플래그 콘셉트는 삭제 전 단계로 이미지를 선택하고 거부하기 위한 것이며 별 콘셉트는 별과 함께 장기간 저장된 이미지를 평가하기 위한 것이다.

이전 버전의 라이트룸에서는 플래그를 컬렉션별로 지정할 수 있었기 때문에 인쇄용 컬렉션과 웹 디스플레이용 컬렉션(예: 각각 다른 사진에 플래그를 지정)을 별도로 만들 수 있었다. 일부 사용자에게 혼란을 줄 수 있기 때문에 라이트룸 개발자가 이 유용한 기능을 삭제한 것으로 생각된다.

97. 신약 성경의 콘셉트

마태복음은 하나의 콘셉트가 두 가지 목적을 달성할 수 없다는 원칙을 이미 오래전부터 사용했다. '아무도 두 주인을 섬기지 못한다. 한쪽을 미워하고 다른 쪽을 사랑하거나 한쪽을 중히 여기고 다른 쪽을 업신여길 것이다. 너희는 하나님과 재물을 함께 섬길 수 없다.'[표준 새 번역, 마태복음 6:24]

98. 기계 디자인의 과부하

기계 시스템을 디자인할 때 하나의 부품을 여러 가지 용도로 디자인하는 것이 일반적이다. 자동차의 판금 차체는 구조적 지지력을 제공할 뿐 아니라 비바람을 막아주고 공기 역학적인 프로파일을 제공한다. 또한 자동차의 전기 접지 역할도 한다.

카를 우리히Karl Uhrich는 현재의 손톱깍기처럼 하나의 금속 스트립이 스프링(구부러짐)과 커터(날카로운 모서리) 역할을 동시에 하는 디자인이 아니라 한 가지 기능만 하는 단일 부품으로 구성된다면 어떤 모습일지를 상상해 봤다(그림 E.8).

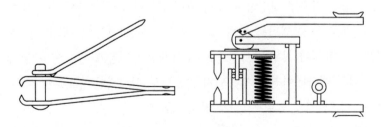

그림 E.8 손톱깎이: 기능 공유가 있는 경우(왼쪽)와 없는 경우(오른쪽)([145]에서 발췌)

이를 통해 볼 수 있듯이 기계적 디자인에서는 과부하를 선호하는 것처럼 보인다. 그러나 소프트웨어는 다르다. 기계 디자인에서는 과부하가 디자인을 단순화하고 제조 비용을 절감하며 크기와 무게를 줄임으로써 더 나은 성능으로 이어질 수 있어서 유리한 경우도 있다. 그러나 소프트웨어의 경우, 이러한 장점이 적용되지 않는다. 서로 호환되지 않는 단일 콘셉트보다는 두 개의 직교 콘셉트가 오히려 이해하기 쉬우며 코드 몇 줄을 더 추가하더라도 성능이나 복잡성에 대한 비용이 발생하지 않는다.

기계 공학에서도 과부하는 문제가 될 수 있으며 서로 다른 목적을 개별적으로 제어 가능한 디자인 파라미터로 분리하는 것이 유리하다. 공리적 디자인[137]은 한 가지 기능 요구사항의 변경으로 인해 다른 기능 요구사항에도 영향을 미치는 디자인 매개 변수를 변경할 필요가 없도록 함으로써 보다 유연한 디자인을 생성하는 것을 목표로 하는 기계 디자인 이론이다.

99. 사회적 콘셉트의 과부하

콘셉트 디자인의 원칙 중 일부는 소프트웨어뿐 아니라 사람이 실행하는 콘셉트, 즉 사회 구조와 정책에도 적용된다고 생각한다. 나는 잘못된 통합으로 인한 과부하가 특히 평가 및 피드백과 관련된 정책에서 문제를 일으키는 것에 주목했다.

나를 포함한 많은 학과에서 후배 교수에게 멘토를 배정했는데, 멘토의 역할은 격려와 조언, 정신적 지지를 해 주는 것이다. 한편, 승진을 고려할 때가 되면 멘토는 후보자의 연구 성과에 대해 더 잘 알고 있다는 이유로 가장 먼저 평가 의견을 요청받는 사람 중 한 명이 된다.

그러나 이 두 가지 역할을 수행해야 하는 멘토는 매우 곤란한 입장에 처하게 된다. 후보자가 승진해야 하는지에 대한 멘토의 평가가 부정적일 수 있을까? 따라서 여기에는 기본적인 이해 상충이 발생하며 해당 멘토를 승진 평가자에서 제외하거나 최소한 승진 평가 중에는 후보자의 이익만을 염두에 두고 행동하라는 등에 지시를 통해 이해 상충 문제를 제거할 수 있다.

다시 말하면, 여기에는 두 가지 다른 목적이 존재한다. 하나는 지원과 조언을 제공하는 멘토의 역할이고 다른 하나는 후보자에 대한 평가 의견을 내는 것이다. 이 두 가지 목적을 달성하기 위해서는 서로 다른 역할이 필요하다.

학회에서 논문 제출에 응답하기 위해 사용하는 '리뷰review' 콘셉트에서도 평가와 지도 사이의 동일한 충돌이 발생한다. 리뷰의 한 가지 목적은 논문 작성자에게 유용한 피드백을 제공하는 것이다. 또 다른 목적은 학술 대회에 어떤 논문을 발표할 것인지를 결정하는 것이다. 리뷰어는 이 두 가지 목적을 동시에 만족시킬 수 없다. 논문을 좋게 평가하고 채택되길 원하더라도 논문을 개선할 수 있는 방법을 지적하는 건설적인 제안을 하면, 다른 평가 위원들이 이러한 제안을 논문을 거부하는 근거로 사용할 위험이 있다.

이러한 잘못된 통합의 문제를 드러내려면 목적을 명확히 해야 한다. 논문 리뷰의 목적이 단순히 검토만 하는 '논문 리뷰'이거나 별로 가치가 없는 '전문가 조언 요청'이라면 문제가 드러나지 않을 것이다. 오히려 '어떤 논문을 받아들일지 선택하기', '저자에게 유용한 피드백 제공하기'와 같이 정직하고 직접적인 목적을 명확히 밝혀야 이러한 갈등을 확실히 할 수 있다.

사회 환경에서의 과부하의 또 다른 사례는 교육학 이론[37]의 창시자인 키어런 이건Kieran Egan이 제시한 것으로, 교육의 세 가지 전통적인 목적(즉, 학생을 일반적인 규범에 사회화시키고 더 높은 진리를 추구하고 편견을 초월하도록 가르치며 개인의 잠재력을 실현하도록 돕는 것이)이 근본적으로 양립할 수 없다는 관찰에서 시작된다. 이건은 보다 일반적으로 모든 사회 제도의 성공 여부는 그 목적이 어느 정도 일치하는지에 달려 있다고 말한다. 예를 들어, 교도소는 '처벌'과 '재활'이라는 두 가지 목적이 정반대이기 때문에 문제가 되며 한 가지 목적을 달성하려면 다른 목적을 희생할 수밖에 없다는 것이다.

100. 엡손의 과부하 추가 설명

용지 공급 설정을 용지 크기에 묶는 엡손 프린터 드라이버의 과부하를 프린터 대화 상자에서 직접 선택할 수 있는 방식으로 완화하는 방법도 고려해 볼 수 있을 것이다.

실제로 이 기능은 가능하지만, 엡손 드라이버에서는 용지 크기 설정과 호환되지 않는 값을 선택할 수 없다. 이로 인해 많은 사용자가 용지 크기 선택에 따라 급지 선택이 결정된다는 사실을 깨닫지 못하고 희망하는 공급 옵션이 대화 상자에서 회색으로 표시돼 당황하게 된다. 따라서 과부하 결함은 사용자를 오류로부터 보호하려는 엡손의 지나친 보수주의로 인해 더욱 악화된다(6장의 과대-동기화 섹션에서 설명).

101. 포토샵 자르기 기능의 과부하

사진 전문가를 위해 어도비에서 결국 수정해야 했던 과부하의 더 많은 사례를 살펴보자.

어도비 포토샵에는 '자르기cropping' 콘셉트가 있다. 이 기능의 목적은 사진에서 원하지 않는 부분을 제거할 수 있도록 이미지의 가장자리를 다듬는 것이다. 작동 원리는 이미지 안에 크기와 위치를 조정할 수 있는 자르기 프레임을 만든 후 자르기 명령을 실행하면 프레임 외부의 픽셀이 제거되는 식이다.

적어도 최신 버전의 앱에서는 이것이 작동 원리이다. 그러나 몇 년 전까지만 해도 포토샵에서 자르기는 이보다 훨씬 더 복잡했다. 사용자 인터페이스의 한 부분을 구체적으로 살펴보자(그림 E.9).

자르기 프레임의 너비와 높이를 입력하는 필드를 볼 수 있다. 이는 고정 종횡비를 유지하는 중요한 기능을 지원한다. 특정 모양의 종이에 인쇄하거나 포트폴리오의 이미지 간에 일관성을 유지하려는 경우, 이미지가 특정 종횡비(예: 2×3)를 따르도록 할 수 있다.

너비 및 높이 필드를 사용해 고정 가로 세로 비율을 설정할 수 있다. 이제 자르기 프레임을 조정하면 화면 비율이 유지된다. 그러나 이러한 필드를 자세히 살펴보면

그림 E.9 포토샵 CS5에서 자르기

입력된 값에 숫자뿐 아니라 단위도 포함돼 있다. 이 예제에서는 단위가 인치로 설정 돼 있으므로 실제로 지정한 것은 6×4가 아니라 6인치×4인치다.

이제 자르기를 하면 두 가지 독립적인 결과가 나타난다. 하나는 자르기 프레임 외 부의 픽셀을 제거하는 것이다. 다른 하나는 새 이미지의 크기가 지정된 크기로 조정 된다는 것이다. 사진이 이전에 6인치×4인치가 아니었다면 이후에는 6인치×4인치 가 된다. 이는 많은 애플리케이션의 기본 인쇄 크기에 영향을 미친다.

그런데 여기서 더 복잡한 문제가 있다. 대화 상자에서 해상도를 지정하면 자르기 작업을 수행해도 파일의 해상도가 유지된다. 치수는 인치 단위로 변경되고 해상도는 고정돼 있으므로 이미지를 업샘플링하거나 다운샘플링해 픽셀 수를 변경해야 한다.

이미지의 크기가 6인치×4인치이고 인치당 픽셀 수가 200픽셀이라고 가정해 보 자. 그러면 이미지의 픽셀 수는 800×1200 = 960,000 픽셀이다. 이미지의 절반을 잘 라 내면 원본 픽셀의 절반이 제거된다. 그러나 크기와 해상도를 모두 유지하려면 전 체 픽셀 수를 변경할 수 없으므로 이미지를 다시 샘플링해야 한다.

다소 놀라운 결과 중 하나는 자르기 프레임을 전체 이미지를 포함하도록 정의하 는 경우, 즉 프레임 외부에 픽셀이 없도록 정의하는 경우에도 자르기 작업으로 인해 파일이 수정될 수 있다는 것이다.

여기서 문제는 자르기 콘셉트에 덧붙여진 '리샘플링resampling'이라는 별도의 콘셉 트가 있다는 것이다. 그 결과, 비전문가에게는 혼란스러울 정도로 복잡한 인터페이 스가 될 뿐 아니라 이미지 크기를 수정하지 않으면, 고정 종횡비를 설정할 수 없는 이상한 현상이 발생한다.

이 디자인 결함은 두 콘셉트를 분리해 어도비 포토샵 CS6(2012)에서 수정됐다. 리 샘플링 콘셉트의 기능은 더 이상 자르기 대화 상자에 나타나지 않으며 가로, 세로 비 율을 무차원 단위로 설정할 수 있는 새로운 가로, 세로 비율 옵션만 표시된다.

102. 추천, 업보트, 카르마 콘셉트

내가 페이스북의 '좋아요' 콘셉트를 분석해 본 결과, '좋아요' 콘셉트가 아닌 추천 콘 셉트가 뉴스 피드 큐레이션의 목적에 부합하는 것으로 확인됐다. 업보트 콘셉트는 특정 아이템에 대한 승인과 비승인을 집계해 해당 항목의 순위를 매기는 콘셉트로, 신문에서 독자 댓글을 정렬하고 레딧^{Reddit} 및 해커뉴스와 같은 포럼에서 가장 인기 있는 게시물을 강조 표시하는 방식이다. 이와는 대조적으로 추천 콘셉트는 과거 아이템에 대한 승인을 사용해 향후 아이템의 관련성을 예측한다. 이는 공개 포럼의 게시물이 이전 기여에 대한 평점을 집계해 측정된 기여자의 평판에 따라 순위가 매겨지는 '카르마^{karma}' 콘셉트와 관련이 있다.

나의 페이스북 해법이 정말 효과가 있을까? 나는 페이스북의 '좋아요' 콘셉트를 분리해 사용자가 리액션 전송과 피드 큐레이션을 별도로 제어할 수 있도록 제안했다. 페이스북의 경우, 큐레이션 알고리듬이 매우 불투명해 사용자가 뉴스 피드에서 게시물이 어떻게 선택되고 정렬되는지 전혀 이해하지 못하기 때문에 이를 위해 별도의 정보를 제공하는 수고를 감수하지 않을 것이기 때문에 실제로 도움이 될지는 의문이다. 아마도 사용자의 관심사에 더 집중하고 광고에 덜 의존하는 새로운 플랫폼에서는 이러한 구분이 유용할 것이다. 또한 감정적 반응을 선택하기 위한 클릭과 '좋아요' 또는 '싫어요'를 선택하기 위한 클릭, 두 번의 클릭으로 매핑될 수 있으며 이는 현재 페이스북 디자인이 취하고 있는 방식보다 더 많은 클릭이 필요하지 않다는 점도 지적하고 싶다.

업보트 콘셉트의 디자인 문제. '업보트' 콘셉트는 원래 취지와 달리 지지나 반대의 의사 표시로도 자주 사용되기 때문에 과부하 문제가 발생하는 경우가 많다. 이는 정확한 찬성 의사의 개수를 확보하려는 목적과 상충되지만, 투표 집계가 공개돼야 한다는 전제하에 이를 해결할 목적으로 콘셉트 분할이 이뤄진 것이다. 그런데 이 문제는 학생들이 하는 교수 평가에서도 발생한다. 즉, 불만을 가진 소수의 학생이 교사의 전체 평균을 낮추기 위해 인위적으로 낮은 평점을 제출하는 것이다. 내 경험에 따르면 이러한 학생들은 교사와 강의의 모든 항목에 가능한 한 가장 낮은 등급을 부여하고 의견 기입란에도 종종 자신이 불공정한 점수를 받았다고 표시한다.

10장: 콘셉트의 친숙성

103. 일반적인 디자인과 급진적인 디자인

「엔지니어가 아는 것과 엔지니어가 아는 방법」[147]에서 월터 빈센티는 '일반적' 디자인과 '급진적' 디자인을 구분한다. 일반적인 디자인은 공인된 표준 디자인을 개선하고 확장하는 것이다. 예를 들어, 자동차 디자이너는 자동차에 바퀴가 네 개, 기존 가솔린 또는 하이브리드 엔진, 기어 박스 등 필수적인 구조를 당연하게 받아들인다. 일반적인 디자인은 익숙한 구성 요소를 익숙한 방식으로 사용하고 많은 경험에 의존하기 때문에 디자이너는 디자인이 예상대로 작동할 것이라고 확신할 수 있다.

급진적인 디자인은 훨씬 드물다. 나사(NASA)의 엔지니어들이 아폴로 11호의 달 모듈을 디자인한 것은 그중 한 사례라고 할 수 있다. 이전에는 아무도 그런 것을 디자인한 적이 없었고 그것이 제대로 작동할 것인지 전혀 확신할 수 없었다. 실제로 달 모듈이 하강하면서 컴퓨터에 과부하가 걸렸다는 것을 알리는 경보가 발생해 일부 작업을 중단해야 했다(다행히도 안전한 착륙을 보장하는 데 필요한 작업에는 문제가 없었다).

소프트웨어의 대표적인 디자인은 드루팔Drupal 및 워드프레스WordPress와 같은 콘텐츠 관리 플랫폼을 사용해 구축되는 수많은 블로그 애플리케이션이다(물론 모든 일반적인 디자인이 그렇듯이 이러한 디자인도 한때는 급진적이었다). 급진적 디자인에는 최초의 그래픽 사용자 인터페이스(제록스 PARC에서 발명된 후 애플에서 상업적으로 실현), 최초의 스프레드시트(댄 브릭클린의 비지캘크), 최초의 관계형 데이터베이스(에드거 코드의 디자인에 기반) 등이 있다.

현실적으로 이 두 개의 디자인은 이분법적으로 구분되지 않으며 소프트웨어 애플리케이션을 포함한 대부분의 디자인은 두 극단 사이에 있다. 예를 들어, 수십 년 된 기존 콘셉트, 특히 '하이퍼텍스트hypertext'와 '마크업markup'을 획기적으로 새롭게 활용했던 팀 버너스 리Tim Berners Lee의 월드 와이드 웹 발명과 같이 일반적인 콘셉트를 재사용했음에도 불구하고 그 범위와 전반적인 목적이 급진적인 디자인이 있다. 때로는 디자인 자체는 급진적이지 않음에도 판도를 완전히 바꾸는 콘셉트도 있는데, 어도비의 포토샵이 레이어와 마스크 콘셉트를 도입한 것이 그 사례이다.

참신한 제품들이 모두 급진적 디자인의 결과인 것은 아니다. 소프트웨어에서는 새로운 용도와 새로운 기회에 대응하며 시간이 지남에 따라 새로운 콘셉트가 등장한다. 트위터의 '해시태그hashtag' 콘셉트는 사용자들이 고안해낸 아이디어를 채택하고 확장한 것이다. 이는 에릭 폰 히펠[56]이 주장한 여러 산업 분야에서 흔히 볼 수 있는 패턴을 따르는 것으로, 혁신은 공급업체나 제품이 아니라 새로운 기능의 필요성을 먼저 느끼고 이를 직접 프로토타입으로 만들어 내는 사용자로부터 비롯되는 경우가 많다는 사실이다.

핵심은 급진적 디자인은 비정형적이라는 점이다. 일반적 디자인은 거의 모든 디자이너가 날마다 수행하는 업무일 뿐이다. 그렇다고 해서 디자이너가 기존의 것을 재창조한다는 의미는 아니다. 일반적 디자인에서도 작은 혁신의 기회가 많으며 그 결과 시간이 지남에 따라 극적인 기술 발전이 이뤄진다. 또한 디자인이 중요하지 않다는 의미도 아니다. 오히려 평범한 디자인의 품질이 소프트웨어를 포함한 모든 제품의 성공과 실패를 좌우할 수 있다.

급진적이라고 해서 디자인이 모든 부분을 바꿀 필요는 없다. 다른 구성 요소는 그대로 유지해 위험을 줄이면서 중요한 구성 요소 하나를 변경해 급진적 디자인을 이뤄 낼 수도 있다. 최초의 하이브리드 자동차 디자이너는 엔진을 교체했지만, 스티어링 휠을 조이스틱으로 교체하거나 창문에 유리 대신 아크릴을 사용하거나 실내의 모양을 바꾸지 않았다.

소프트웨어에서도 새로운 콘셉트 하나가 디자인을 급진적으로 만들 수 있다. 내가 보기에 월드 와이드 웹의 디자인에 있어 급진적인 변화, 즉 발명가의 핵심 통찰력은 3장에서 주장했듯이 리소스의 저장 위치와 방법에 관계없이 각 리소스에 대해 고유하고 지속적인 이름을 제공하는 것을 목적으로 하는 URL 콘셉트였다. 이것이 바로 웹이 이전의 모든 웹(예: 하이퍼카드)과 다른 점이며 대규모 공유 정보 인프라를 가능하게 한 요인이다.

더 작은 규모의 사례로써 어도비 라이트룸의 디자이너들은 이미지 편집을 포토샵의 레이어와 마스크 콘셉트가 아닌 이미지의 메타데이터에 히스토리의 일부로 저장되는 이미지 조정이라는 액션 콘셉트를 기반으로 유연하고 비파괴적인 이미지 편집을 가능하게 했다. 이러한 변화는 상당한 의미가 있다. 상호 작용이 더 간단해지고 비파괴 편집이 쉬워지고 수정사항을 이미지 파일 자체에 메타데이터로 저장할 수 있으며 파일 크기가 획기적으로 줄어든 것이다.

104. 알렉산더의 디자인 패턴

다양한 맥락에서 인스턴스화할 수 있는 일반적인 '디자인 패턴'에 디자인 전문 지식을 담는 아이디어는 건축가 크리스토퍼 알렉산더의 작업에서 시작됐다[4, 5]. 알렉산더는 컴퓨터과학자들에게는 객체지향 프로그래밍 분야에서 유명한 디자인 패턴 모음집인 '갱 오브 포Gang of Four'를 통해 잘 알려져 있으며[44], 이 책에서는 알렉산더를 영감의 원천으로 인용하기도 했다.

실제로는 콘셉트는 GoF 패턴보다 알렉산더의 패턴에 가깝다. 왜냐하면, 콘셉트는 알렉산더의 패턴과 마찬가지로 사용자의 요구에 의해 주도되고 제품에 대한 사용자의 경험을 형성하는 반면, GoF 패턴은 대부분 개발자의 요구(특히 시간이 지남에 따라 코드를 더 쉽게 진화시킬 수 있도록 함)에 의해 동기가 부여되기 때문이다. 그러나 디자인 패턴과 콘셉트는 본질적으로 공통점이 많다. 또한 GoF 패턴은 프로그래밍에 대한 일반적인 사고방식을 바꾼 공로를 인정받을 만하다.

알렉산더에게 패턴은 디자인의 근본적인 문제, 즉 예상치 못한 부적합을 초래하는 맥락을 알 수 없다는 문제를 해결한다(둘러보기 60 참조). 패턴은 정규화된 디자인을 나타내므로(둘러보기 103 참조), 일반적으로 발생하는 부적합에 대처하는 오랜 경험을 활용하고 처음부터 디자인할 때 발생할 수 있는 디자인 실수를 방지해 준다.

소프트웨어의 디자인 패턴에 관한 참고 글을 통해서만 알렉산더를 간접적으로 접한 컴퓨터과학자들이 알렉산더의 저서를 실제로 읽으면, 그가 엔지니어로서가 아니라 시인으로서 좋은 디자인의 정신에 대해 글을 쓴다는 사실에 놀라곤 한다(특히 그의 최신 저서(둘러보기 6 참조)를 읽고). 콘셉트 디자인의 정신적·미적 요소는 아직 탐구되지 않았지만, 단순히 작동하는 소프트웨어를 넘어 즐거움과 영감을 주는 소프트웨어로 발전하기 위해서는 필수적인 요소일 수 있다.

105. 파워포인트에 커서가 있는 이유는 무엇인가?

파워포인트의 '섹션' 콘셉트에 대해 설명할 때 '선택한 슬라이드'를 언급했다. 이 단순한 문구 뒤에도 콘셉트 디자인 문제가 숨어 있다. 많은 앱이 삽입, 삭제, 이동을 통해 일련의 항목을 조작한다. 모든 앱에는 '선택selection'이라는 콘셉트가 있지만, 이들은 두 개 이상의 아이템을 선택할 수 있는지, 선택할 수 있다면 그 항목이 연속돼야 하는지의 여부 등을 통해 구분할 수 있다.

또한 많은 기능에는 삽입할 지점을 표시하는 '커서cursor' 콘셉트가 있다. 텍스트 편집기에서 커서 위치와 현재 선택 항목 사이의 관계는 매우 복잡하다. 예를 들어, 내가 지금 입력 중인 편집기BBEdit에서는 단어를 선택하면 커서가 사라지고 커서를 오른쪽으로 이동(오른쪽 화살표 키 사용)하면 단어 뒤에 위치하며 왼쪽으로 이동(왼쪽 화살표 키 사용)하면 단어 앞에 커서가 배치되는 식으로 동작한다.

텍스트 편집기에 선택 기능 외에 커서를 사용하는 다른 이유는 대체 기능을 지원하기 위해서다. 즉, 텍스트를 선택한 후 입력을 시작하면 새로 입력하는 문자가 선택된 문자를 '대체replace'한다. 선택을 하지 않고 커서를 위치시키면 대체가 아니라 삽입을 할 수 있다.

커서를 제공하면서 동시에 선택 기능을 지원하는 이 복잡한 방식은 텍스트 편집기에서는 잘 작동하지만, 슬라이드 프레젠테이션 앱에서는 필요하지 않다고 생각된다. 따라서 애플 키노트에는 커서가 없으며 슬라이드를 선택하고 새 슬라이드를 추가하면 선택한 슬라이드 바로 뒤에 새 슬라이드가 나타난다(물론 교체하지 않아도 된다). 하지만 마이크로소프트 파워포인트와 구글 슬라이드에는 커서와 선택 영역이 모두 포함된다. 간단한 클릭만으로 항상 커서가 설정되는 텍스트 편집기와 달리, 이들 앱에서는 슬라이드를 선택하지 않고 커서를 놓기 위해서는 슬라이드 사이를 아주 조심스럽게 클릭해야 한다.

이런 복잡함에 어떤 유용한 이유가 있는지는 명확하지 않다. 새 슬라이드가 선택한 슬라이드의 앞인지, 뒤인지 기억할 필요가 없기 때문에 슬라이드를 추가하는 것이 좀 더 직관적이라고 생각할 수 있다. 따라서 파워포인트에서 섹션의 시작 부분에 새 슬라이드를 추가하려면 해당 슬라이드 바로 앞에 커서를 놓을 수 있다. 그러나 안타깝게도 그렇게 할 수는 없다. 커서는 섹션 내의 슬라이드 사이 또는 마지막 슬라이드 뒤에만 놓을 수 있다.

이러한 지적들은 너무 사소한 것으로 보일 수도 있다. 그러나 이와 같은 작은 복잡성은 당장은 문제가 되지 않을 수 있지만, 이런 불필요한 복잡성이 많이 누적되면 개발자와 사용자 모두가 큰 대가를 치르게 된다.

106. 디자인 원칙으로서의 필연성

파워포인트 사례는 일반적인 디자인 원칙을 보여 준다. '섹션 추가add section' 명령이 어떻게 작동했을지 생각해 보자. 새로 생성된 섹션에서 후속 슬라이드를 포함하거나 제외할 것인지, 현재 슬라이드가 선택돼 있는 경우 해당 슬라이드를 포함하거나 제외할 것인지, 연속되지 않은 슬라이드가 선택됐을 때 액션이 실행되도록 할 것인지, 그렇지 않을 것인지 등 다양한 가능성이 존재한다.

이러한 일련의 가능성 중에서 디자인 결정을 내릴 때마다 더욱이 그 가능성들이 모두 유사해서 명백하게 더 나은 것이 안 보일 때 디자이너는 최적이 아닌 선택을 할 위험을 감수해야 한다. 따라서 이러한 모든 옵션이 존재한다는 것 자체가 취약한 디자인 프로세스로 이어지며 모든 단계에서 실수를 할 가능성이 높아지고 자의적인 결정으로 인해 별스럽고 모순된 디자인이 될 가능성이 높아진다. 또한 불쌍한 사용자는 이러한 각 선택 지점마다 그럴듯한 옵션 중에서 디자인이 어떻게 작동할 것인지 추측해야 하는 상황에 맞닥뜨리게 된다.

따라서 이러한 결정 지점이 발생한다는 것은 나쁜 디자인의 징후라 할 수 있다. 좋은 디자인이 되려면 어떻게든 결정을 하는 것이 불가피하다. 옵션 중 한 개만이 타당한데 둘 이상의 옵션이 타당해 보이는 경우에는 제품 내의 모든 결정에 일률적으로 적용되는 일반적인 규칙이나 감성에 따라 해결해야 한다. 사용자는 어느 시점에서든 어떤 행동이 가장 가능성이 높은지 예측할 수 있는데, 이는 한 가지 행동만이 타당하기 때문이거나 사용자가 디자인이 전달한 일반적인 규칙과 감성 그리고 지금까지 사용자가 경험한 세부적인 행동을 무의식적으로나마 인식하고 그에 따라 행동하기 때문이다.

디자이너의 입장에서는 다음과 같은 의문들이 떠오른다. 많은 가능성이 있는 것처럼 보이는 결정 지점에 도달하면 어떻게 해야 할까? 당연히 옵션을 평가하는 것부터 시작해야 한다. 어떤 옵션이 다른 옵션보다 명확하고 명백하게 우월하다면, 즉 팀 내에서 합의가 이뤄진다면 그 옵션을 선택해야 한다. 그렇지 않다면, 다른 옵션이 아닌 특정한 것을 선택하는 일반 원칙을 정할 수 있다. 원칙을 정하고 디자인 전반에 걸쳐 그 원칙을 적용할 수 있다면 특정한 옵션 선택하는 것이 정당화될 수 있다. 만약 그렇게 할 수 없다면, 혼란을 초래한 이전의 결정을 취소하는 것 외에는 다른 선택의 여지가 없다.

다시 말해, 각 시점에서 특정 디자인을 선택할 수밖에 없다는 것은 디자인 퀄리티 표시일 뿐 아니라 지금까지 내린 결정이 타당하는 증거다.

107. 라이트룸의 독특한 익스포트 프리셋에 대한 추가 설명

증강 '프리셋preset' 콘셉트의 특이한 의미는 사용자 인터페이스를 매핑할 때도 반영돼 있다. 표준 체크 박스 위젯에서 상자 옆에 있는 레이블은 일반적으로 별도의 컨트롤로 선택할 수 없다. 돈 노먼은 이를 '어포던스affordance 문제'라고 부르는데, 이는 프리셋 이름이 체크 박스 토글과 구별되는 클릭 어포던스를 갖고 있지 않다는 의미다.

복잡한 콘셉트는 기술 문서 작성자를 혼란스럽게 한다. 프리셋 콘셉트의 복잡성은 문서에서도 잘 드러난다. 도움말 페이지에는 '프리셋을 선택하면 일부 섹션이 숨겨지는 이유는 무엇인가?'라는 질문이 포함된 FAQ가 있다. 이에 대한 답변은 다음과 같다. "익스포트 대화 상자에서 하나 이상의 익스포트 프리셋을 선택하면 포스트-프로세싱 섹션과 타사 플러그인에서 만든 기타 섹션이 내보내기 설정에서 숨겨진다. 그러나 익스포트 프리셋의 타사 플러그인에서 포스트-프로세싱 및 기타 섹션에 대해 정의한 익스포트 설정은 유지되며 그에 따라 이미지가 익스포트된다."

복잡한 콘셉트는 개발자를 혼란스럽게 한다. 프리셋 대화 상자를 더 잘 이해하기 위해 여러가지 시험하는 동안, 전체 애플리케이션이 응답하지 않아 애플리케이션을 강제로 종료하고 다시 시작해야 하는 경우가 종종 발생했다. 디자인의 콘셉트 복잡성으로 인해 코드 역시 정리되지 않는 복잡성을 유발한 것으로 보이며 어도비는 여기서 약간의 트레패닝을 경험하고 있을 수 있다(둘러보기 89 참조).

108. 연락처에서 별명 사용

많은 사람이 연락처에 실명이 아닌 별명을 사용한다는 증거로 이스라엘의 스타트업인 녹녹^{NokNok}이 실제로 이를 악용하는 앱을 판매했다는 사실을 참고하자. 이 앱을 다운로드한 사용자와 연결되면 다른 사람들이 연락처에 사용한 닉네임을 볼 수 있었다. 당연한 결과겠지만, 이 회사는 결국 사업 영역을 전환했고 현재는 무료 VoIP 통화를 제공하는 데 주력하고 있다.

실제로 애플의 연락처 앱은 '별명^{nickname}' 콘셉트를 지원한다. 연락처에 추가할 수 있는 일련의 필드에서 '닉네임'을 선택할 수 있다. 이메일 메시지에 닉네임을 입력하면 주소는 완성되지만, 전송되는 메시지에는 닉네임이 표시되지 않으므로 입력한 내용은 비공개로 표시된다. 이 기능을 사용하면 왕자는 국왕을 '아빠'라고 편하게 지정해 둘 수 있다.

11장: 콘셉트 무결성

109. 멘탈 모델의 견고성

멘탈 모델에 대한 초기의 영향력 있는 연구에서 요한 드 클리어와 존 실리 브라운은 특정 종류의 모델만이 사용자에게 잘 맞으며 특히 새로운 상황에서 행동을 안정적으로 예측할 수 있다고 주장했다. 이들이 '견고한'이라고 부르는 이러한 모델은 특정 '미적 원칙'을 충족해야 했다[80].

첫 번째이자 가장 중요한 원칙은 '구조-내-기능-없음^{No-function-in-structure}'으로, 시스템 구성 요소의 행동이 컨텍스트에 구애받지 않아야 한다는 것이다. 예를 들어, 스위치의 작동 방식에 대한 설명이 회로의 다른 부분의 기능을 참조할 수 없다는 뜻이다(물론, 구성 요소의 활성화 여부는 스위치의 켜짐 또는 꺼짐 여부에 따라 달라질 수 있음).

심리적 관점에서 나온 이 원칙은 독립적으로 설명 가능한 기능 단위로서의 콘셉트 그리고 무결성 원칙과 매우 밀접하게 일치한다는 점에서 안심할 수 있다(둘러보기 48의 '콘셉트는 독립적이다' 참조).

110. 기능 상호 작용과 무결성

콘셉트 무결성은 전화 통신에서 기능 상호 작용이라는 개념과 밀접한 관련이 있다 (둘러보기 48의 '콘셉트와 피처의 차이점' 참조).

하나의 특정 공식([122]에서는 피처 인터랙션으로 정의되고 [22]에서는 일련의 정의 중 마지막에 나타남)은 시스템-레벨의 사양과 각 피처를 연결한다. 그리고 한 기능의 존재로 인해 다른 기능의 사양이 유지되지 않으면 상호 작용이 존재한다고 말한다.

이것이 바로 콘셉트 무결성의 정의다. 기능 상호 작용 문헌의 표준에 따르면, 이러한 상호 작용을 배제하는 것은 매우 극단적이라고 할 수 있다. 그러나 콘셉트의 본질을 보존하는 데 필수적인 것으로 보이며 콘셉트 무결성이 없다면 콘셉트의 행동이 배포되는 컨텍스트에 따라 달라지기 때문에 콘셉트 자체로는 이해할 수 없을 것이기 때문이다.

실제로 콘셉트 무결성은 몇 가지 이유로 무리한 요구를 하지 않는다. 첫째, 모든 기능을 콘셉트로 구현할 필요는 없다. '통화 중 착신 전환' 및 '통화 중 음성 메일'과 같은 고전적인 전화 통신 기능은 그 자체로 콘셉트라기보다는 콘셉트의 동기화로 표현하는 것이 더 나을 수 있다. 둘째, 전화 통신의 고유한 기능('선택적 통화 수락' 및 '선택적 통화 거부' 등)이 단일 콘셉트(이 경우, 기본 설정 목록에 따라 통화 수락 및 거부를 관리)에 포함될 수 있다.

셋째, 콘셉트 명세는 자체 액션에만 적용되므로 콘셉트가 공동 구성으로 동기화될 때 한 콘셉트가 다른 콘셉트의 동작에 영향을 미칠 필요가 없다. 예를 들어, 착신 전환은 전화번호를 전화 회선에 매핑하는 것으로 설명되고 일반 통화는 회선 간의 연결만 포함하며 전화번호에 대해서는 언급하지 않는다면 두 가지를 무결성 위반의 위험 없이 구성할 수 있다.

마지막으로, 콘셉트가 구성되면 사용자 인터페이스에 매핑해 사용자에게 노출되는 작업을 변경할 수 있다. 예를 들어, '이메일' 콘셉트에는 메시지를 영구적으로 제거하는 삭제 작업이 있을 수 있다. 그러나 이것을 '휴지통' 콘셉트로 구성하면 사용자 인터페이스의 '삭제' 버튼이 더 이상 이메일 삭제 작업과 연결되지 않고 '휴지통' 콘셉트의 삭제 작업인 trash.delete와 연결된다. 이 경우, 삭제해도 더 이상 메시지가 영구적으로 제거되지 않으므로 사용자에게 무결성이 위반된 것처럼 보일 수 있다. 그러나 사용자가 사용자 인터페이스 컨트롤과 콘셉트 동작의 매핑을 이해하면 무결성이 회복된다.

111. 애플 페이지의 글꼴 마법과 서식-토글의 즐거움

애플 페이지에서 헬베티카 가는체^{Helvetica Light}로 텍스트를 굵게 표시하면 헬베티카 볼드체가 되고 다시 굵게 표시하면 헬베티카 가는체로 돌아간다. 그리고 헬베티카 일반체에서 두 번 굵게 적용하면 헬베티카 일반체로 돌아간다. 헬베티카 볼드체로 설정된 텍스트가 두 경우 모두 다르게 처리된다는 사실을 깨닫기 전까지는 토글이 유지되기 때문에 좋다고 느낀다. 그러나 이는 앱이 서식 대화 상자에 표시된 것보다 서식 설정에 대해 더 많은 것을 기억하고 있기 때문에 무결성이 위반되는 것이다.(다음과 같은 재미있는 현상을 따라해 보자. 우선, 헬베티카 가는체의 텍스트부터 시작한다. 이 텍스트를 굵게 설정한다. 한 번 더 굵은 글씨로 바꾸면 헬베티카 가는체가 나타난다. 그러나 한 번 더 굵게 바꾸기 전에 '굵게'라고 선택돼 있는 글꼴 스타일 메뉴를 클릭해서 감춰진 상태를 초기화한다. 그런 다음 굵은 글씨로 바꾸면 헬베티카 일반체가 나타난다).

애플의 스타일 동작 방식은 부분 스타일을 정의하는 것을 허용하지 않으므로 굵게 및 기울임꼴을 글꼴 하위 계열과 독립적인 설정으로 구분할 수 있다는 장점을 잃고 있다는 사실을 아는 것이 중요하다. 2009년 버전의 애플 생산성 앱들에서는 부분 스타일을 허용했지만(8장의 그림 8.12 참조), 여기에는 다른 문제점이 있었다. 전문 서체를 하나의 서체 패밀리로 취급하는 대신, 트루타입과 오픈타입 서체 모두에 대해 정의된 분류인 '하위 패밀리'로 서체 패밀리를 세분화했다. 애플 페이지 09 버전의 스크린샷(그림 E.10)에서 '글꼴'이 마그마^{Magma} 서체의 하위 패밀리 중 하나인 '마그마 라이트'로 설정돼 있는 것을 볼 수 있다. 하위 패밀리에 정확히 네 가지 변형(일반, 굵은, 이탤릭, 굵은 이탤릭)이 있는 경우, 이 설정이 잘 작동한다. 그러나 일부 하위 서체군(예: 마그마 라이트)은 웨이트 값에 따라 정의되므로 굵은 변형이 없다.

어도비 인디자인에는 볼드 및 이탤릭체 동작에 대한 서식 토글 콘셉트가 있다. 여기에도 텍스트에디터^{TextEdit}과 동일한 문제가 있다. 하지만 애플의 생산성 앱과 달리, 볼드 및 이탤릭은 스타일 설정으로 사용할 수 없으므로 가장 유용하게 사용할 수

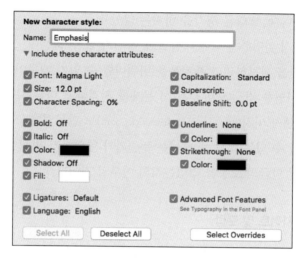

그림 E.10 애플 페이지 '09에서 포맷-토글 무결성 문제에 대한 해결 시도

있는 부분이 누락돼 있다.

112. 구글 드라이브에는 백업이 없다

구글 드라이브에는 백업 기능이 내장돼 있지 않다. 이전 버전의 파일을 저장할 수 있는 유용한 기능이 있지만, 파일 자체를 삭제하면 이전 버전도 함께 삭제된다. 구글의 동기화 유틸리티를 '백업 및 동기화'라고 혼동하기 쉽지만, 백업은 컴퓨터에서 구글 드라이브로 파일을 백업하는 것을 의미하며 다른 방향으로 백업하는 것은 아니다.

113. 구글 드라이브 사고에 대한 추가 설명

구글 드라이브가 로컬 컴퓨터에서 비어 있는 폴더를 동기화할 때 클라우드에 있는 파일을 영구적으로 삭제하지 않고 휴지통으로 이동한다. 안타깝게도 내가 설명한 시나리오에서는 사용자가 휴지통을 비웠다.

"로컬 컴퓨터에서 파일을 정리하고 있었습니다. 파일을 동기화하는 구글 드라이브 폴더에서 파일을 별 생각 없이 파일을 이리저리 옮겼습니다. 그러던 중 구글에서 저장 용량이 부족하다는 이메일을 받았어요. 그래서 구글 드라이브 사이트로 가서 휴지통을 비웠습니다. 별다른 생각을 하지는 않았죠."

휴지통은 여기서 설명한 문제에 대한 보호 장치가 될 수 없는데, 그 이유는 사용자가 드라이브 공간을 확보하려고 휴지통을 비워버릴 수 있기 때문이다.

이 안타까운 사연을 겪은 오비[ovi]는 이 문제를 지적하고 다른 사용자들의 피해를 막기 위해 전용 웹 페이지(http://googledrivesucks.com)도 만들었다. 사용성 문제가 심각하다는 것을 알 수 있는 척도 중 하나는 누군가가 항의하기 위해 도메인을 등록하는 수고를 감수할 만큼의 고통을 겪었는지의 여부일 것이다.

114. 이 책의 웹 사이트 및 포럼

이 책에 대해 불만을 제기하기 위해 도메인을 등록하는 수고를 덜어드리기 위해 이 책과 관련된 주제 및 콘셉트 디자인에 대한 토론 포럼 링크가 포함된 웹 사이트를 만들었다. 여러분의 많은 참여를 기대한다.

https://essenceofsoftware.com

תושלב״ע(투쉴라바, 유대교에서 저자가 책이나 다른 주요 작품의 끝을 알리고 그 작품이 완성될 수 있도록 도와주신 하나님께 감사할 때 사용한다. ─ 옮긴이)

| 참고문헌 |

[1] Jean-Raymond Abrial. *The B-Book: Assigning Programs to Meanings.* Cambridge University Press, 2005.

[2] M. Ainsworth, A. H. Cruikchank, P. J. L. Wallis, and L. J. Groves. Viewpoint specification and Z. *Information and Software Technology,* 36(1):43–51, 1994.

[3] Christopher Alexander. *Notes on the Synthesis of Form.* Harvard University Press, 1964.

[4] Christopher Alexander. *A Pattern Language: Towns, Buildings, Construction.* Oxford University Press, 1977.

[5] Christopher Alexander. *Timeless Way of Building.* Oxford University Press, 1979.

[6] Christopher Alexander. *The Nature of Order: An Essay on the Art of Building and the Nature of the Universe* (4 volumes). Center for Environmental Structure, 2002.

[7] Charles Bachman and Manilal Daya. The Role Concept in Data Models. *Proceedings of the Third International Conference on Very Large Data Bases,* Tokyo, Japan, Oct. 6–8, 1977, pp. 464–476.

[8] Don Batory and Sean O'Malley. The design and implementation of hierarchical software systems with reusable components. *ACM Transactions on Software Engineering and Methodology,* Vol. 1:4, Oct. 1992, pp. 355–398.

[9] Nels E. Beckman, Duri Kim, and Jonathan Aldrich. An empirical study of object protocols in the wild. *Proceedings of the European Conference on Object-Oriented Programming* (ECOOP '11), 2011.

[10] Dines Bjørner. Software systems engineering—From domain analysis via requirements capture to software architectures. *Asia-Pacific Software Engineering Conference,* 1995.

[11] Dines Bjørner. *Domain Engineering: Technology Management, Research and Engineering.* Japan Advanced Institute of Science and Technology (JAIST) Press, March 2009.

[12] Gerrit A. Blaauw and Frederick P. Brooks. *Computer Architecture: Concepts and Evolution.* Addison-Wesley Professional, 1997.

[13] Laurent Bossavit. *The Leprechauns of Software Engineering: How Folklore Turns into Fact and What to Do about It,* 2017.

[14] Douglas Bowman. *Goodbye, Google.* 20 March, 2009. At https://stopdesign.com/archive/2009/03/20/goodbye-google.html.

[15] Harry Brignull. Dark Patterns. At https://www.darkpatterns.org.

[16] Robert Bringhurst. *The Elements of Typographic Style.* Hartley & Marks, 1992

[17] Frederick P. Brooks. *The Mythical Man-Month.* Addison-Wesley, Reading, Mass., 1975; Anniversary edition, 1995.

[18] Frederick P. Brooks. No silver bullet—essence and accident in software engineering. *Proceedings of the IFIP Tenth World Computing Conference*, 1986, pp. 1069–1076.

[19] Frederick P. Brooks. *The Design of Design: Essays from a Computer Scientist*. Addison-Wesley Professional, 2010.

[20] Julien Brunel, David Chemouil, Alcino Cunha and Nuno Macedo. The Electrum Analyzer: Model checking relational first-order temporal specifications. *Proceedings of the 33rd ACM/IEEE International Conference on Automated Software Engineering* (ASE 2018), Association for Computing Machinery, New York, NY, USA, pp. 884–887, 2018.

[21] Jerome Bruner. *Toward a Theory of Instruction*. Harvard University Belknap Press, 1974.

[22] Glenn Bruns. Foundations for features. In S. Reiff-Marganiec and M.D. Ryans (eds.), *Feature Interactions in Telecommunications and Software Systems VIII*, IOS Press, 2005.

[23] Jerry R. Burch, Edmund M. Clarke, Kenneth L. McMillan, David L. Dill and L. J. Hwang. Symbolic model checking: 10^{20} states and beyond. *Information & Computation* 98(2): 142–170, 1992.

[24] William Buxton. Lexical and pragmatic considerations of input structures. *ACM SIGGRAPH Computer Graphics*, Vol. 17:1, January 1983.

[25] Stuart Card and Thomas Moran. User technology—From pointing to pondering. *Proceedings of The ACM Conference on The History of Personal Workstations* (HPW '86), 1986, pp. 183–198.

[26] Stuart K. Card, Thomas P. Moran, and Allen Newell. *The Psychology of Human-Computer Interaction*, Lawrence Erlbaum Associates, 1986.

[27] Peter Chen. The entity-relationship model—Toward a unified view of data. *ACM Transactions on Database Systems*, Vol. 1:1, March 1976, pp. 9–36.

[28] Michael Coblenz, Jonathan Aldrich, Brad A. Myers, and Joshua Sunshine. Interdisciplinary programming language design. *Proceedings of the ACM SIGPLAN International Symposium on New Ideas, New Paradigms, and Reflections on Programming & Software* (Onward! 2018), 2018.

[29] Richard Cook and Michael O'Connor. Thinking about accidents and systems. In K. Thompson and H. Manasse (eds.), *Improving Medication Safety*, American Society of Health-System Pharmacists, 2005.

[30] Nigel Cross. *Design Thinking: Understanding How Designers Think and Work*, Bloomsbury Academic, 2011.

[31] David L. Detlefs, K. Rustan M. Leino and Greg Nelson. Wrestling with rep exposure, SRC Report 156, Digital Systems Research Center, July 29, 1998.

[32] Edsger W. Dijkstra. The Structure of the "THE"–multiprogramming system. *ACM Symposium on Operating System Principles*, Gatlinburg, Tennessee, October 1–4, 1967.

[33] Edsger W. Dijkstra. A position paper on software reliability (EWD 627). 1977. At http://www.cs.utexas.edu/users/EWD/transcriptions/EWD06xx/EWD627.html.

[34] Edsger W. Dijkstra. On the role of scientific thought (EWD 447). 1974. At http://www.cs.utexas.edu/users/EWD/ewd04xx/EWD447.PDF. Also in: Edsger W. Dijkstra, *Selected Writings on Computing: A Personal Perspective*, Springer-Verlag, 1982, pp. 60–66.

[35] Edsger W. Dijkstra. On anthropomorphism in science (EWD936), 25 September 1985. At https://www.cs.utexas.edu/users/EWD/transcriptions/EWD09xx/EWD936.html.

[36] Edsger W. Dijkstra. The tide, not the waves. In *Beyond Calculation: The Next Fifty Years of Computing*, Peter J. Denning and Robert M. Metcalfe (eds.), Copernicus (Springer-Verlag), 1997, pp. 59–64.

[37] Kieran Egan. *The Educated Mind: How Cognitive Tools Shape Our Understanding*. The University of Chicago Press, 1997.

[38] Eric Evans. *Domain-Driven Design: Tackling Complexity in the Heart of Software*. Addison-Wesley, 2004.

[39] Rolf A. Faste. Perceiving needs. *SAE Journal*, Society of Automotive Engineers, 1987.

[40] Robert W. Floyd. Assigning meanings to programs. *Proceedings of Symposia in Applied Mathematics*, Vol. 19, 1967, pp. 19–32.

[41] James D. Foley and Andries van Dam. *Fundamentals of Interactive Computer Graphics*. Addison-Wesley Publishing Company, 1982.

[42] Martin Fowler. *Analysis Patterns: Reusable Object Models*. Addison-Wesley Professional, 1997.

[43] Richard Gabriel. Designed as designer. *23rd ACM SIGPLAN Conference on Object-Oriented Programming, Systems, Languages and Applications* (OOPSLA '08), Oct. 2008.

[44] Erich Gamma, Richard Helm, Ralph Johnson, and John Vlissides. *Design Patterns: Elements of Reusable Object-Oriented Software*. Addison-Wesley Professional, 1994.

[45] Joseph A. Goguen and Malcolm Grant (eds.). *Software Engineering with OBJ*. Springer, 2000.

[46] Thomas R. G. Green. Cognitive dimensions of notations. In A. Sutcliffe and L. Macaulay (eds.), *People and Computers*. Cambridge University Press, pp. 443–460, 1989.

[47] Thomas R. G. Green and Marian Petre. Usability analysis of visual programming environments: a 'cognitive dimensions' framework. *Journal of Visual Languages & Computing*, June 1996.

[48] Saul Greenberg and Bill Buxton. Usability evaluation considered harmful (some of the time). *Proceedings of Computer Human Interaction* (CHI 2008), Apr. 2008.

[49] Carl A. Gunter, Elsa L. Gunter, Michael Jackson and Pamela Zave. A reference model for requirements and specifications. *IEEE Software*, Vol. 17:3, May 2000, pp. 37–43.

[50] John Guttag and J. J. Horning. Formal specification as a design tool. *Proceedings of the 7th ACM SIGPLAN-SIGACT Symposium on Principles of Programming Languages* (POPL '80), 1980, pp. 251–261.

[51] John V. Guttag and James J. Horning. *Larch: Languages and Tools for Formal Specification.* Springer, 1993 (reprinted 2011).

[52] Michael Hammer and Dennis McLeod. Database description with SDM: A semantic database model. *ACM Transactions on Database Systems,* Vol. 6:3, Sept. 1981, pp. 351–386.

[53] David Harel. Dynamic logic. In Gabbay and Guenthner (eds.), *Handbook of Philosophical Logic.* Volume II: Extensions of Classical Logic, Reidel, 1984, p. 497–604.

[54] Michael Harrison and Harold Thimbleby (eds.). *Formal Methods in Human-Computer Interaction.* Cambridge University Press, 2009.

[55] Ian Hayes (ed.). *Specification Case Studies.* Prentice Hall International, 1987.

[56] Eric von Hippel. *Free Innovation.* MIT Press, 2017. Full text at https://papers.ssrn.com/sol3/papers.cfm?abstract_id=2866571.

[57] C.A.R. Hoare. The emperor's old clothes. *Communications of the ACM,* Vol. 24:2, 1981, pp. 75–83.

[58] C.A.R. Hoare. *Communicating Sequential Processes.* Prentice-Hall, 1985.

[59] Walter Isaacson. *Steve Jobs.* Simon & Schuster, 2011.

[60] Edwin Hutchins, James Hollan and Donald Norman. Direct Manipulation Interfaces. *Human-computer Interaction.* Vol. 1:4, Dec. 1985, pp. 311–338.

[61] Daniel Jackson. Structuring Z specifications with views. *ACM Transactions on Software Engineering and Methodology,* Vol. 4:4, 1995, pp. 365–389.

[62] Daniel Jackson and Craig A. Damon. Elements of style: analyzing a software design feature with a counterexample detector. *IEEE Transactions on Software Engineering,* Vol. 22:7, July 1996, pp. 484–495.

[63] Daniel Jackson. Module dependencies in software design. *9th International Workshop on Radical Innovations of Software and Systems Engineering in the Future* (RISSEF 2002), Venice, Italy, Oct. 2002, pp.198–203.

[64] Daniel Jackson, Martyn Thomas, and Lynnette Millett, eds. *Software for Dependable Systems: Sufficient Evidence?* National Research Council. National Academies Press, 2007. http://books.nap.edu/openbook.php?isbn=0309103940.

[65] Daniel Jackson. A direct path to dependable software. *Communications of the Association for Computing Machinery,* Vol. 52:4, Apr. 2009, pp. 78–88.

[66] Daniel Jackson. *Software Abstractions.* MIT Press, 2012.

[67] Daniel Jackson. Alloy: A language and tool for exploring software designs. *Communications of the ACM,* Vol. 62:9, Sept. 2019, pp. 66–76. At https://cacm.acm.org/magazines/2019/9/238969-alloy.

[68] Michael Jackson. *System Development.* Prentice Hall, 1983.

[69] Michael Jackson. *Software Requirements and Specifications: A Lexicon of Practice, Principles and Prejudices.* Addison-Wesley, 1995.

[70] Michael Jackson. *Problem Frames: Analysing & Structuring Software Development Problems.* Addison-Wesley Professional, 2000.

[71] Michael Jackson. *The World and the Machine*. At https://www.theworldandthemachine.com.

[72] Michael Jackson. The operational principle and problem frames. In Cliff B. Jones, A. W. Roscoe and Kenneth R. Wood (eds.), *Reflections on the Work of C.A.R. Hoare*, Springer Verlag, London, 2010.

[73] Ivar Jacobson. *Object Oriented Software Engineering: A Use Case Driven Approach*. Addison-Wesley Professional, 1992.

[74] Natasha Jen. *Design Thinking Is Bullsh*t*. 99U Conference, 2017. Video online at: https://99u.adobe.com/videos/55967/natasha-jen-design-thinking-is-bullshit

[75] Cliff B. Jones. *Systematic Software Development Using VDM*. Prentice Hall, 1990.

[76] Kyo C. Kang, Sholom G. Cohen, James A. Hess, William E. Novak and A. Spencer Peterson. *Feature-Oriented Domain Analysis (FODA) Feasibility Study*. Technical Report CMU/SEI-90-TR-021, Software Engineering Institute, Carnegie Mellon University, 1990.

[77] Ruogu Kang, Laura Dabbish, Nathaniel Fruchter and Sara Kiesler. My data just goes everywhere: User mental models of the internet and implications for privacy and security. *Symposium on Usable Privacy and Security* (SOUPS), Jul. 2015.

[78] Mitchell Kapor. A software design manifesto. Reprinted as Chapter 1 of [149].

[79] Tom Kelley and David Kelley. *Creative Confidence: Unleashing the Creative Potential Within Us All*. Crown Business, 2013.

[80] Johan de Kleer and John Seely Brown. Mental models of physical mechanisms and their acquisition. In J. R. Anderson (ed.), *Cognitive Skills and Their Acquisition*, Lawrence Erlbaum, 1981, pp. 285–309.

[81] Amy J. Ko and Yann Riche. The role of conceptual knowledge in API usability. *IEEE Symposium on Visual Languages and Human-Centered Computing* (VL/HCC), 2011, pp. 173–176.

[82] Amy J. Ko. The problem with "learnability" in human-computer interaction. *Bits and Behavior Blog*, February 16, 2019. At https://medium.com/bits-and-behavior/the-problem-with-learnability-in-human-computer-interaction-91e598aed795.

[83] Amy J. Ko, with contributions from Rachel Franz. *Design Methods*. Full text at https://faculty.washington.edu/ajko/books/design-methods.

[84] James Koppel and Daniel Jackson. Demystifying dependence. *Proceedings of the ACM SIGPLAN International Symposium on New Ideas, New Paradigms, and Reflections on Programming & Software* (Onward! 2020), 2020.

[85] Leslie Lamport. The temporal logic of actions. *ACM Transactions on Programming Languages and Systems*, Vol. 16:3, May 1994, pp. 872–923.

[86] Butler W. Lampson. *Principles of Computer Systems*, 2006. At http://www.bwlampson.site/48-POCScourse/48-POCS2006.pdf.

[87] Axel van Lamsweerde. Goal-oriented requirements engineering: A guided tour. *Fifth IEEE International Symposium on Requirements Engineering* (RE'01), 2001.

[88] Axel van Lamsweerde and Emmnuel Letier. Handling obstacles in goal-oriented requirements engineering. *IEEE Transactions on Software Engineering*, Vol. 26:10, Oct. 2000, pp. 978–1005.

[89] Axel van Lamsweerde. *Requirements Engineering: From System Goals to UML Models to Software Specifications*. Wiley, 2009.

[90] Bruno Latour. Where are the missing masses? The sociology of a few mundane artifacts. In Wiebe Bijker and John Law (eds.), *Shaping Technology/Building Society: Studies in Sociotechnical Change*, MIT Press, 1992, pp. 225–258.

[91] Michael Leggett. The evolution of Gmail labels. July 1, 2009. At https://googleblog. blogspot.com/2009/07/evolution-of-gmail-labels.html.

[92] Nancy G. Leveson and Clark S. Turner. An investigation of the Therac-25 accidents. *Computer*, Vol. 26:7, July 1993, pp. 18–41.

[93] Matthys Levy and Mario Salvadori. *Why Buildings Fall Down: How Structures Fail*. Norton, 1992.

[94] Karl J. Lieberherr and Ian Holland. Assuring good style for object-oriented programs. *IEEE Software*. Vol. 6:5, Sept. 1989, pp. 38–48.

[95] Barbara Liskov and Stephen Zilles. Programming with abstract data types. *Proceedings of the ACM SIGPLAN Symposium on Very High Level Languages*, 1974, pp. 50–59.

[96] Barbara Liskov and John Guttag. *Abstraction and Specification in Program Development*. MIT Press, 1986.

[97] Vernon Loeb. 'Friendly fire' deaths traced to dead battery. *Washington Post*, March 24, 2002.

[98] Donna Malayeri and Jonathan Aldrich. Is structural subtyping useful? An empirical study. *Proceedings of the European Symposium on Programming* (ESOP '09), March 2009.

[99] George Mathew, Amritanshu Agrawal, and Tim Menzies. Trends & topics in software engineering. Presentation at Community Engagement Session, *International Conference on Software Engineering* (ICSE'17), 2017. At http:// tiny.cc/tim17icse.

[100] Steve McConnell. *Code Complete: A Practical Handbook of Software Construction*, 2nd Edition. Microsoft Press, 2004.

[101] Malcolm Douglas McIlroy. Mass produced software components. *Software Engineering: Report of a Conference Sponsored by the NATO Science Committee*, Garmisch, Germany, 7–11 Oct. 1968.

[102] George H. Mealy. Another look at data. *Proceedings of the Fall Joint Computer Conference* (AFIPS '67), 1967, pp. 525–534.

[103] Thomas P. Moran. The command language grammar: A representation for the user interface of interactive computer systems? *International Journal of Man-Machine Studies*, Vol. 15:1, Jul. 1981, pp. 3–50.

[104] Steven J. Murdoch, Saar Drimer, Ross Anderson and Mike Bond. Chip and PIN is Broken. *31st IEEE Symposium on Security and Privacy* (S&P 2010), 2010.

[105] John Mylopoulos. Conceptual modeling and Telos. In P. Loucopoulos and R. Zicari (eds.), *Conceptual Modelling, Databases and CASE: An Integrated View of Information Systems Development*, McGraw Hill, New York, 1992.

[106] Jakob Nielsen. Usability engineering at a discount. *3rd International Conference on Human-Computer Interaction*, Sept. 1989.

[107] Jakob Nielsen and Rolf Molich. Heuristic evaluation of user interfaces. *Proceedings of the SIGCHI Conference on Human Factors in Computing Systems* (CHI '90), 1990.

[108] Jakob Nielsen. 10 Usability Heuristics for User Interface Design. 1994. At https://www.nngroup.com/articles/ten-usability-heuristics.

[109] Robert L. Nord. *Deriving and Manipulating Module Interfaces*. Doctoral Dissertation, School of Computer Science, Carnegie Mellon University, 1992.

[110] Donald Norman. *The Design of Everyday Things*. Originally published under the title *The Psychology of Everyday Things*. Basic Books, 1988.

[111] Donald Norman. *The Design of Everyday Things: Revised and Expanded Edition*. Basic Books, 2013.

[112] Donald Norman and Bruce Tognazzini. How Apple is giving design a bad name. *Codesign*, November 10, 2015. At http://www.fastcodesign.com/3053406/how-apple-is-giving-design-a-bad-name.

[113] Omnicognate Blog. In CSS, "px" is not an angular measurement and it is not non-linear. January 7, 2013. At https://omnicognate.wordpress.com/2013/01/07/in-css-px-is-not-an-angular-measurement-and-it-is-not-non-linear.

[114] Shira Ovide. No, the best doesn't win. *New York Times*, April 27, 2020. At https://www.nytimes.com/2020/04/27/technology/no-the-best-doesnt-win.html.

[115] David L. Parnas. On the criteria to be used in decomposing systems into modules. *Communications of the ACM*, Vol. 15:12, Dec. 1972, pp. 1053–1058.

[116] David L. Parnas. Designing software for ease of extension and contraction. *IEEE Transactions on Software Engineering*, Vol. 5:2, March 1979.

[117] Chris Partridge, Cesar Gonzalez-Perez and Brian Henderson-Sellers. Are conceptual models concept models? *Proceedings of the 32nd International Conference on Conceptual Modeling* (ER 2013), Volume 8217, Springer-Verlag, 2013.

[118] Santiago Perez De Rosso and Daniel Jackson. Purposes, concepts, misfits, and a redesign of git. *ACM SIGPLAN International Conference on Object-Oriented Programming, Systems, Languages, and Applications* (OOPSLA 2016), 2016, pp. 292–310.

[119] S. Perez De Rosso, D. Jackson, M. Archie, C. Lao, and B. McNamara III. Declarative assembly of web applications from predefined concepts. *Proceedings of the ACM SIGPLAN International Symposium on New Ideas, New Paradigms, and Reflections on Programming & Software* (Onward! 2019), 2019.

[120] Charles Perrow. *Normal Accidents: Living with High-Risk Technologies*. Princeton University Press. Revised edition, 1999.

[121] Henry Petroski. *To Engineer Is Human: The Role of Failure in Successful Design*. Vintage Books, 1985.

[122] Malte Plath and Mark Ryan. Feature integration using a feature construct. *Science of Computer Programming*, 41(1):53–84, 2001.

[123] Amir Pnueli. The temporal logic of programs. *Proceedings of the 18th Annual Symposium on Foundations of Computer Science* (FOCS), Nov. 1977.

[124] Michael Polanyi. *The Tacit Dimension*, University of Chicago Press, 1966.

[125] Michael Polanyi. *Personal Knowledge: Towards a Post-Critical Philosophy*. University of Chicago Press, 1974.

[126] Edouard de Pomiane. *French Cooking in Ten Minutes: Adapting to the Rhythm of Modern Life*. Original, 1930; English translation, Farrar, Strauss and Giroux, 1977.

[127] Colin Potts. Using schematic scenarios to understand user needs. *ACM Symposium on Designing interactive Systems: Processes, Practices and Techniques* (DIS'95), Aug. 1995.

[128] Trygve Reenskaug with Per Wold and Odd Arild Lehne. *Working with Objects: The OOram Software Engineering Method*. Manning/Prentice Hall, 1996.

[129] Kerry Rodden and Michael Leggett. Best of both worlds: Improving gmail labels with the affordances of folders. *ACM Conference on Human Factors in Computing Systems* (CHI 2010), Apr. 2010.

[130] David Rose. *Enchanted Objects*. Scribner, 2014.

[131] James Rumbaugh, Michael Blaha, William Premerlani, Frederick Eddy and William Lorensen. *Object-Oriented Modeling and Design*. Prentice Hall, 1994.

[132] Jerome H. Saltzer and M. Frans Kaashoek. *Principles of Computer System Design: An Introduction*. Morgan Kaufmann, 2009.

[133] Mario Salvadori. *Why Buildings Stand Up: The Strength of Architecture*. Norton, 1980.

[134] Ben Shneiderman, Catherine Plaisant, Maxine Cohen, Steven Jacobs and Niklas Elmqvist. *Designing the User Interface: Strategies for Effective Human-Computer Interaction*, Sixth Edition, Pearson, 2016.

[135] Herbert A. Simon. The architecture of complexity. *Proceedings of the American Philosophical Society*, Vol. 106:6, Dec. 1962, pp. 467–482.

[136] John Michael Spivey. *The Z Notation: A Reference Manual*. International Series in Computer Science (2nd ed.), Prentice Hall, 1992. Full text at https://spivey.oriel.ox.ac.uk/wiki/files/zrm/zrm.pdf.

[137] Nam P. Suh. *The Principles of Design*. Oxford Series on Advanced Manufacturing (Book 6), Oxford University Press, 1990.

[138] Alfred Tarski and John Corcoran (ed.). What are logical notions? *History and Philosophy of Logic*, 7:143–154, 1986.

[139] Harold Thimbleby. *User Interface Design*, ACM Press, 1980.

[140] Harold Thimbleby, Jeremy Gow and Paul Cairns. Misleading behaviour in interactive systems. *Proceedings of the British Computer Society HCI Conference*, Research Press International, 2004.

[141] Harold Thimbleby. *Press On: Principles of Interaction Programming*, MIT Press, 2007.

[142] Harold Thimbleby. *Fix IT: See and Solve the Problems of Digital Healthcare*. Oxford University Press, 2021.

[143] Bruce Tognazzini. *First Principles of Interaction Design*, revised & expanded, 2014. At https://asktog.com/atc/principles-of-interaction-design.

[144] Jan Tschichold. *The Form of the Book: Essays on the Morality of Good Design*. Hartley & Marks, 1975.

[145] Karl Ulrich. *Computation and Pre-parametric Design*. Doctoral Dissertation, Department of Mechanical Engineering, MIT, July 1988.

[146] Bret Victor. *A Brief Rant on the Future of Interaction Design*, November 8, 2011. At http://worrydream.com/ABriefRantOnTheFutureOfInteractionDesign.

[147] Walter G. Vincenti. *What Engineers Know and How They Know It*. Johns Hopkins University Press, 1990.

[148] Forrest Wickman. What was "poking"? Maybe even Mark Zuckerberg doesn't know. *Slate*, February 4, 2014. At https://slate.com/technology/2014/02/facebooks-poke-function-still-a-mystery-on-the-social-networks-10th-anniversary.html.

[149] Terry Winograd with John Bennett, Laura De Young, and Bradley Hartfield (eds.), *Bringing Design to Software*. Addison-Wesley, 1996.

[150] Gary Wolf. Steve Jobs: The next insanely great thing. *Wired Magazine*, February 1, 1996. At https://www.wired.com/1996/02/jobs-2.

[151] Edward Yourdon. *Modern Structured Analysis*. Prentice Hall, 1989. Chapter 10: Data Dictionaries.

[152] Eric S. K. Yu. Towards modeling and reasoning support for early-phase requirements engineering. *Proceedings of the 3rd IEEE International Symposium on Requirements Engineering* (RE '97), 1997.

[153] Pamela Zave and Michael Jackson. Conjunction as composition. ACM Transactions on Software Engineering and Methodology, Vol. 2:4, 1993.

[154] Pamela Zave. Secrets of call forwarding: A specification case study. In *Formal Techniques for Networked and Distributed Systems (FORTE)*, 1995.

[155] Pamela Zave and Michael Jackson. Four dark corners of requirements engineering. *ACM Transactions on Software Engineering and Methodology*, Vol. 6:1, Jan. 1997, pp. 1–30.

| 찾아보기 |

mental chunking 245
modularity 187
motif 45
MS 워드 47, 149
Multics 243
MVP 124

N

nickname 185

O

OS/360 236
OS X 라이언 70
outline tree 182

P

page cache 52
Pages 191
PARC 235
parti pris 45
physical level 39
pixel array 89
PL/1 234
polymorphic 28
presentation 40
preset 182
private browsing 51
push poll 92

Q

Quora 92

R

raised hand 120
resample 90
RSVP 75

S

separation of concerns 55
Signal 173
SIM swapping 58
Slack 173
Squarespace 158
subscription 179
super-app 178
synchronization 57

T

template 170
TextEdit 191

V

VIP 콘셉트 81
VisiCalc 50

W

wifi 111

Z

Zoom 95
Zotero 147
Z 언어 233

번호

80:20 법칙 54

| 애플리케이션별 찾아보기 |

| 콘셉트별 찾아보기 |

| 이름별 찾아보기 |

콘셉트로 풀어내는 소프트웨어 디자인

사용자 중심의 소프트웨어 디자인을 위한 실용 가이드

발 행 | 2024년 9월 30일

지은이 | 다니엘 잭슨
옮긴이 | 이정표

펴낸이 | 옥경석
편집장 | 황영주
편 집 | 김진아
　　　　임지원
디자인 | 윤서빈

에이콘출판주식회사
서울특별시 양천구 국회대로 287 (목동)
전화 02-2653-7600, 팩스 02-2653-0433
www.acornpub.co.kr / editor@acornpub.co.kr

한국어판 ⓒ 에이콘출판주식회사, 2024, Printed in Korea.
ISBN 979-11-6175-865-7
http://www.acornpub.co.kr/book/essence-of-software

책값은 뒤표지에 있습니다.